新工科·普通高等教育汽车类规划教材

汽车制造工艺学

主　编　姚新改
副主编　王时英　张　杰
参　编　李文辉　王晓玲　白国庆　刘永红
　　　　宋金鹏　张翠平　张瑞亮
主　审　王先逵

机械工业出版社

本书在编写过程中贯彻"重基础、低重心、广知识、少学时、精内容、宽适应"的指导思想，以课题组建立的MOOC平台为依托，以汽车零件机械制造工艺及装配工艺为主线，综合考虑保证加工精度及生产率方面的内容，兼顾机床夹具原理、汽车车身制造工艺知识、汽车先进制造技术及汽车制造轻量化等内容，并注重反映本学科理论与技术的新进展。

本书主要内容包括绪论、汽车零件机械加工工艺规程的制定、机床夹具设计原理、汽车零件机械加工精度、机械加工表面质量、汽车装配工艺、汽车先进制造技术简介、汽车产品设计的结构工艺性、典型汽车零件的机械加工工艺、汽车车身制造工艺、汽车制造轻量化等。

本书可作为高等学校本科车辆（汽车）工程专业和相近专业的教材，也可供车辆（汽车）工程行业的技术人员、管理人员学习、参考。

本书配有 PPT 电子课件、习题答案、操作视频、MOOC 视频等资源，采用本书作为教材的教师，可登录 www.cmpedu.com 注册下载。

图书在版编目（CIP）数据

汽车制造工艺学/姚新改主编. —北京：机械工业出版社，2019.8
（2024.12重印）
新工科·普通高等教育汽车类规划教材
ISBN 978-7-111-62513-1

Ⅰ.①汽⋯ Ⅱ.①姚⋯ Ⅲ.①汽车-生产工艺-高等学校-教材
Ⅳ.①U466

中国版本图书馆 CIP 数据核字（2019）第 169123 号

机械工业出版社（北京市百万庄大街22号 邮政编码100037）
策划编辑：宋学敏 责任编辑：宋学敏 章承林 尹法欣
责任校对：王 欣 封面设计：张 静
责任印制：邰 敏
北京中科印刷有限公司印刷
2024年12月第1版第5次印刷
184mm×260mm·19.75印张·459千字
标准书号：ISBN 978-7-111-62513-1
定价：59.80元

电话服务 网络服务
客服电话：010-88361066 机 工 官 网：www.cmpbook.com
　　　　　010-88379833 机 工 官 博：weibo.com/cmp1952
　　　　　010-68326294 金 书 网：www.golden-book.com
封底无防伪标均为盗版 机工教育服务网：www.cmpedu.com

前言

汽车制造工艺学是普通高等学校车辆（汽车）工程专业本科人才培养方案中设置的一门专业必修课。通过该课程的学习，学生可以获得汽车制造工艺的基本知识、基本理论，并学会运用这些知识和理论来分析和评判车辆（汽车）零部件的结构工艺性、制造及装配工艺规程，使所设计的内容满足高质量、高可靠性、高效率生产的要求，为后续专业课程的学习、相关实践教学环节（课程设计和毕业设计）和毕业后从事车辆（汽车）的结构设计、工艺设计及管理工作奠定基础。

为适应高等教育"厚基础、宽口径"的汽车工程专业人才培养模式及新的课程改革的需求，编者在总结多年教学改革与实践经验的基础上编写了本书。本书在编写过程中贯彻"重基础、低重心、广知识、少学时、精内容、宽适应"的指导思想，以课题组建立的MOOC平台为依托，以汽车零件机械制造工艺及装配工艺为主线，综合考虑保证加工精度及生产率方面的内容，兼顾机床夹具原理、汽车车身制造工艺知识、汽车先进制造技术及汽车制造轻量化等内容，并注重反映本学科理论与技术的新进展。

本书建议课堂教学总时数为64学时，其中有8学时的选用章节（目录中标注"*"的章节）可由各学校根据教学需要进行取舍，或供学生自学或参考之用。各章教学时数分配建议如下：第1章2学时，第2章12学时，第3章12学时，第4章6学时，第5章6学时，第6章6学时，第7章4学时，第8章4学时，第9章4学时，第10章4学时，第11章4学时。

本书由太原理工大学姚新改任主编，王时英、张杰任副主编。参加本书编写的有太原理工大学姚新改（第1章1.1和1.2节、第3章）、王时英（第1章1.3和1.4节、第2章）、张杰（第4章）、李文辉（第5章）、王晓玲（第6章）、宋金鹏（第9章）、张翠平（第10章）、张瑞亮（第11章），太原学院白国庆（第7章）、刘永红（第8章）。

本书由清华大学王先逵教授担任主审，他对本书进行了细致的审阅，并提出了许多宝贵意见，在此表示衷心感谢。同时，本书的编写得到了太原理工大学教务部、太原理工大学机械与运载工程学院的领导和教职工的指导与支持，全国多所高校的同行专家，以及美国太平洋大学刘建成教授、无锡市威海达机械制造有限公司黄铁军总工、山西中电科技特种装备有限公司刘阳总工等提出了宝贵的意见和建议，谨此表示诚挚的谢意！本书在编写过程中参阅了国内外文献资料及教材，在此对原作者一并表示衷心的感谢！

限于编者的水平，书中的错误或不足在所难免，恳请广大读者批评指正。

编　者

目 录

前 言
第1章 绪论 ……………………… 1
1.1 我国汽车制造业的现状 …………… 1
1.2 汽车制造工艺人员的根本任务 …… 2
1.3 课程教学目标 ……………………… 2
1.4 教学内容与安排 …………………… 3

第2章 汽车零件机械加工工艺规程的制订 …………………………… 5
本章提要 ……………………………… 5
2.1 零件制造的工艺过程 ……………… 5
2.1.1 生产过程 ……………………… 5
2.1.2 工艺过程 ……………………… 5
2.2 工艺规程的作用及设计步骤 ……… 9
2.2.1 工艺规程卡片的格式 ………… 9
2.2.2 工艺规程的作用 ……………… 9
2.2.3 工艺规程设计的步骤 ………… 10
2.3 基准 ………………………………… 11
2.3.1 基准的分类 …………………… 11
2.3.2 工件的装夹 …………………… 12
2.3.3 定位基准的选择 ……………… 13
2.4 工艺路线的拟定 …………………… 16
2.4.1 零件各表面加工方法及使用设备的选择 ……………………… 16
2.4.2 加工阶段的划分 ……………… 20
2.4.3 工序的划分 …………………… 21
2.4.4 工序的安排 …………………… 22
2.5 加工余量的确定 …………………… 23
2.5.1 加工余量的概念 ……………… 23
2.5.2 影响加工余量的因素 ………… 24
2.5.3 确定加工余量的方法 ………… 25
2.6 尺寸链 ……………………………… 26
2.6.1 尺寸链的概念 ………………… 26
2.6.2 尺寸链的分类 ………………… 28

2.6.3 极值法解尺寸链 ……………… 29
2.6.4 极值法确定工序尺寸 ………… 32
2.6.5 概率法解尺寸链 ……………… 38
2.7 时间定额及经济分析 ……………… 41
2.7.1 时间定额 ……………………… 41
2.7.2 工艺过程的经济分析 ………… 42
本章小结 ……………………………… 43
思考题与习题 ………………………… 43

第3章 机床夹具设计原理 ……… 46
本章提要 ……………………………… 46
3.1 机床夹具概述 ……………………… 46
3.1.1 机床夹具的作用和组成 ……… 46
3.1.2 机床夹具的分类 ……………… 51
3.2 工件的定位 ………………………… 52
3.2.1 六点定位原理 ………………… 52
3.2.2 定位元件 ……………………… 54
3.2.3 组合定位分析 ………………… 60
3.2.4 几种典型组合形式的定位分析 … 65
3.2.5 定位误差 ……………………… 65
3.2.6 定位误差计算实例 …………… 73
3.3 工件的夹紧 ………………………… 75
3.3.1 夹紧力三要素设计原则 ……… 76
3.3.2 常用的夹紧装置 ……………… 79
3.4 典型机床夹具简介 ………………… 90
3.4.1 铣床夹具 ……………………… 90
3.4.2 钻床夹具 ……………………… 93
3.4.3 镗床夹具 ……………………… 97
*3.5 现代夹具发展简介 ………………… 100
3.5.1 夹具柔性化 …………………… 101
3.5.2 夹具自动化和智能化 ………… 104
3.5.3 应对"寻位-加工"的挑战 …… 104
3.6 机床夹具的基本要求和设计步骤 … 105
3.6.1 机床夹具的基本要求 ………… 105
3.6.2 机床夹具的设计步骤 ………… 106

本章小结 …………………………… 108
　　思考题与习题 ……………………… 108

第4章　汽车零件机械加工精度 ……… 113
　　本章提要 …………………………… 113
　4.1　机械加工精度的基本概念 ……… 113
　4.2　影响加工精度的因素 …………… 115
　　　4.2.1　加工原理误差 ……………… 115
　　　4.2.2　机床误差 …………………… 116
　　　4.2.3　工艺系统受力变形 ………… 121
　　　4.2.4　工艺系统的热变形 ………… 128
　　　4.2.5　工件残余应力引起的变形 … 131
　4.3　加工误差的统计分析 …………… 132
　　　4.3.1　加工误差的性质 …………… 133
　　　4.3.2　分布曲线法 ………………… 133
　　　4.3.3　点图法 ……………………… 137
　4.4　提高加工精度的途径 …………… 139
　　　4.4.1　减少误差法 ………………… 139
　　　4.4.2　误差补偿法 ………………… 139
　　　4.4.3　误差分组法 ………………… 140
　　　4.4.4　误差转移法 ………………… 140
　　　4.4.5　"就地加工"法 …………… 141
　　　4.4.6　误差平均法 ………………… 141
　　　4.4.7　控制误差法 ………………… 142
　　本章小结 …………………………… 142
　　思考题与习题 ……………………… 142

第5章　机械加工表面质量 ……………… 146
　　本章提要 …………………………… 146
　5.1　机械加工后的表面质量 ………… 146
　　　5.1.1　表面质量的含义 …………… 146
　　　5.1.2　表面完整性的含义 ………… 147
　　　5.1.3　表面质量和表面完整性对零件
　　　　　　使用性能的影响 ……………… 148
　　　5.1.4　表面质量和表面完整性对产品
　　　　　　使用性能的影响 ……………… 151
　5.2　机械加工后的表面几何特征 …… 152
　　　5.2.1　切削加工后的表面粗糙度 … 153
　　　5.2.2　磨削加工后的表面粗糙度 … 154
　　　5.2.3　机械加工后的毛刺 ………… 155
　5.3　机械加工后的表面层物理力学
　　　性能 ………………………………… 155
　　　5.3.1　机械加工后表面层的冷作

　　　　　　硬化 …………………………… 155
　　　5.3.2　机械加工后表面层金相组织的
　　　　　　变化 …………………………… 156
　　　5.3.3　机械加工后表面层的残余
　　　　　　应力 …………………………… 158
　　　5.3.4　降低磨削温度的工艺途径 … 160
　*5.4　零件表面光整加工技术 ………… 161
　　　5.4.1　零件表面光整加工技术的
　　　　　　内涵 …………………………… 161
　　　5.4.2　典型的零件表面光整加工
　　　　　　工艺 …………………………… 162
　　本章小结 …………………………… 167
　　思考题与习题 ……………………… 167

第6章　汽车装配工艺 …………………… 169
　　本章提要 …………………………… 169
　6.1　汽车装配基本问题概述 ………… 169
　　　6.1.1　各种生产类型的装配特点 … 169
　　　6.1.2　装配精度与零件精度的关系 … 170
　　　6.1.3　装配中的连接方式 ………… 171
　6.2　保证装配精度的方法 …………… 171
　　　6.2.1　互换法 ……………………… 172
　　　6.2.2　选配法 ……………………… 177
　　　6.2.3　修配法 ……………………… 179
　　　6.2.4　调整法 ……………………… 182
　6.3　装配尺寸链的建立 ……………… 186
　6.4　装配工艺规程的制订 …………… 190
　　　6.4.1　装配工艺规程的内容 ……… 190
　　　6.4.2　制订装配工艺规程所需的原始
　　　　　　资料 …………………………… 190
　　　6.4.3　装配工艺规程的制订步骤和
　　　　　　方法 …………………………… 191
　　　6.4.4　发动机装配工艺制订实例 … 194
　　本章小结 …………………………… 200
　　思考题与习题 ……………………… 200

第7章　汽车先进制造技术简介 ………… 203
　　本章提要 …………………………… 203
　7.1　特种加工技术 …………………… 203
　　　7.1.1　电火花加工 ………………… 204
　　　7.1.2　电火花线切割加工 ………… 205
　　　7.1.3　电解加工 …………………… 207
　　　7.1.4　激光加工 …………………… 207

7.1.5 电子束加工与离子束加工 ……… 208
7.1.6 超声加工 …………………………… 210
7.1.7 磨料流加工 ………………………… 211
7.1.8 水射流切割 ………………………… 211
7.2 快速成形制造技术 …………………… 212
 7.2.1 光敏树脂液相固化成形 …………… 212
 7.2.2 选择性激光粉末烧结成形 ………… 213
 7.2.3 薄片分层叠加成形 ………………… 214
 7.2.4 熔丝堆积成形 ……………………… 214
7.3 先进制造生产模式 …………………… 215
 7.3.1 计算机集成制造系统 ……………… 215
 7.3.2 并行工程 …………………………… 218
 7.3.3 精益生产 …………………………… 221
 7.3.4 敏捷制造 …………………………… 222
 7.3.5 虚拟制造 …………………………… 223
本章小结 …………………………………… 225
思考题与习题 ……………………………… 225

第8章　汽车产品设计的结构工艺性 …… 226

本章提要 …………………………………… 226
8.1 零件机械加工的结构工艺性 ………… 226
8.2 产品结构的装配工艺性 ……………… 235
本章小结 …………………………………… 241
思考题与习题 ……………………………… 241

第9章　典型汽车零件的机械加工工艺 …… 242

本章提要 …………………………………… 242
9.1 连杆加工工艺 ………………………… 242
 9.1.1 连杆的结构特点及主要技术要求 …………………………… 242
 9.1.2 连杆的材料和毛坯 ………………… 244
 9.1.3 连杆的机械加工工艺过程分析 …………………………… 244
 9.1.4 连杆机械加工的工艺过程 ………… 247
9.2 曲轴加工工艺 ………………………… 248
 9.2.1 曲轴的结构特点及主要技术要求 …………………………… 249
 9.2.2 曲轴的材料及毛坯 ………………… 249
 9.2.3 曲轴的机械加工工艺过程分析 …………………………… 250
 9.2.4 曲轴机械加工的工艺过程 ………… 251

9.3 箱体加工工艺 ………………………… 253
 9.3.1 箱体的结构特点及主要技术要求 …………………………… 253
 9.3.2 箱体的材料及毛坯 ………………… 254
 9.3.3 箱体的机械加工工艺过程分析 …………………………… 254
 9.3.4 箱体机械加工的工艺过程 ………… 258
本章小结 …………………………………… 259
思考题与习题 ……………………………… 259

第10章　汽车车身制造工艺 …………… 260

本章提要 …………………………………… 260
10.1 汽车车身冲压材料 …………………… 260
 10.1.1 汽车车身覆盖件的结构特点及质量要求 ………………… 260
 10.1.2 汽车车身冲压材料 ………………… 261
10.2 汽车车身覆盖件冲压工艺 …………… 262
 10.2.1 冲压工艺的特点 …………………… 262
 10.2.2 车身覆盖件冲压模具 ……………… 263
 10.2.3 车身覆盖件冲压工艺实例 ………… 265
*10.3 汽车车身焊装工艺 …………………… 266
 10.3.1 焊接的实质及车身焊装的特性 …………………………… 266
 10.3.2 白车身的焊装流程 ………………… 267
 10.3.3 车身常用的焊接方法 ……………… 268
 10.3.4 车身焊装夹具及焊装生产线 …… 270
*10.4 汽车车身涂装工艺 …………………… 271
 10.4.1 车身涂装的基本概念 ……………… 271
 10.4.2 车身涂料 …………………………… 271
 10.4.3 车身漆前表面处理 ………………… 273
 10.4.4 电泳涂装底漆 ……………………… 274
 10.4.5 中涂与面漆工艺 …………………… 275
 10.4.6 汽车车身典型涂装工艺 …………… 276
本章小结 …………………………………… 277
思考题与习题 ……………………………… 277

*第11章　汽车制造轻量化技术简介 …… 279

本章提要 …………………………………… 279
11.1 高强度钢及其加工技术和应用 …… 279
 11.1.1 高强度钢概况 ……………………… 279
 11.1.2 高强度钢的分类 …………………… 279
 11.1.3 高强度钢先进成形加工技术与

    应用 …………………………………… 280
11.2 铝合金及其加工技术和应用 ……… 283
  11.2.1 铝合金概况 …………………… 283
  11.2.2 铝合金的分类及应用 ………… 284
  11.2.3 铝合金先进成形加工技术与
     应用 …………………………… 286
11.3 镁合金及其加工技术和应用 ……… 287
  11.3.1 镁合金概况 …………………… 287
  11.3.2 镁合金的分类及应用 ………… 287
  11.3.3 镁合金先进成形加工技术与
     应用 …………………………… 288
11.4 纤维增强复合材料及其加工技术和
  应用 ……………………………… 290
  11.4.1 纤维增强复合材料概况 ……… 290
  11.4.2 碳纤维 ………………………… 290

  11.4.3 天然纤维 ……………………… 295
11.5 工程塑料及其加工技术和应用 …… 298
  11.5.1 工程塑料概况 ………………… 298
  11.5.2 工程塑料的分类及应用 ……… 299
  11.5.3 工程塑料成型加工技术 ……… 300
11.6 连接技术 ………………………… 301
  11.6.1 连接技术概况 ………………… 301
  11.6.2 激光钎焊技术 ………………… 301
  11.6.3 搅拌摩擦焊 …………………… 301
  11.6.4 锁铆及自锁铆 ………………… 302
  11.6.5 胶接和密封技术 ……………… 302
本章小结 …………………………………… 303
思考题与习题 ……………………………… 303

参考文献 ………………………………… 304

第1章

绪 论

　　汽车工业是国民经济的支柱产业,在社会进步和经济发展中起着举足轻重的作用。在现代社会中,汽车工业不仅能为人类提供数量最多且最灵活适宜的交通运输工具,而且还能带动相关产业及工业技术的发展,促进整个社会的繁荣。

　　汽车工业是当代工业大生产的典型代表。它采用大批量生产,追求规模化、质量优、成本低与效益高的综合经济目标。为此,汽车工业不断吸收与采纳新技术、新工艺和新材料方面的最新研究成果,已成为先进制造技术的重要载体,许多高效自动的加工制造技术,如计算机集成制造系统(CIMS)、增材制造(Additive Manufacturing)、并行工程(Concurrent Engineering)等,均已应用于汽车制造业中。近年来空气质量日益恶化使先进电动汽车(Electric Vehicle,EV)包括纯电动汽车(Battery Electric Vehicle,BEV)、混合动力汽车(Hybrid Electric Vehicle,HEV 或 HV)和燃料电池汽车(Fuel Cell Electric Vehicle,FCEV)发展迅速,它集机械、电子、汽车、电机、智能控制、化学电源、计算机、新材料等科学领域和工程技术中最新成果于一身,是多种高新技术凝聚的结果。但是,无论是燃油汽车还是先进电动汽车,是传统的制造技术还是先进制造技术,其核心均是以工艺信息系统为中心,可见汽车制造工艺学在现代汽车制造中的重要性。

1.1 我国汽车制造业的现状

　　我国汽车制造产业发展较晚,1980 年,我国汽车年销量仅 20 万辆。2001 年,我国加入WTO,汽车制造产业迎来了黄金发展期。近 20 年来,汽车制造业迅猛发展,企业数量和资产规模快速扩大,截至 2017 年 9 月,我国汽车行业的企业数量达到 14620 家,占全国工业企业数量的 3.8%。汽车制造企业的产品销售量和销售收入也持续增加,2018 年全年我国乘用车销量达到 2235 万辆。同时,一些技术含量较高的产品,如汽油机电喷系统、轿车用ABS、汽车安全气囊等,已在国内批量生产。现阶段,我国的汽车市场快速普及的高增长阶段已经过去,新的消费时代悄然而至,这对于中国的汽车制造业提出了新的挑战。

　　我国电动汽车产业在政府各项政策的推动下,2018 年电动汽车产量和销量分别达到127 万辆和 125.6 万辆,稳居全球第一名,发展电动汽车是我国能源和环保战略的一个重要方向。中国电动汽车仍处于持续发展阶段,产业即将进入快速发展的机遇期,并开始步入创新之路。现在我国电动汽车的驱动电机、电池系统、电控等关键技术以及整车技术已经取得了显著进步。

　　随着汽车技术的飞速发展,电动汽车底盘结构、混合动力及氢燃料电池汽车技术、高级驾驶员辅助系统、车联网和自动驾驶技术等新趋势、新方向领域的课题也已被我国相关部门专门列入重点研发专项,电动汽车产业的商业化创新模式也有了飞速发展。

随着全球经济一体化分工体系的确立和汽车制造产业的转移，我国汽车工业已形成多品种、全系列的各类整车和零部件生产及配套体系，在产业规模、产品研发、结构调整、市场开拓、对外开放等方面实现了跨越式发展，已成为全球汽车工业体系的重要组成部分，并逐步由汽车生产大国向汽车产业强国转变。

虽然我国的汽车工业已取得了举世瞩目的快速发展，但是在产品研发、零部件生产技术等方面与发达国家相比仍存在一定的差距。

1.2 汽车制造工艺人员的根本任务

汽车工业是技术密集型产业，在生产中应用了各种高新工艺技术，在从原材料进厂到产品出厂的整个生产过程中，都离不开工艺。汽车生产的工艺过程十分复杂，是包括生产准备、原材料供应、制造工艺、计划管理、生产计划调度、组织劳动生产、产品检验与测试等整个生产过程的多方面统一体。汽车的生产工艺是对整个汽车生产过程的正确表述，其核心是汽车制造工艺。汽车制造工艺是企业生产的基础，它直接影响着产品的质量生产效率、企业的有序运作和经济效益。

汽车的质量和性能首先取决于设计，有了好的设计，汽车的质量和可靠性则取决于工艺水平。在保证汽车产品质量的前提下，降低生产成本同时提高劳动生产率是研究汽车制造工艺的出发点，也是汽车制造工艺人员的根本任务。

学习和研究汽车制造工艺学的目的是为完成上述根本任务打好必要的理论基础。对于工艺人员，重点是要研究保证汽车零件加工质量的方法，同时研究如何制订合理的工艺方案。工艺理论和工艺方法的运用灵活性很大，因此在掌握基础理论和方法后，需对实际应用中的具体问题具体分析，本着优质、高产、低耗的原则，在生产中正确运用工艺理论和工艺方法，不断提高工艺人员的工艺水平。汽车制造工艺人员不但要能熟练地制订工艺，而且要有相应的管理知识、能力和相关专业的技术知识——既要有一定的铸造、锻压、热处理等专业知识，还要有刀具和夹具的设计与制造、机床维修及数控技术等方面的知识；要经常到生产中调研、总结，密切研究国内外汽车制造企业的先进制造工艺及技术动态等。这样，才能成为具有较强能力的合格工艺人员。

1.3 课程教学目标

车辆（汽车）工程专业培养面向汽车整车设计制造、汽车零部件生产、管理，汽车检测、维修与销售服务等行业人才。现代大学生应该具有职业岗位所需要的相应基础知识和专业技能、良好的职业道德和职业生涯发展基础，在人才竞争中充分利用各种机遇和优势加速培养自身价值和竞争力。

本书的编写力求体现内容、方法的不断改革创新及教学过程的实践性和开放性，制作MOOC⊖，在爱课程——中国大学MOOC平台为学生提供更多的碎片化学习内容，力求浅

⊖ MOOC（Massive Open Online Courses），即大型开放式网络课程。

显易懂和形象化，注重反映本学科理论与技术的新进展，着力于提高学生对课程的学习兴趣和综合能力。

1.4 教学内容与安排

1. 教学内容

第2、9章　汽车零件机械加工工艺规程的制订及典型实例

机械加工的目的就是将毛坯加工成符合产品要求的零件，"加工"包含了机械加工手段与过程，汽车中的大多数零件都要进行机械加工。通常，毛坯需要经过若干工序才能转化为符合产品要求的零件。在现有的生产条件下如何采用经济有效的加工方法，并将若干加工方法以合理路径安排以获得符合产品要求的零件是这两章所要解决的重点问题。第2、9章的主要内容：掌握工序、工步、走刀、安装、工位、基准、生产过程与机械加工过程等概念，在此基础上将重点学习机械加工工艺规程的作用、内容及编制方法，其中包括基准内容及工艺基准选用原则，加工方法选用原则，加工阶段和加工顺序安排原则，加工余量的确定和工艺尺寸链的计算等内容；熟悉连杆、曲轴和箱体三种典型汽车零部件的结构特点，掌握其机械加工中的定位、工艺过程、加工方法、质量控制及热处理工艺的应用等。

第3章　机床夹具设计原理

机床夹具是机械加工工艺系统的一个重要组成部分。为保证工件某工序的加工要求，必须使工件在机床上相对刀具的切削或成形运动处于准确的相对位置。本章主要围绕工件在夹具上的定位、夹紧原理展开。其主要内容包括工件定位的基本原理、基本定位元件对工件的定位、定位误差的分析与计算、夹紧力及夹紧装置设计的一般原则、常用的夹紧机构、典型机床夹具简介、现代夹具发展趋势、机床夹具的设计步骤。

第4章　汽车零件机械加工精度

汽车产品的质量与零件的加工质量和装配质量有着密切的关系。汽车零件的加工质量是由加工精度和表面质量两方面所决定的，它将直接影响机器的工作性能和使用寿命。生产实际中经常遇到的许多工艺问题，其多数表现为加工精度问题。本章主要是研究机械加工精度，从加工精度概念入手，深入了解和研究加工误差的产生原因和影响因素，掌握加工误差的变化规律，寻求提高加工精度的途径以确保零件的加工质量。机械加工精度是本课程的核心内容之一。本章的主要内容有机械加工精度的基本概念、影响加工精度的因素、加工误差的统计分析及提高加工精度的途径四个方面。

第5章　机械加工表面质量

机械加工的表面质量与机械产品的使用性能、使用寿命和可靠性密切相关。任何经过机械加工的零件表面，都不是完全理想的表面，总是会存在一定程度的微观不平、表面缺陷、冷作硬化、残余应力及金相组织变化等现象。虽然这些变化只发生在零件很薄的表面层内，但机械零件的腐蚀、磨损和疲劳断裂等失效事故常常起源于表面及表面层。本章主要内容有机械加工表面质量和表面完整性的含义，表面质量和表面完整性对耐磨性、疲劳性、耐蚀性等使用性能的影响，零件表面和表面层在加工中的变化和发生变化的机理，以及机械加工中各种工艺因素对零件表面和表面层的影响规律。

第6章　汽车装配工艺

汽车装配是汽车制造过程中最后的工艺环节，它将最终保证汽车部件的质量。若装配工艺制订不合理，即使所有机械零件都符合质量要求，也不能装配出合格产品。只有做好装配的各项准备工作，选择适当的装配方法，才能高质量、高效率、低成本地完成装配任务。本章主要内容有明确汽车装配解决的基本问题，掌握互换法、选配法、修配法和调整法的基本原理、计算方法及应用范围，了解装配工艺规程制订内容，掌握装配工艺文件的整理与编写要求。

第7章　汽车先进制造技术简介

现代科学技术的发展与交叉融合，不仅给汽车制造技术提出了新的要求，也给汽车制造技术提供了强大支持，因此，近年来涌现出了许多新的汽车制造技术。根据现代汽车制造技术的发展趋势，本章主要介绍特种加工技术、快速成形制造技术的基本原理、方法和特点，以及先进制造生产模式的基本概念、组成和特点。

第8章　汽车产品设计的结构工艺性

在汽车产品设计时，除了应满足产品的使用性能要求外，还应满足制造工艺要求，不满足制造工艺要求的设计将影响产品及零部件制造时的生产效率和经济性，甚至无法制造。因此，汽车产品设计时就考虑如何满足制造工艺要求是非常重要的，所设计的整车及其零部件都应具有良好的工艺性。本章主要内容有零件机械加工的结构工艺性和产品结构的装配工艺性。

第10章　汽车车身制造工艺

汽车车身是汽车驾驶人操纵汽车的乘坐室，也是承载货物和人员的载体。汽车车身是支承、连接汽车的底盘、发动机，同时将底盘、发动机等部件进行覆盖的钣金件总称。汽车车身是一个形状复杂的空间薄壁壳体，其制造工艺是一类较为特殊的生产工艺，它是将薄钢板进行冲压成形，再使用焊接设备进行钣金件的焊接，从而获得满足碰撞法规要求的安全车身，然后使用涂装设备对覆盖件进行表面处理，进而获得耐用和美观的车身。本章主要内容有汽车车身冲压材料、汽车车身覆盖件冲压工艺、汽车车身装焊工艺、汽车车身涂装工艺。

第11章　汽车制造轻量化

汽车轻量化是实现汽车节能减排的重要技术措施，是国家能源安全战略的需要，是汽车发展的重要方向之一。汽车轻量化技术通常包括结构轻量化设计、轻量化材料、轻量化制造工艺和轻量化连接技术等方面。本章主要内容有了解汽车轻量化材料及其相关成形工艺，了解汽车制造中的轻量化连接技术。

2. 教学安排

学习本课程前完成画法几何及工程制图、机械设计、互换性与技术测量、汽车构造、汽车材料、金工实习等技术基础课程和相关实践教学环节的教学。学完本课程后安排汽车设计、发动机设计、汽车测试技术与试验等课程；进行汽车生产实习，主要是现场学习典型零件的加工工艺与汽车制造生产运行；安排 2~3 周"汽车制造工艺学"课程设计，可使学生在课程中学到的汽车制造工艺相关知识得以巩固与应用，为将来从事工艺类课题研究或工作中开展工艺技术创新等方面奠定一定的基础。

第2章

汽车零件机械加工工艺规程的制订

本 章 提 要

机械加工的目的就是将毛坯加工成符合产品要求的零件，"加工"包含了机械加工手段与过程，汽车中的大多数零件都要进行机械加工。通常，毛坯需要经过若干工序才能转化为符合产品要求的零件。在现有的生产条件下如何采用经济有效的加工方法，并将若干加工方法以合理路径安排以获得符合产品要求的零件是本章所要解决的重点问题；批量生产、调整法加工是本章研究问题的出发点和基础。学习本章，首先需要掌握工序、工步、走刀、安装、工位、基准、生产过程与机械加工过程等概念，在此基础上将重点学习机械加工工艺规程的作用、内容及编制方法，其中包括基准内容及工艺基准选用原则，加工方法选用原则，加工阶段和加工顺序安排原则，加工余量的确定和工艺尺寸链的计算等内容。本章重点是粗基准、精基准的选择原则，加工阶段的划分，工序的集中及分散，加工余量的确定，极值法解尺寸链；难点是粗基准、精基准的选择原则的深入理解和应用，综合应用各种工艺规程设计原则编制合理的工艺规程，应用极值法解尺寸链。

2.1 零件制造的工艺过程

2.1.1 生产过程

任何一辆汽车的制造，都要经过市场调研分析、产品设计、生产准备、原材料的运输和保管、毛坯制造、机械加工、热处理、装配和调试、检验和试车、喷漆和包装等若干过程，这些相互关联的劳动过程的总和，称为生产过程。

这个过程往往是由许多工厂或工厂的许多车间联合完成的，这样有利于专业化生产，使工厂或车间的产品简单化，对提高生产效率、保证产品质量、降低成本大有好处。例如汽车、拖拉机等装备制造一般就采用这种专业化生产的方法。

生产过程的实质是由原材料（或半成品）变为产品的过程。因此一个工厂的生产过程，又可按车间分成若干个车间的生产过程。某个工厂或某个车间所生产的产品（或半成品）可能是另一个工厂或车间的原材料，如铸造车间的产品是机械加工车间的原材料。

2.1.2 工艺过程

一辆汽车有3万多个零部件，作为一个运输装备，其大多数零件处于运动副配合状态，要保证它们的良好运动特性，这些零部件必须要有很高的加工精度，因此汽车关键零部件都要进行机械加工,这也是目前高精度汽车零部件加工的唯一高效经济的制造方法。

用机械加工的方法,直接改变原材料或毛坯的形状、尺寸和性能等,使之变为合格零件的过程,称为零件的机械加工工艺过程,又称工艺路线或工艺流程。

将零件装配成部件或产品的过程,称为装配工艺过程。

1. 工艺过程的组成

工艺过程是由一个或若干个依次排列的工序所组成的。毛坯顺次通过这些工序就变成了成品或半成品。

(1) **工序** 一个(或一组)工人,在一个固定的工作地点(一台机床或一个钳工台),对一个(或同时对几个)工件所连续完成的那部分工艺过程,称为工序。它是工艺过程的基本单元,又是生产计划和成本核算的基本单元。

图 2-1 所示为阶梯轴的零件图。若其生产批量比较小,则其加工工艺过程可由五个工序组成,见表 2-1。棒料毛坯依次通过这五个工序就变成阶梯轴的产品零件。

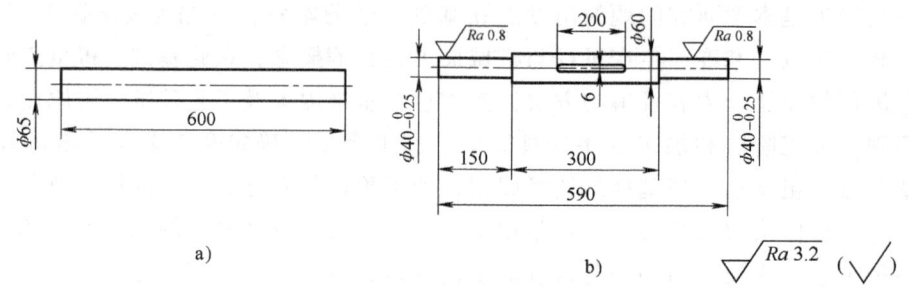

图 2-1 阶梯轴的零件图
a) 坯料 b) 半成品

表 2-1 阶梯轴加工工艺过程

工序号	工序名称	工作设备
5	车端面,钻中心孔	车床
10	车外圆	车床
15	铣键槽	立式铣床
20	磨外圆	磨床
25	去毛刺	钳工台

同样加工图 2-1 所示零件,若生产批量比较大,此时可将工序 5 变为两个工序,即将每个毛坯在一台车床上由一个工人车削一个端面和钻其上的中心孔,然后卸下来,转移到另一台车床上由另一个工人调头车削另一个端面和钻中心孔,这样对每个毛坯来说,左、右端面和中心孔不是连续加工的,因此表 2-1 中的工序 5 就分成了两个工序。

由表 2-1 可以看出,工序号的编制是不连续的,以方便更改。例如,在批量生产中,工序 5 就可以方便地分为 5、7 两道工序:5 为车左端面,钻中心孔;7 为车右端面,钻中心孔。

(2) **工步** 工步是工序的组成单位。在被加工的表面(或装配时的连接表面)和切削刀具(或装配工具)均保持不变的情况下,所连续完成的那部分工序,称为工步。当其中有一个因素变化时，则为另一个工步。当同时对一个零件的几个表面进行加工时，则为复合工步。

划分工步的目的，是便于分析和描述比较复杂的工序，更好地组织生产和计算工时。

（3）**走刀** 被加工的某一表面，由于余量较大或其他原因，在切削用量不变的条件下，用同一把刀具对它进行多次加工，每加工一次，称一次走刀。

（4）**安装** 工件在加工前，在机床或夹具中相对刀具应有一个正确的位置并给予固定，这个过程称为装夹，一次装夹所完成的那部分加工过程称为安装。安装是工序的一部分。

每一个工序可能有一次安装，也可能有几次安装。如表 2-1 中的工序 5，若对一个工件的两端连续进行车端面、钻中心孔，就需要两次安装（分别对两端进行加工），每次安装有两个工步（车端面和钻中心孔）。

在同一工序中，安装次数应尽量少，这样既可以提高生产效率，又可以减少由于多次安装带来的加工误差。

（5）**工位** 为减少工序中的装夹次数，常采用回转工作台或回转夹具，使工件在一次安装中，可先后在机床上占有不同的位置进行连续加工，每一个位置所完成的那部分工序，称一个工位。

如图 2-2a 所示，两个齿轮零件装夹在回转夹具上，用两个压板夹紧，立式铣刀铣削齿轮端面的五个槽。每加工完一个槽，松开压板及两个定位销，转动齿轮回转 72°，再加工下一个槽，直到将五个槽加工完毕。因此共有五个工位。

如图 2-2b 所示，在三轴钻床上利用回转工作台，按四个工位连续完成每个工件的装夹、钻孔、扩孔和铰孔。

采用多工位加工，可以提高生产率和保证被加工表面间的相互位置精度。

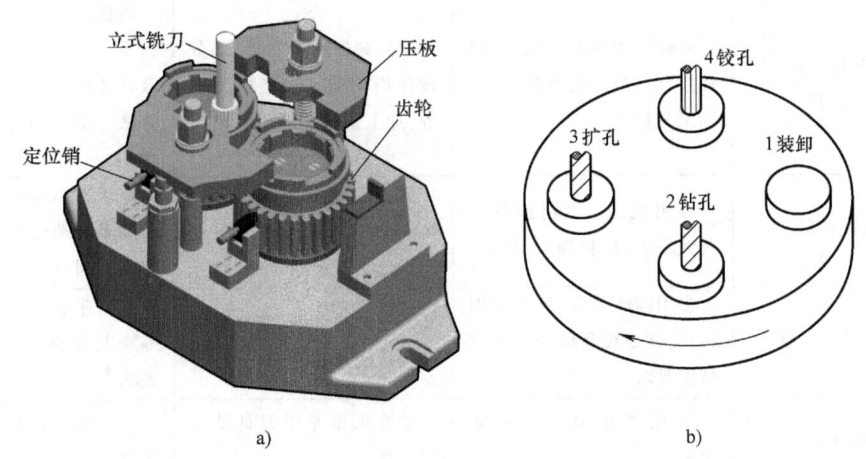

图 2-2 多工位加工

2. 生产类型对工艺过程的影响

工艺路线是零件加工工艺的步骤，其基本内容的组成和特征与工件的结构形状、技术条件、生产条件等有关，但是生产类型也对它有着重要的影响。当生产类型不同时，生产组织和生产管理、车间的机床布置、毛坯的制造方法、采用的工艺装备（刀、夹、量具）、加工方法以及工人的熟练程度等都有很大的不同，因此在制订工艺路线之前必须明确该产品的生产类型。

生产类型是指企业（或车间、工段、班组、工作地）生产专业化程度的分类，一般分为：

(1) **单件生产** 单个地生产不同结构和不同尺寸的产品，并且很少重复。例如，重型机器制造、专业设备制造和新产品试制等。

(2) **成批生产** 一年中分批地制造相同的产品，制造过程有一定的重复性。例如，机床制造就是比较典型的成批生产。每批制造的相同产品的数量称为批量。根据批量的大小，成批生产又可分为小批生产、中批生产和大批生产。小批生产工艺过程的工艺特点和单件小批生产相似；大批生产工艺过程的工艺特点和大量生产相似；中批生产工艺过程的工艺特点则介于单件小批生产和大批大量生产之间。

(3) **大量生产** 产品数量很大，大多数工作地点长年累月地重复进行某一个零件的某一道工序的生产加工。例如，汽车、拖拉机、轴承等的制造通常都是以大量生产的方式进行。

各种生产类型的工艺过程的特点可归纳成表 2-2，利用它可判断已有工艺路线的生产类型。

表 2-2 各种生产类型的工艺过程的特点

工艺过程的特点 \ 生产类型	单件生产	成批生产	大量生产
工件的互换性	一般是配对制造，没有互换性，广泛用钳工修配	大部分有互换性，少数用钳工修配	全部有互换性。某些精度较高的配合件用分组选择装配法
毛坯的制造方法及加工余量	铸件用木模手工造型，锻件用自由锻。毛坯精度低，加工余量大	部分铸件用金属模，部分锻件用模锻。毛坯精度中等，加工余量中等	铸件广泛采用金属模机器造型，锻件广泛采用模锻，以及其他高生产率的毛坯制造方法。毛坯精度高，加工余量小
机床设备	通用机床。按机床种类及大小采用"机群式"排列	部分通用机床和部分高生产率机床。按加工零件类别分工段排列	广泛采用高生产率的专用机床及自动机床。按流水线形式排列
夹具	多用标准附件，极少采用夹具，靠划线及试切法达到精度要求	广泛采用夹具，部分靠划线法达到精度要求	广泛采用高生产率夹具，靠夹具及调整法达到精度要求
刀具与量具	采用通用刀具和万能量具	较多采用专用刀具及专用量具	广泛采用高生产率刀具和量具
对工人的要求	需要技术熟练的工人	需要一定熟练程度的工人	对操作工人技术要求较低，对调整工人技术要求较高
工艺规程	有简单的工艺路线卡	有工艺规程，对关键零件有详细的工艺规程	有详细的工艺规程

2.2 工艺规程的作用及设计步骤

"工艺规程"是规定产品或零部件制造工艺过程和操作方法等的工艺文件。工艺规程中包括各个工序的排列顺序，加工尺寸、公差及技术要求，工艺装备及工艺措施，切削用量及工时定额，工人等级等。

2.2.1 工艺规程卡片的格式

早期各厂所用的机械加工工艺规程的格式是不统一的，但大同小异，1982年机械工业部针对工艺规程格式的不统一制订了部颁标准（参阅JB/Z 1187.3—1982），1998年又进行了修订（参阅JB/T 9165.2—1998）。

在单件小批生产中，一般只编制内容比较简单的工艺过程综合卡片（简称过程卡），卡片中有产品名称和型号，零件的名称和件号，毛坯的种类和材料，工序的序号、名称和内容，完成各工序的车间、设备和工序装备及工时定额等。

在成批生产中，一般需要编制比较详细的工艺卡片，在卡片中不仅要填写上述的内容，而且要详细说明每一道工序所包括工位和工步的顺序、工艺尺寸和技术要求。对主要工序还要画出工序草图，在图上标示出被加工表面在该工序所达到的尺寸公差、几何公差和表面粗糙度及工件的安装方法等，在单件小批生产中，对某些重要零件的加工有时也制订工艺卡片。

在大批、大量生产中，则要求在工艺卡片的基础上，分别为每一道工序编制工序卡，在工序卡片上画有工序图，图上要标示出完成本工序后的零件形状、尺寸、公差和技术条件，工件的安装方式，刀具的形状及位置等。在中小批量生产中，有时个别重要工序也编制工序卡片。

对于在各种自动或半自动机床上完成的工序，还要编制调整卡片。对于检验工序，还要编制检验卡片。对于需建立质量控制点的工序，还要编制操作指导卡片等。

2.2.2 工艺规程的作用

工艺规程的作用主要有以下几方面：

(1) **工艺规程是指导生产的主要技术文件** 正确的工艺规程，是在长期生产实践和科学试验的基础上，运用工艺理论，又结合具体生产条件制订的，并在实践过程中不断地加以改进和完善。因此按照工艺规程可以使各工序紧密配合、严格检查，有组织、有纪律地进行文明生产，不出差错，保证优质、高产、低消耗、低成本地制造出产品。

(2) **工艺规程是生产组织和生产管理工作的依据** 产品投入生产之前，可根据工艺规程进行必要的技术准备和生产准备工作。例如，原材料和毛坯的供应、机床的准备和调整、专用工艺装备的设计和制造、劳动力的组织等。另外，工厂的生产计划和调度部门可以根据工艺规程安排投料时间，平衡设备负荷，下达生产计划，使生产有节奏而均衡地进行。

（3）工艺规程是新建、扩建或改建机械制造厂的主要技术资料　根据工艺规程可以确定出所需要的机床种类、型号和数量，车间的生产面积和设备的平面布置，生产工人的数量、工种和等级等，从而可以拟定出筹建、扩建或改建机械制造厂的计划。

总之，零件的机械加工工艺规程是每个机械制造厂或加工车间必不可少的技术文件。生产前用它做生产的准备，生产中用它做生产的指挥，生产后用它做生产的检验。因此工厂或车间的每个工人、技术人员和干部都必须按照工艺规程进行生产，以确保产品质量，提高生产率，降低成本，保障安全生产。

2.2.3　工艺规程设计的步骤

1）研究和分析零件的工作图。首先明确零件在产品中的作用、地位和工作条件，并找出其主要的技术要求和规定它的依据，然后对零件图进行工艺审查。审查的内容有零件图上的视图是否完整和正确，零件图上所标注的技术要求、尺寸、表面粗糙度和公差是否齐全、合理，零件的结构是否便于加工、装配和提高生产率，零件材料是否立足于国内而且资源丰富又容易加工。对以上内容，如果在审查过程中认为不合理或者是错误及遗漏，可提出修改意见。

2）根据零件的生产纲领确定零件的生产类型。零件的生产纲领可按下式计算

$$N_C = N_P n(1+\alpha)(1+\beta) \tag{2-1}$$

式中　N_C——零件的生产纲领（件/年）；

　　　N_P——产品的生产纲领（台/年）；

　　　n——每台产品中包含该零件的数量（件/台）；

　　　α——该零件备件的百分率；

　　　β——该零件废品的百分率。

表 2-3 为划分生产类型的参考数据，利用它可以初步划分要设计的工艺规程的生产类型。划分生产类型，既要根据生产纲领，同时还要考虑零件的体积、质量等因素。值得注意的是，生产类型将直接影响工艺过程的内容和生产的组织形式，并在一定程度上对产品的结构设计也有重要影响。

表 2-3　划分生产类型的参考数据

生产类型		零件年产量(件)		
		重型零件	中型零件	轻型零件
单件生产		<5	<10	<100
成批生产	小批	5~100	100~200	200~500
	中批	100~300	200~500	500~5000
	大批	300~1000	500~5000	5000~50000
大量生产		>1000	>5000	>50000

3）确定毛坯的种类。若毛坯的种类不同，即使是同一个零件，其加工工艺过程也不相同，因此在制订工艺规程时必须正确地选择毛坯的种类和了解毛坯的制造情况。

在大批、大量生产中，常采用精度和生产率较高的毛坯制造方法，如金属型铸造、精

密铸造、模锻、冲压、粉末冶金等，使毛坯的形状更接近于零件的形状。因此可大量减少切削加工的劳动量，甚至可不需要进行切削加工（无切屑加工），从而提高了材料的利用率，降低了机械加工的成本。

在单件、小批生产中，一般采用木模手工砂型铸造和自由锻，因此毛坯的精度低，成本高，废品率高，切削加工劳动量大。

4）拟定零件加工的工艺路线。其内容包括定位基准面的选择，各表面的加工方法选择，加工阶段的划分，各表面加工顺序的安排，工序集中或分散的确定，热处理及检验工序的安排，其他辅助工序（如清洗、去毛刺、去磁、倒角等）的安排等。

5）选定各工序的机床设备、工艺装备（刀、夹、量具）和辅助工具。

6）确定各工序的加工余量、工序尺寸及公差。

7）确定各工序的切削用量及工时定额。

8）技术经济分析。

9）填写工艺文件。

2.3 基准

在零件图上或实际的零件上，用来确定一些点、线、面位置时所依据的那些点、线、面称为基准。

2.3.1 基准的分类

根据基准的用途，基准可分为设计基准和工艺基准两大类。

1. 设计基准

设计人员在零件图上标注尺寸或相互位置关系时所依据的那些点、线、面称为设计基准。如图2-3a所示，端面C是端面A、B的设计基准；中心线$O—O$是外圆柱面ϕD和ϕd的设计基准；中心O是E面的设计基准。

2. 工艺基准

零件在加工或装配过程中所使用的基准，称为工艺基准（也称制造基准）。工艺基准按用途又可分为：

（1）**工序基准** 在工序图上标注被加工表面尺寸（称工序尺寸）和相互位置关系时，所依据的点、线、面称为工序基准。如图2-3a所示的零件，加工端面B时的工序图为图2-3b，工序尺寸为l_4，则工序基准为端面A，而其设计基准是端面C。

（2）**定位基准** 工件在机床上加工时，在工件上用以确定被加工表面相对机床、夹具、刀具位置的点、线、面称为定位基准。确定位置的过程称为定位。如图2-3c所示，加工E面的工件是以外圆ϕd在V形块上定位的，其定位基准则是外圆ϕd的母线M、N。加工轴类零件时，常以顶尖孔为定位基准。加工齿轮外圆或切齿时，常以内孔和端面为定位基准。定位基准常用的是"面"，所以也称为定位面，常以符号"∨"表示，其尖端指向定位面。图2-4所示为切齿时的定位基准表示法。

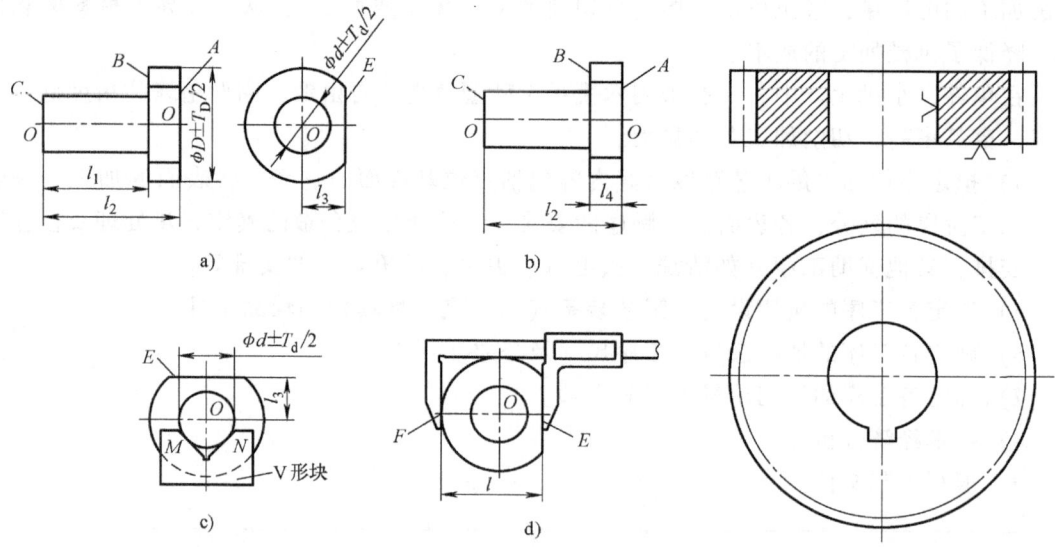

图 2-3 各种基准示例

图 2-4 切齿时的定位基准表示法

（3）测量基准 在工件上用以测量已加工表面位置、尺寸时所依据的点、线、面称为测量基准。一般情况下常采用设计基准为测量基准。如图 2-3a 所示，当加工端面 A、B，并保证尺寸 l_1、l_2 时，测量基准就是它的设计基准端面 C。但当以设计基准为测量基准不方便或不可能时，也可采用其他表面为测量基准。如图 2-3d 所示，表面 E 的设计基准为中心 O，而测量基准为外圆 ϕD 的母线 F，此时的测量尺寸为 l。

（4）装配基准 在装配时，用来确定零件或部件在机器中的位置时所依据的点、线、面称为装配基准。例如，齿轮装在轴上，内孔是它的装配基准；轴装在箱体孔上，则轴颈是装配基准；主轴箱体装在床身上，则箱体的底面是装配基准。

2.3.2 工件的装夹

1. 直接找正定位的装夹

将工件直接放在机床上，工人可用百分表、划线盘、直角尺等对被加工表面进行找正，确定工件在机床上相对刀具的正确位置之后再夹紧。

如图 2-5 所示，在大型滚齿机上滚切齿形时，若被加工齿轮的分度圆与已加工的外圆表面有较高的同轴度要求时，工件放在支座上之后，用百分表找正，使齿坯外圆的中心与工作台的回转中心重合，然后进行夹紧。

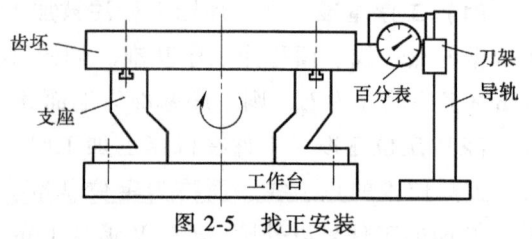

图 2-5 找正安装

这种装夹方法，找正困难且费时间，找正的精度要依靠生产工人的经验和量具的精度，因此多用于单件、小批生产或某些相互位置精度要求很高、应用夹具装夹又难以达到精度的零件加工。

2. 按划线找正装夹

工件在切削加工前，预先在毛坯表面上划出要加工表面的轮廓线，然后按所划的线将工件在机床上找正、夹紧。

划线时要注意照顾各表面间的相互位置关系并保证被加工表面有足够的加工余量。

这种装夹方法被广泛用于单件、小批生产，尤其适用于形状较复杂的大型铸件或锻件的机械加工。这种方法的缺点是增加了划线工序，另外由于划的线条本身有一定的宽度，划线时又有划线误差，因此它的装夹精度低，精度一般为 0.2~0.5mm。

3. 在夹具中装夹

夹具固定在机床上，夹具本身有使工件定位和夹紧的装置。工件在夹具上固定以后便获得了相对机床和刀具的正确位置。

这种装夹方法方便、迅速、精度高且稳定，广泛用于成批生产和大量生产中。如图 2-1 所示阶梯轴的铣键槽工序，可将工件直接放在夹具体的 V 形块上（见图 2-6），不用找正就保证了工件相对机床及刀具的位置，然后用压板夹紧工件，便可进行铣键槽的工作。

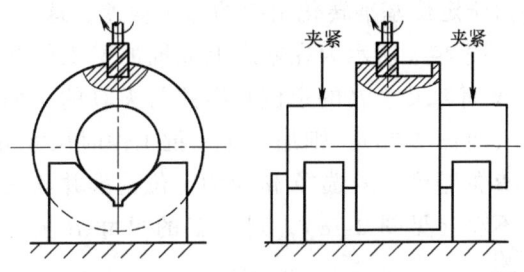

图 2-6　铣键槽工序的安装

对于某些零件（例如连杆、曲轴），即使批量不大，但是为了达到某些特殊的加工要求，仍需要设计制造专用夹具。

显然，机械加工中工件相关表面的位置精度（平行度、垂直度、同轴度等）是通过零件相对于机床刀具的正确安装再通过机械加工后获得的，当需要经过多次装夹加工时，在每次装夹时，有关表面的位置关系就可用上述适当的定位夹紧方法确定，位置精度靠相关的机床、夹具精度确定；也可以使有关表面的加工安排在工件的一次装夹中进行，加工表面间的位置精度主要靠这次装夹中的机床、夹具精度保证，这样可以减小由于多次装夹带来的误差。这三种方法，也是机械加工中获得工件位置精度常采用的方法。

2.3.3　定位基准的选择

定位基准选择得正确与否是关系到工艺路线和夹具结构设计是否合理的主要因素之一，并将影响工件的加工精度、生产率和加工成本，因此定位基准的选择是制订工艺规程的主要内容之一。

定位基准又分为粗定位基准、精定位基准和辅助定位基准，分别简称为粗基准、精基准和辅助基准。

粗基准：以未加工过的表面进行定位的基准称粗基准，一般第一道工序所用的定位基准为粗基准。

精基准：以已加工过的表面进行定位的基准称为精基准。

辅助基准：该基准在零件的装配和使用过程中无用处，只是为了便于零件的加工而设置的基准称为辅助基准，如轴加工用的顶尖孔等。

选择定位基准主要是为了保证零件加工表面之间以及加工表面与未加工表面之间的相

互位置精度，因此定位基准的选择应从有相互位置精度要求的表面间去找。

本章的研究基础是批量生产，采用调整法加工，其主要工艺特点是采用专用夹具。零件加工时，首先正确调整刀具、夹具、机床的相互位置关系，然后加工一批零件，加工过程中这个关系是不变的；每一个零件只需在夹具中定位安装，不需做其他调整便可以加工；刀具的安装位置相对于夹具上定位元件的基准面是确定的，而不是相对于工件的相关基准面是确定的。下面分别介绍有关精基准和粗基准选择的一般原则。

1. 精基准的选择

选择精基准时主要考虑应保证加工精度并使工件装夹得方便、准确、可靠。因此，选择精基准时要遵循以下几个原则：

（1）**基准重合的原则** 尽量选择工序基准（或设计基准）为定位基准。这样可以减少由于定位基准转化引起的加工误差。这是在一道工序中正确选择精基准的基本原则。

图 2-7a 所示为在钻床上成批加工工件孔的工序简图，N 面为尺寸 B 的工序基准。若选 N 面为尺寸 B 的定位基准并与夹具的 1 面接触，钻头相对 1 面位置已调整好且固定不动（见图 2-7b），则加工这一批工件时尺寸 B 不受尺寸 A 变化的影响，从而提高了加工尺寸 B 的精度。若选择 M 面为定位基准并与夹具的 2 面接触，钻头相对 2 面已调整好且固定不动（见图 2-7c），则加工的尺寸 B 要受到尺寸 A 变化的影响，使尺寸 B 加工精度下降。

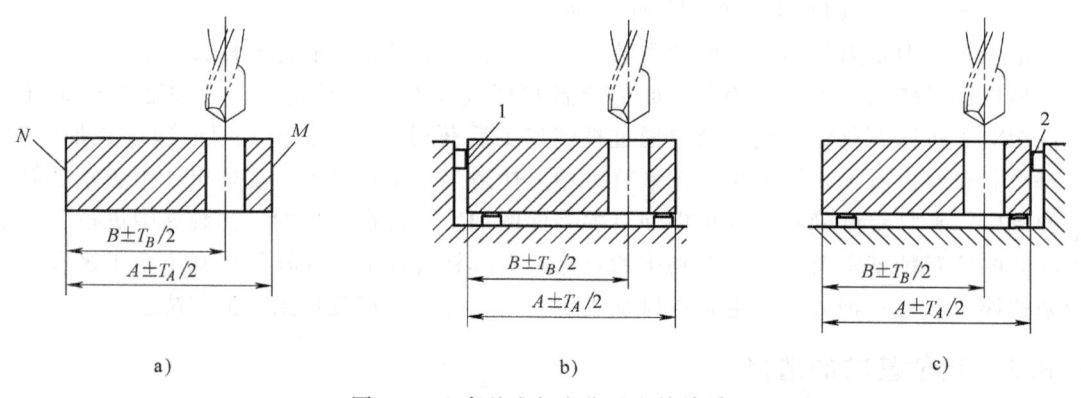

图 2-7 工序基准与定位基准的关系

（2）**基准不变的原则** 尽可能使各个工序的定位基准相同。这是在多道工序中正确选择精基准的原则。例如，轴类零件的整个加工过程中大部分工序都以两个顶尖孔为定位基准；齿轮加工的工艺过程中大部分工序以内孔和端面为定位基准；箱体加工中，若批量较大，大部分工序以平面和两个销孔为定位基准。

基准不变的优点：可使各工序所用的夹具统一，从而减少了设计和制造夹具的时间和费用，加速了生产准备工作，降低了生产成本；多数表面用同一组定位基准进行加工，避免因基准转换过多带来的误差，有利于保证其相互位置精度；由于基准不变就有可能在一次装夹中加工许多表面，使各表面之间达到很高的位置精度，又可避免由于多次装夹带来的装夹误差和减少多次装卸工件的辅助时间，有利于提高生产率。

（3）**互为基准，反复加工的原则** 当两个表面相互位置精度要求较高时，则两个表面互为基准反复加工，可以不断提高定位基准的精度，保证两个表面之间相互位置精度。这是两个相互位置精度要求较高表面加工时正确选择精基准的原则。如加工套筒类零件，当内、外圆柱表面的同轴度要求较高时，先以孔定位加工外圆，再以外圆定位加工孔，反复加工几次就可大大提高同轴度精度。

(4) **自为基准的原则** 当精加工或光整加工工序要求余量小且均匀时，可选择加工表面本身为精基准，以保证加工质量和提高生产率。这是在一道工序中保证加工余量均匀时正确选择精基准的原则。如精铰孔时，铰刀与主轴采用浮动连接，加工时以孔本身为定位基准；又如磨削车身导轨面时，常在磨头上装百分表以导轨面本身为基准来找正工件，或者用观察火花的方法来找正工件。应用这种精基准加工工件，只能提高加工表面的尺寸精度，不能提高表面间的相互位置精度，后者应由先行工序保证。

(5) **应能使工作装夹稳定可靠、夹具简单** 一般常采用面积大、精度较高和表面粗糙度值较小的表面为精基准。加工箱体类和支架类零件时常选用装配基准为精基准，因为装配基准多数面积大，装夹稳定、方便，设计夹具也较简单。例如，图 2-8 所示为机床主轴箱加工简图，一般是先加工装配基准面 A，再以 A 面为精基准加工主轴孔 B 及其他孔。

2. 粗基准的选择

在零件加工过程的第一道工序，定位基准必然是毛坯表面，即粗基准。选择粗基准时应从以下几个方面考虑：

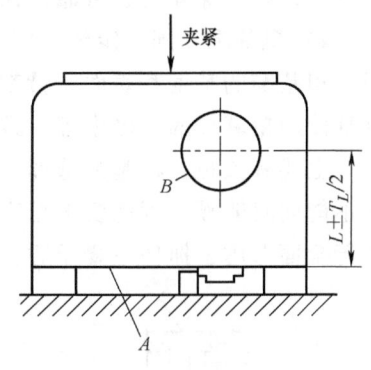

图 2-8 箱体加工的精基准的选择

1) 选择要求加工余量小而均匀的重要表面为粗基准，以保证该表面有足够而均匀的加工余量。

例如，导轨面是车床床身的主要工作表面，要求在加工时切去薄而均匀的一层金属，使其保留铸造时在导轨面上所形成的均匀而细密的金相组织，以便增加导轨的耐磨性。另外，小而均匀的加工余量将使切削力小而均匀，因此引起的工件变形小，而且不易产生振动，从而有利于提高导轨的几何精度和减小表面粗糙度值。因此，对加工床身来说，保证导轨面的加工余量小而均匀是主要的。加工时，应先选取导轨面为粗基准加工床脚的底平面（见图 2-9a），再以床脚的底平面为精基准加工导轨面，此时导轨面的加工余量可以小而均匀（见图 2-9c）。若先以床脚底平面为粗基准加工导轨面（见图 2-9b），则床脚底平面误差全部反映到导轨面上，使其加工余量不均匀。此时，在余量较大处，会把要保留的力学性能较好的一层金属切掉，而且由于余量不均匀而影响了加工精度。

2) 若某些表面不需加工，则应选择其中与加工表面有相互位置精度要求的表面为粗基准。

如图 2-10a 所示，为保证带轮的轮缘厚度均匀，应以不加工表面 1 为粗基准，车外圆表面。又如图 2-10b 所示，为保证零件的壁厚均匀，应以不加工的外圆表面 A 为粗基准，镗内孔。

3) 选择比较平整、光滑、有足够大面积的表面为粗基准，不允许有浇、冒口的残迹

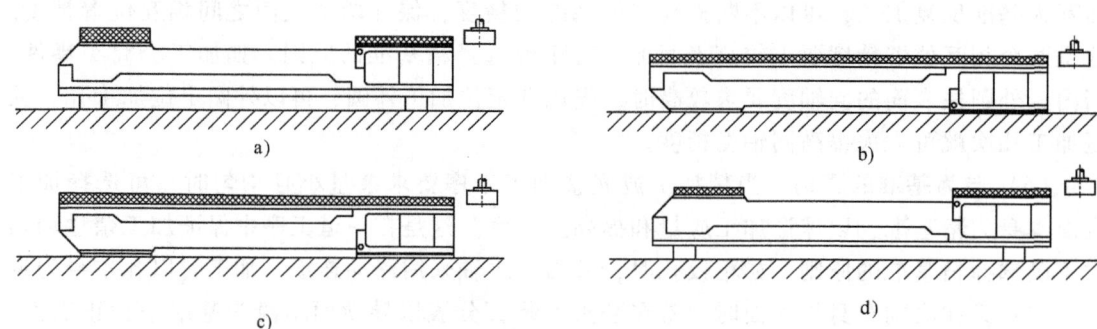

图 2-9 床身加工粗基准的选择

和飞边,以确保安全、可靠、误差小。

4)粗基准在同一定位方向上只允许在零件加工工序中使用一次,不允许重复使用。因为粗基准的精度和表面质量都很差,如果重复使用,则不能保证工件相对刀具的位置在重复使用粗基准的工序中都一致,因而影响加工精度。

上述有关粗、精基准选择原则中的每一项,只说明某一方面问题,在实际应用中,有时不能同时兼顾。因此要根据零件的生产类型及具体的生产条件,并结合整个的工艺路线进行全面考虑,抓住主要矛盾,灵活运用上述原则,正确选择粗、精基准。

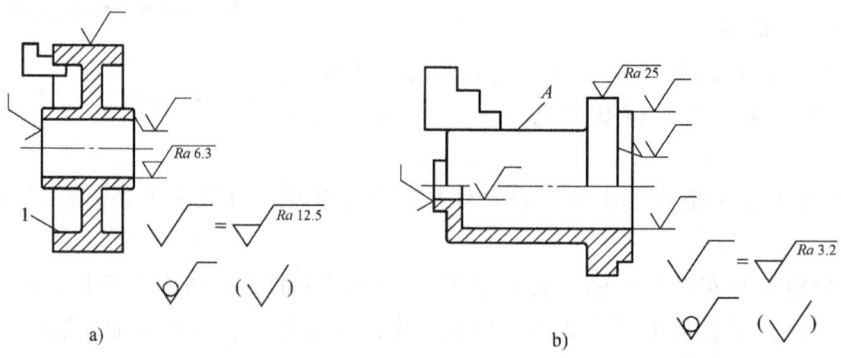

图 2-10 以不加工表面为粗基准

2.4 工艺路线的拟定

拟定零件机械加工工艺路线时,要解决的主要问题:零件各表面加工方法及使用设备的选择;加工阶段的划分;工序的划分;工序的安排等。

2.4.1 零件各表面加工方法及使用设备的选择

1. 加工方法的选择

(1) 各种加工方法的经济加工精度和表面粗糙度 不同的加工方法如车、铣、刨、钻、镗、磨等,其用途各不相同,所能达到的精度和表面粗糙度也大不一样。即使是同一种加工方法,在不同的加工条件下所得到的精度和表面粗糙度也大不一样,这是因为在加工过程中，将有各种因素对精度和表面粗糙度产生影响，如工人的技术水平、切削用量、刀具的刃磨质量、机床的调整质量等。

根据统计资料，某一种加工方法的加工误差（或精度）和成本的关系如图 2-11 所示。在 Ⅰ 段，当零件加工精度要求很高时，零件成本将要提得很高，甚至成本再提高，其精度也不能再提高了，存在着一个极限的加工精度，其误差为 Δ_α。相反，在 Ⅲ 段，虽然精度要求很低，但成本也不能无限降低，其最低成本的极限值为 S_α。因此在 Ⅰ、Ⅲ 段应用此法加工是不经济的。在 Ⅱ 段，加工方法与加工精度是相互适应的，加工误差与成本基本上是反比关系，可以较经济地达到一定的精度，Ⅱ 段的精度范围就称为这种加工方法的经济精度。

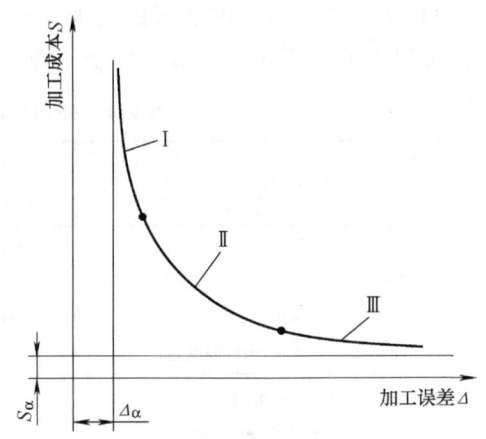

图 2-11　加工成本与精度的关系

所谓某种加工方法的经济精度，是指在正常的工作条件下（包括完好的机床设备、必要的工艺装备、标准的工人技术等级、标准的耗用时间和生产费用）所能达到的加工精度。与经济加工精度相似，各种加工方法所能达到的表面粗糙度值也有一个较经济的范围。各种加工方法所能达到的经济精度、表面粗糙度值、表面形状以及位置精度可查阅相关手册。

（2）加工方法和加工方案的选择　在分析研究零件图的基础上，对各加工表面选择相应的加工方法和加工方案。

1）首先要根据每个加工表面的技术要求，确定加工方法及加工方案。

一个零件的加工表面往往可以通过不同的加工方法实现（如平面可以采用铣削或刨削），通常一个零件的加工表面不可能经过一次加工就能达到技术要求（如一个孔需要经过钻、扩、铰的工艺过程），因此必须合理选择零件表面的加工方法及加工方案，以保证零件在达到图样技术要求方面是稳定而可靠的，并在生产率和加工成本方面是最经济合理的。表 2-4、表 2-5、表 2-6 分别介绍了机器零件的三种最基本的表面（外圆表面、内孔表面和平面）的较常用的加工方案及其所能达到的经济精度和表面粗糙度值。这些都是生产实际中的统计资料，可以根据对被加工零件加工表面的精度和表面粗糙度要求，零件的结构和被加工表面的形状、大小，以及车间工厂的具体条件，选取最经济合理的加工方案，必要时应进行技术经济论证（见表 2-5）。但必须指出，这是在一般情况下可能达到的精度和表面粗糙度值，在具体条件下是会有差别的。随着生产技术的发展，工艺水平的提高，同一种加工方法所能达到的精度和表面质量也会提高。例如，过去在外圆磨床上精磨外圆仅能达到 IT6 的公差等级和 $Ra = 0.20\mu m$ 的表面粗糙度值；但是在采用适当的措施提高磨床精度以及改进磨削工艺后，现在已能在普通外圆磨床上进行镜面磨削，可达 IT5 以上公差等级、$Ra = 0.10 \sim 0.012 \mu m$ 的表面粗糙度值。用金刚石刀具车削，也能获得 $Ra \leqslant 0.01 \mu m$ 的表面。另外，在大批、大量生产中，为了保证高的生产率和高的成品率，常把原用于小表面粗糙度值（如 Ra 值要求很小）的加工方法用于获得表面粗糙度值较大的表面。例如，在连杆加工中用珩磨达到 $Ra \leqslant 0.02\mu m$ 的表面粗糙度值，在曲轴加工中用超精磨获得 $Ra \leqslant 0.40\mu m$ 的表面。

2）决定加工方法时要考虑被加工材料的性质。例如，淬火钢用磨削的方法加工；而有色金属则磨削困难，一般采用金刚镗或高速精密车削等切削方法进行精加工。

表 2-4 外圆表面加工方案及其经济精度

加工方案	经济精度（公差等级）	表面粗糙度值 $Ra/\mu m$	适用范围
粗车	IT11~IT13	50~100	适用于除淬火钢以外的金属材料
└→半精车	IT8~IT9	3.2~6.3	
└→精车	IT7~IT8	0.8~1.6	
└→滚压（或抛光）	IT6~IT7	0.08~0.2	
粗车→半精车→磨削	IT6~IT7	0.4~0.8	除不宜用于有色金属外，主要适用于淬火钢件的加工
└→粗磨→精磨	IT5~IT7	0.1~0.4	
└→超精磨	IT5	0.012~0.1	
精车→半精车→精车→金刚石车	IT5~IT6	0.025~0.4	主要用于有色金属
粗车→半精车→粗磨→精磨→镜面磨	IT5 以上	0.025~0.2	主要用于高精度要求的钢件加工
└→精车→精磨→研磨	IT5 以上	0.05~0.1	
└→精研→抛光	IT5 以上	0.025~0.4	

表 2-5 内孔表面加工方案及其经济精度

加工方案	经济精度（公差等级）	表面粗糙度值 $Ra/\mu m$	适用范围
钻	IT11~IT13	≥50	加工未淬火钢及其铸铁的实心毛坯，也可用于加工有色金属（所得表面粗糙度值 Ra 稍大）
└→扩	IT10~IT11	25~50	
└→铰	IT8~IT9	1.6~3.2	
└→粗铰→精铰	IT7~IT8	0.8~1.6	
└→铰	IT8~IT9	1.6~3.2	
└→粗铰→精铰	IT7~IT8	0.8~1.6	
钻→(扩)→拉	IT7~IT8	0.1~1.6	大批、大量生产（精度可由拉刀精度而定），如校正拉削后，则 Ra 可降低到 0.4~0.2μm
粗镗（或扩）	IT11~IT13	25~50	除淬火钢外的各种钢材，毛坯上已有铸出或锻出的孔
└→半精镗→磨	IT8~IT9	1.6~3.2	
└→精镗（或铰）	IT7~IT8	0.8~1.6	
└→浮动镗	IT6~IT7	0.2~0.4	
粗镗(扩)→半精镗→磨	IT7~IT8	0.2~0.8	主要用于淬火钢，不宜用于有色金属
└→粗磨→精磨	IT6~IT7	0.1~0.2	
粗磨→半精磨→精磨→金刚镗	IT6~IT7	0.05~0.2	主要用于精度要求高的有色金属

(续)

加工方案	经济精度 （公差等级）	表面粗糙度值 $Ra/\mu m$	适用范围
钻→（扩）→粗铰→精铰→珩磨	IT6~IT7	0.025~0.2	精度要求很高的孔，若以研磨代替珩磨，尺寸公差等级可达 IT6 以上，Ra 可减小到 0.1~0.01μm
↳拉→珩磨	IT6~IT7	0.025~0.2	
粗镗→半精镗→精镗→珩磨	IT6~IT7	0.025~0.2	

3）选择加工方法要考虑生产类型，即要考虑生产率和经济性的问题。在大批、大量生产中可采用专用的高效率设备和专用工艺装备。例如，平面和孔可用拉削加工，轴类零件可采用半自动液压仿形车床加工，盘类或套类零件可用功能单一的专用车床加工等。甚至在大批、大量生产中可以从根本上改变毛坯的形态，大大减少切削加工的工作量。例如，用粉末冶金制造的油泵齿轮，用失蜡浇注制造柴油机上的小尺寸零件等。在单件小批生产中，就采用通用设备、通用工艺装备及一般的加工方法。提高单件小批生产的生产率也是目前机械制造工艺的研究课题之一。例如，在车床上装液压仿形刀架，采用数控车床或采用成组加工方法，单件试制新产品时，甚至采用加工中心机床等。目前机械制造的发展方向是小批量多品种，随着数控机床价格的下降，已大量出现用数控机床组成的生产线，因此适应数控机床的工艺规程编制是机械制造工艺研究的又一课题。

表 2-6 平面加工方案及其经济精度

加工方案	经济精度 （公差等级）	表面粗糙度值 $Ra/\mu m$	适用范围
粗车 ↳半精车 　↳精车 　　↳磨	IT11~IT13 IT8~IT9 IT7~IT8 IT6~IT7	≥50 3.2~6.3 0.8~1.6 0.2~0.8	适用于工件的端面加工
粗刨（或粗铣） ↳粗刨（或精铣） 　↳刮研	IT11~IT13 IT7~IT9 IT5~IT6	≥50 1.6~6.3 0.1~0.8	适用于不淬硬的平面（用端铣加工，可得较低的粗糙度值）
粗刨（或粗铣）→精刨（或精铣）→宽刃精刨	IT6~IT7	0.2~0.8	批量较大，宽刃精刨效率高
粗刨（或粗铣）→精刨（或精铣）→磨 　　　　　↳粗磨→精磨	IT6~IT7 IT5~IT6	0.2~0.8 0.025~0.4	适用于精度要求较高的平面加工
粗铣→拉	IT6~IT9	0.2~0.8	适用于大量生产中加工较小的不淬火平面
粗铣→粗铣→磨→研磨 　　　↳抛光	IT5~IT6 IT5 以上	0.025~0.2 0.025~0.1	适用于高精度平面的加工

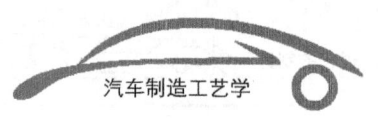

4）选择加工方法还要考虑本厂（或本车间）的现有设备情况及技术条件。应该充分利用现有设备，挖掘企业潜力，发挥工人群众的积极性和创造性。有时虽有该项设备，但因负荷的平衡问题，还得改用其他的加工方法。

此外，选择加工方法还应该考虑一些其他因素，例如，工件的形状和质量以及加工方法所能达到的表面物理力学性能等。国外有些图样上已标有力学性能的要求。

关于加工方案可参考与表 2-4～表 2-6 相类似的表格来进行选择。

【例 2-1】 表格应用的举例：要求孔的加工尺寸公差等级为 IT7，表面粗糙度值 $Ra=1.6\sim3.2\mu m$，确定孔的加工方案。

查表 2-5 可有下面四种加工方案：

① 钻→扩→粗铰→精铰。

② 粗镗→半精镗→精镗。

③ 粗镗→半精镗→粗磨→精磨。

④ 钻（扩）→拉。

方案①用得最多，在大批、大量生产中常用在自动机床或组合机床上，在成批生产中常用在立钻、摇臂钻、转塔车床等连续进行各个工步加工的机床上。该方案一般用于加工直径小于 80mm、位置精度要求不高的孔径，工件材料为未淬火钢或铸铁，不适于加工大孔径，否则刀具过于笨重。

方案②用于加工毛坯本身有铸出或锻出的孔，但其直径不宜太小，否则因镗杆太细容易发生变形而影响加工精度，箱体零件的形状、位置精度要求较高的孔加工常用这种方案。

方案③适用于要求淬火的高精度孔的加工。

方案④适用于成批或大量生产的中小型零件，其材料为未淬火钢、铸铁及有色金属。

2. 使用设备的选择

各表面的加工方法确定以后，应选择适当的机床以满足各表面的加工要求。机床设备的选择除考虑现有生产条件外，还要考虑以下四个方面：

1）机床工作区域的尺寸应当与零件的外廓尺寸相适应，也就是根据零件的外廓尺寸来选择机床的形式和规格，以便充分发挥机床的使用性能。如直径不太大的轴、套、盘类零件一般在普通机床上加工；直径大而短的盘、套类零件一般在端面机床或立式机床上加工。

2）机床的精度应该与工件要求的加工精度相适应。若机床精度过低，不能满足工件加工精度的要求；若过高，则是一种浪费。

3）机床的功率、刚度和工作参数应该与最合理的切削用量相适应。粗加工时选择有足够功率和足够刚度的机床，以免切削深度和进给量的选用受限制；精加工时选择有足够刚度和足够转速范围的机床，以保证零件的较高加工精度和较小表面粗糙度值。

4）机床生产率应该与工件的生产类型相适应。对于大批、大量生产，宜采用高效率机床、专用机床、组合机床或自动机床；对于单件小批生产，一般选择通用机床。

2.4.2 加工阶段的划分

对于加工精度要求较高和表面粗糙度值要求较小的零件，通常将工艺过程划分为粗加工和精加工两个阶段；对于加工精度要求很高、表面粗糙度值要求很小的零件，则常划分为粗加工阶段、半精加工阶段、精加工阶段和光整加工阶段。

粗加工阶段：这个阶段是加工开始阶段，应尽量将零件各个被加工表面的大部分余量从毛坯上切除。这个阶段的主要问题是如何提高生产率。

半精加工阶段：这一阶段为主要表面的精加工做好准备，切去的余量介于粗加工和精加工之间，并达到一定的精度和表面粗糙度值，为精加工留有一定的余量。在此阶段还要完成一些次要表面的加工，如钻孔、攻螺纹、铣键槽等。

精加工阶段：在这个阶段将切去很少的余量，保证各主要表面达到较高的精度和较小的表面粗糙度值（尺寸公差等级 IT7~IT10，$Ra=0.8~3.2\mu m$）。

光整加工阶段：主要是为了得到更高的尺寸精度和更小的表面粗糙度值（尺寸公差等级 IT5~IT9，$Ra<0.32\mu m$），只从被加工表面上切除极少的余量。

将工艺过程划分为粗、精加工阶段的原因如下：

1）在粗加工阶段，由于切除大量的多余金属，可以及早发现毛坯的缺陷（夹渣、裂纹、气孔等），以便及时处理，避免过多浪费工时。

2）粗加工阶段容易引起工件的变形，这是由于切除余量大，一方面毛坯的内应力重新分布而引起变形，另一方面由于切削力、切削热及夹紧力都比较大，因而造成工件的受力变形和热变形。为了使这些变形充分表现、均衡，应在粗加工之后留有一定的时间。然后再通过逐步减少加工余量和切削用量的办法消除上述变形。

3）划分加工阶段可以合理使用机床。如粗加工阶段可以使用功率大、精度较低的机床；精加工阶段可以使用功率小、精度高的机床。这样有利于充分发挥粗加工机床的动力，又有利于长期保持精加工机床的精度。

4）划分加工阶段可在各个阶段中插入必要的热处理工序。如在粗加工之后进行去除内应力的时效处理，在半精加工后进行淬火处理等。

在某些情况下，划分加工阶段也并不是绝对的，例如加工重型零件时，由于不便于多次装夹和运输，因此不必划分加工阶段，可在一次装夹中完成全部粗加工和精加工。为提高加工精度，可在粗加工后松开工件，让其充分变形，再用较小的力量夹紧工件进行精加工，以保证零件的加工质量。另外，如果工件的加工质量要求不高、工件的刚度足够、毛坯的质量较好而切除的余量不多，则可不必划分加工阶段。

2.4.3 工序的划分

在制订工艺过程中，为便于组织生产、安排计划和均衡机床的负荷，常将工艺过程划分为若干个工序。划分工序时有两个原则，即工序集中和工序分散。

（1）**工序集中**　工序集中是指将若干个工步集中在一个工序内完成，例如在一台组合机床上可同时完成缝纫机壳体14个孔的加工。因此，一个工件的加工，只须集中在少数几个工序内完成。最大限度的集中是在一个工序内完成工件所有表面的加工。

采用工序集中可以减少工件的装夹次数，在一次装夹中可以加工许多表面，有利于保证各表面之间的相互位置精度，也可以减少机床的数量，相应地减少工人的数量和机床的占地面积；但它所需要的设备复杂，操作和调整工作也较复杂。

（2）工序分散 工序分散是指工序的数目多，工艺路线长，每个工序所包括的工步少。最大限度的分散是在一个工序内只包括一个简单的工步。

工序分散可以使所需要的设备和工艺装备结构简单、调整容易、操作简单，但专用性强。

在确定工序集中或分散的问题上，主要根据生产规模、零件的结构特点、技术要求和设备等具体生产条件综合考虑后确定。例如，在单件小批生产中，一般采用通用设备和工艺装备，尽可能在一台机床上完成较多的表面加工，尤其是对重型零件的加工，为减少装夹和往返搬运的次数，多采用工序集中的原则；在大批、大量生产中，常采用高效率的设备和工艺装备，如多刀自动机床、组合机床及专用机床等，使工序集中，以便提高生产率和保证加工质量。但有的工件因结构关系，各个表面不便于集中加工，如活塞、连杆等可采用效率高、结构简单的专用机床和工艺装备，按工序分散的原则进行生产。这样易于保证加工质量和使各工序的时间趋于平衡，便于组织流水生产，提高生产率。在成批生产中，尽可能采用效率高的通用机床（如转塔车床）和专用机床，使工序集中。

2.4.4 工序的安排

1. 加工顺序的确定

工件各表面的加工顺序，一般按照下述原则安排：先粗加工后精加工，先基准面加工后其他面加工，先主要表面加工后次要表面加工，先平面加工后孔加工。

根据上述原则，作为精基准的表面应安排在工艺过程开始时加工。精基准面加工好后，接着对精度要求高的主要表面进行粗加工和半精加工，并穿插进行一些次要表面的加工，然后进行各表面的精加工。要求高的主要表面的精加工一般安排在最后进行，这样可避免已加工表面在运输过程中碰伤，有利于保证加工精度。有时也可将次要的、较小的表面安排在最后加工，如紧固螺钉孔等。

2. 热处理及表面处理工序的安排

为了改善工件材料的力学性能和切削性能，在加工过程中常常需要安排热处理工序。采用何种热处理工序以及如何安排热处理工序在工艺过程中的位置，要根据热处理的目的决定。

1）退火和正火可以消除内应力和改善材料的加工性能，一般安排在加工前进行，有时正火也安排在粗加工后进行。

2）对于大而复杂的铸件，为了尽量减少由于内应力引起的变形，常常在粗加工后进行人工时效处理。粗加工前最好采用自然时效。

3）调质处理可以改善材料的力学性能，因此许多中碳钢和合金钢常采用这种热处理方法。调质处理一般安排在粗加工之后进行，但也有安排在粗加工之前进行的。

4）淬火处理或渗碳淬火处理，可以提高零件表面的硬度和耐磨性。淬火处理一般安排在磨削之前进行，当用高频淬火时也可安排在最终工序。渗碳可安排在半精加工之前或之后进行。

5）表面处理（电镀及氧化）可提高零件的抗腐蚀能力，增加耐磨性，使表面美观等，一般安排在工艺过程的最后进行。

3. 检验工序的安排

检验工序是保证产品质量和防止产生废品的重要措施。在每个工序中，操作者都必须自行检验。在操作者自检的基础上，在下列场合还要安排独立检验工序：粗加工全部结束后，精加工之前；送往其他车间加工的前后（特别是热处理工序的前后）；重要工序的前后；最终加工之后等。

4. 其他工序的安排

在工艺过程中，还可根据需要在一些工序的后面安排去毛刺、去磁、清洗等工序。

5. 工序的安排步骤

1) 按表面的经济加工方法安排零件加工表面的工艺方案。
2) 确定零件的粗基准及精基准，安排零件各个加工表面的顺序。
3) 确定零件的主要加工表面，并根据这些表面统筹划分加工阶段。
4) 根据零件的生产类型及工艺装备条件规划工序的集中和分散。
5) 安排测量、热处理、检验等工序。

对于零件上常见的孔面加工工序的安排见表 2-7。表 2-7 中首先安排了各个加工表面的工艺方案，按照先面后孔的原则安排了加工顺序，按照主要加工表面面 2、孔 1 划分了加工阶段，孔 2、螺纹孔这些次要表面不影响加工阶段的划分，它们的加工通常安排在半精加工阶段，采用了工序分散的原则安排了加工工序，用序号 (1)~(14) 表示了工序的顺序。采用这个表格可以较好地实现工艺规程的安排。

表 2-7 常见的孔面加工工序的安排

加工阶段	面 1	面 2	面 3	孔 1	孔 2	螺纹孔
粗加工	粗铣(1)	粗铣(2)	粗铣(3)	粗镗(4)		
半精加工	半精铣(5)	半精铣(6)		半精镗(7)	钻→扩→铰(8)	钻孔、攻螺纹等(9)
精加工		精铣(10)		精镗(11)		
		磨削(12)		磨削(13)		
光整加工					滚压(14)	

2.5 加工余量的确定

2.5.1 加工余量的概念

为了达到零件图上某加工表面的精度和表面粗糙度值要求，需要从其毛坯表面上切去全部多余的金属层，这一金属层的总厚度称为该表面的加工总余量。每一工序所切除的金属层厚度称为工序余量。由此可见，某表面的加工总余量 Z_0 与该表面工序余量 Z_i 之间的关系为

$$Z_0 = Z_1 + Z_2 + \cdots + Z_i + \cdots + Z_n$$

式中　n——加工该表面的工序（或工步）数目。

工件加工余量的大小将直接影响工件的加工质量、生产率和经济性。例如，加工余量太小时，会不易去掉上道工序所遗留下来的表面缺陷及表面的相互位置误差而造成废品；加工余量太大时，会造成加工工时和材料的浪费，甚至会因余量太大而引起很大的切削热和切削力，使工件产生变形，影响加工质量。

2.5.2 影响加工余量的因素

1. 上工序表面质量 Ra、t_a 的影响

在上工序加工后的表面上或毛坯表面上，存在着微观表面粗糙度值 Ra 和表面缺陷层厚度 t_a（包括冷硬层、氧化层、裂纹等），必须在本工序中切除。Ra、t_a 的大小与所用的加工方法有关，Ra 的数值可参考表 2-4~表 2-6，t_a 的数值可参考表 2-8。

表 2-8 各种加工方法 t_a 的数值 （单位：μm）

加工方法	t_a	加工方法	t_a	加工方法	t_a
闭式模锻	500	精扩孔	30~40	粗插	50~60
冷拉	80~100	粗铰	25~30	精插	35~50
热轧	150	精铰	10~20	粗铣	40~60
高精度碾压	300	粗镗	30~50	精铣	25~40
金属模铸造	100	精镗	25~40	拉	10~20
粗车内外圆	40~60	磨外圆	15~25	切断	60
精车内外圆	30~40	磨内孔	20~30	研磨	3~5
粗车端面	40~60	磨端面	15~35	超级光磨	0.2~0.3
精车端面	30~40	磨平面	20~30	抛光	2~5
钻	40~60	粗刨	40~50		
粗扩孔	40~60	精刨	25~40		

各种毛坯的表面粗糙度值 Ra 的数值如下：闭式模锻 50~100μm，冷拉 12.5~50μm，热轧 100~150μm，高精度辗压 50~100μm，金属型铸造 100~150μm。

2. 上工序尺寸公差（T_a）的影响

它包括各种几何形状误差，如直线度、平面度、圆度等。T_a 的大小可根据选用的加工方法所能达到的经济精度，查阅相关手册确定。加工余量与工序尺寸公差之间的关系如图 2-12 所示。

图 2-12a 所示为外表面（被包容面）加工，本工序的基本余量 Z_b 为

$$Z_b = L_a - L_b \tag{2-2}$$

式中 L_a——上工序的公称尺寸；

L_b——本工序的公称尺寸。

本工序的最大余量 Z_{bmax} 为

$$Z_{bmax} = L_{amax} - L_{bmin} \tag{2-3}$$

本工序的最小余量 Z_{bmin} 为

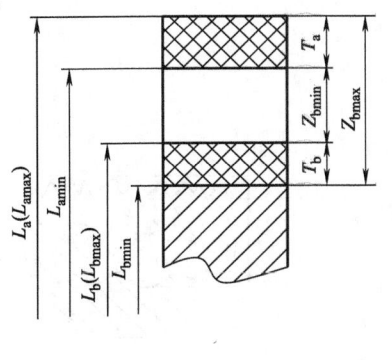 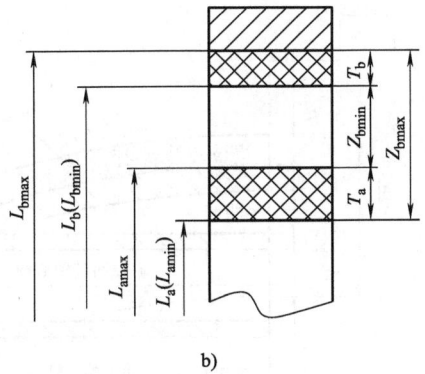

图 2-12 加工余量与工序尺寸公差的关系

$$Z_{bmin} = L_{amin} - L_{bmax} \tag{2-4}$$

图 2-12b 所示为内表面（包容面）加工，则有

$$Z_b = L_b - L_a \tag{2-5}$$

$$Z_{bmax} = L_{bmax} - L_{amin}$$

$$Z_{bmin} = L_{bmin} - L_{amax}$$

由图 2-12a、b 可看出，上工序的尺寸公差将影响本工序基本余量和极限余量的数值。

3. 上工序各表面相互位置空间偏差（ρ_a）的影响

它包括轴线的直线度、位移及平行度，轴线与表面的垂直度，阶梯轴内外圆的同轴度，平面的平面度等。为了保证加工质量，必须在本工序中给予纠正。ρ_a 的数值与上工序的加工方法和零件的结构有关，可用近似计算法或查有关资料确定。若存在两种以上的空间偏差时可用向量和表示。

4. 本工序加工时装夹误差（$\Delta_{\varepsilon b}$）的影响

此误差除包括定位和夹紧误差外，还包括夹具本身的制造误差，其大小为三者的向量和。它将直接影响被加工表面与刀具的相对位置，因此有可能因余量不足而造成废品，所以必须给予余量补偿。

空间偏差与装夹误差在空间是有不同方向的，两者对加工余量的影响应该是向量和。图 2-13 所示为上述各种因素对车削轴类零件加工余量影响的示意图。

2.5.3 确定加工余量的方法

1. 计算法

根据上面所述各种因素对加工余量的影响，并由图 2-13 可得出下面的计算公式。对称表面（双边，如孔或轴）的基本余量 Z_b 为

$$Z_b \geq \frac{T_a}{2} + (Ra + t_a) + |\overline{\rho_a} + \overline{\Delta_{\varepsilon b}}| \tag{2-6}$$

或

$$2Z_b \geq T_a + 2(Ra + t_a) + 2|\overline{\rho_a} + \overline{\Delta_{\varepsilon b}}| \tag{2-7}$$

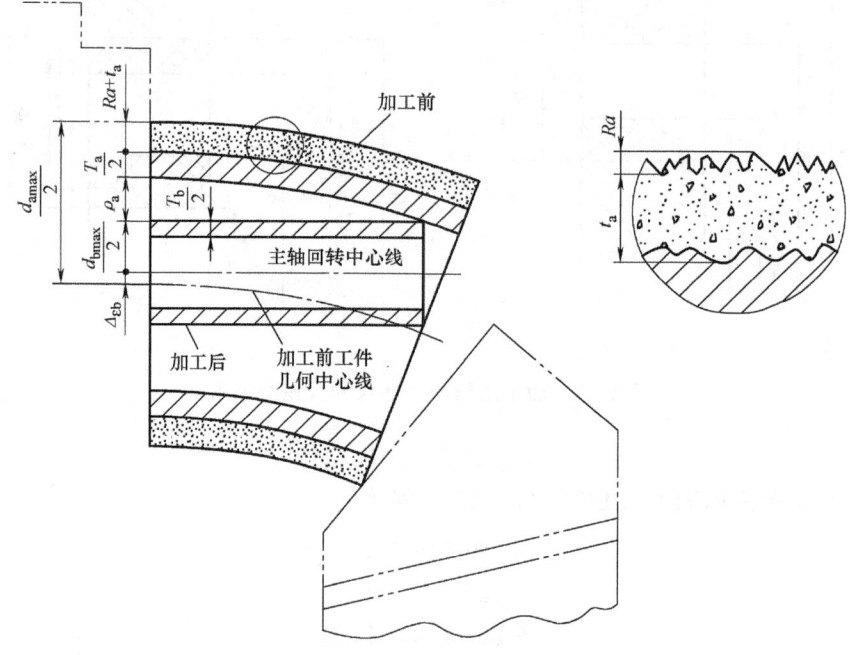

图 2-13 影响加工余量的因素

非对称表面（单边，如平面）的基本余量 Z_b 为

$$Z_b \geq T_a + (Ra + t_a) + |\overline{\rho_a} + \overline{\Delta_{\varepsilon b}}| \tag{2-8}$$

式（2-6）~式（2-8）在实际应用时可根据具体加工条件简化。如在无心磨床上加工轴时，装夹误差可忽略不计；用浮动铰刀或用拉刀拉孔时，空间偏差对加工余量无影响，且无装夹误差；研磨、超精加工、抛光等加工方法，主要是减小表面粗糙度值，因此加工余量只需要去掉上工序的表面粗糙度值就可以了。

用计算法可确定出最合理的加工余量，既节省金属，又保证了加工质量；但必须要有可靠的试验数据资料，且费时间，因此此法只适用于大量生产。

2. 查表法

工厂中广泛应用查表法，因为表格是以工厂的生产实践和试验研究所积累的数据为基础，并结合具体加工情况加以修正后制订的，可查阅相关手册。

3. 经验法

经验法主要用于单件小批生产，靠经验确定加工余量，因此不够准确。为保证不出废品，此方法确定的加工余量往往偏大。

2.6 尺寸链

2.6.1 尺寸链的概念

在机械设计和工艺文件设计中，为保证机械零件加工、部件及机器装配和使用的质量，经常要对一些相互关联的尺寸、公差和技术要求进行分析和计算，为使计算工作简化，可采用尺寸链原理。

将相互关联的尺寸从零件或部件中抽出来，按一定顺序构成的封闭尺寸图形，称为尺寸链。

图 2-14a 所示为发动机活塞零件简图，现在需要精镗活塞销孔。由于活塞销孔中心距活塞上表面距离（20±0.02）mm（A_0）与气缸压缩比直接相关，因此零件图标注该尺寸作为使用要求，但活塞在加工过程中却采用底面定位，保证的尺寸为活塞销孔距底面的距离 A，这样尺寸 A_0 是通过尺寸 A_1、A_2 间接得到的。此时尺寸 A_0 与 A_1、A_2 就构成一个相互关联的尺寸组合，形成了尺寸链，如图 2-14b 所示。

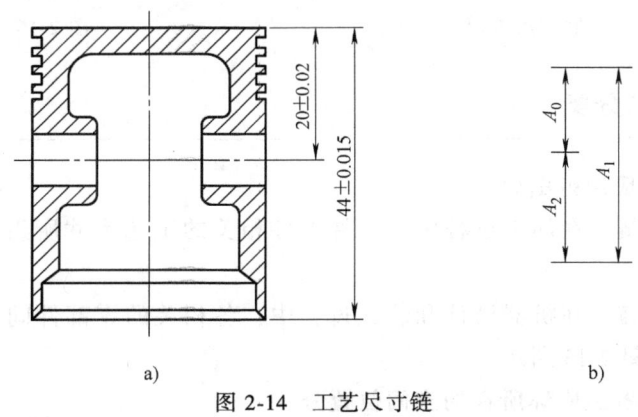

图 2-14 工艺尺寸链

图 2-15a 所示为主轴部件，为了保证弹性挡圈能顺利装入，要求保持轴向间隙为 A_0。由图可看出，A_0 与尺寸 A_1、A_2、A_3 有关，因此这四个尺寸依照一定的顺序组成了尺寸链，如图 2-15b 所示。

尺寸链中的每一个尺寸称为尺寸链的环。环又分为封闭环（或称终结环）和组成环，而组成环又有增环和减环之分。

封闭环——其尺寸是在机器装配或零件加工中间接得到的。如上两例中的 A_0 尺寸均为封闭环，封闭环在一个线性尺寸链中只有一个。

组成环——在尺寸链中，除封闭环以外，其他环均为组成环。组成环的尺寸是在加工中直接得到的，将直接影响封闭环尺寸的大小。

增环——若组成环尺寸增大或减小，使得封闭环尺寸也增大或减小，则此组成环称为增环，如上两例中的 A_1 环。

减环——若组成环尺寸增大或减小，使得封闭环尺寸减小或增大，则此组成环称为减环，如上两例中的 A_2、A_3 环。

同一个尺寸链中的各个环最好用同一个字母表示，如 A_0、A_1、A_2、A_3、…、A_m，下标 0 表示封闭环，下标 1、2、…、m 表示组成环的序号。对于增环，其传递系数 $\xi=1$；对于减环，其传递系数 $\xi=-1$。

在尺寸链中判断增、减环的方法，一是根据定义；二是顺着尺寸链的一个方向，向着尺寸线的终端画箭头，则与封闭环同向的组成环为减环，反之则为增环。如图 2-16 所示，尺寸链中 A_0 为封闭环，所以 A_1 为减环，A_2、A_3 为增环。

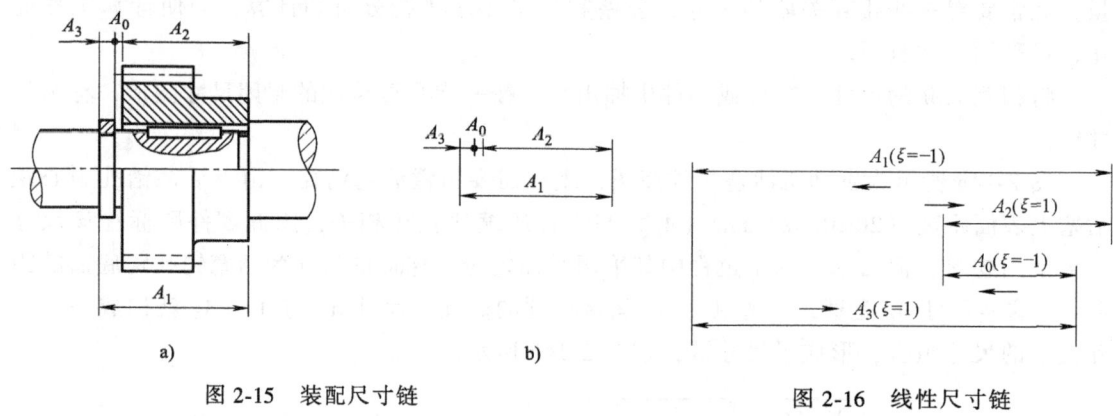

图 2-15 装配尺寸链　　　　　　　图 2-16 线性尺寸链

2.6.2 尺寸链的分类

1. 按尺寸链的应用范围分

（1）**工艺尺寸链**　在加工过程中，工件上各相关的工艺尺寸所组成的尺寸链，如图 2-14 所示。

（2）**装配尺寸链**　在机器设计和装配过程中，各相关的零部件间相互联系的尺寸所组成的尺寸链，如图 2-15 所示。

2. 按尺寸链中各组成环所在的空间位置分

（1）**线性尺寸链**　尺寸链中各环位于同一平面内且彼此平行，如图 2-16 所示。

（2）**平面尺寸链**　尺寸链中各环位于同一平面或彼此平行的平面内，各环之间可以不平行，如图 2-17a 所示。平面尺寸链可以转化为两个相互垂直的线性尺寸链，如图 2-17b、c 所示。

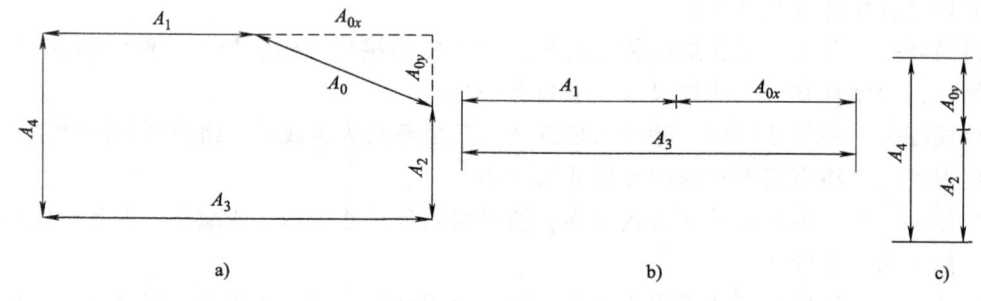

图 2-17 平面尺寸链

（3）**空间尺寸链**　尺寸链中各环不在同一平面或彼此平行的平面内。空间尺寸链可以转化为三个相互垂直的平面尺寸链，每一个平面尺寸链又可转化为两个相互垂直的线性尺寸链。因此，线性尺寸链是尺寸链中最基本的尺寸链。

3. 按尺寸链各环的几何特征分

（1）**长度尺寸链**　尺寸链中各环均为长度量。

（2）**角度尺寸链**　尺寸链中各环均为角度量。

2.6.3 极值法解尺寸链

尺寸链计算是根据结构或工艺上的要求，确定尺寸链中各环的公称尺寸及公差或偏差。其计算方法有两种：一种是极值法（也称极大极小法），它是以各组成环的最大值和最小值为基础，求出封闭环的最大值和最小值；另一种是概率法，它是以概率理论为基础来解算尺寸链。下面先介绍极值法的基本公式。

1. 封闭环的公称尺寸计算

图 2-18 所示的尺寸链中，A_0 为封闭环，A_1、A_2、A_5 为增环，A_3、A_4 为减环。各环的公称尺寸分别以 A_1、A_2、$\cdots$、A_i 表示。由图 2-18 可知

$$A_0 = A_1 + A_2 + A_5 - A_3 - A_4 \quad (2\text{-}9)$$

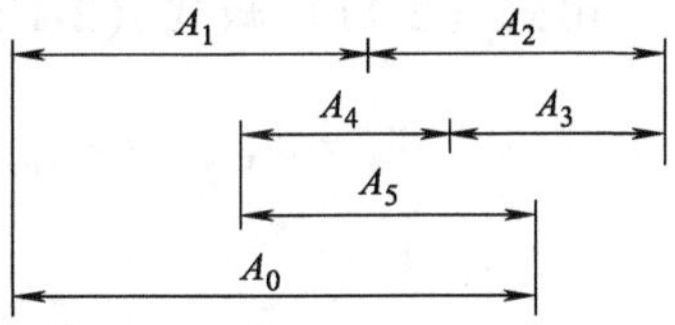

图 2-18 尺寸链计算

结论：尺寸链封闭环的公称尺寸，等于各增环的公称尺寸之和减去各减环的公称尺寸之和。写成普遍式为

$$A_0 = \sum_{i=1}^{m} \xi_i A_i \quad (2\text{-}10)$$

式中　m——组成环环数；

　　　A_i——第 i 环的公称尺寸；

　　　ξ_i——第 i 环的传递系数。

式（2-10）也可写为

$$A_0 = \sum_{\substack{i=1 \\ \xi_i = 1}}^{m} A_i - \sum_{\substack{i=1 \\ \xi_i = -1}}^{m} A_i$$

2. 封闭环的最大和最小尺寸计算

由式（2-10）可知，当尺寸链中所有增环尺寸为最大值，所有减环尺寸为最小值时，则封闭环尺寸为最大值；反之为最小值。写成普遍式为

$$A_{0\max} = \sum_{\substack{i=1 \\ \xi_i = 1}}^{m} A_{i\max} - \sum_{\substack{i=1 \\ \xi_i = -1}}^{m} A_{i\min} \quad (2\text{-}11)$$

$$A_{0\min} = \sum_{\substack{i=1 \\ \xi_i = 1}}^{m} A_{i\min} - \sum_{\substack{i=1 \\ \xi_i = -1}}^{m} A_{i\max} \quad (2\text{-}12)$$

结论：封闭环尺寸的最大值等于所有增环尺寸的最大值之和减去所有减环尺寸的最小值之和；封闭环尺寸的最小值等于所有增环尺寸的最小值之和减去所有减环尺寸的最大值之和。

3. 封闭环上极限偏差 ES_{A_0}（或 es_{A_0}）和下极限偏差 EI_{A_0}（或 ei_{A_0}）的计算

由式（2-11）减式（2-10），得

$$\mathrm{ES}_{A_0} = A_{0\max} - A_0 = \sum_{\substack{i=1 \\ \xi_i = 1}}^{m} \mathrm{ES}_{A_i} - \sum_{\substack{i=1 \\ \xi_i = -1}}^{m} \mathrm{EI}_{A_i} \quad (2\text{-}13)$$

由式（2-12）减式（2-10），得

$$EI_{A_0} = A_{0\min} - A_0 = \sum_{\substack{i=1 \\ \xi_i=1}}^{m} EI_{A_i} - \sum_{\substack{i=1 \\ }}^{m} ES_{A_i} \quad (2\text{-}14)$$

结论：封闭环的上极限偏差等于所有增环的上极限偏差之和减去所有减环的下极限偏差之和；封闭环的下极限偏差等于所有增环的下极限偏差之和减去所有减环的上极限偏差之和。

4. 封闭环公差 T_0 或误差 Δ_0 的计算

由式（2-11）减式（2-12），得

$$T_0 = A_{0\max} - A_{0\min} = \sum_{\substack{i=1 \\ \xi_i=1}}^{m} A_{i\max} - \sum_{\substack{i=1 \\ \xi_i=-1}}^{m} A_{i\min} - \left(\sum_{\substack{i=1 \\ \xi_i=1}}^{m} A_{i\min} - \sum_{\substack{i=1 \\ \xi_i=-1}}^{m} A_{i\max}\right)$$

$$= \sum_{\substack{i=1 \\ \xi_i=1}}^{m} T_i + \sum_{\substack{i=1 \\ \xi_i=-1}}^{m} T_i = \sum_{i=1}^{m} T_i \quad (2\text{-}15)$$

式中　T_i——尺寸 A_i 的公差。

同理可知

$$\Delta_0 = \sum_{i=1}^{m} \Delta_i \quad (2\text{-}16)$$

式中　Δ_i——尺寸 A_i 的误差。

结论：封闭环的公差（或误差）等于各组成环的公差（或误差）之和。

由此可知，若各组成环的公差一定，减少环数可提高封闭环的精度；若封闭环的公差一定，减少环数可放大各组成环的公差，使其加工容易。

5. 平均尺寸 A_{av} 和中间偏差 Δ 的计算

为使复杂的尺寸链计算简化，可用平均尺寸和中间偏差进行计算。

平均尺寸 A_{av} 等于上极限尺寸和下极限尺寸的平均值。

中间偏差 Δ 是公差带中点偏离公称尺寸的大小。

由 $\dfrac{1}{2}$［式（2-11）+式（2-12）］，得

$$A_{0av} = \sum_{i=1}^{m} A_{iav} = \sum_{\substack{i=1 \\ \xi_i=1}}^{m} A_{iav} - \sum_{\substack{i=1 \\ \xi_i=-1}}^{m} A_{iav} \quad (2\text{-}17)$$

由式（2-17）减式（2-10），得

$$\Delta_{A_0} = \left(\sum_{\substack{i=1 \\ \xi_i=1}}^{m} A_{iav} - \sum_{\substack{i=1 \\ \xi_i=-1}}^{m} A_{iav}\right) - \left(\sum_{\substack{i=1 \\ \xi_i=1}}^{m} A_i - \sum_{\substack{i=1 \\ \xi_i=-1}}^{m} A_i\right) = \sum_{\substack{i=1 \\ \xi_i=1}}^{m} \Delta_i - \sum_{\substack{i=1 \\ \xi_i=-1}}^{m} \Delta_i \quad (2\text{-}18)$$

结论：封闭环的平均尺寸等于所有增环的平均尺寸之和减去所有减环的平均尺寸之和；封闭环的中间偏差等于所有增环的中间偏差之和减去所有减环的中间偏差之和。

应用尺寸链原理解决加工和装配工艺问题时，经常碰到下述三种情况：①已知组成环公差求封闭环公差的正计算问题；②已知封闭环公差求各组成环公差的反计算问题；③已知封闭环公差和部分组成环公差求其他组成环公差的中间计算问题。解决正计算问题比较容易，而解决反计算问题比较难。

6. 解决尺寸链反计算问题的方法

1) 按等公差原则分配封闭环公差，即使各组成环公差相等，其大小为

$$T_i = \frac{T_0}{m} \tag{2-19}$$

此法计算简单，但从工艺上讲，当各环加工难易程度、尺寸大小不一样时，规定各环公差相等不够合理。当各组成环尺寸大小及加工难易程度相近时采用该法较为合适。

2) 按等精度的原则分配封闭环公差，即令各组成环的精度相等。按等精度法来分配各组成环的公差值分配时，应使各组成环公差之和小于或等于封闭环的公差，并应使各组成环公差 T_i 与公差因子 i_i 之比（即精度系数 a）恒为常数。即

$$T_0 \geqslant \sum_{i=1}^{m} T_i \tag{2-20}$$

$$\frac{T_i}{i_i} = a = 常数 \tag{2-21}$$

按照 GB/T 1800.1—2009《产品几何技术规范（GPS） 极限与配合 第 1 部分：公差、偏差和配合的基础》，对于尺寸在 500mm 以内，公差等级在 IT5~IT18 范围内，其公差因子 i（μm）可以按下式计算

$$i = 0.45\sqrt[3]{A} + 0.001A$$

式中　A——公称尺寸段的几何平均值（mm）。

因此，可以根据公称尺寸段的几何平均值计算出公差因子，考虑式（2-20）和式（2-21）可以得出各组成环的公差为

$$T_i = \frac{T_0 i_i}{\sum i_i} \tag{2-22}$$

由此可知，这种方法在工艺上是合理的。

3) 利用协调环分配封闭环公差。如果尺寸链中有一些难以加工和不宜改变其公差的组成环，利用等公差和等精度法分配公差都有一定困难，这时可以把这些组成环的公差首先确定下来，只将一个或极少数几个比较容易加工，或在生产上受限制较少和用通用量具容易测量的组成环定为协调环，用来协调封闭环和组成环之间的关系。这时有

$$T_0 = T'_j + \sum_{\substack{i=1 \\ i \neq j}}^{m} T_i \tag{2-23}$$

式中　T'_j——协调环公差。

协调环尺寸又称为"相依尺寸"，意思是该环尺寸公差相依于封闭环和其他组成环的尺寸公差，因此这种计算方法又称为"相依尺寸公差法"。

通常在解决尺寸链反计算问题时，先按方法 1) 求各组成环的平均公差，再按加工难易、尺寸大小进行分配和协调。

各组成环公差的分布位置，一般来说，对外表面（被包容面），尺寸按入体标注成单向负偏差；对内表面（包容面），尺寸按入体标注成单向正偏差；对孔心距，则标注成对称偏差。然后按式（2-13）和式（2-14）进行校核，若不符合，则再做调整。为了加快调

整,可采用协调环的办法,即先根据上述原则定出其他组成环的上、下极限偏差,再根据封闭环的上、下极限偏差及已定的组成环上、下极限偏差计算出协调环的上、下极限偏差。

利用"相依尺寸公差法"求解尺寸链时,公差的确定与设计人员的工艺工作的经验有关,一般情况下对难加工的、尺寸较大的组成环,将其公差给大些。

2.6.4 极值法确定工序尺寸

工序尺寸的计算可分为四种,分别举例如下:

1. 经过几道工序加工所形成的表面的工序尺寸计算

【例2-2】 图2-19所示为一平面经过粗加工、精加工和光整加工三道工序达到零件上规定的尺寸和公差,要求计算各工序尺寸。

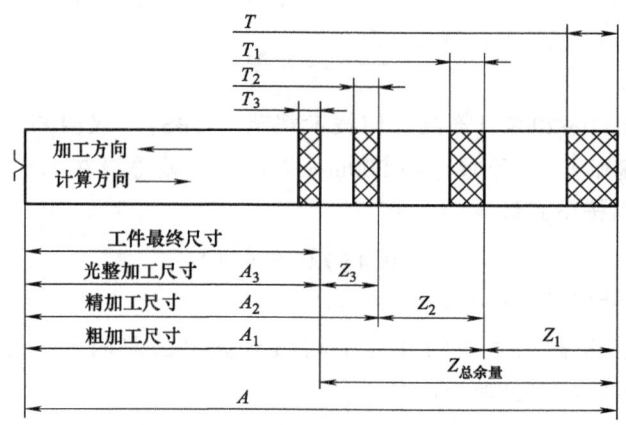

图2-19 经过几道工序加工所形成的表面的工序尺寸计算

解:加工该表面时定位基准不变,各工序尺寸都从同一基准标出。对这一类的工序尺寸,只要将各工序的基本余量及公差,根据现场经验或查有关手册确定后,就可按工艺过程的顺序由后向前逐步计算得到。某工序的工序尺寸等于下一个工序的工序尺寸加上(对内表面是减去)下一工序的基本余量。这种工序尺寸的计算,只牵涉余量,不涉及基准转换,可不用尺寸链来计算。

在图2-19中,若光整加工、精加工、粗加工等各工序的基本余量和精加工、粗加工、A尺寸的公差,经查手册分别为Z_3、Z_2、Z_1和T_2、T_1、T,且已知光整加工的工序尺寸为A_3、T_3(零件图上的尺寸),则得:

精加工工序尺寸 $A_2 = A_3 + Z_3$ 公差 T_2

粗加工工序尺寸 $A_1 = A_2 + Z_2$ 公差 T_1

毛坯尺寸 $A = A_1 + Z_1$ 公差 T

铸造和锻造的毛坯都规定双向偏差,但当计算毛坯尺寸时只取入体方向的偏差值T。

2. 工序基准与设计基准不重合而引起的工序尺寸计算

在加工过程中,有时为了定位、加工、测量或调整方便,将零件图上的尺寸改变注法,由此而引起的工序尺寸计算,又称为尺寸换算。它是由设计基准与工序基准不重合而造成的,因此这种工序尺寸只牵涉基准转换而不涉及余量,可用工艺尺寸链来计算。

【例2-3】 图2-20所示为发动机活塞的零件简图，其高度方向的设计尺寸为（44±0.015）mm及（20±0.02）mm，精镗销孔时以底面为基准，试计算精镗销孔的工序尺寸。

解：① 画出尺寸链图。

② 确定封闭环及各组成环的增减性：A_0 =（20±0.02）mm 为封闭环，A_1 =（40±0.015）mm 为增环，A_2 为减环。

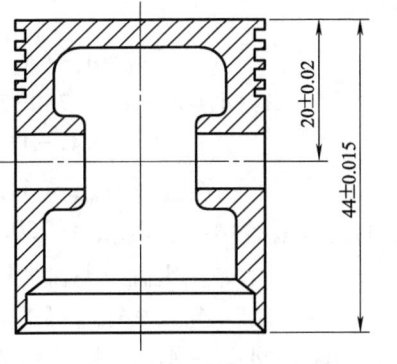

图2-20 发动机活塞的工序尺寸计算

③ 计算公称尺寸及上、下极限偏差。

公称尺寸：$A_2 = A_1 - A_0 = (44-20)$ mm $= 24$ mm

上极限偏差：$ES_{A_2} = EI_{A_1} - EI_{A_0} = [-0.015-(-0.02)]$ mm $= 0.005$ mm

下极限偏差：$EI_{A_2} = ES_{A_1} - ES_{A_0} = (0.015-0.02)$ mm $= -0.005$ mm

因此，工序2的尺寸为（24±0.005）mm。

【例2-4】 图2-21a所示为带式运输机滚筒零件图。尺寸 $720^{+0.6}_{\ 0}$ mm 的标注方法不便于测量，因此可改为图2-21b所示的标注方法，通过测量 A_2、A_3 的尺寸来保证 $A_0 = 720^{+0.6}_{\ 0}$ mm，且 $A_2 = A_3$。要求确定工序尺寸 A_2、A_3。

解法一：

① 画出如图2-21c所示的尺寸链图。

② $A_0 = 720^{+0.6}_{\ 0}$ mm 为封闭环，是由尺寸 A_1、A_2、A_3 间接得到的，$A_1 = 750^{+0.4}_{\ 0}$ mm 为增环，A_2、A_3 为减环。

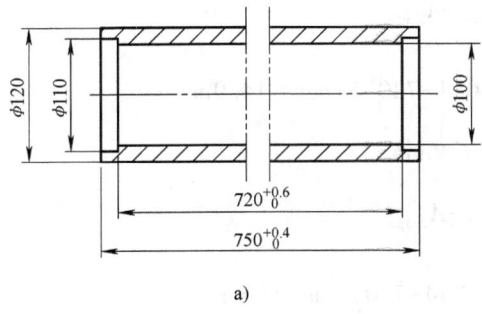

a)

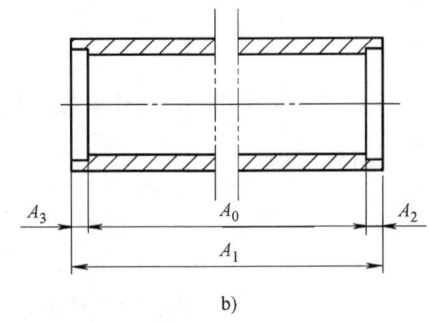

b)

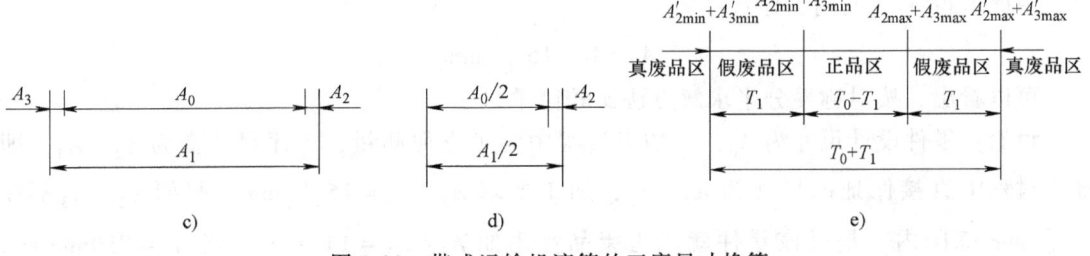

c)　　　　　　　d)　　　　　　　e)

图2-21 带式运输机滚筒的工序尺寸换算

③ 计算：
$$A_0 = A_1 - (A_2 + A_3)$$
$$A_2 + A_3 = A_1 - A_0 = (750 - 720)\text{mm} = 30\text{mm}$$

故
$$A_2 = A_3 = 15\text{mm}$$
$$A_{0\max} = A_{1\max} - (A_{2\min} + A_{3\min})$$
$$A_{2\min} + A_{3\min} = A_{1\max} - A_{0\max} = (750.4 - 720.6)\text{mm} = 29.8\text{mm}$$

由此可得
$$A_{2\min} = A_{3\min} = 14.9\text{mm}$$
$$A_{0\min} = A_{1\min} - (A_{2\max} + A_{3\max})$$
$$A_{2\max} + A_{3\max} = A_{1\min} - A_{0\min} = (750 - 720)\text{mm} = 30\text{mm}$$

得
$$A_{2\max} = A_{3\max} = 15\text{mm}$$

由此可求得 A_2、A_3 的工序尺寸为
$$A_2 = A_3 = 15_{-0.1}^{\;0}\text{mm}$$

解法二：

无论是从零件图中的尺寸标注还是从形成的尺寸链结构来看，在水平方向都是对称的，因此可以按一半求解对称尺寸链，这时尺寸链就由三个环组成，如图 2-21d 所示，尺寸 A_0、A_1 就变成原尺寸链的一半，求解时各环的性质不发生变化，而应将它们的公称尺寸、上极限偏差、下极限偏差分别除以 2 代入极值法计算公式，将

$$\frac{1}{2}A_0 = \frac{1}{2}A_1 - A_2$$
$$A_2 = \frac{1}{2}(A_1 - A_0) = \frac{1}{2} \times (750 - 720)\text{mm} = 15\text{mm}$$

故
$$A_2 = A_3 = 15\text{mm}$$
$$\frac{1}{2}A_{0\max} = \frac{1}{2}A_{1\max} - A_{2\min}$$
$$A_{2\min} = \frac{1}{2}(A_{1\max} - A_{0\max}) = \frac{1}{2} \times (750.4 - 720.6)\text{mm} = 14.9\text{mm}$$

由此可得
$$A_{2\min} = A_{3\min} = 14.9\text{mm}$$
$$\frac{1}{2}A_{0\min} = \frac{1}{2}A_{1\min} - A_{2\max}$$
$$A_{2\max} = \frac{1}{2}(A_{1\min} - A_{0\min}) = \frac{1}{2} \times (750 - 720)\text{mm} = 15\text{mm}$$

得
$$A_{2\max} = A_{3\max} = 15\text{mm}$$

由此求得 A_2、A_3 的工序尺寸为
$$A_2 = A_3 = 15_{-0.1}^{\;0}\text{mm}$$

可以看出，按对称性分半求解方法比较简单。

讨论： 零件设计尺寸为 A_0，在加工过程中为了方便测量，工序尺寸变为 A_2、A_3，即加工过程中直接保证的尺寸为 A_2、A_3，加工要求 $A_2 = A_3 = 15_{-0.1}^{\;0}\text{mm}$。假如 A_2、A_3 不在 $15_{-0.1}^{\;0}\text{mm}$ 范围内，是否该零件就成为废品？比如 $A_2 = A_3 = 14.8\text{mm}$，当 $A_1 = 750\text{mm}$ 时，

$A_0 = (750 - 2 \times 14.8)\text{mm} = 720.4\text{mm}$，在尺寸 $720^{+0.6}_{0}\text{mm}$ 的允许范围内，所以该零件是合格的。当 $A_1 = 750.4\text{mm}$ 时，$A_0 = (750.4 - 2 \times 14.8)\text{mm} = 720.8\text{mm}$，不在尺寸 $720^{+0.6}_{0}\text{mm}$ 的允许范围内，所以该零件是不合格的。可以看出，当 A_2、A_3 超出计算的尺寸范围时，加工的零件不一定是废品，在这种情况下还应测量其他组成环尺寸进行计算或直接测量封闭环尺寸，以确定零件是否是真废品。下面确定出现假废品的尺寸范围。

由尺寸链可以算出，当封闭环 A_0、其他组成环 A_1 尺寸合格时，有

$$A'_{2\max} + A'_{3\max} = A_{1\max} - A_{0\min}$$

$$A'_{2\min} + A'_{3\min} = A_{1\min} - A_{0\max}$$

以上两式相减可得

$$A'_{2\max} + A'_{3\max} - (A'_{2\min} + A'_{3\min}) = A_{1\max} - A_{0\min} - (A_{1\min} - A_{0\max}) = T_0 + T_1$$

由上式可以看出，A_2、A_3 的公差之和等于尺寸链其他组成环公差之和，A_2、A_3 岂不是封闭环吗？的确如此。因为这里研究的是 A_0、A_1 的变化对 A_2、A_3 的影响，就是在保证 A_2、A_3 合格（直接保证）的情况下 A_0、A_1 的变化范围，所以 A_2、A_3 是封闭环。计算说明如果 A_2、A_3 的尺寸变化范围不超过尺寸链中其他环的公差之和时，可能出现假废品。将上式进一步变换为

$$A'_{2\max} + A'_{3\max} - (A'_{2\min} + A'_{3\min}) = T_0 + T_1 = T_1 + (T_0 - T_1) + T_1 = T_1 + 2(A_{2\max} - A_{2\min}) + T_1$$

可以得出图 2-21e 所示的废品分布图，T_1 是除封闭环及工序尺寸以外的所有组成环公差之和，生产中利用该图可以确定加工零件废品的性质。实际上，在加工工序中，若工序基准和设计基准不重合时，也会出现假废品的情况，可以采用两种办法判断是否为假废品：①设法直接测量在假废品尺寸范围的设计尺寸（封闭环）；②如果无法直接测量设计尺寸，需逐一测量相关组成环，通过计算判断是否为假废品。

按上述分析本例的计算结果为：正品区，$A_2 = A_3 = 15^{0}_{-0.1}\text{mm}$；假废品区，$A_2 = A_3 = 15^{-0.1}_{-0.3}\text{mm}$ 及 $15^{+0.2}_{0}\text{mm}$；真废品区，$A_2 = A_3$，小于 14.7mm 及大于 15.2mm。

3. 从尚需继续加工表面标注的工序尺寸计算

这类工序尺寸，既涉及加工余量，也涉及基准转换。

【例 2-5】 图 2-22a 所示为加工齿轮内孔和键槽的简图，设计尺寸为键槽深 $43.6^{+0.34}_{0}\text{mm}$ 及孔径 $\phi 40^{+0.05}_{0}\text{mm}$。加工过程如下：

① 拉（或镗）内孔，至尺寸 $\phi 39.6^{+0.1}_{0}\text{mm}$。

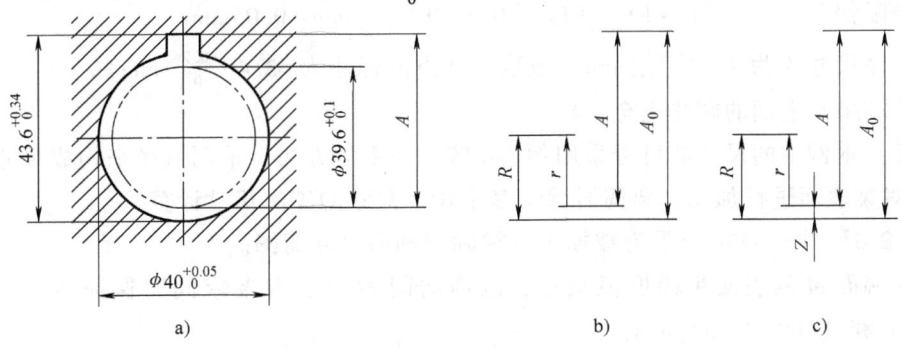

图 2-22 加工齿轮内孔和键槽的工序尺寸计算

② 拉（或插）键槽，至尺寸 A。

③ 热处理（淬火）。

④ 磨内孔，至尺寸 $\phi 40^{+0.05}_{0}$ mm。求工序尺寸 A。

由加工过程可看出，工序尺寸 A 是从尚需继续加工的孔表面标注的，键槽深 $43.6^{+0.34}_{0}$ mm 是通过工序 1、2、4 间接得到的。

解： ① 由于直径 $\phi 39.6^{+0.1}_{0}$ mm、$\phi 40^{+0.05}_{0}$ mm 的尺寸基准为孔的水平轴线，可以以水平轴线为基准画出尺寸链，如图 2-22b 所示。

② 尺寸 $A_0 = 43.6$ mm 为封闭环，尺寸 A 和 $R\left(\dfrac{40^{+0.05}_{0}}{2}\text{mm} = 20^{+0.025}_{0}\text{mm}\right)$ 为增环，尺寸 $r\left(\dfrac{39.6^{+0.1}_{0}}{2}\text{mm} = 19.8^{+0.05}_{0}\text{mm}\right)$ 为减环。

③ 计算：

公称尺寸：$A = A_0 - R + r = (43.6 - 20 + 19.8)$ mm $= 43.4$ mm

上极限偏差：$\text{ES}_A = \text{ES}_{A_0} - \text{ES}_R + \text{EI}_r = (0.34 - 0.025 + 0)$ mm $= 0.315$ mm

下极限偏差：$\text{EI}_A = \text{EI}_{A_0} - \text{EI}_R + \text{ES}_r = (0 - 0 + 0.05)$ mm $= 0.05$ mm

因此，工序尺寸 A 为 $43.4^{+0.315}_{+0.050}$ mm，或取入体方向标注为 $43.45^{+0.265}_{0}$ mm。

为了分析磨孔时半径加工余量 Z 对键槽深度的影响，也可将尺寸链分解为两个并联的尺寸链进行计算，如图 2-22c 所示，其公共环为余量 Z。

由尺寸 R、r、Z 所构成的尺寸链中，Z 为封闭环，R 为增环，r 为减环，由此可计算出：

基本余量：$Z = R - r = (20 - 19.8)$ mm $= 0.2$ mm

最大余量：$Z_{\max} = R_{\max} - r_{\min} = (20.025 - 19.8)$ mm $= 0.225$ mm

最小余量：$Z_{\min} = R_{\min} - r_{\max} = (20 - 19.85)$ mm $= 0.15$ mm

因此 $$Z = 0.2^{+0.025}_{-0.050}\text{mm}$$

由尺寸 A_0、A、Z 所构成的尺寸链中，A_0 为封闭环，Z、A 为增环，由此可计算出：

公称尺寸： $A = A_0 - Z = (43.6 - 0.20)$ mm $= 43.4$ mm

上极限偏差： $\text{ES}_A = \text{ES}_{A_0} - \text{ES}_Z = (0.34 - 0.025)$ mm $= 0.315$ mm

下极限偏差： $\text{EI}_A = \text{EI}_{A_0} - \text{EI}_Z = [0 - (-0.05)]$ mm $= 0.05$ mm

因此，工序尺寸 A 为 $43.4^{+0.315}_{+0.050}$ mm（或取入体方向标注为 $43.45^{+0.265}_{0}$ mm）。

计算结果与上面的解法完全一样。

思考： 本例中的尺寸链可否采用例 2-4 解法一中的方法，采用直径来构成尺寸链？

4. 对某表面进行加工，要同时保证多个设计尺寸的工序尺寸计算

【例 2-6】 图 2-23a 所示为被加工阶梯轴的轴向尺寸简图。

因为端面 M 的表面粗糙度值很小，故需磨削 M 面，并要求同时保证两个设计尺寸 $30^{+0.10}_{0}$ mm 和 (100 ± 0.15) mm。

加工过程如下：

① 以 M 面为基准，精车 N 面、Q 面，至尺寸 $A_1 = 30.25_{-0.05}^{0}$ 及 A_2，如图 2-23b 所示。

② 以 N 面为基准，磨削 M 面，至尺寸 $A_3 = 30_{0}^{+0.10}$。尺寸 $A_0 = (100 \pm 0.15)$ mm 是间接得到的，如图 2-23c 所示。求工序尺寸 A_2。

解： ① 画出如图 2-23d 所示的尺寸链。

② 尺寸 A_0 为封闭环，A_2、A_3 为增环，A_1 为减环。

③ 计算：

公称尺寸：$A_2 = A_0 - A_3 + A_1 = (100 - 30 + 30.25)\text{mm} = 100.25\text{mm}$

上极限偏差：$\text{ES}_{A_2} = \text{ES}_{A_0} - \text{ES}_{A_3} + \text{EI}_{A_1} = [0.15 - 0.1 + (-0.05)]\text{mm} = 0\text{mm}$

下极限偏差：$\text{EI}_{A_2} = \text{EI}_{A_0} - \text{EI}_{A_3} + \text{ES}_{A_1} = (-0.15 - 0 + 0)\text{mm} = -0.15\text{mm}$

因此，工序尺寸 A_2 为 $100.25_{-0.15}^{0}$ mm。

此例也可按并联尺寸链分为两个尺寸链进行计算。

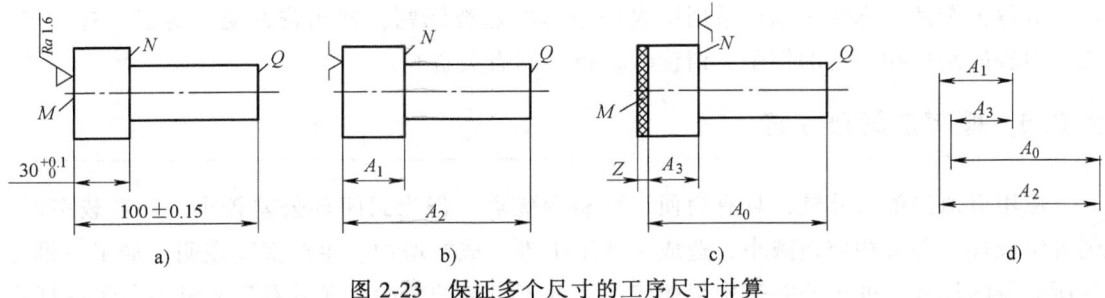

图 2-23 保证多个尺寸的工序尺寸计算

5. 表面处理的工序尺寸计算

为了改善零件的表面性能，提高零件的表面质量及美化零件外观，常需对零件表面进行电镀（镀铬、铜、锌等）、渗碳、渗氮、碳氮共渗等处理，零件图上还规定了处理层的厚度。由于处理前的表面需要加工，处理后的表面可能加工也可能不加工，无论什么样的工艺要求，都需要计算相关的工序尺寸。下面以电镀为例，说明表面处理的工序尺寸计算。

【例 2-7】 如图 2-24 所示的短圆柱，外表面镀铬，要求镀层厚度为 0.025～0.04mm，其加工工艺过程为车→磨→镀铬，求短圆柱的磨削尺寸。

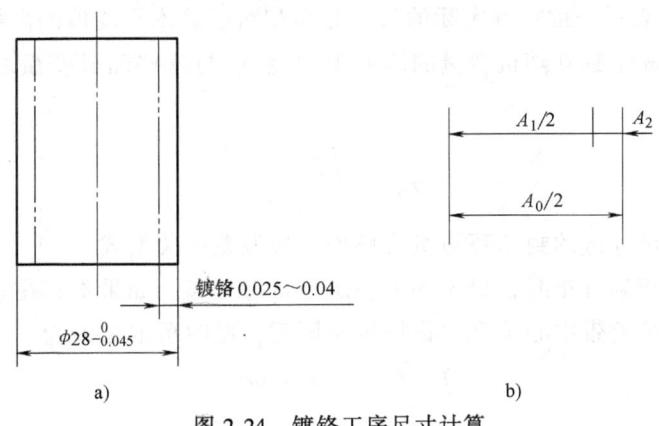

图 2-24 镀铬工序尺寸计算

解：① 画出如图 2-24b 所示的尺寸链。

② 尺寸 A_0 为封闭环，A_1、A_2（电镀工序保证）为增环。

③ 计算：

$A_2 = 0^{+0.040}_{+0.025}$mm，$A_0/2 = 14^{\ 0}_{-0.0225}$mm

公称尺寸： $A_1/2 = A_0/2 - A_2 = (14-0)$mm $= 14$mm

上极限偏差： $\mathrm{ES}_{A_1}/2 = \mathrm{ES}_{A_0}/2 - \mathrm{ES}_{A_2} = (0 - 0.04)$mm $= -0.04$mm

下极限偏差： $\mathrm{EI}_{A_1}/2 = \mathrm{EI}_{A_0}/2 - \mathrm{EI}_{A_2} = (-0.0225 - 0.025)$mm $= -0.0475$mm

因此，工序尺寸 A_1 为 $\phi 28^{-0.080}_{-0.095}$mm。

6. 用图表法综合确定工序尺寸

在加工过程中，当同一个方向上的尺寸较多而又需要多次转换定位基准，或者当设计基准与其他基准不重合而需要进行尺寸换算时，确定相应的各工序尺寸、公差和余量的工作就显得很杂乱、麻烦。如果采用图表法来解决这类问题，就比较方便、明了、有次序。关于图表的制作和应用的例子，请读者自行参阅有关资料。

2.6.5 概率法解尺寸链

应用极值法解尺寸链，具有简便、可靠等优点。但当封闭环公差较小，环数较多时，则各组成环公差就相应地减小，造成了加工困难，成本增加。生产实践表明，加工一批工件所获得的尺寸，处于公差带中部的较多，处于极值的较少，尤其是尺寸链中各组成环都恰好出现极值的情况更少，因此封闭环的实际误差比用极值法计算出来的公差小得多。为了扩大组成环的公差，以便降低加工难度，可采用概率法解尺寸链以确定组成环的公差，而不用极值法的关系式确定。

1. 各环公差值的概率法计算

尺寸链中各环都是彼此独立的随机变量，因此它们组成的封闭环也是随机变量。由概率原理可知，用实测方法取得的这些随机变量的大量数据中有两个特征数：算术平均值和均方根偏差。

算术平均值 $\bar{A}$ 表示一批零件尺寸分布的集中位置，即尺寸分布中心。

均方根偏差 σ 表示一批零件实际的尺寸分布相对于算术平均值的离散程度。

由概率论知，m 个独立随机变量的均方根偏差 σ_i 与这些随机变量之和的均方根偏差 σ_0 的关系为

$$\sigma_0 = \sqrt{\sum_{i=1}^{m} \sigma_i^2} \quad (2-24)$$

式（2-24）为尺寸链的封闭环与组成环均方根偏差的关系式。

当各组成环为正态分布时，封闭环也一定是正态分布。如果不存在系统误差，则各组成环的分布中心与公差带中心重合。根据概率原理，此时可取公差为

$$T_i = 6\sigma_i ; \quad T_0 = 6\sigma_0 \quad (2-25)$$

由此得

$$\sigma_i = \frac{1}{6}T_i; \quad \sigma_0 = \frac{1}{6}T_0 \tag{2-26}$$

故

$$T_0 = \sqrt{\sum_{i=1}^{m} T_i^2} \tag{2-27}$$

式（2-27）为封闭环公差与组成环公差用概率解法的关系式。

若各组成环公差相等，则各组成环的平均公差为

$$T_{av} = T_i = \frac{T_0}{\sqrt{m}} = \frac{\sqrt{m}}{m}T_0 \tag{2-28}$$

将式（2-28）与极值法公式

$$T_{av} = T_i = \frac{1}{m}T_0$$

相比，可以看出：若封闭环公差 T_0 不变，则各组成环平均公差扩大了 $\sqrt{m}$ 倍，因而可使加工容易，而且环数越多越有利。若各组成环公差不变，则用概率法求得的封闭环公差为用极值法求得的封闭环公差的 $1/\sqrt{m}$，提高了封闭环的精度。当各组成环不是正态分布时，需要引入相对分布系数 k_i，此时 $\sigma_i = k_i \frac{1}{6}T_i$。在尺寸链中，如果没有一个组成环的尺寸分散带过分大于其余各组成环，而且又不是过多偏离正态分布，则不论各组成环的尺寸分布为何种形式，只要组成环的数目足够多时，其封闭环尺寸一定为正态分布，因此有 $\sigma_0 = \frac{1}{6}T_0$。故

$$T_0 = \sqrt{\sum_{i=1}^{m} k_i^2 T_i^2} \tag{2-29}$$

式中 k_i——相对分布系数，它表明各种尺寸分布曲线形状相对正态分布曲线的差别，其值可见表2-9。

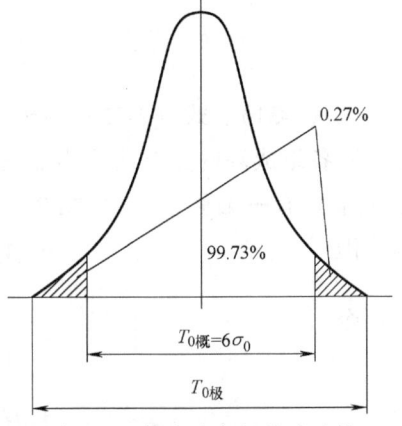

图2-25 概率法与极值法比较

由此可知，在应用概率法求解尺寸链的情况下，当尺寸链的环是正态分布时，可取 $T=6\sigma$，此时并没有包括工件尺寸出现的全部概率，而是 99.73%。如图2-25所示，阴影部分表示超出 T_0 的概率，此值是很小的，仅为 0.27%，但却使各组成环的公差扩大了很多，因此取 $T=6\sigma$ 是合理的。

2. 算术平均值 A_{av} 的计算

为了确定各环公差带的分布位置，要用到算术平均值 A_{av}。根据概率原理可推知，封闭环的平均值 A_{0av} 等于各组成环算术平均值的代数和，即

$$A_{0av} = \sum_{i=1}^{m} A_{iav} = \sum_{\substack{i=1 \\ \xi_i = 1}}^{m} A_{iav} - \sum_{\substack{i=1 \\ \xi_i = -1}}^{m} A_{iav} \tag{2-30}$$

式中 A_{iav}——各组成环的算术平均值。

表 2-9　不同尺寸分布曲线的相对分布系数 k_i 和不对称系数 α_i 值

分布曲线的性质	正态分布	辛普森分布（等腰三角形）	等概率	等概率与正态分布的组合	试切法（轴形）	试切法（孔形）
分布曲线的简图						
k_i	1	1.22	1.73	1.1~1.5	1.17	1.17
α_i	0	0	0	0	0.26	-0.26

若各组成环的分布曲线为对称分布，且分布中心与公差带中点（平均尺寸 $A_{av极}$）重合，则算术平均值 $A_{av概}$ 就等于平均尺寸 $A_{av极}$，（见图 2-26a），得

$$A_{0av概} = A_{0av极} = \sum_{\substack{i=1\\ \xi_i=1}}^{m} A_{iav} - \sum_{\substack{i=1\\ \xi_i=-1}}^{m} A_{iav} \tag{2-31}$$

将式（2-31）中各环减去公称尺寸，则得

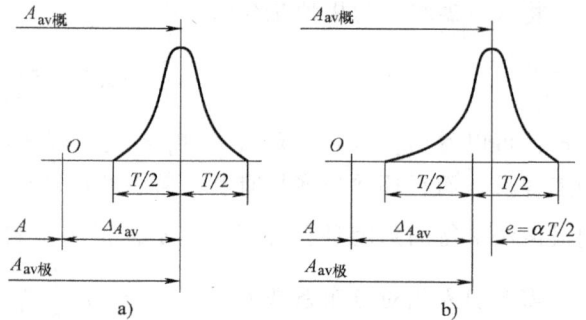

图 2-26　对称与不对称尺寸分布

$$\Delta_{A_{0av}} = \sum_{\substack{i=1\\ \xi_i=1}}^{m} \Delta_{A_{iav}} - \sum_{\substack{i=1\\ \xi_i=-1}}^{m} \Delta_{A_{iav}} \tag{2-32}$$

式（2-31）、式（2-32）与极值法相应的式（2-17）、式（2-18）完全一样。

若各组成环的分布曲线为非对称分布时，算术平均值 $A_{av概}$ 相对公差带中点（平均尺寸 $A_{av极}$）有一偏移量 e，如图 2-26b 所示。

因

$$e = A_{av概} - A_{av极} = A_{av概} - (A + \Delta_{A_{av}}) \tag{2-33}$$

令

$$e = \alpha \frac{T}{2} \tag{2-34}$$

则

$$A_{av概} = A_{av极} + \alpha \frac{T}{2} = A + \Delta_{A_{av}} + \alpha \frac{T}{2} \tag{2-35}$$

故

$$A_{0av} = \sum_{\substack{i=1\\ \xi_i=1}}^{m} \left(A_{iav} + \alpha_i \frac{T_i}{2} \right) - \sum_{\substack{i=1\\ \xi_i=-1}}^{m} \left(A_{iav} + \alpha_i \frac{T_i}{2} \right) \tag{2-36}$$

或

$$A_{0av} = \sum_{\substack{i=1\\ \xi_i=1}}^{m} \left(A_i + \Delta_{A_i} + \alpha_i \frac{T_i}{2} \right) - \sum_{\substack{i=1\\ \xi_i=-1}}^{m} \left(A_i + \Delta_{A_i} + \alpha_i \frac{T_i}{2} \right) \tag{2-37}$$

式中　α_i——不对称系数，其值见表 2-8。

3. 概率法的近似计算

用概率法计算尺寸链，需要知道各组成环的误差分布情况及 k_i 和 α_i 的数值，若有现

场统计资料或成熟的经验统计数据，便可进行计算。当缺乏这些资料时，只能假定 k_i 和 α_i 的值进行近似计算。近似计算是假定各环分布曲线是对称分布于公差值的全部范围内（即 $\alpha_i = 0$），并取相同的相对分布系数的平均值 k_M（一般取 1.2~1.7）。因此有

$$T_0 = k_M \sqrt{\sum_{i=1}^{m} T_i^2} \tag{2-38}$$

然后就可用式（2-31）及式（2-32）进行概率法的近似计算。用概率法近似计算时，组成环的数目越多，计算的准确度就越高，因此该法常用在多环尺寸链上。

2.7 时间定额及经济分析

时间定额是劳动生产率的基本标志。劳动生产率可以用一个工人在单位时间内制造出合格产品的数量，或者是一个工人用于单位产品的劳动时间来表示。

经济分析是研究如何用最少的社会消耗、最低的成本生产出合格的产品。

2.7.1 时间定额

时间定额是在一定的生产规模、生产技术和生产组织的条件下，为完成某一工件的某一工序所需要的时间，也称为工序单件时间或工序单件时间定额。它是计算产品成本和企业经济核算的依据，也是新建或扩建工厂（或车间）时决定所需设备和人员的依据。

工序单件时间的组成，可表示如下

$$t_{单} = t_{基} + t_{辅} + t_{服} + t_{休} \tag{2-39}$$

式中　$t_{单}$——工序单件时间；

　　　$t_{基}$——基本时间（也称机动时间），是直接用来改变工件形状、尺寸相对位置和表面性质所消耗的时间，它可根据各种加工方法的有关公式进行计算；

　　　$t_{辅}$——辅助时间，为完成工序中的基本工作所需要做的辅助动作时间，它包括装卸工件、起动和停止机床、改变切削用量、测量工件等所消耗的时间，可查有关表格或通过实测确定；

　　　$t_{服}$——工作地点服务时间，它包括更换刀具、修磨刀具、设备的补充调整以及工作班开始时取出刀具和文件、机床润滑等和工作班结束时收拾工具、清除切屑、擦拭机床等所要消耗的时间；

　　　$t_{休}$——工人休息和自然需要时间。

一般情况下，工作地点服务时间与休息时间之和是以作业时间 $t_{作} = t_{基} + t_{辅}$ 的形式给出的，即

$$t_{服} + t_{休} = \frac{x}{100} t_{作} \tag{2-40}$$

所以

$$t_{单} = t_{作} \left(1 + \frac{x}{100}\right) \tag{2-41}$$

式中，$x = 3 \sim 6$。

在成批生产中，还要考虑加工一批工件时的准备、结束时间。也就是在加工一批工件之前，熟悉图样，领取毛坯材料，准备刀具、夹具、量具，装夹刀具、夹具，调整机床以及在加工一批工件之后交还工艺文件，拆卸、送还工艺装备和送检成品等所需要的时间。因此，成批生产时工件每个工序的总时间为

$$t_{定额} = t_{单} + \frac{t_{准结}}{N_{批}} \tag{2-42}$$

式中　$t_{定额}$——工件某工序的总时间，称为单件时间定额，又称单件计算时间；

$t_{准结}$——加工一批工件的准备时间、结束时间；

$N_{批}$——一批工件的数量。

由式（2-42）可看出，$N_{批}$越大，则$t_{定额}$与$t_{单}$越接近。当大量生产时，有

$$t_{定额} \approx t_{单}$$

要提高生产率，就要设法减少$t_{定额}$或$t_{单}$，也就是减少其组成部分的时间，主要是基本时间和辅助时间。

2.7.2　工艺过程的经济分析

设计某一零件的工艺过程时，一般可拟定出几种不同的方案，这些方案虽然都可以满足加工质量的要求，但从经济性来分析，它们的生产成本并不相同，因此，在给定的生产条件下要选择最经济的方案，也就是成本最低的方案，这对工厂企业积累资金和加快国家的工业建设有重大意义。

对方案进行经济分析，其目的是求得最有利的工艺过程或加工方法，因此对各种方案进行经济性比较时，并非准确计算零件成本，而只需求出各种方案的相对值，即各种方案中相同的项目可略去不计。也就是说，若各个方案中的每个工序内容均不相同，则应全面进行经济性比较；若只有某些工序内容不同，而其他均相同，则只就这些不同的工序进行经济性比较。

为方便分析和比较各种方案，将单件工艺成本$S_{单}$分为与年产量有关的可变费用V（元/件）和与年产量无关的不变费用C（元/件）。因此，有

$$S_{单} = V + C \tag{2-43}$$

因不变费用C与年产量无关，所以一般常按全年计算，以$C_{年}$表示，则式（2-43）改写成

$$S_{单} = V + \frac{C_{年}}{N_{零}} \tag{2-44}$$

式中　$N_{零}$——零件的年产量。

全年产品的工艺成本为

$$S_{年} = N_{零}V + C_{年} \tag{2-45}$$

从式（2-44）中可看出，每个零件的工艺成本可用一条双曲线表示，如图2-27a所示。从式（2-45）中可看出，全年产品的工艺成本可用直线表示，如图2-27b所示。

在图2-27a中，A为单件小批生产区，B为大批、大量生产区，A、B之间为中批生产

区。年产量越大,则成本越低,当 $N_零 \to \infty$ 时,则 $S_单 \to V$,即年产量很大时,$S_单$ 的变化极小。在图 2-27b 中,不变费用 $C_年$ 为投资定值,无论生产数量多少,其值不变,而 $S_年$ 却随产量 $N_零$ 的增加而增加,$\Delta S_年$ 随 $N_零$ 成正比变化。

对各种工艺过程方案进行经济分析时,实际上都是以全年工艺成本进行比较的。设有两种不同的工艺过程方案,其全年的工艺成本分别为

$$S_{年1} = V_1 N_零 + C_{年1}$$
$$S_{年2} = V_2 N_零 + C_{年2}$$

如图 2-28 所示,两直线的相交处表明:当年产量为 N_C 时,则两种方案的全年工艺成本相等,即 $S_{年1} = S_{年2}$,说明两种方案的经济性相同。N_C 的计算公式为

$$N_C = \frac{C_{年1} - C_{年2}}{V_2 - V_1}$$

当年产量小于 N_C 时,采用第一种方案比较经济,全年工艺成本为 $S_{年1}$;当年产量大于 N_C 时,采用第二种方案比较经济,全年工艺成本为 $S_{年2}$。

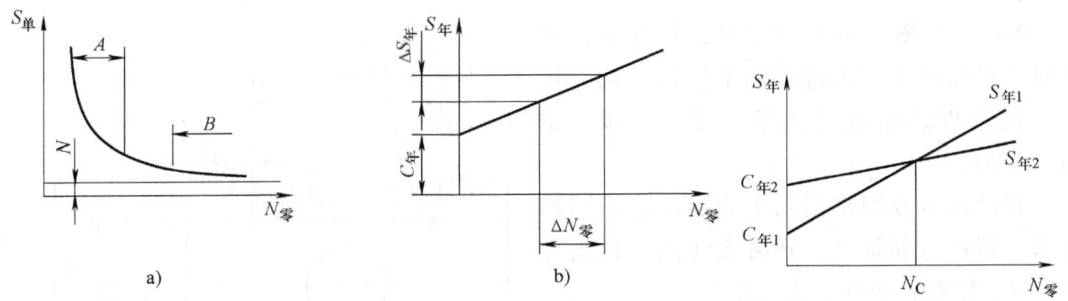

图 2-27 工艺成本与年产量的关系　　　图 2-28 两种工艺方案的经济分析

本 章 小 结

1) 机械加工工艺规程是工艺文件中用来规定零件机械加工工艺过程和操作方法的技术性文件。一个零件的机械加工工艺规程包含该零件从毛坯制作成符合技术要求的成品的整套工艺方案。

2) 零件工艺方案的制订包含了毛坯形式选择,加工方法选择,加工基准的选择,加工路线选择,机床、刀具、夹具及量辅具选择等内容;对每一道工序,还需要确定工序尺寸、加工余量及应达到的技术要求。

3) 机械加工余量可参考工艺设计手册获得,手册的制订标准符合最小加工余量法则;工序尺寸可通过求解工艺尺寸链的方法获得。

4) 零件的工艺规程除了要满足该零件加工的技术要求外,还必须满足该零件加工的经济性要求。

思考题与习题

2-1 什么是机械加工工艺过程?什么是机械加工工艺规程?工艺规程在生产中起什

么作用？单件生产、成批生产、大量生产工艺过程的特点是什么？

2-2 什么是工序、工位和工步？

2-3 什么是基准？粗基准和精基准的选择原则有哪些？

2-4 零件加工表面加工方法的选择应遵循哪些原则？

2-5 在制订加工工艺规程中，为什么要划分加工阶段？

2-6 切削加工顺序安排的原则有哪些？

2-7 什么是工序集中？什么是工序分散？什么情况下采用工序集中？什么情况下采用工序分散？

2-8 什么是加工余量？影响加工余量的因素有哪些？

2-9 在粗、精加工中如何选择切削用量？

2-10 什么是时间定额？工序单件时间定额包括哪些方面？举例说明各方面的含意。

2-11 什么是工艺成本？工艺成本有哪些组成部分？如何对不同工艺方案进行技术经济分析？

2-12 如图 2-29 所示零件，单件小批生产时其机械加工工艺过程如下所述，试分析其工艺过程的组成（包括工序、工步、走刀、安装）。

在刨床上分别刨削六个表面，达到图样要求；粗刨导轨面 A，分两次切削；精刨导轨面 A；钻孔；铰孔；去毛刺。

2-13 如图 2-30 所示零件，毛坯为 $\phi 35\mathrm{mm}$ 的棒料，批量生产时其机械加工过程如下所述，试分析其工艺过程的组成。

在锯床上切断下料，车一端面钻中心孔，调头，车另一端面钻中心孔，在另一台车床上将整批工件的螺纹一边都车至 $\phi 30\mathrm{mm}$，调头再调车刀车削整批工件的 $\phi 18\mathrm{mm}$ 外圆，又换一台车床车 $\phi 20\mathrm{mm}$ 外圆，在铣床上铣两平面，转 90° 后，铣另外两平面（见图 2-30b），最后车螺纹、倒角。

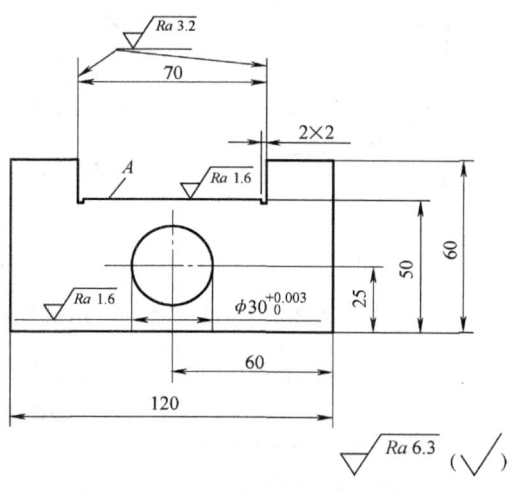

图 2-29 题 2-12 图

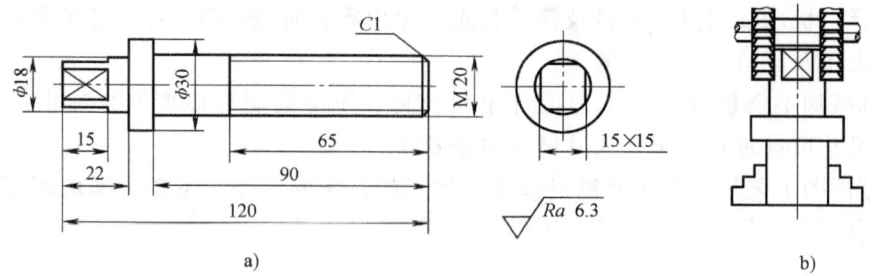

图 2-30 题 2-13 图

2-14 某机床厂年产 C6136N 型卧式车床 350 台，已知机床主轴的备品率为 10%，废品率为 4%。试计算该主轴零件的年生产纲领，并说明它属于哪一种生产类型，其工艺过程有何特点？

2-15 某零件上有一孔 $\phi 50^{+0.027}_{0}$ mm，表面粗糙度 Ra 值为 $0.8\mu m$，孔长 60mm。材料为 45 钢，热处理淬火 42HRC，毛坯为锻件。其加工工艺规程为：粗镗（毛坯直径 58mm，公差 0.3mm）→精镗（余量 1.7mm，公差 0.16mm）→热处理→磨削（余量 0.5mm）。试确定该孔加工中各工序的尺寸与公差。

2-16 在加工图 2-31 所示零件时，图样要求保证尺寸（6±0.1）mm，因这一尺寸不便于测量，只能通过度量尺寸 L 来间接保证，试求工序尺寸 L 及其公差，并求出现假废品的尺寸范围。

2-17 如图 2-32 所示，加工主轴时，要保证键槽深度 $t=4^{+0.15}_{0}$ mm，其工艺过程如下：

1）车外圆至尺寸 $\phi 28.5^{0}_{-0.10}$ mm。

2）铣键槽至尺寸 $H^{+T_H}_{0}$。

3）热处理。

4）磨外圆至尺寸 $\phi 28^{+0.024}_{+0.008}$ mm。

设磨外圆与车外圆的同轴度误差为 $\phi 0.04$ mm，试用极值法计算铣键槽工序的尺寸 H。

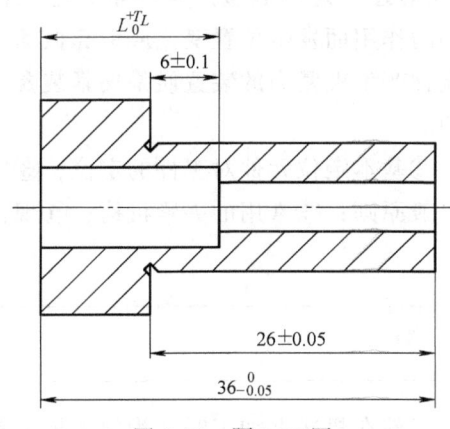

图 2-31 题 2-16 图

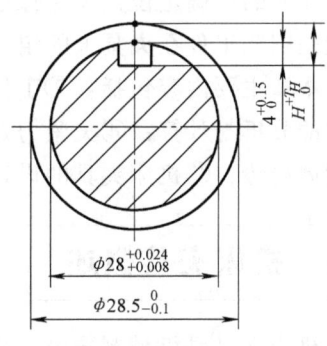

图 2-32 题 2-17 图

2-18 一零件材料为 20Cr13，某内孔加工顺序如下：

1）镗内孔至尺寸 $\phi 31.8^{+0.14}_{0}$ mm。

2）碳氮共渗，要求碳氮共渗层深度为 $t^{+T_t}_{0}$。

3）磨内孔至尺寸 $\phi 32^{+0.035}_{+0.010}$ mm，并保证碳氮共渗深度为 0.1~0.3mm。

试求碳氮共渗工序中碳氮共渗层深度 $t^{+T_t}_{0}$。

2-19 如图 2-33 所示的轴颈衬套，内孔 $\phi 145^{+0.04}_{0}$ mm 表面需要渗氮，渗氮层厚度为 0.3~0.5mm，内孔表面的加工工艺过程为：镗孔至尺寸 $\phi 144.76^{+0.4}_{0}$ mm→渗氮至渗氮层厚度为 δ→磨内孔至尺寸 $\phi 145^{+0.04}_{0}$ mm，求渗氮层厚度 δ。

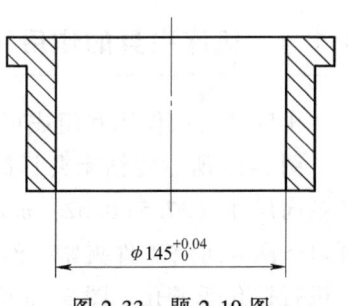

图 2-33 题 2-19 图

第3章

机床夹具设计原理

本章提要

机床夹具是机械加工工艺系统的一个重要组成部分。为保证工件某工序的加工要求，必须使工件在机床上相对刀具的切削或成形运动处于准确的相对位置。当通过夹具来实现这一要求时，必须满足三个条件：①一批工件在夹具中占有正确的加工位置；②夹具装夹在机床上有准确的位置；③刀具相对夹具有准确的位置。这里涉及了三层关系：工件相对夹具、夹具相对机床、工件相对机床。工件的最终精度是由工件相对于机床获得的。所以"定位"涉及三层关系：工件在夹具上的定位、夹具相对机床的定位，而工件相对机床的定位是间接通过夹具来保证的。工件定位以后必须通过一定的装置产生夹紧力把工件固定，否则，会在加工过程中因受切削力、惯性力等的作用而发生位置变化或引起振动，破坏了原来的准确定位，无法保证加工精度要求，这种产生夹紧力的装置便是夹紧装置。本章就是围绕工件在夹具上的定位、夹紧原理展开的。

本章主要内容包括：①工件定位的基本原理；②基本定位元件对工件的定位；③定位误差的分析与计算；④夹紧力及夹紧装置设计的一般原则；⑤常用的夹紧机构；⑥现代夹具发展趋势；⑦机床夹具的设计步骤。

3.1 机床夹具概述

机床夹具是机械制造中一类重要的工艺装备。工件在机床上加工时，为保证加工精度和提高生产率，必须使工件在机床上相对刀具占有正确的位置，这个过程称为定位。为了避免切削过程中工件受外力（切削力、惯性力、重力等）的作用而破坏定位，还必须对工件施加夹紧力，这个过程称为夹紧。定位和夹紧两个过程统称为装夹。完成工件装夹的工艺装备称为机床夹具。

3.1.1 机床夹具的作用和组成

机床夹具的作用和组成可以通过下述两个专用夹具的实例来说明。

图3-1a所示为钻床夹具简图及工序简图，用于钻、铰套筒工件上的 $\phi 6H7$ 孔，并保证轴向尺寸 (37.5 ± 0.02) mm。工件以内孔和端面在定位销6上定位，旋紧螺母5，通过开口垫圈4可将工件夹紧，然后由装在钻模板3上的快换钻套（或铰套）1引导钻头或铰刀进行钻孔或铰孔。图3-1b所示为钻床夹具的三维实体图。

图3-2a所示为连杆铣槽所用的铣床夹具简图及工序简图。工件以一面和两孔在支承

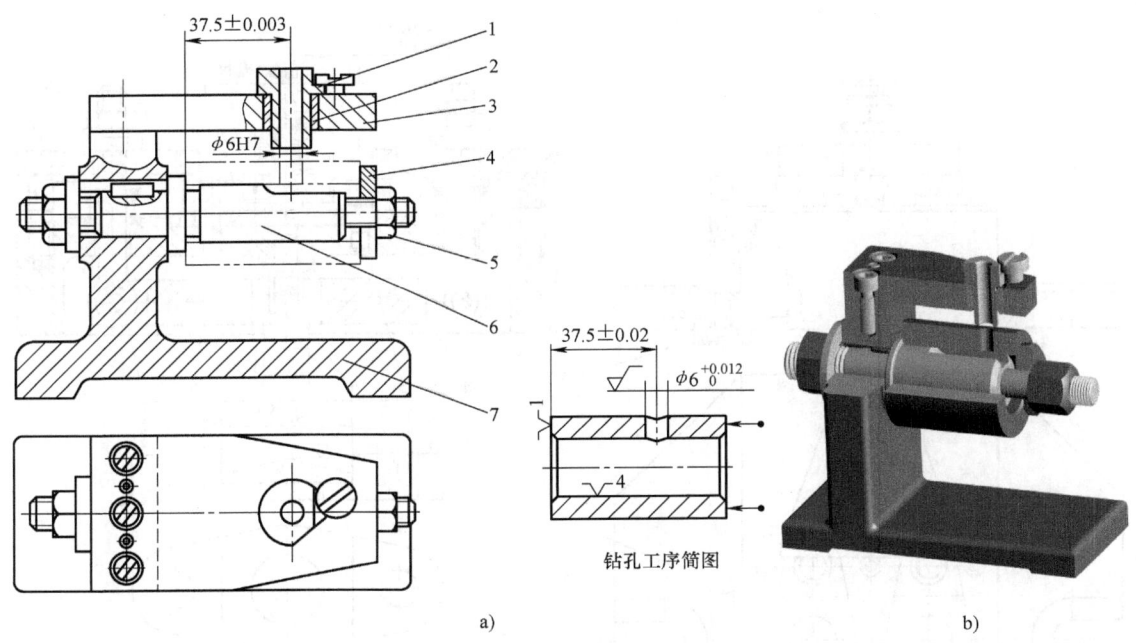

图 3-1 钻床夹具
1—快换钻套 2—导向套 3—钻模板 4—开口垫圈 5—螺母 6—定位销 7—夹具体

板 11、圆柱销 5 和削角销 7 上定位。拧紧螺母 10，通过活节螺栓 8 带动杠杆 4，使两副压板 9 同时夹紧两个工件。对刀块 2 用来确定铣刀的位置，两个定位键 3 用来确定夹具体在机床工作台上的位置。图 3-2b 所示为铣床夹具的三维实体图。

1. 夹具的作用

(1) 可以缩短辅助时间，提高劳动生产率 通过上述两个例子可以看出，由于采用了专门的元件（如定位销、定位平面等）使工件能迅速地装夹在夹具中，而夹具则通过定位键、对刀块、导向套等专门装置也能很快地装夹在机床上并调整好位置。此外还可以采用多件、多位、快速、增力、机动等夹紧装置。

(2) 易于保证加工精度的稳定 由于夹具在机床上的装夹位置及工件在夹具中的装夹位置均已确定，且对加工一批工件来说是固定不变的，因此在加工过程中工件和刀具始终能保持正确的相对工作位置，为稳定地保证加工精度创造了条件。

(3) 可扩大机床的使用范围 采用专门夹具可增强机床的功能，如代替无靠模铣床，可采用专门夹具在普通铣床上铣削成形表面，因而扩大了普通铣床的使用范围。

(4) 可以减轻劳动强度，保证安全生产 采用夹具后可以降低对工人技术水平的要求，使工人操作方便，保证生产安全和减轻体力劳动强度（如采用机动夹紧等）。

2. 夹具的组成

通过上述两个例子也可以看出，夹具要起到应有的作用，一般来说应由以下几部分组成：

(1) 定位元件 它与工件的定位基准相接触，用于确定工件在夹具中的正确位置。如图 3-1 中的定位销 6，图 3-2 中的支承板 11、圆柱销 5 和削角销 7。

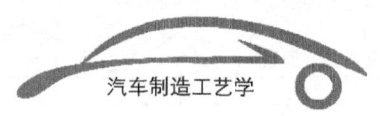

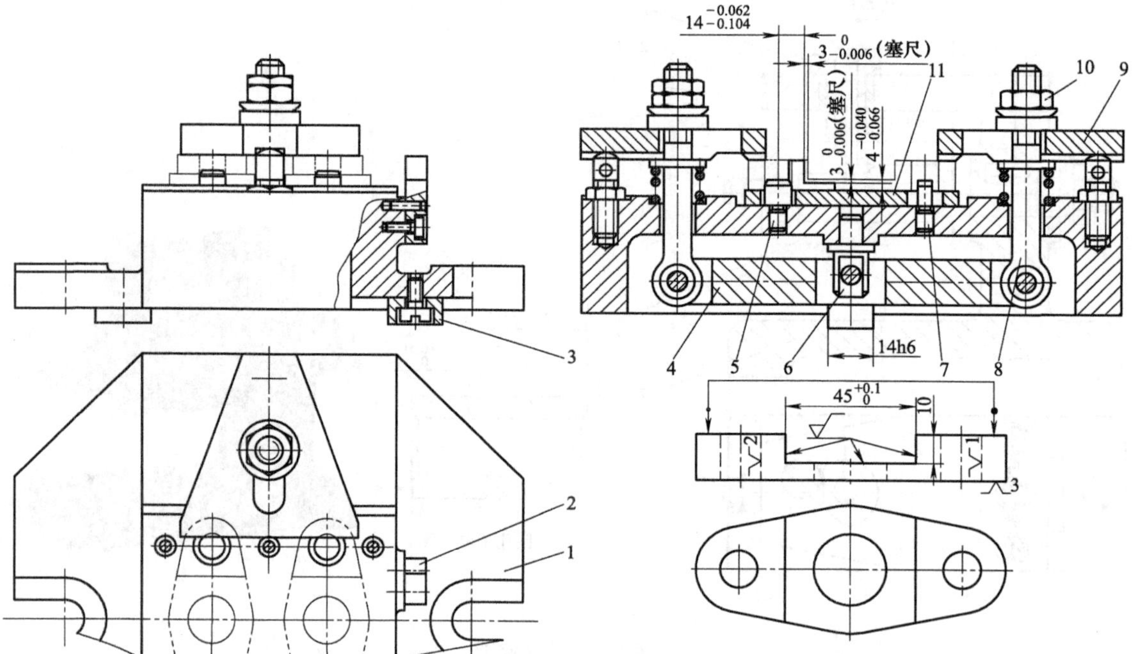

连杆铣槽工序简图

a)

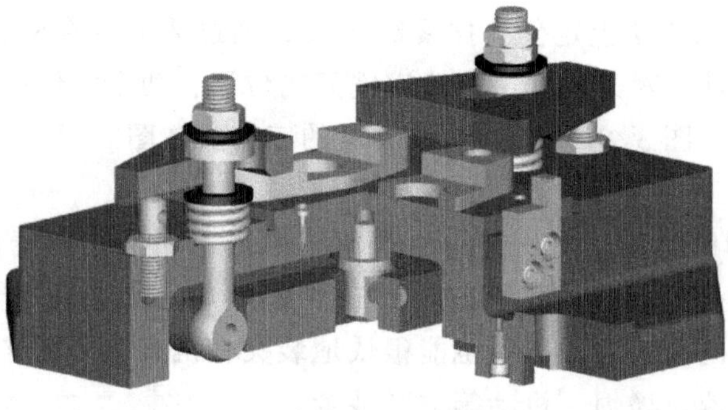

b)

图 3-2　铣床夹具

1—夹具体　2—对刀块　3—定位键　4—杠杆　5—圆柱销　6—杠杆支承销　7—削角销　8—活节螺栓　9—压板　10—螺母　11—支承板

（2）夹紧装置　这是用于夹紧工件的装置，在切削时使工件在夹具中保持既定位置。如图 3-1 中的螺母 5、开口垫圈 4，图 3-2 中的螺母 10、压板 9。

（3）对刀元件　这种元件用于确定夹具与刀具的相对位置，如图 3-1 中的快换钻套 1，图 3-2 中的对刀块 2。

（4）夹具体　这是用于连接夹具各元件及装置，使其成为一个整体的基础件。它与机床相结合，使夹具相对机床具有确定的位置。

（5）夹具的其他元件及装置　夹具的其他元件及装置包括连接元件、分度装置及锁紧机构等。这里主要介绍连接元件。

夹具在机床上必须定位夹紧,才能最终保证工件与刀具的相对位置,在机床上进行夹具定位夹紧的元件,称之为连接元件。

对于铣床、刨床、镗床等机床,夹具都装在工作台上,用两个定位键定位,用若干个螺栓夹紧。

定位键的标准结构如图 3-3a、b 所示,有 A 型和 B 型两种,其上部与夹具体底面上的槽相配,一般采用间隙配合 H7/h6,并用螺钉固定在夹具体上。定位键一般随夹具一起搬运而不拆下,其下部与机床工作台上的 T 形槽相配,一般采用间隙配合 H7/h6。定位键与夹具体、工作台的装配关系如图 3-3c 所示。由于定位键在键槽中总是有间隙的,因此在安装时,将定位键靠在 T 形槽的一侧,这样可提高定位精度。

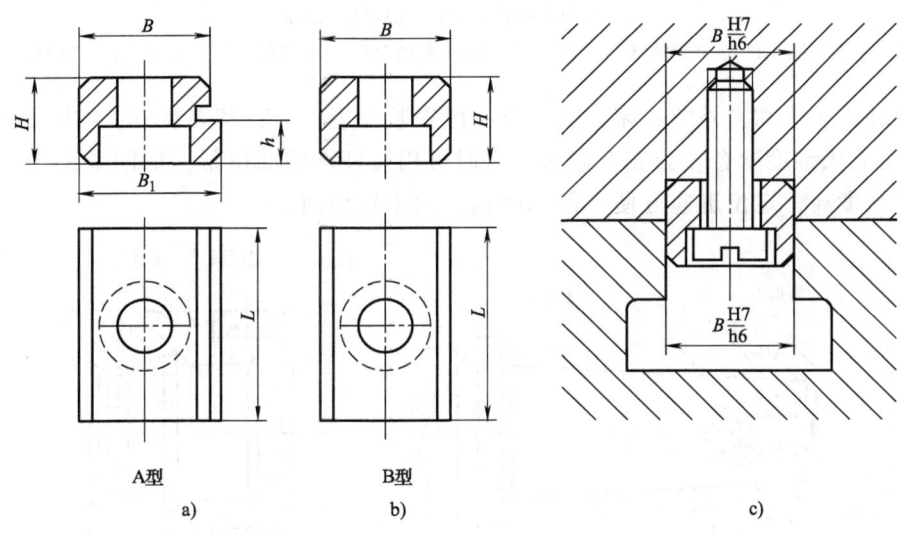

图 3-3 定位键及其与夹具体、工作台的装配关系

夹具在工作台上的固紧是在夹具体上设计 2~4 个开口耳座,如图 3-4a、b 所示,用 T 形槽螺栓进行夹紧,如图 3-4c 所示。

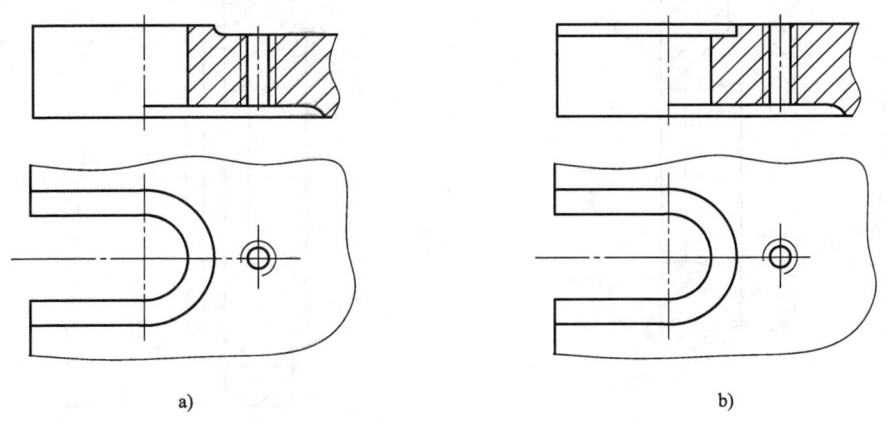

图 3-4 夹具在机床工作台上的定位和夹紧
a)、b) 夹具上的定位键槽及开口耳座

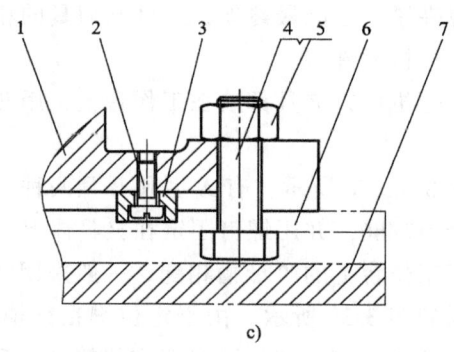

c)

图 3-4 夹具在机床工作台上的定位和夹紧（续）

c）夹具在机床工作台上的定位和夹紧

1—夹具体　2—定位键螺钉　3—定位键　4—T形槽螺栓　5—螺母　6—T形槽　7—工作台

对于卧式车床和内外圆磨床，其夹具一般安装在主轴上，其安装方法如图3-5所示。

1）用莫氏锥度配合，为安全起见，有时可用拉杆从尾部拉紧，如图3-5a所示。这种方法定位精度高，定位迅速方便，但刚度低，适于轻切削。

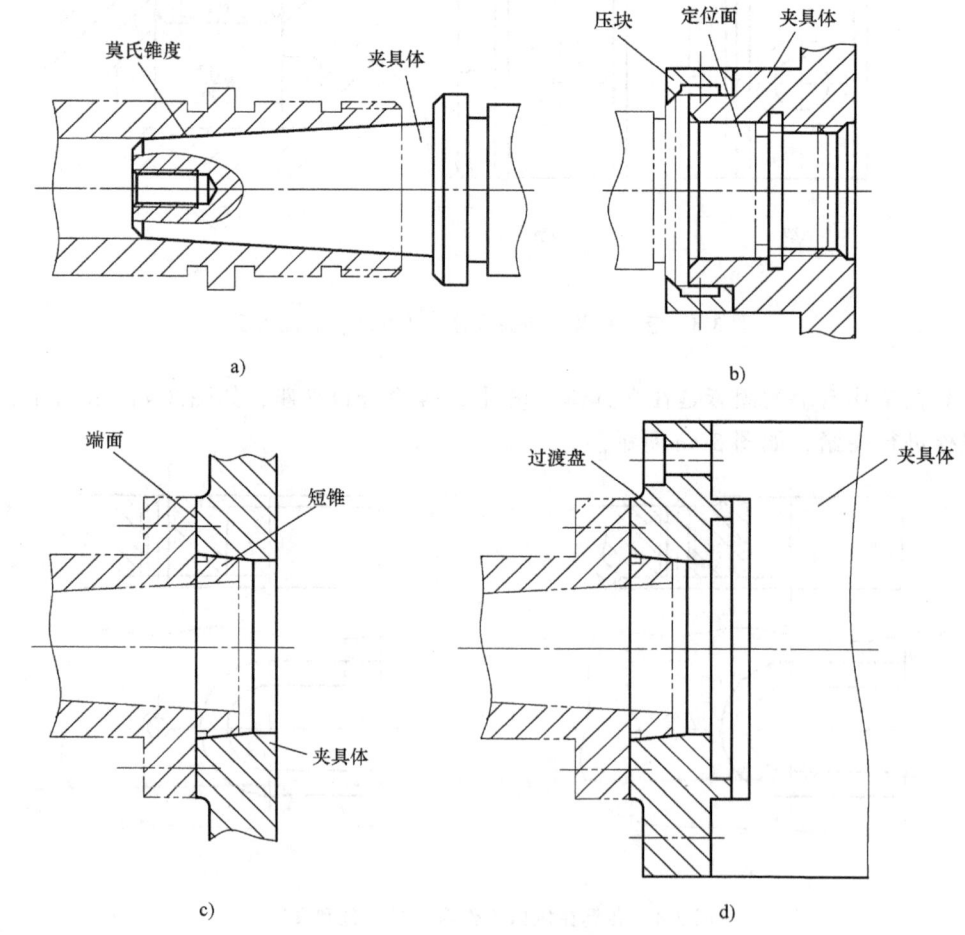

图 3-5　夹具在主轴上的安装

2）用圆柱定位面和端面定位，以及螺纹连接，并用两个压块防松保险，一般自定心卡盘就是这样安装的，如图 3-5b 所示。由于用主轴的圆柱面定位，一般采用 $\dfrac{H7}{h6}$ 或 $\dfrac{H7}{js6}$ 配合，因此定位精度低。

3）用短锥和端面定位，以及螺钉夹紧，如图 3-5c 所示。这种连接方式定位精度高，接触刚度好，但有过定位（由于制造精度高，因此可以允许过定位）。

4）用过渡盘定位，如图 3-5d 所示。过渡盘与主轴端部用短锥和端面定位，夹具体用止口与过渡盘定位，用螺钉夹紧，这种情况多用于通用夹具，因其定位夹紧与主轴端部结构配不上。止口的配合一般用 $\dfrac{H7}{h6}$。

对于立式钻床，一般不用定位键定位，也不用开口耳座和 T 形槽螺钉夹紧，因为有时要钻若干个孔，夹具就不能固定；如果夹具比较大，则可用压板固定，或用摇臂钻床加工，这时夹具也可用开口耳座和 T 形槽螺钉固定，但不用定位键，因有导向元件来确定钻头等孔加工刀具的位置，或按划线对正。

对于平面磨床，因一般多用电磁吸盘夹紧工件，故不需要连接元件。

以上这些组成部分，并不是对每种机床夹具都是缺一不可的，但是任何夹具都必须有定位元件和夹紧装置，它们是保证工件加工精度的关键，目的是使工件"定准、夹牢"。

3.1.2 机床夹具的分类

机床夹具有很多分类方法。通常按机床夹具的使用范围，可划分为以下五种类型。

（1）通用夹具 如车床上常用的自定心卡盘、单动卡盘、顶尖，铣床上常用的机用虎钳、分度头、回转工作台等，均属此类夹具。该类夹具由于具有较大的通用性，故得其名。通用夹具一般已标准化，并由专门的工厂（如机床附件厂）生产，常作为机床的标准附件提供给用户。

（2）专用夹具 这类夹具是针对某一工件的某一工序而专门设计的，该类夹具由于用途专一，故称专用夹具。如图 3-1 所示的套筒钻孔夹具就是一个专用夹具。专用夹具广泛应用于批量生产中。

（3）可调整夹具和成组夹具 这类夹具的特点是夹具的部分元件可以更换，部分装置可以调整，以适应不同零件的加工。用于相似零件成组加工的夹具，通常称为成组夹具。与成组夹具相比，可调整夹具的加工对象不是很明确，使用范围更广一些。

（4）组合夹具 组合夹具是在夹具零部件标准化的基础上发展起来的一种新型的工艺装备。组合夹具的零部件具有高度的通用性，可用来组装各种不同的夹具，但夹具一经组装，其结构是专用的，只适用于某个工件的某道工序的加工。由于组合夹具应变能力强、设计和制造周期短、成本低、适应产品更新换代的要求，因此日益受到厂家的青睐。

（5）随行夹具 这是一种在自动线或柔性制造系统中使用的夹具。工件安装在随行夹具上，除完成对工件的定位和夹紧外，还载着工件随输送装置送往各机床，并在各机床上被定位和夹紧。

机床夹具也可以按照加工类型和在不同机床上的使用来分类,可分为车床夹具、铣床夹具、钻床夹具、镗床夹具、磨床夹具、数控机床夹具等。

机床夹具还可以按其夹紧装置的动力源来分类,可分为手动夹具、气动夹具、液动夹具、电磁夹具、真空夹具等。

本章主要讲述专用夹具的设计原理并介绍现代夹具的发展趋势。

3.2 工件的定位

如3.1节所述,定位的目的是使工件在夹具中相对机床、刀具都有一个确定的正确位置。工件上用来定位的表面称为定位基准面,而在工序图上,用来规定本工序加工表面位置的基准称为工序基准。

下面就工件的定位原理、定位元件和定位误差等问题分别加以介绍。

3.2.1 六点定位原理

一个自由的物体对直角坐标系来说,有六种活动的可能性,其中三种是移动,三种是转动。自由物体在空间的不同位置,就是这六种活动的综合结果。习惯上把这种活动的可能性称为自由度,因此空间任一自由物体共有六个自由度。如图3-6所示,这六个自由度为沿 X、Y、Z 轴移动的三个自由度,以 $\vec{X}$、$\vec{Y}$、$\vec{Z}$ 表示;绕 X、Y、Z 轴转动的三个自由度,以 $\hat{X}$、$\hat{Y}$、$\hat{Z}$ 表示。若使物体在某方向有确定的位置,就必须限制在该方向的自由度,所以要使工件在空间处于相对确定的位置,就必须对六个自由度加以限制。限制的方法是用相当于六个支承点的定位元件与工件的定位基准面接触,如图3-7所示,在底面 xOy 内的三个支承点限制了 $\vec{Z}$、$\hat{X}$、$\hat{Y}$ 三个自由度;在侧面 yOz 内的两个支承点限制了 $\vec{X}$、$\hat{Z}$ 两个自由度;在端面 xOz 内的一个支承点限制了 $\vec{Y}$ 一个自由度。

这种用正确分布的六个支承点来限制工件的六个自由度,使工件在夹具中得到正确位置的规律,称为六点定位原理。

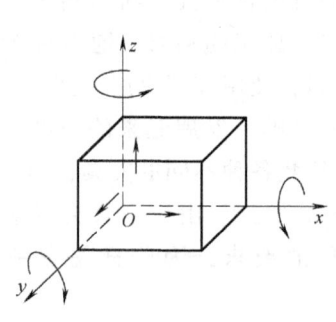

图3-6 物体的六个自由度

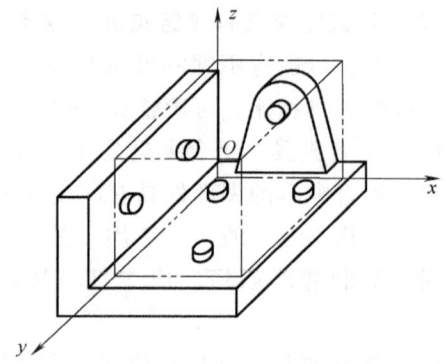

图3-7 工件的六点定位

工件在加工中是否对六个自由度都要加以限制呢?这要根据被加工工件的加工要求来

确定。图 3-8a 所示为在工件上加工不通槽，槽宽由刀具直径保证，但是要保证尺寸 A，需要限制 $\hat{X}$、$\hat{Y}$、$\vec{Z}$；要保证尺寸 B，需要再限制 $\vec{X}$、$\hat{Z}$；要保证尺寸 C，需要再限制 $\vec{Y}$，所以六个自由度都要限制。这种定位方法，称为完全定位。图 3-8b 所示为在工件上加工通槽，要保证尺寸 A，就需要限制 $\hat{X}$、$\hat{Y}$、$\vec{Z}$；要保证尺寸 B，需要再限制 $\vec{X}$、$\hat{Z}$，只需要限制五个自由度就可以了。图 3-8c 所示为在工件上加工平面，要保证尺寸 A，需要限制 $\hat{X}$、$\hat{Y}$、$\vec{Z}$，只需要限制三个自由度就可以了。这种没有完全限制六个自由度而仍然能保证有关工序尺寸的定位方法，称为不完全定位。

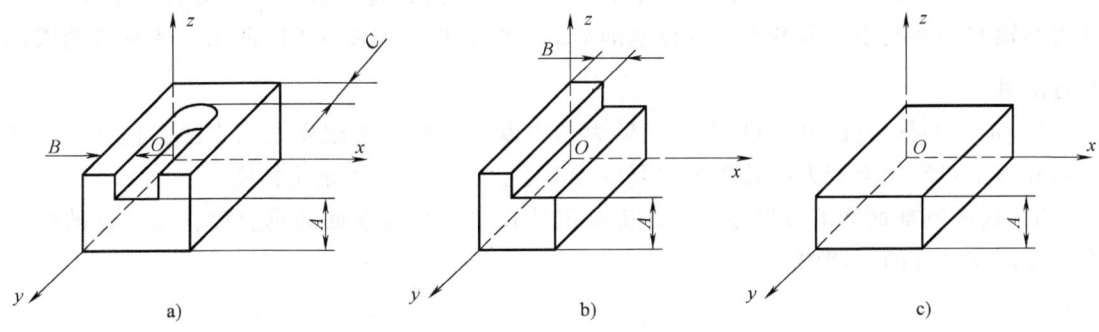

图 3-8 不同加工要求的工件简图

如果两种定位元件均能限制工件的同一个方向自由度时，称为过定位。对于过定位的工件，施加夹紧力后，可能产生工件变形或使定位元件损坏、定位精度降低等不良后果。图 3-9a 所示为轴承盖的定位简图，长 V 形块限制 $\vec{X}$、$\vec{Z}$、$\hat{X}$、$\hat{Z}$，两个支承钉 A、B 的组合可限制 $\vec{Z}$、$\hat{Y}$，因此 $\vec{Z}$ 属于过定位。若工件的定位基准有尺寸变化（ϕd 及 H 的尺寸变化），工件装入夹具后，则不能同时与上述定位元件完全接触，如图 3-9b 所示，这样会造成定位不稳定，加夹紧力后工件产生变形，降低了定位精度。

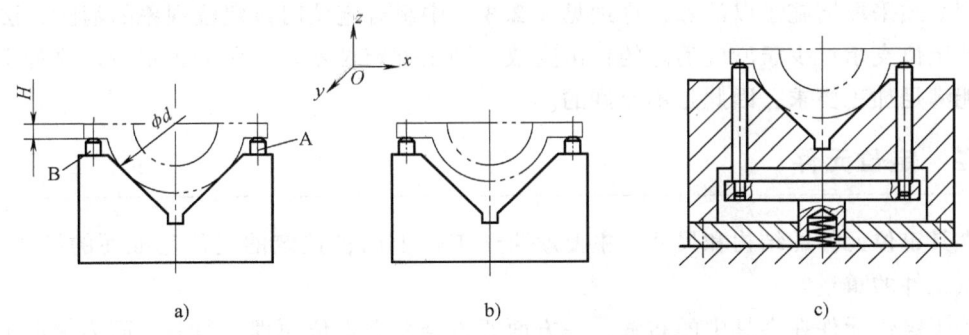

图 3-9 轴承盖的过定位及其消除

避免产生这种不良后果的方法：改变过定位元件的结构，使它失去过定位的能力，消除过定位现象。如两个支承钉去掉一个，只剩一个支承钉用来限制 $\hat{Y}$；或把两个支承钉连成一体并可在上下导向槽中移动，这样就失去了限制 $\vec{Z}$ 的能力，而 $\vec{Z}$ 只由长 V 形块来限制，如图 3-9c 所示。当确定定位元件尺寸时，应使过定位元件（支承钉）与工件定位基准之间有足够的间隙，以保证在任何情况下，工件总与 V 形块的 V 面接触，以限制 $\vec{Z}$。

图 3-10a 所示为衬套的定位简图。定位元件是心轴，它能限制工件 $\vec{Y}$、$\hat{Y}$、$\vec{Z}$、$\hat{Z}$，而心轴的端面又能限制 $\vec{X}$、$\hat{Y}$、$\hat{Z}$，所以 $\hat{Y}$、$\hat{Z}$ 为过定位。由于工件孔中心线与端面的垂直度误差，使得工件端面与心轴端面不完全接触，当夹紧力朝向心轴端面时，则产生弯曲力矩，这将造成心轴的变形，影响加工精度。

避免产生这种不良后果的方法一般有以下三种：

1）将心轴端面的结构改变为球面垫圈的形式，消除过定位现象，如图 3-10b 所示；或将心轴的端面改小，即减小与定位基准面的接触面积，如图 3-10c 所示，使它只起限制 $\vec{X}$ 的作用。

2）加大心轴与孔的配合间隙到足够大的程度，这种办法改变了原来的定位方式，从以内孔为主要定位面变为以端面为主要定位面了，所以影响了定位精度。

3）提高基准面间的位置精度，即提高工件孔中心线与端面的垂直度，使工件的弯曲变形限制在允许的范围内。

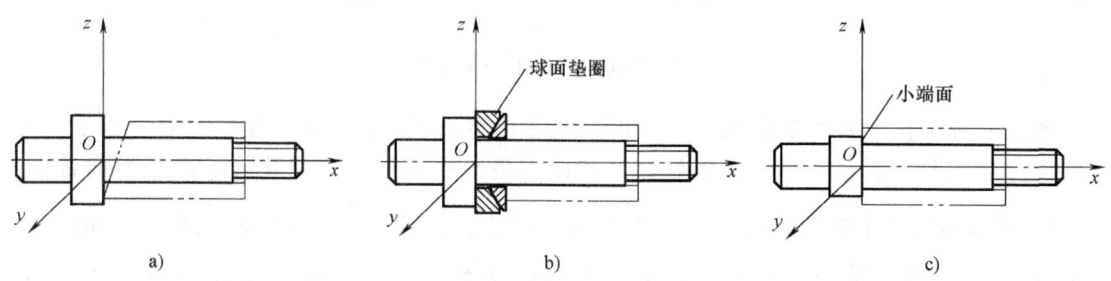

图 3-10 衬套的过定位及消除

如果过定位所产生的不良后果，超出了工件加工精度允许的范围，或破坏了定位元件，则必须采取措施予以消除，详细见 3.2.3 节中组合定位时过定位现象的消除方法。

若定位支承点少于所应消除的自由度数，则工件定位不足，称为欠定位。这种定位方法不能满足加工要求，因此是不允许的。

3.2.2 定位元件

夹具定位元件的结构和尺寸，主要取决于工件上已被选定的定位基准面的结构形状、大小及工件的重量等。

关于定位元件在夹具中的布置，一方面要符合六点定位原理，另一方面为保证工件定位的稳定性，要使支承点的布置尽量敞开，这样可使工件的重力和切削力的作用点都落在支承点连线所组成的平面内。

1. 定位元件的主要技术要求和常用材料

(1) 主要技术要求 为了保证定位元件的工作表面和工件定位基准面相接触或配合，实现工件的定位，定位元件一般应满足以下技术要求：

1）定位元件的精度应满足工件加工要求。
2）定位元件应有足够的刚度，防止受力后产生变形。
3）定位元件应有一定的耐磨性，以便在使用中保持精度。

（2）常用材料　定位元件常用的材料主要有以下两类：

1）低碳钢，如 20 或 20Cr，工作表面经渗碳淬火，渗碳层深度为 0.8~1.2mm，硬度为 55~65HRC。

2）高碳钢，如 T7、T8、T10 等碳素工具钢，淬硬至 55~65HRC。

此外也有用中碳钢（如 45 钢）的，淬硬至 43~48HRC。

2．固定式定位元件

（1）支承钉　支承钉多用于以平面作为定位基准时的定位元件。图 3-11 所示为几种常用的支承钉，其结构和尺寸已标准化。图 3-11a 所示为平顶支承钉，适用于已经过粗加工或精加工表面的定位；图 3-11b 所示为圆顶支承钉，适用于毛坯面的定位，它可使工件与支承钉的接触面积减小，以减小装夹误差，但支承钉容易磨损和压伤工件基准面；图 3-11c 所示为花纹顶面支承钉，用于工件的侧面定位，由于花纹的作用，增大了摩擦系数，可减小夹紧力，但清除切屑不方便，所以不用于水平面定位；图 3-11d 所示为带衬套支承钉，用于批量大、磨损快、需要经常修理的场合，因为它便于拆卸和更换。

支承钉与夹具体的配合可用过盈配合 H7/r6 或 H7/n6。

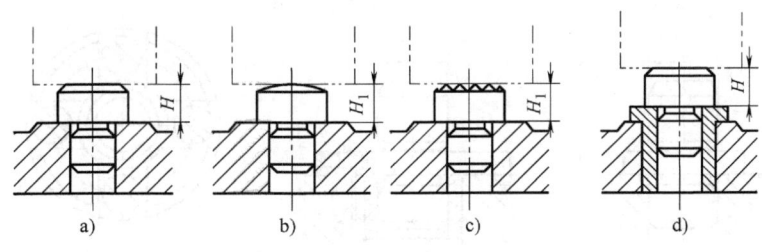

图 3-11　几种常用的支承钉

（2）支承板　支承板一般用作精基准面较大时的定位元件。图 3-12 所示为常用的两种支承板，其结构也已经标准化了。支承板通过螺钉固定到夹具体上。图 3-12a 所示为平板式支承板，它结构简单、紧凑，但不易清除落入沉头螺钉孔内的碎屑；图 3-12b 所示为斜槽式支承板，在支承面上开两个斜槽为固定螺钉用，使清屑容易又结构紧凑。

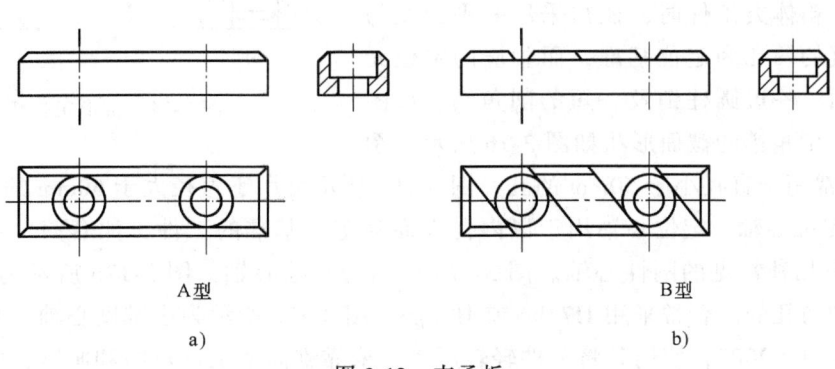

图 3-12　支承板

不论采用支承钉还是支承板作为定位元件，装入夹具体后，为使各支承面在一个水平面内，都应再修磨一次。

(3) **定位销** 对于既用平面又用与平面相垂直的圆柱孔定位的工件，通常用定位销作为定位元件。图 3-13 所示为几种常用的圆柱形定位销。图 3-13a、c 所示为固定式定位销，结构简单，采用 H7/r6 与夹具体直接配合；图 3-13b、d 所示为带衬套的可换式定位销，用于大批量生产，因为工件装卸次数频繁，定位销容易磨损，采用这种结构便于更换，衬套外径与夹具体配合采用 H7/n6，而内径与定位销的配合采用 H7/h6 或 H7/g6；图 3-13e 所示为用可换的支承垫圈代替销子的凸肩，用于凸肩端面容易磨损的场合，而且还可以在销子未装入之前，将垫圈支承面与其他支承面磨成同一平面。所有定位销的定位端头部均做成 15°的长倒角，以便于工件套入，定位销与定位孔的配合采用 K7/g6 或 H7/f6。

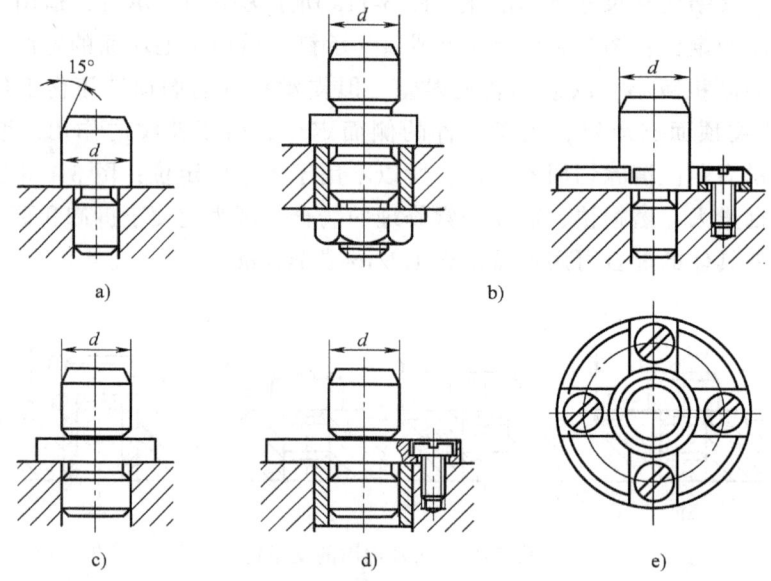

图 3-13 几种常用的圆柱形定位销

在加工套筒、空心轴类等工件时，也经常用到锥形定位销，如图 3-14 所示，图 3-14a 所示用于粗基准，图 3-14b 所示用于精基准。

在加工箱体类工件时，往往采用一平面及与该平面垂直的两孔为定位基准，而相应的定位元件为一平面、一短圆柱销及一短的削角销，如图 3-15 所示。削角销的截面形状如图 3-16 所示，图 3-16a 所示常用于直径小于 50mm 的孔，图 3-16b 所示可用于直径大于 50mm 的孔。

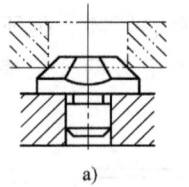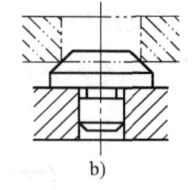

图 3-14 锥形定位销

(4) **定位心轴** 定位心轴用于以内孔表面为定位基准的工件，如套筒、盘类等。图 3-17 所示为几种常见的刚性心轴。图 3-17a 所示为圆柱心轴，图 3-17b 所示为花键心轴，这两种心轴与孔的配合常采用 H7/h6 或 H7/g6。图 3-17c 所示为小锥度心轴，其锥度一般为 1∶1500～1∶2000，使用时将工件轻轻压入，依靠锥面使工件对中和胀紧，此种心轴用于磨削或精车时的定位。

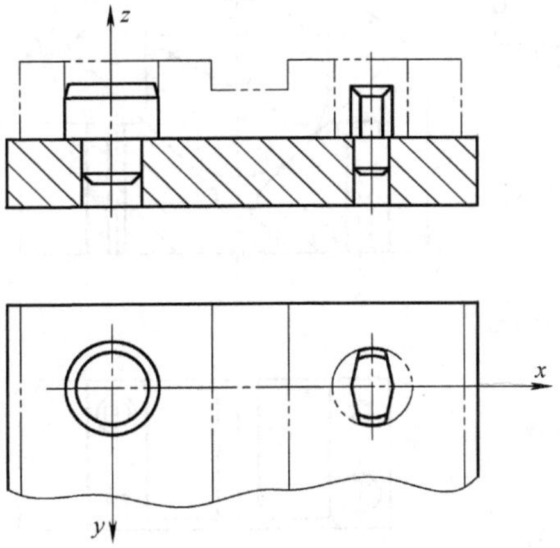

图 3-15 削角销的应用

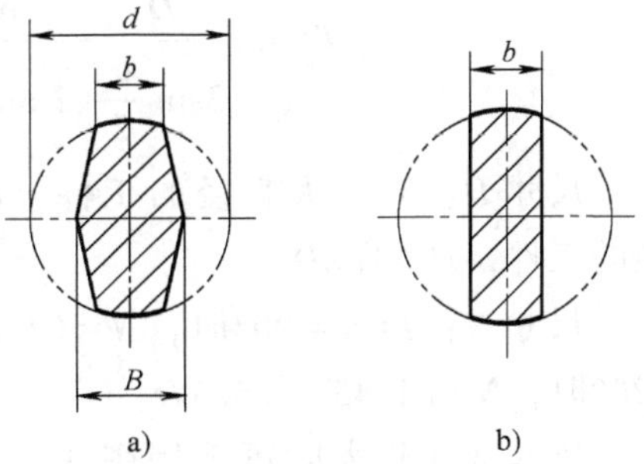

图 3-16 削角销的截面形状

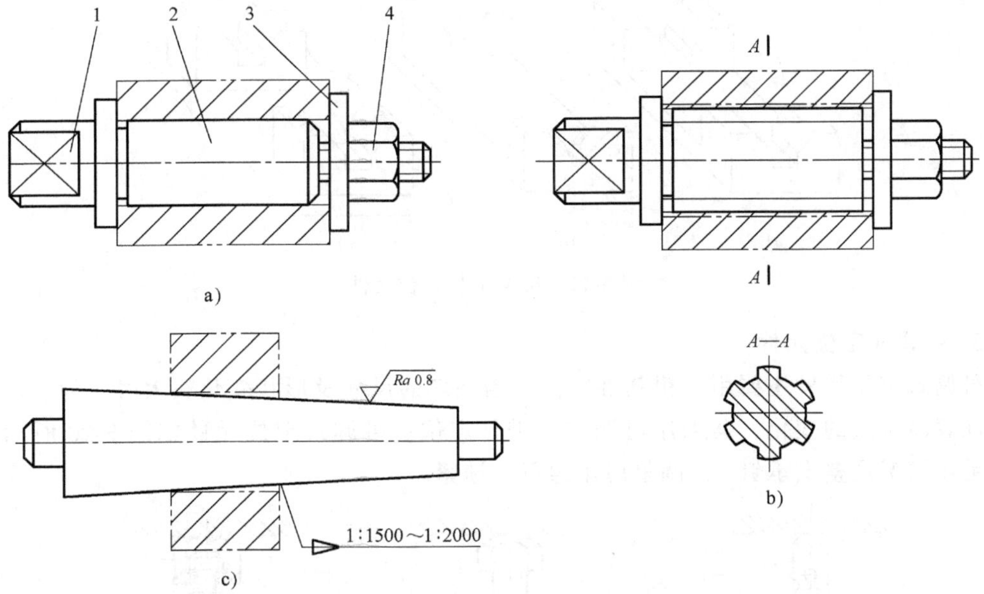

图 3-17 几种常见的定位心轴
1—传动部分　2—定位部分　3—开口垫圈　4—螺母

（5）V 形块　V 形块用于以外圆表面为定位基准的工件，其典型结构如图 3-18 所示。这种定位元件用销子及螺钉紧固在夹具体上，工件的外圆中心对中于两斜面的对称轴线上。V 形块的结构尺寸已经标准化，其两斜面的夹角 α 一般选用 60°、90°或 120°。V 形块的尺寸包括：

D——标准心轴直径，即工件定位用外圆直径（mm）；
H——V 形块高度（mm）；
N——V 形块的开口尺寸（mm）；
$α$——V 形块两工作平面间的夹角（°）；

T——V 形块基面到定位圆中心的距离。

设计 V 形块应根据所需定位的外圆直径 D 计算,先设定 α、N 和 H 值,再求 T 值,T 值必须标注,以便于加工和检验,T 值的计算公式为

$$T = H + \frac{D}{2\sin\frac{\alpha}{2}} - \frac{N}{2\tan\frac{\alpha}{2}} \quad (3-1)$$

尺寸 H:对于大直径的工件,$H \leqslant 0.5D$;对于小直径的工件,$H \leqslant 1.2D$。

尺寸 N:当 $\alpha = 90°$ 时,$N = (1.09 \sim 1.13)D$;当 $\alpha = 120°$ 时,$N = (1.45 \sim 1.52)D$。

当基准面较大时可选用图 3-19 所示的结构。其中,图 3-19b 所示用于粗基准,图 3-19a、c 所示用于精基准。

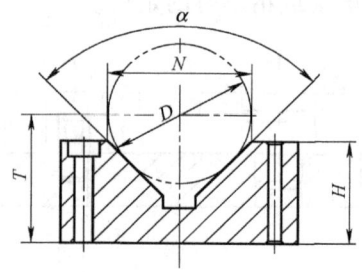
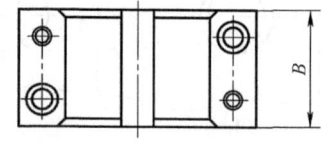

图 3-18 V 形块的典型结构

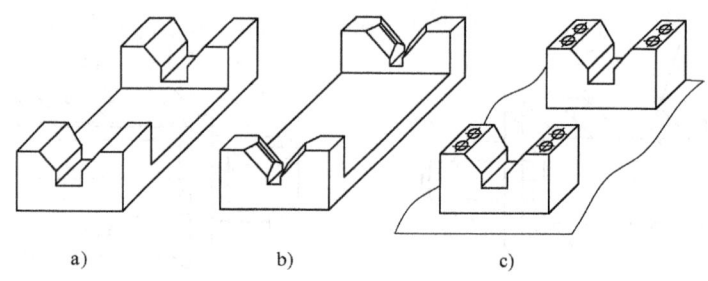

a)   b)   c)

图 3-19 长 V 形块定位元件

3. 可调式定位元件

可调式定位元件主要用于粗基准定位。当毛坯的尺寸及形状变化较大时,为了适应各批毛坯表面位置的变化,需采用可调支承进行定位。可调式定位元件如图 3-20 所示,可根据毛坯情况调整支承钉 1,调整后用螺母 2 锁紧。

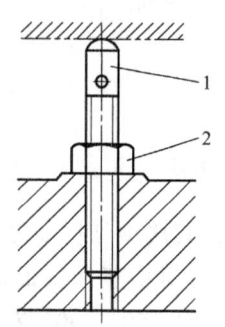
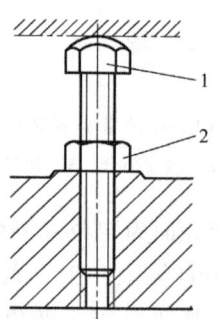
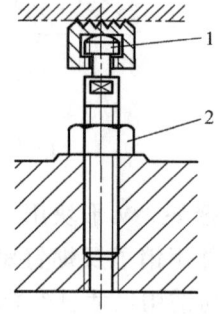

图 3-20 可调式定位元件

1—支承钉   2—螺母

4. 辅助式支承元件

工件在装夹加工时,为了增加工件的刚性和稳定性,但又要避免过定位,此时经常采用辅助支承。图 3-21 所示为常见的几种辅助支承。图 3-21a、b 所示为旋出式辅助支承,

图 3-21a 所示的结构最简单，但在调节时，转动支承 5 会损伤工件定位表面；图 3-21b 中支承 5 只能做上下运动，因而避免了上述缺点。图 3-21c 所示为弹力式辅助支承，靠弹簧的弹力使支承 5 与工件表面接触，工件装夹后，转动手柄 1，将支承 5 锁紧，为防止锁紧时顶起工件，α 角不应太大，一般取 7°～10°。图 3-21d 所示为推引式辅助支承，推动手轮 1，使楔块 2 顶起支承 5 与工件表面接触，再转动手轮 1，通过钢球 3 推开两个半圆键 4 进行锁紧。

一般辅助支承是在工件定位后才参与工作的，所以不起定位作用。

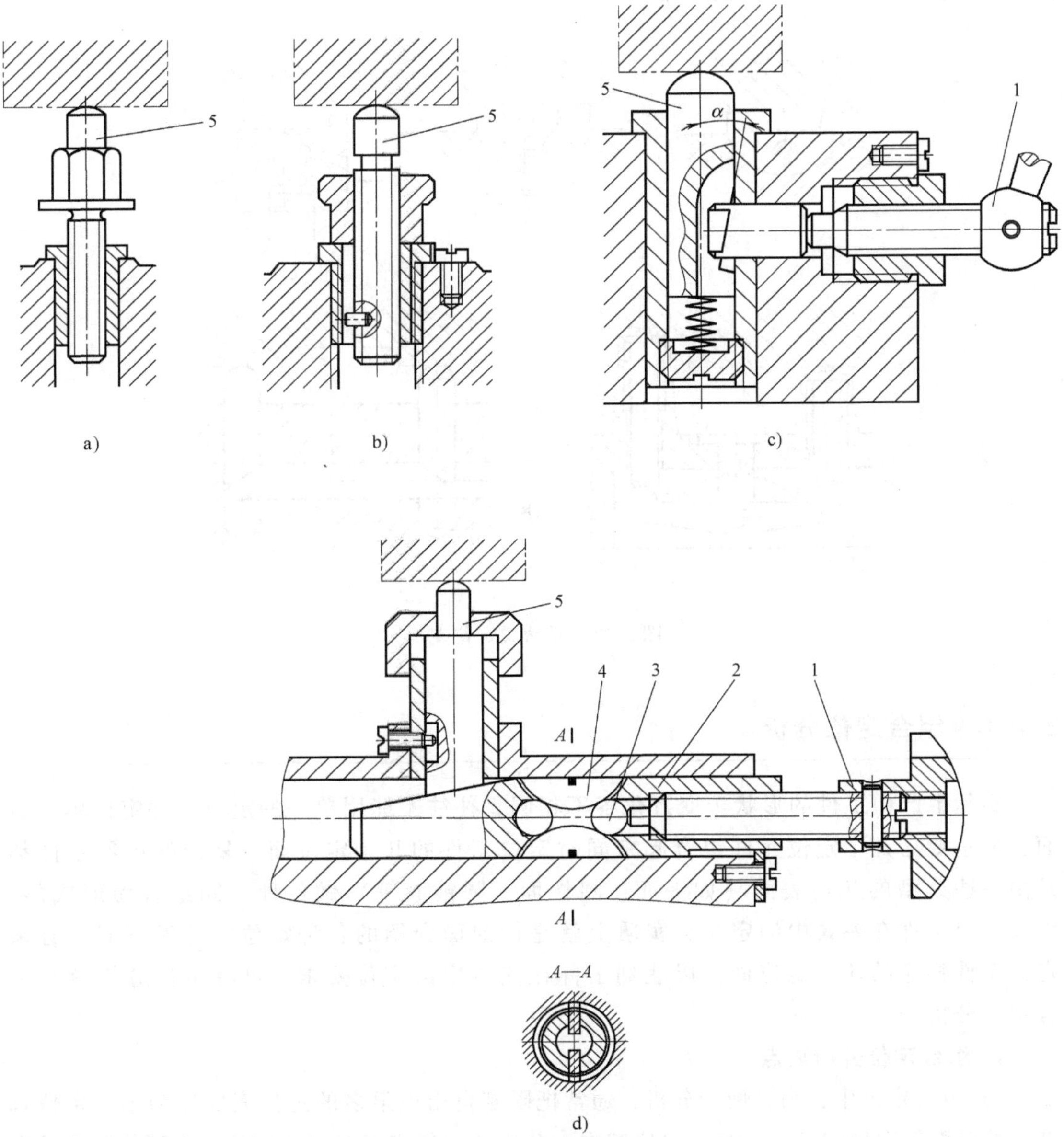

图 3-21 常见的几种辅助支承

1—手轮或手柄　2—楔块　3—钢球　4—半圆键　5—支承

5. 浮动式定位支承

浮动式定位支承（又称自位支承），指支承本身的位置在定位过程中，能自动适应工件定位基准面位置变化的一类支承。浮动式定位支承能增加与工件定位面的接触点数目，使单位面积压力减小，故多用于刚度不足的毛坯表面或不连续的表面、阶梯表面。此时，虽增加了接触点的数目，但未发生过定位。图 3-22 所示为几种浮动式定位支承的结构形式，图 3-22a 所示为两点浮动支承；图 3-22b、c 所示为三点浮动支承；图 3-22d 所示为杠杆式浮动支承；图 3-22e 所示为斜面式浮动支承。上述各种浮动支承，只限制工件一个方向的自由度，起一个支承点的作用。

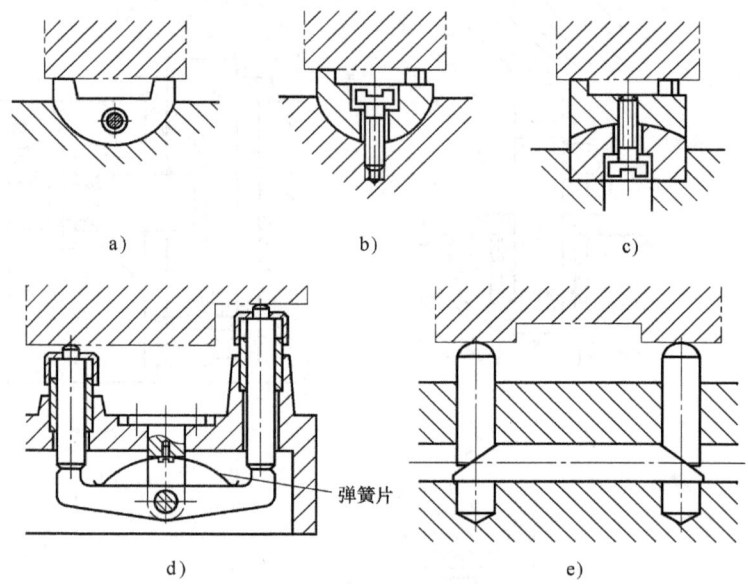

图 3-22 浮动式定位支承

3.2.3 组合定位分析

实际生产中工件的形状千变万化各不相同，往往不能用单一的定位元件定位单个表面，而是要用几个定位元件组合起来同时定位工件的几个定位面。复杂的机器零件都是由一些典型的几何表面（如平面、圆柱面、圆锥面等）做各种不同组合而形成的，因此一个工件在夹具中的定位，实质上就是把前面介绍的各种定位元件做不同组合来定位工件相应的几个定位面，以达到工件在夹具中的定位要求。这种定位分析就是组合定位分析。

1. 组合定位分析要点

1）组合定位中，为了便于分析，通常把限制自由度最多的定位表面称为第一定位基准，然后再依次划定第二、第三定位基准。分析各定位表面对应的定位元件所能限制的自由度时，应首先考虑第一定位基准，其次考虑第二、第三定位基准。

2）几个定位元件组合起来定位一个工件相应的几个定位面，该组合定位元件能限制工件的自由度总数等于各个定位元件单独定位各自相应定位面时所能限制自由度的数目之和，不会因组合后而发生数量上的变化，但它们限制了哪些方向的自由度却会随不同组合情况而改变。

3）组合定位中，定位元件在单独定位某定位面时原来起限制工件移动自由度的作用可能会转化成起限制工件转动自由度的作用。但一旦转化后，该定位元件就不再起原来限制工件移动自由度的作用了。

4）单个表面的定位是组合定位分析的基本单元。例如图 3-23 所示的三个支承钉定位一个平面时，就以平面定位作为定位分析的基本单元，限制 $\vec{Z}$、$\hat{X}$、$\hat{Y}$ 三个自由度，而不再进一步去探讨这三个自由度分别由哪个支承钉来限制。

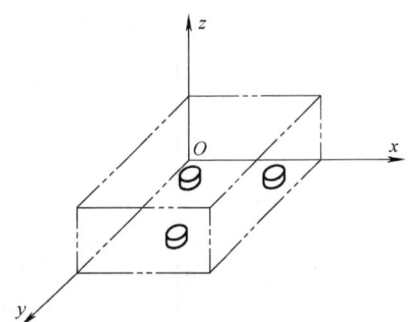

图 3-23 三个支承钉定位一个平面的定位分析

5）组合定位中，定位元件（如 V 形块、销、套、平面等）的长或短、大或小，经常以定位元件与定位表面的实际接触长度 L_0（或接触面积 S_0）和定位表面的总长度 L（或总面积 S）之比来确定，当 $\dfrac{L_0}{L}$ 或 $\dfrac{S_0}{S} < \dfrac{1}{3}$ 时为短，当 $\dfrac{L_0}{L}$ 或 $\dfrac{S_0}{S} \geq \dfrac{2}{3}$ 时为长。

【例 3-1】 分析图 3-24 所示定位方案中定位元件限制了几个自由度？有无过定位现象？

解：一个固定短 V 形块能限制工件的两个自由度，三个固定短 V 形块组合起来共限制工件的六个（即 2+2+2）自由度，不会因组合而发生数量上的增减。按图示坐标系，固定短 V 形块 1、2 组合起来视为一个长 V 形块，用它来定位长圆柱体，共限制 $\vec{X}$、$\vec{Z}$、$\hat{X}$、$\hat{Z}$ 四个自由度；固定短 V 形块 3 限制了 $\vec{Y}$、$\hat{Y}$ 两个自由度，其中单独定位时限制 $\vec{Z}$ 自由度的作用在组合定位时转化成限制 $\hat{Y}$ 自由度的作用。这是一个完全定位，没有过定位现象。

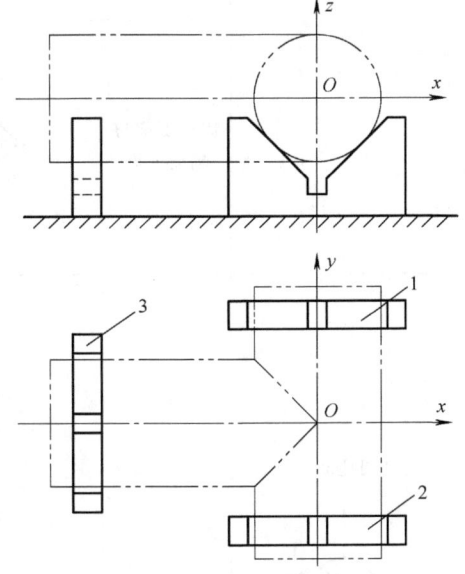

图 3-24 组合定位分析实例
1、2、3—固定短 V 形块

2. 各种定位元件所限制的自由度

各种定位元件所限制的自由度数，与定位元件的形式、数量及其布置情况有关。表 3-1 列举了常见典型定位方案及定位元件所能限制的自由度数。

3. 组合定位时过定位现象的消除方法

组合定位时常会产生过定位的现象，若这种过定位是不允许的，则可采取下列消除过定位的措施：

表 3-1 常见典型定位方案及各种定位元件限制的自由度数

工件定位基准面	定位元件	定位方式简图	元件特点	限制的自由度
平面	支承钉		—	$1、2、3—\vec{Z}、\hat{X}、\hat{Y}$ $4、5—\vec{X}、\hat{Z}$ $6—\vec{Y}$
	支承板		每个支承板也可设成两个或两个以上的小支承板	$1、2—\vec{Z}、\hat{X}、\hat{Y}$ $3—\vec{X}、\hat{Z}$
	固定支承与浮动支承		1、3—固定支承 2—浮动支承	$1、2—\vec{Z}、\hat{X}、\hat{Y}$ $3—\vec{X}、\hat{Z}$
	固定支承与辅助支承		1、2、3、4—固定支承 5—辅助支承	$1、2、3—\vec{Z}、\hat{X}、\hat{Y}$ $4—\vec{X}、\hat{Z}$ 5—增强刚度,不限制自由度
外圆柱面	V形块		窄V形块	$\vec{X}、\vec{Z}$
			垂直运动的窄V形块	$\vec{X}$
			宽V形块或两个窄V形块	$\vec{X}、\vec{Z}$ $\hat{X}、\hat{Z}$

（续）

工件定位基准面	定位元件	定位方式简图	元件特点	限制的自由度
外圆柱面	定位套		短套	$\vec{X}$、$\vec{Z}$
			长套	$\vec{X}$、$\vec{Z}$ $\hat{X}$、$\hat{Z}$
	支承钉或支承板		短支承板或支承钉	$\vec{Z}$
			一个支承板或两个支承钉	$\vec{Z}$、$\hat{X}$
圆孔	定位销或心轴		短销或短心轴	$\vec{X}$、$\vec{Y}$
			长销或长心轴	$\vec{X}$、$\vec{Y}$ $\hat{X}$、$\hat{Y}$
	锥销		单锥销	$\vec{X}$、$\vec{Y}$、$\vec{Z}$
			1—固定销 2—活动销	1—$\vec{X}$、$\vec{Y}$、$\vec{Z}$ 2—$\hat{X}$、$\hat{Y}$

1) 使定位元件沿某一坐标轴可移动,来消除其限制沿该坐标轴移动方向自由度的作用,如图 3-25 所示。由于图示各定位元件沿 x 坐标轴可移动,因此它们与相对应的固定定位元件相比,都相应地减少了一个限制 $\vec{X}$ 自由度的作用。

2) 采用浮动支承结构,消除定位元件限制绕某一个(或两个)坐标轴转动方向自由度的作用,如图 3-22 所示。

3) 改变定位元件的结构形式,把短圆柱销改为削角销是最典型的例子,如图 3-15 所示。

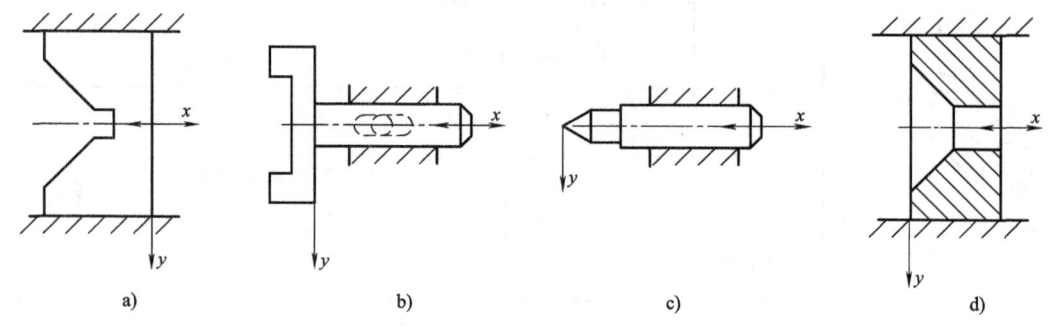

图 3-25 可移动定位元件
a) 可移动 V 形块 b) 可移动双支承钉组合 c) 可移动顶尖 d) 可移动内锥套

【例 3-2】 分析在车床上用前、后顶尖定位轴类零件的定位方案,如图 3-26 所示。

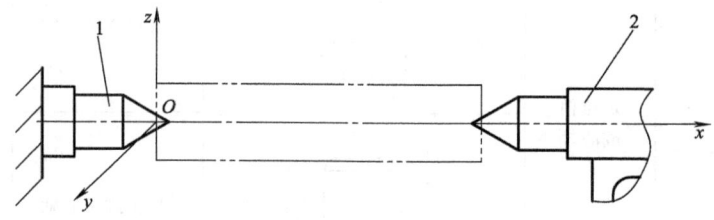

图 3-26 车床前、后顶尖定位的分析
1—前顶尖 2—后顶尖

解: 单个顶尖定位顶尖孔能限制工件的三个自由度,因此,前、后顶尖各限制三个自由度,但它们组合起来只能限制工件的五个自由度(即 $\hat{X}$ 自由度无法限制),同时产生过定位现象,即前顶尖要限制工件 $\vec{X}$ 自由度,而后顶尖也要限制工件 $\vec{X}$ 自由度,x 方向有过定位,导致工件根本无法装入前、后顶尖之间,这种过定位现象是不允许的,所以车床的后顶尖应做成沿 x 轴可移动的,此时后顶尖只能限制工件的两个自由度,消除了 x 方向的过定位现象。按图 3-26 所示坐标,前顶尖 1 限制了 $\vec{X}$、$\vec{Y}$、$\vec{Z}$ 自由度,可移动后顶尖单独定位起限制 $\vec{Y}$、$\vec{Z}$ 自由度的作用,但与前顶尖组合定位时便转化成起限制 $\hat{Y}$、$\hat{Z}$ 自由度的作用。要注意的是,转化后移动顶尖就不再起限制 $\vec{Y}$、$\vec{Z}$ 自由度的作用了。

3.2.4 几种典型组合形式的定位分析

(1) 一个平面和两个与其垂直的外圆柱面的组合　如图 3-27 所示，工件在垂直平面定位后，再将工件左端外圆用圆孔或 V 形块定位，工件右端外圆所用的 V 形块必须做成浮动结构，使其只能限制工件的一个 $\hat{z}$ 自由度，否则就会出现过定位。

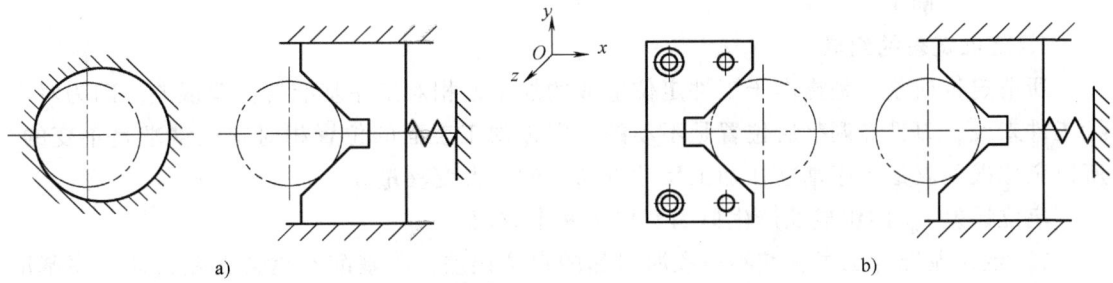

图 3-27　工件以端面和两个外圆柱面定位

(2) 一个孔和一个平行于孔中心线的平面的组合　图 3-28 所示两个零件，均需以大孔及底面定位，加工两个小孔。视其加工尺寸要求的不同，图 3-28a 所示零件选用图 3-28c 所示定位方案；图 3-28b 所示零件选用图 3-28d 所示定位方案，均能避免过定位，并保证工件要求。

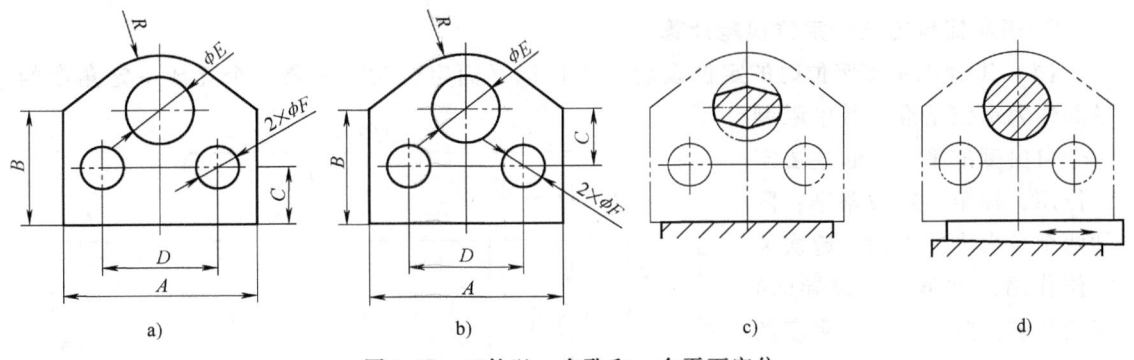

图 3-28　工件以一个孔和一个平面定位

3.2.5 定位误差

根据六点定位原理，可以设计和检查工件在夹具中的正确位置，但是能否满足加工精度的要求，还需要进一步讨论影响加工精度的因素，如夹具在机床上的装夹误差、工件在夹具中的定位误差和夹紧误差、机床的调整误差、工艺系统的弹性变形和热变形误差、机床和刀具的制造误差及磨损误差等都是影响加工精度的因素。为了保证加工质量，应满足如下关系

$$e_{总} \leqslant T \tag{3-2}$$

式中　$e_{总}$——各种因素产生的误差的总和；

T——工件被加工尺寸的公差。

本章只研究与夹具设计有关的定位方法所引起的定位误差对加工精度的影响，因此式 (3-2) 又可写成

$$e_{定}+\omega \leq T \tag{3-3}$$

式中 　$e_{定}$——定位误差；

　　　ω——除定位误差以外，其他因素所引起的误差总和，可按加工经济精度查表确定。

1. 定位误差的组成

所谓定位误差，是指由于工件定位造成的加工面相对工序基准的位置误差。因为对一批工件来说，刀具经调整后位置是不动的，即被加工表面的位置相对定位基准是不变的，所以定位误差就是工序基准在加工尺寸方向上的最大变动量。

定位误差 $e_{定}$ 的组成及产生原因有以下两个方面：

1) 定位基准与工序基准不一致所引起的定位误差，称基准不重合误差，即工序基准相对定位基准在加工尺寸方向上的最大变动量，以 $e_{不}$ 表示。

2) 定位基准面和定位元件本身的制造误差所引起的定位误差，称基准位置误差，即定位基准的相对位置在加工尺寸方向上的最大变动量，以 $e_{基}$ 表示。

故有

$$e_{定}=e_{不}+e_{基} \tag{3-4}$$

式 (3-4) 是在加工尺寸方向上的代数和。

2. 各种定位方法的定位误差计算

(1) 工件以平面定位时的定位误差　工件以平面定位时，需要三个互成一定角度的平面作为定位基准，其中限制三个自由度的平面，起主要定位作用，称第一定位基准；限制两个自由度的平面，起次要定位作用，称第二（或导向）定位基准；限制一个自由度的平面，称第三（或止动）定位基准。

图 3-29 所示为在镗床上加工箱体的 A、B 两通孔时的定位情况（因为是通孔，所以不需要止动定位基准），要保证尺寸 A_1、A_2、B_1、B_2。加工时镗刀位置经调整好后不再改变，因此对加工一批工件来说，被加工的 A、B 两孔表面相对夹具的位置不变。

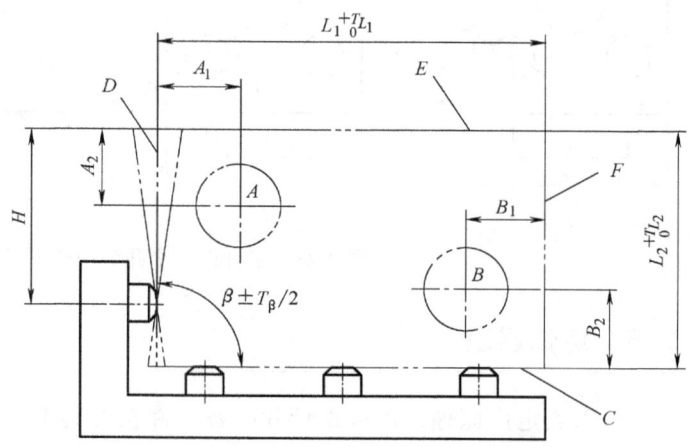

图 3-29　平面定位时的定位误差

加工孔 A 时，尺寸 A_1 的工序基准和定位基准均是 D 面，基准重合，所以

$$e_{不(A_1)} = 0 \tag{3-5}$$

定位基准面 D 有角度制造误差 $\pm\dfrac{T_\beta}{2}$，根据基准位置误差的定义有

$$e_{基(A_1)} = 2H\tan\frac{T_\beta}{2} \tag{3-6}$$

所以

$$e_{定(A_1)} = e_{不(A_1)} + e_{基(A_1)} = 2H\tan\frac{T_\beta}{2} \tag{3-7}$$

尺寸 A_2 的工序基准是 E 面，定位基准是 C 面，基准不重合，根据基准不重合误差的定义有

$$e_{不(A_2)} = T_{L_2} \tag{3-8}$$

假定定位基准 C 面制造得平整光滑，则同批工件的定位基准位置不变，此时就有

$$e_{基(A_2)} = 0 \tag{3-9}$$

所以

$$e_{定(A_2)} = e_{不(A_2)} + e_{基(A_2)} = T_{L_2} \tag{3-10}$$

加工孔 B 时，尺寸 B_1 的工序基准是 F 面，定位基准是 D 面，基准不重合，根据定义有

$$e_{不(B_1)} = T_{L_1} \tag{3-11}$$

$$e_{基(B_1)} = 2H\tan\frac{T_\beta}{2} \tag{3-12}$$

所以

$$e_{定(B_1)} = e_{不(B_1)} + e_{基(B_1)} = T_{L_1} + 2H\tan\frac{T_\beta}{2} \tag{3-13}$$

尺寸 B_2 的工序基准和定位基准均是 C 面，基准重合，此时有

$$e_{不(B_2)} = 0 \tag{3-14}$$

$$e_{基(B_2)} = 0 \tag{3-15}$$

所以

$$e_{定(B_2)} = e_{不(B_2)} + e_{基(B_2)} = 0 \tag{3-16}$$

工件以平面定位时，在大多数情况下，不考虑定位基准面和定位元件的制造误差。

(2) 工件以外圆柱面定位的定位误差　这里主要分析外圆面在 V 形块上定位时的定位误差。如图 3-30 所示，在圆柱面上加工一平面。为便于研究，设 V 形块的夹角 α 无制造误差，外圆定位面的直径公差为 T_d。

图 3-30a 中，工序尺寸 A 的工序基准为中心线 O（O_1、O_2 为两个极限位置），定位基准为 M（M_1、M_2 为两个极限位置）、N（N_1、N_2 为两个极限位置）母线，因此基准不重合。当加工一批工件时，工件从最小尺寸 $d-T_d$ 变到最大尺寸 d，工序基准从 O_1 变到 O_2，定位基准从 N_1、M_1 变到 N_2、M_2，工序基准 O 在加工尺寸方向的最大变动量，根据定义为

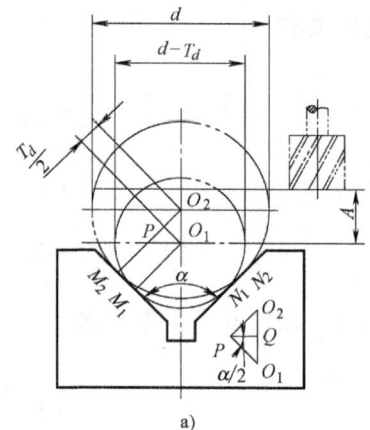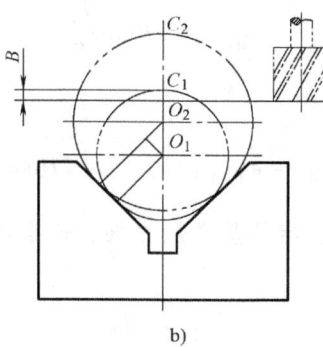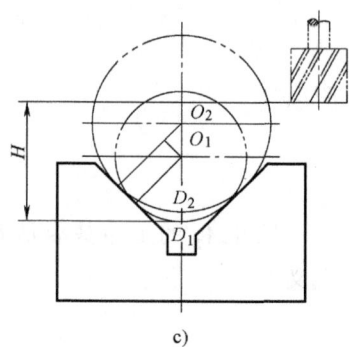

图 3-30 V 形块定位时的定位误差

$$e_{\text{定}(A)} = \overline{O_1O_2} = \frac{\overline{PO_2}}{\sin\frac{\alpha}{2}} = \frac{T_d}{2}\frac{1}{\sin\frac{\alpha}{2}} \tag{3-17}$$

也可以从另一方面分析：基准位置 M_1 的最大变动量为 $\overline{M_1M_2} = \overline{O_1P}$，它在加工尺寸方向上的投影为 $\overline{O_1Q}$，所以

$$e_{\text{基}(A)} = \overline{O_1Q} \tag{3-18}$$

工序基准 O 相对定位基准 M 或 N 的最大变动量 $\overline{PO_2}$，它投影在加工尺寸方向上为 $\overline{QO_2}$，所以

$$e_{\text{不}(A)} = \overline{QO_2} \tag{3-19}$$

结果得

$$e_{\text{定}(A)} = e_{\text{不}(A)} + e_{\text{基}(A)} = \overline{O_1Q} + \overline{QO_2} = \overline{O_1O_2} = \frac{T_d}{2}\frac{1}{\sin\frac{\alpha}{2}} \tag{3-20}$$

图 3-30b、c 中，虽然加工表面和定位元件与图 3-30a 完全相同，但工序尺寸标注方法不同，因此定位误差也不同。图 3-30b 中以母线 C（C_1、C_2 为两个极限位置）为工序基准，图 3-30c 中以母线 D（D_1、D_2 为两个极限位置）为工序基准。分别计算 B、H 尺寸的定位误差如下：

根据定位误差的定义有

$$e_{\text{定}(B)} = \overline{C_1C_2} = \frac{1}{2}d + \overline{O_1O_2} - \frac{1}{2}(d-T_d) = \overline{O_1O_2} + \frac{1}{2}T_d = \frac{T_d}{2}\frac{1}{\sin\frac{\alpha}{2}} + \frac{T_d}{2} = \frac{T_d}{2}\left(\frac{1}{\sin\frac{\alpha}{2}}+1\right) \tag{3-21}$$

同理可得

$$e_{\text{定}(H)} = \overline{D_1 D_2} = \frac{1}{2}(d - T_d) + \overline{O_1 O_2} - \frac{1}{2}d = \overline{O_1 O_2} - \frac{1}{2}T_d$$

$$= \frac{T_d}{2} \frac{1}{\sin\frac{\alpha}{2}} - \frac{T_d}{2} = \frac{T_d}{2}\left(\frac{1}{\sin\frac{\alpha}{2}} - 1\right) \tag{3-22}$$

显然 $e_{\text{定}(H)} < e_{\text{定}(A)} < e_{\text{定}(B)}$，因此图 3-30c 的尺寸标注方法最好。

从上述结果可看出，$e_{\text{定}}$ 与 V 形块夹角 α 有关，α 越大，$e_{\text{定}}$ 越小，但 α 太大时，V 形块对中性差，故常取 $\alpha = 90°$。

（3）工件以内孔表面定位时的定位误差 这里主要介绍工件孔与定位心轴（或销）采用间隙配合，以孔的中心线为工序基准时的定位误差计算。

当工件装夹到心轴上时，因工序基准是中心线，定位基准也是中心线，基准重合，则

$$e_{\text{不}} = 0 \tag{3-23}$$

因工件孔和心轴是间隙配合又都有制造误差，因而存在孔中心线的位置变化，即基准位置误差，得

$$e_{\text{定}} = e_{\text{基}} + e_{\text{不}} = e_{\text{基}} \tag{3-24}$$

假定孔尺寸为 $D_{\ 0}^{+T_D}$，心轴尺寸为 $d_{-T_d}^{\ 0}$，最小配合间隙为 $C_{\min}$，根据工件装夹时心轴放置的位置不同，定位误差分以下两种情况考虑：

1）心轴垂直放置时，如图 3-31a 所示，按最大孔和最小轴求得孔中心线位置的变动量为

$$e_{\text{定}} = \overline{O_1 O_2} = 2\left(\frac{T_D}{2} + \frac{T_d}{2} + \frac{C_{\min}}{2}\right) = T_D + T_d + C_{\min} = C_{\max} \tag{3-25}$$

式中 $\overline{O_1 O_2}$——心轴垂直放置时，轴、孔中心最大偏移量。

2）心轴水平放置时，如图 3-31b 所示，由于自重，工件下垂始终紧靠心轴上部，此

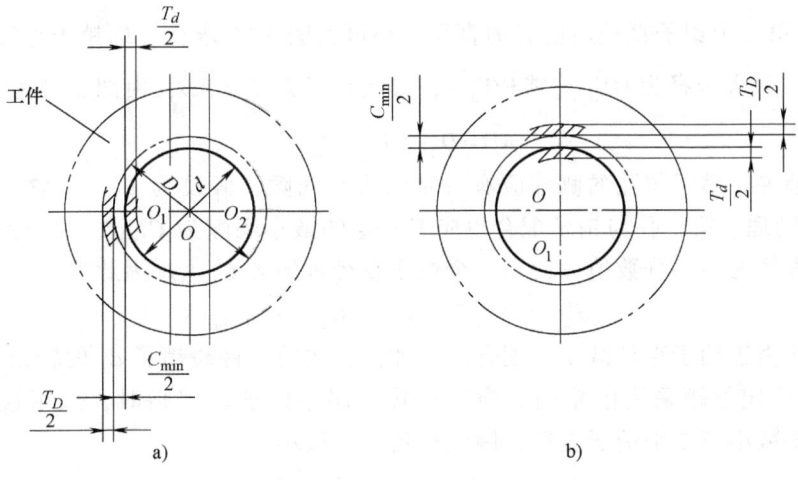

图 3-31 心轴定位时的定位误差
a）心轴垂直放置 b）心轴水平放置

69

时孔中心线的变动是铅垂方向,其最大值为

$$e_{定}=\overline{OO_1}=\left(\frac{T_D}{2}+\frac{T_d}{2}+\frac{C_{\min}}{2}\right)=\frac{C_{\max}}{2} \quad (3-26)$$

式中 $\overline{OO_1}$——心轴水平放置时,轴、孔中心最大偏移量。

（4）工件以"一面两孔"定位时的定位误差　当采用一平面、两短圆柱销的定位元件时,此时平面限制 $\vec{Z}$、$\hat{X}$、$\hat{Y}$ 三个自由度,第一个定位圆柱销限制 $\vec{X}$、$\vec{Y}$ 两个自由度,第二定位销限制 $\vec{X}$、$\hat{Z}$ 两个自由度,因此 $\vec{X}$ 过定位。设两孔直径分别为 $D_1{}^{+T_{D1}}_{\ 0}$、$D_2{}^{+T_{D2}}_{\ 0}$,孔距为 $L\pm\frac{T_{L_D}}{2}$;两销直径分别为 $d_1{}^{\ 0}_{-T_{d_1}}$、$d_2{}^{\ 0}_{-T_{d_2}}$,销距为 $L\pm\frac{T_{L_d}}{2}$。由于两孔、两销的直径,两孔中心距和两销中心距都存在制造误差,故有可能使工件的两孔无法套在两定位销上,如图 3-32 所示。解决的方法：① 减小第二个销子的直径；② 第二个销子采用削角销；③ 使第二个销子可沿 x 方向移动,但结构复杂。这三种方法解决的原则都是消除 $\vec{X}$ 过定位。下面分别介绍前两种方法。

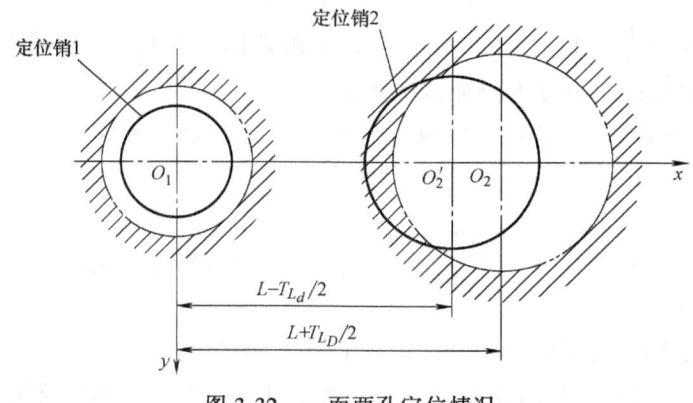

图 3-32　一面两孔定位情况

1）减小第二个销子直径后应有的直径大小可由图 3-33 求得,即销子直径的大小应在 $\overline{AB}$ 范围内,其最大半径为 $\overline{AO'_{d_2}}$（或 $\overline{BO''_{d_2}}$）,最大直径为 $d'_2=\overline{AD}$,由图 3-33 得

$$\overline{AD}=D_2-(T_{L_D}+T_{L_d}) \quad (3-27)$$

为便于装夹,销子与孔的侧壁应有一定的最小间隙,假设为 $C_{2\min}$,它使得销子直径减小 $C_{2\min}$,同理,第一孔与销子配合也应有一定的最小间隙为 $C_{1\min}$,并起到了补偿第二个销子减小直径的一部分数值,使第二个销子直径可加大 $C_{1\min}$。因此得

$$d'_2=D_2-(T_{L_D}+T_{L_d})-C_{2\min}+C_{1\min} \quad (3-28)$$

此种方法由于销子直径减小,配合间隙加大,故使工件绕销子 d_1 的转角误差加大。

2）第二个定位销采用削角销。当工件转角误差要求较严格时,采用这种方法很普遍。它不需要减小第二个销子直径,因此转角误差较小。

① 削角销宽度 b 的确定。如图 3-34 所示,只要令 $\overline{AF}$ 等于圆柱形定位销半径应减小的部分 $\overline{DE}$,则直径为 d_2 的削角销就可以起到减小后直径为 d'_2 的圆柱定位销的作用,因 $d_2>$

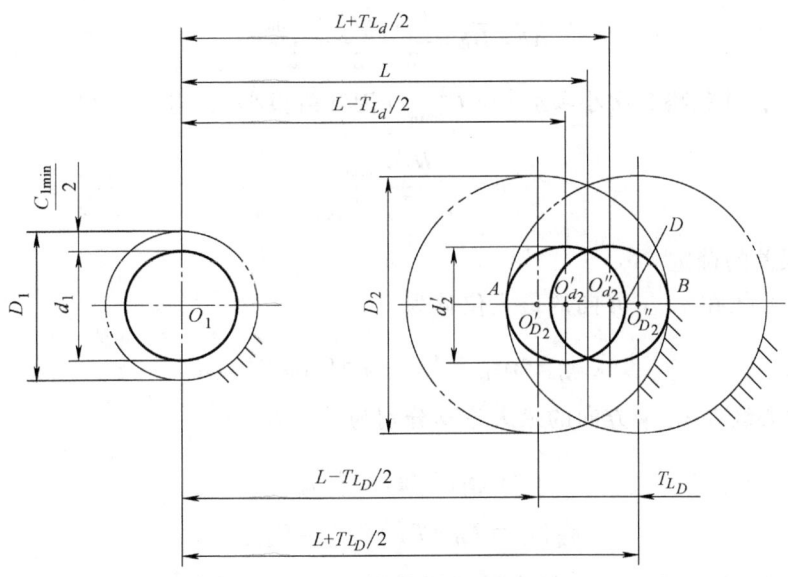

图 3-33 第二个圆柱销直径

d_2'，故工件转角误差小。由图 3-34 可知

$$\overline{AO_2^2} - \overline{AC^2} = \overline{FO_2^2} - \overline{FC^2}$$

$$\left(\frac{D_2}{2}\right)^2 - \left(\overline{AF} + \frac{b}{2}\right)^2 = \left(\frac{d_2}{2}\right)^2 - \left(\frac{b}{2}\right)^2$$

整理后得

$$b = \frac{D_2^2 - d_2^2 - 4\overline{AF^2}}{4\overline{AF}} \quad (3\text{-}29)$$

$$d_2 = D_2 - C_{2\min} \quad (3\text{-}30)$$

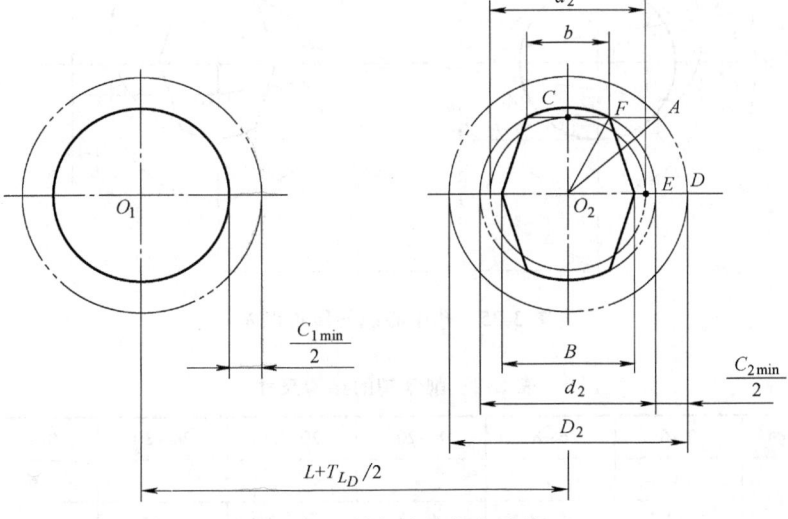

图 3-34 削角销的宽度计算

$$\overline{AF} = \overline{DE} = \frac{T_{L_D}}{2} + \frac{T_{L_d}}{2} - \frac{C_{1\min}}{2}$$

代入式（3-29），并忽略二次小项 $\overline{AF}^2$ 和 $C_{2\min}^2$（因数值很小），得

$$b = \frac{D_2 C_{2\min}}{T_{L_D} + T_{L_d} - C_{1\min}} \tag{3-31}$$

② 定位误差的确定。

"1" 孔中心线在 x、y 方向的最大位移为

$$e_{定(1x)} = e_{定(1y)} = T_{D_1} + T_{d_1} + C_{1\min} = C_{1\max} \tag{3-32}$$

"2" 孔中心线在 x、y 方向的最大位移分别为

$$e_{定(2x)} = e_{定(1x)} + T_{L_D} \tag{3-33}$$

$$e_{定(2y)} = T_{D_2} + T_{d_2} + C_{2\min} = C_{2\max} \tag{3-34}$$

两孔中心连线对两销中心连线的最大转角误差可由图 3-35 得出

$$e_{定(\alpha)} = 2\alpha = 2\arctan\frac{C_{1\max} + C_{2\max}}{2L} \tag{3-35}$$

以上定位误差都属于基准位置误差，因为 $e_{不} = 0$。

定位销的直径公差一般按 g6、f7 配合选取，两定位销之间的尺寸公差取两孔中心距公差的 1/5～1/3，当孔距公差大时，取小值；反之，取大值，以便于制造。削角销的结构尺寸可参考表 3-2。削角销的截面形状如图 3-16 所示。

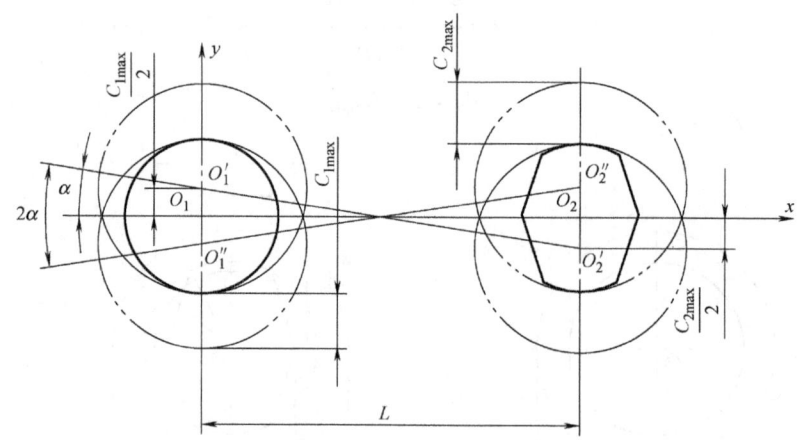

图 3-35 孔中心线的转角误差

表 3-2 削角销的结构尺寸

销子直径 d_2/mm	3～6	6～8	8～20	20～24	24～30	30～40	40～50
b/mm	2	3	4	5		6	8
B/mm	$d_2-0.5$	d_2-1	d_2-2	d_2-3	d_2-4	d_2-5	

3.2.6 定位误差计算实例

【例 3-3】 在套筒零件上铣槽,如图 3-36a 所示,要求保证尺寸 $10_{-0.08}^{0}$mm、$8_{-0.12}^{0}$mm,其他尺寸已在前工序完成。若采用图 3-36b 所示定位方案,孔与销子配合按 H7/g6,问能否保证加工精度要求?若不能,应如何改进?

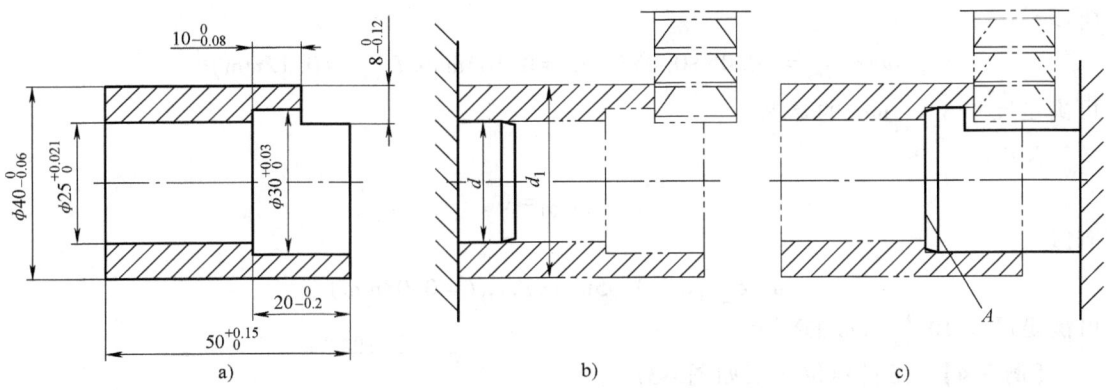

图 3-36 定位误差计算实例之一

解: 按 H7/g6 的配合精度,则销子直径应为 $\phi25_{-0.020}^{-0.007}$mm,因销子为水平放置,故应由式(3-26)计算。

采用图 3-36b 所示方案时有:

① 对于尺寸 $8_{-0.12}^{0}$mm,

$$e_{\text{基}(8)} = \frac{1}{2}(T_D + T_d + C_{\min}) = \frac{1}{2}C_{\max} = \frac{1}{2}(0.021+0.02)\text{mm} \approx 0.021\text{mm}$$

$$e_{\text{不}(8)} = \frac{1}{2}T_{d_1} = \frac{1}{2} \times 0.06\text{mm} = 0.03\text{mm}$$

得

$$e_{\text{定}(8)} = (0.021+0.03)\text{mm} = 0.051\text{mm}$$

在铣床上加工,其平均经济精度的公差等级为 IT10,查表得 $\omega = 0.05$mm,所以

$$\omega + e_{\text{定}(8)} = (0.05+0.051)\text{mm} = 0.101\text{mm} < T_{(8)}(=0.12\text{mm})$$

可满足尺寸 $8_{-0.12}^{0}$mm 的要求。

② 对于尺寸 $10_{-0.08}^{0}$,又因

$$e_{\text{基}(10)} = 0$$
$$e_{\text{不}(10)} = (0.15+0.2)\text{mm} = 0.35\text{mm}$$

得

$$e_{\text{定}(10)} = 0.35\text{mm}$$
$$\omega + e_{\text{定}(10)} = (0.05+0.35)\text{mm} = 0.4\text{mm} > T_{(10)}(=0.08\text{mm})$$

不能满足尺寸 $10_{-0.08}^{0}$mm 的要求。

采用图 3-36c 所示改进方案后,以端面 A 和右端孔为定位基准,销子与孔的配合仍然按 H7/g6,则销子直径为 $\phi30_{-0.020}^{-0.007}$mm。

此时

$$e_{基(8)} = \frac{1}{2}C_{max} = \frac{1}{2} \times (0.03 + 0.02)\text{mm} = 0.025\text{mm}$$

$$e_{不(8)} = 0.03\text{mm}$$

得

$$e_{定(8)} = (0.025 + 0.03)\text{mm} = 0.055\text{mm}$$

所以

$$\omega + e_{定(8)} = (0.05 + 0.055)\text{mm} = 0.105\text{mm} < T_{(8)}(=0.12\text{mm})$$

可满足尺寸 $8_{-0.12}^{0}$ mm 的要求。

又因

$$e_{定(10)} = 0$$

所以

$$\omega + e_{定(10)} = 0.05\text{mm} < T_{(10)}(=0.08\text{mm})$$

可满足尺寸 $10_{-0.08}^{0}$ mm 的要求。

【例 3-4】 工件定位方案如图 3-37 所示,要求加工表面 BD 距孔 O_1 的尺寸为 A,试分析计算该定位方案的定位误差。

解：由图 3-37 可知,属于基准不重合定位,其定位误差为

$$e_{定} = e_{不} + e_{基} = \left(0.4 + \frac{0.17}{2}\right)\text{mm} + 0\text{mm}$$

$$= 0.485\text{mm}$$

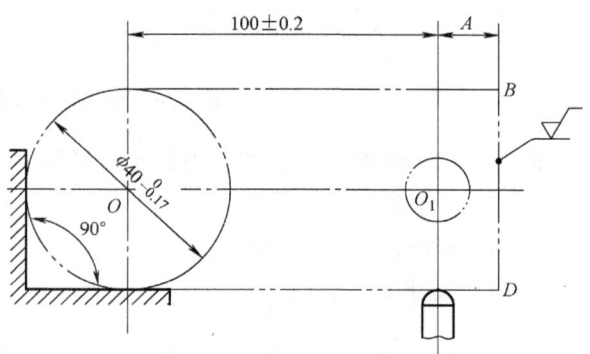

图 3-37 定位误差计算实例之二

【例 3-5】 如图 3-38 所示零件,在铣槽工序中,要保证 45°±50′（其他尺寸已在前工序完成）。要求设计该工序的定位方案,并检查能否满足精度要求。

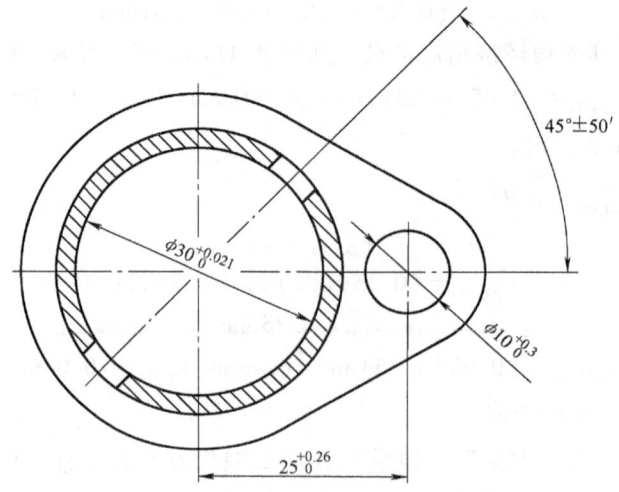

图 3-38 定位误差计算实例之三

解：采用"一面两孔"的定位方案，此方案属于完全定位。$\phi 30$mm 孔用短圆销、$\phi 10$mm 孔用短削角销。

销子与孔的配合按 H7/g6，所以短圆柱销直径为 $\phi 30^{-0.007}_{-0.020}$mm，短削角销圆弧部分直径为 $\phi 10^{-0.005}_{-0.014}$mm。

削角销宽度 b 及 B 查表 3-2，得 $b=4$mm，$B=8$mm。夹具的制造公差，可取工件相应公差的 1/3 左右，即取两销中心距的制造公差为 $T_{L_d}=0.08$mm，夹具上 $45°$ 角的制造公差取 $T_\alpha=30'$（是定位误差的一部分）。

在铣床上加工，平均经济精度的公差等级为 IT10，查表得 $\omega=4'$。

由式（3-35）及 T_α 可求得 $45°$ 角的定位误差为

$$e_{\text{定}(\alpha)} = T_\alpha + 2\arctan\frac{C_{1\max}+C_{2\max}}{2L} = 30' + 2\arctan\frac{0.041+0.314}{2\times 25} = 79'$$

所以

$$\omega + e_{\text{定}(\alpha)} = 4' + 79' = 83' < 100'$$

这种定位方案可满足加工精度要求。

若不能满足加工精度要求时，可采用下述两种方法解决：

1）减小销子与孔的配合间隙，销子直径公差带代号可选 g5 或 h6，同时要适当减小削角销的宽度 b。

2）采用活动的锥形定位销，使孔与销子为无间隙配合，如图 3-39 所示。

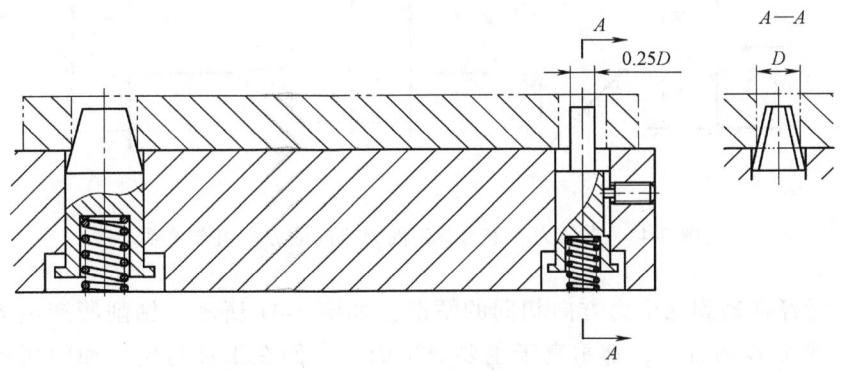

图 3-39 活动锥形定位销的应用

3.3 工件的夹紧

为了使工件加工时在切削力、惯性力、重力等外力作用下，仍然保持已定好的位置，在夹具上还必须设有夹紧装置，对工件产生适当的夹紧力。

夹紧装置的设计和选择是否正确、合理，将直接影响工件的加工质量和生产率。因此对夹紧装置提出以下要求：夹紧动作要准确迅速；操作方便省力；夹紧安全可靠；结构简单，易于制造。

夹紧力的要素包括方向、作用点和大小，这三要素是夹紧装置设计和选择的核心问题。

3.3.1 夹紧力三要素设计原则

1. 夹紧力的方向

夹紧力的方向与工件的装夹方式、受外力的方向以及工件的刚性等有关，可以从以下三方面考虑：

1）当工件用几个表面作为定位基准时，若工件是大型的，则为了保持工件的正确位置，朝向各定位元件都要有夹紧力；若工件尺寸较小，切削力不大，则往往只要垂直朝向主要定位面有夹紧力，保证主要定位面与定位元件有较大的接触面积，就可以使工件装夹稳定可靠。

2）夹紧力的方向应方便装夹和有利于减小夹紧力。图 3-40 所示为夹紧力 Q、重力 G 及切削力 F 之间的方向组合关系。工件重力 G 的方向始终朝向地面，因此从装夹工件方便出发，以图 3-40a、b 所示组合最好，因为主要定位元件表面是水平朝上的，使工件装夹稳定可靠；图 3-40c、d、e 所示组合较差；图 3-40f 所示组合最差，不便装夹。若从减小夹紧力出发，假定各图中 G 和 F 大小相同，则所需要的 Q 以图 3-40a 所示最小，图 3-40b 所示次之，图 3-40f 所示最大。由此可见，当 Q、F、G 方向相同时，所需的夹紧力最小，此时施加夹紧力的目的是防止工件在加工中的振动。

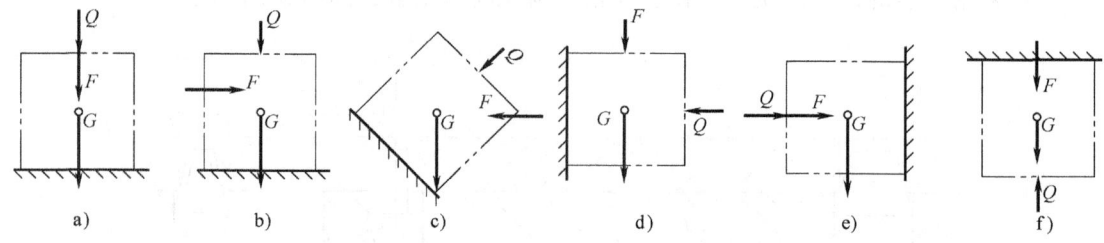

图 3-40 夹紧力、重力及切削力之间的方向组合关系

在钻削时经常碰到三个力方向相同的情况，如图 3-41 所示。钻削所产生的轴向切削力 F 及工件重力 G 的方向，都垂直于主要定位面，它们在工件与定位面间所产生的摩擦力可以抵消一部分钻削时产生的扭矩，因而可减小实际施加于工件的夹紧力。有时为了减小夹紧力或改变夹紧力的方向，会对着切削力 F 方向放置一个只承受外力而不起定位作用的止动支承，如图 3-42 所示。止动支承承受了切削力 F，将原考虑的夹紧力方向 Q 可改变为与切削力方向相同的 Q'，这样一方面可使夹紧力减小，另一方面还免除了夹紧力朝向主要定位元件而造成整个平面加工的困难。

3）夹紧力的方向应使工件夹紧后的变形小。由于工件在不同方向上刚性不同，因此对工件在不同方向施加夹紧力时所产生的变形也不同。图 3-43a 所示为用自定心卡盘将薄壁套筒工件用径向力夹紧，因刚性不足引起工件变形。若改为图 3-43b 所示方法，用特制螺母通过轴向力夹紧工件，则工件不易变形。

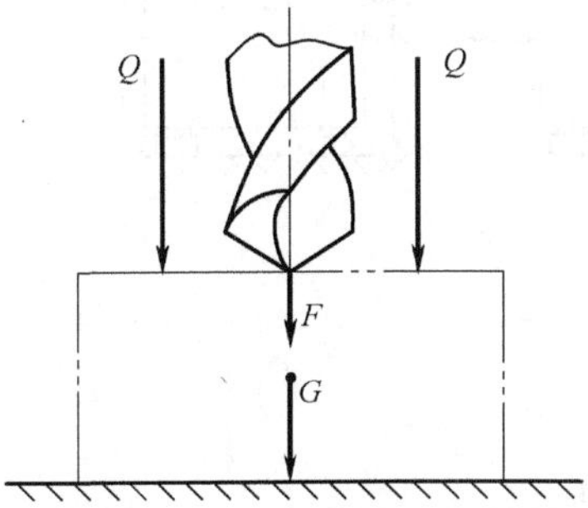

图 3-41　钻削时的三个力

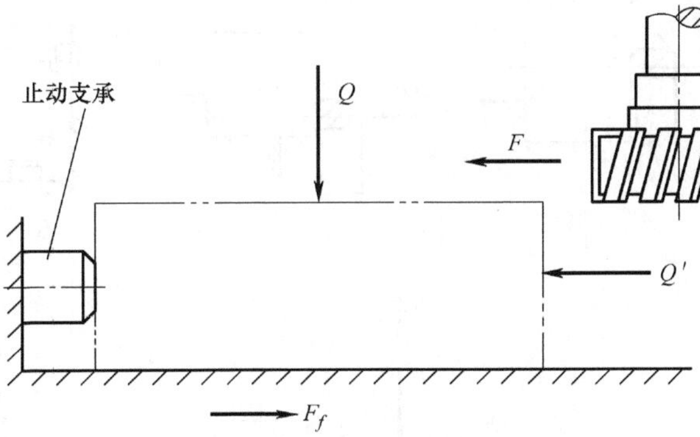

图 3-42　止动支承的设置

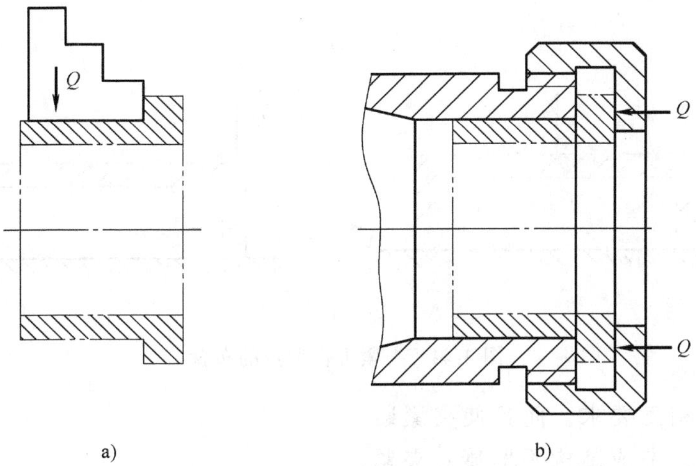

图 3-43　薄壁套筒零件的夹紧方法

2. 夹紧力的作用点

当夹紧力方向确定后，夹紧力作用点的位置和数目的选择将直接影响工件定位的可靠性和夹紧力引起的变形。对作用点位置的选择和数目的确定应注意以下几个方面：

1）力的作用点的位置应能保持工件的正确定位而不发生位移或偏转。为此，作用点的位置应靠近支承面的几何中心，使夹紧力均匀分布在接触面上。例如，图3-44a、b中应将夹紧力 Q 改为 Q_1。

2）夹紧力的作用点应位于工件刚性较大处，而且作用点应有足够的数目，这样可使工件的变形量最小。例如，图3-44c、d中应将 Q 改为 Q_1。

3）夹紧力的作用点应尽量靠近工件被加工表面，这样可使切削力对该作用点的力矩减小，工件的振动也可以减小。当工件由于结构形状使加工表面远离夹紧力的作用点时，可以增加辅助支承并附加夹紧力以防止工件在加工中产生位置变动、变形或振动。如图3-45所示，a为辅助支承，Q_2 是朝向辅助支承的附加夹紧力。

3. 夹紧力的大小

为了使工件在加工过程中保持定位后的正确位置，对工件所施加的夹紧力不仅与其方向和作用点的位置、数目有关，更重要的是与其大小有关。夹紧过大，会引起工件变

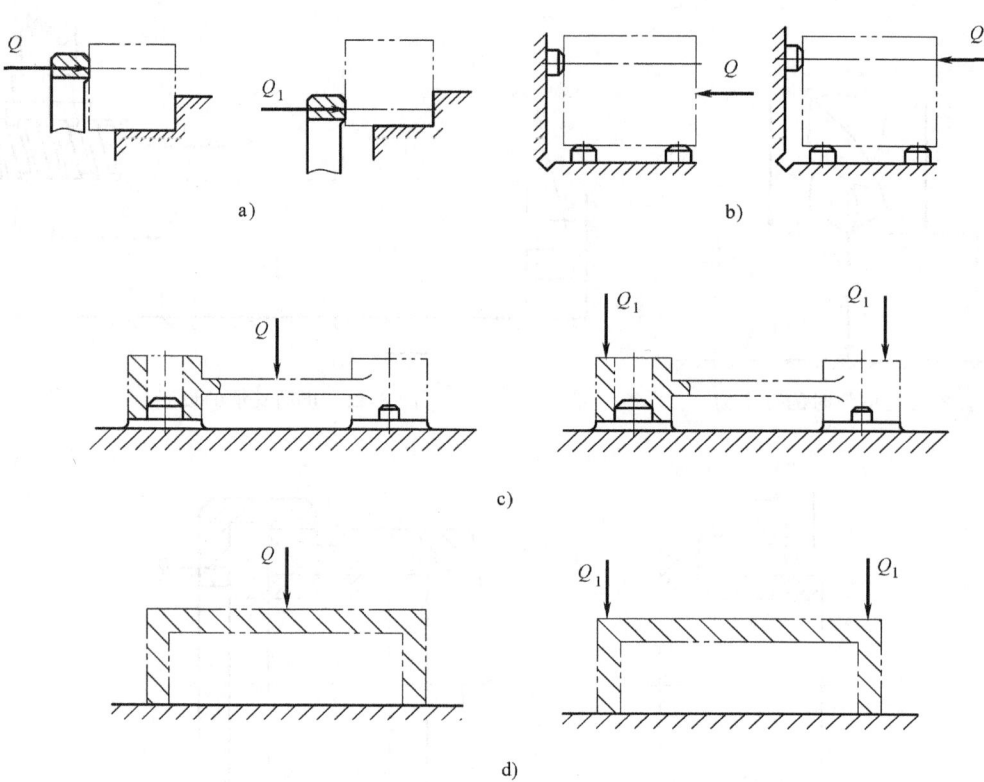

图 3-44 夹紧力作用点的布置

形，达不到加工精度要求，而且使夹紧装置结构尺寸加大，造成结构不紧凑；夹紧力过小，会造成夹不牢工件，加工时易破坏定位，同样也保证不了加工精度要求，甚至还会引起安全事故。由此可见，必须对工件施加大小适当的夹紧力。

切削力是确定夹紧力的依据，可根据切削原理中的计算公式，按最不利的加工条件求出切削力 F，然后根据工件受切削力、夹紧力（大工件还应考虑重力，运动的工件还应该考虑惯性力等）后处于静力平衡条件，计算出理论夹紧力 Q'，为安全可靠起见，还要考虑一个安全系数 K，因此实际的夹紧力应为

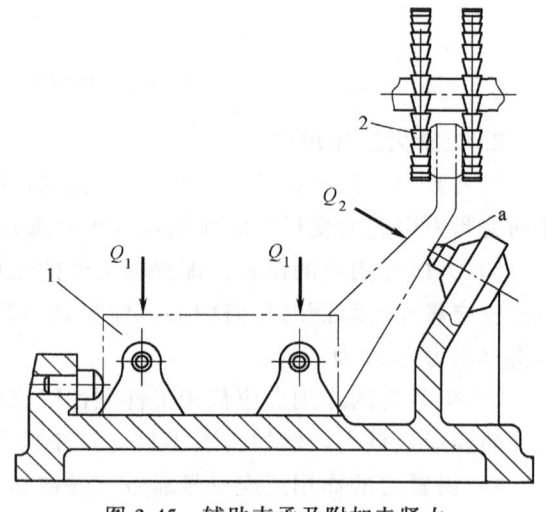

图 3-45 辅助支承及附加夹紧力
1—工件　2—铣刀

$$Q = KQ' \tag{3-36}$$

一般 K 取 1.5~3，粗加工时取 2.5~3，精加工时取 1.5~2。

实际生产中一般很少通过计算求得夹紧力，因为在加工过程中切削力随刀具的磨钝、工件材料性质和余量的不均匀等因素而变化，而且切削力的计算公式是在一定的条件下求

得的,使用时虽然根据实际的加工情况给予修正,但是仍然很难计算准确。对于关键性的重要夹具,往往通过试验的方法来测定所需要的夹紧力。

3.3.2 常用的夹紧装置

夹具中常用的夹紧装置有楔块夹紧装置、螺旋夹紧装置、偏心夹紧装置、定心夹紧装置等,它们都是根据斜面夹紧原理夹紧工件的。下面分别介绍各种夹紧装置的结构、夹紧力的计算和它们的特性。

1. 楔块夹紧装置

在生产中,很少单独使用楔块对工件直接夹紧,而是与杠杆、压板、螺旋等装置组合使用,或是与气压或液压传动装置联用,如图3-46所示。楔块夹紧主要用于增大夹紧力或改变夹紧力方向。图3-46a所示为手动式,图3-46b所示为机动式。图3-46b中楔块2在气动(或液动)作用下向前推进,装在楔块2上方的柱塞1在弹簧的作用下推动压板6向前。当压板与螺钉5靠紧时,楔块继续前进,此时柱塞1压缩小弹簧而压板停止不动。楔块再向前前进时,压板后端抬起,前端将工件压紧。楔块2只能在楔座3的槽内滑动。松开时,楔块2向后退,弹簧7将压板6抬起,楔块上的销4将压板拉回。

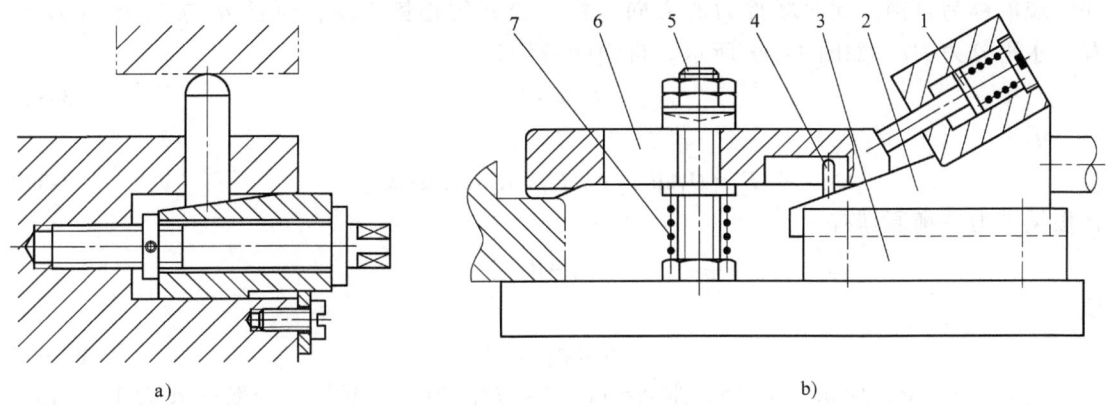

图3-46 楔块夹紧装置
1—柱塞 2—楔块 3—楔座 4—销 5—螺钉 6—压板 7—弹簧

(1) **楔块夹紧力的计算** 楔块在夹紧过程中的受力分析如图3-47a所示。当楔块在原始力 P 的作用下楔进工件与夹具体之间时,它所受到的力有:工件与夹具体给楔块的作用力,分别为 Q 和 R;工件和夹具体与楔块的摩擦力,分别为 F_2 和 F_1,相应的摩擦角分别为 φ_2 和 φ_1。R 与 F_1 的合力为 R_1,Q 与 F_2 的合力为 Q_1。当工件被夹紧时,P、Q_1、R_1 三力处于平衡状态。根据力的多边形法则,由图3-47b计算出楔块对工件所产生的夹紧力 Q 为

$$Q = \frac{P}{\tan\varphi_2 + \tan(\alpha + \varphi_1)} \tag{3-37}$$

式中 α——楔块升角,通常取 $6° \sim 10°$。

因工件、夹具体与楔块的摩擦系数一般取 $f = 0.1 \sim 0.15$,故相应的摩擦角 φ_2 和 φ_1 为

5°45′和 8°30′。

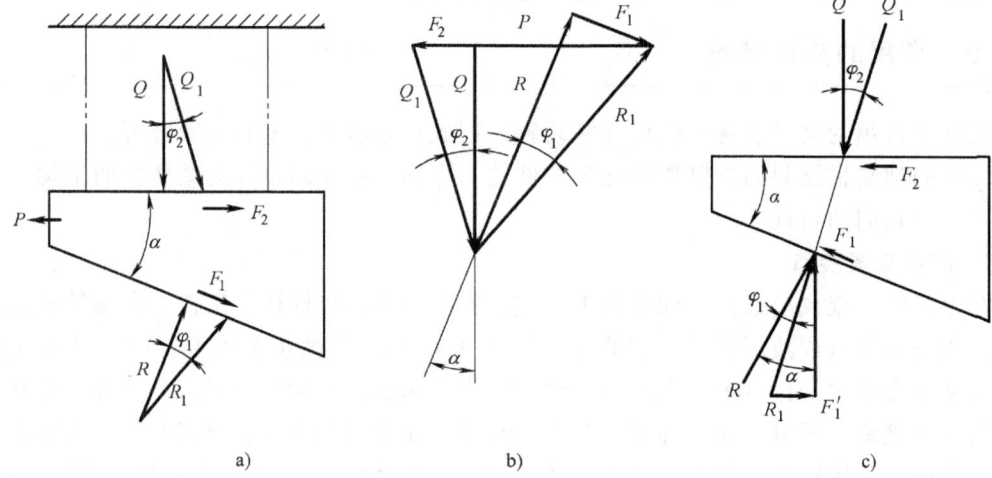

图 3-47 楔块夹紧受力分析

(2) 楔块的自锁条件 当原始力 P 撤除后，楔块在摩擦力的作用下仍然不会松开工件的现象称为自锁。此时摩擦力的方向与楔块松开的趋势相反，而且 R 与 F_1 的合力 R_1 有一水平分力 F'_1，如图 3-47c 所示。自锁的条件为

$$F_2 \geqslant F'_1 \tag{3-38}$$

因

$$F_2 = Q_1 \sin\varphi_2 ; \quad F'_1 = R_1 \sin(\alpha - \varphi_1) \tag{3-39}$$

且根据二力平衡原理有

$$Q_1 = R_1$$

故

$$\alpha \leqslant \varphi_1 + \varphi_2 \tag{3-40}$$

若 $\varphi_1 = \varphi_2 = \varphi$，$f = 0.1 \sim 0.15$，则 $\alpha = 11.5° \sim 17°$。为安全起见，一般取 α 为 $10° \sim 15°$，或更小些。

(3) 传力系数 夹紧力与原始力之比称传力系数，以 i_p 表示，则有

$$i_p = \frac{Q}{P} = \frac{1}{\tan\varphi_2 + \tan(\alpha + \varphi_1)} \tag{3-41}$$

由式（3-41）可以看出，楔块的升角 α 越小，i_p 就越大；当原始力 P 一定时，α 越小，则夹紧力 Q 就越大，但同时楔面的工作长度加大致使结构不紧凑，夹紧速度变慢。因此楔块夹紧装置常用在工件尺寸公差较小的机动夹紧装置中。

(4) 楔块的尺寸及材料 升角 α 确定后，其工作长度应满足夹紧要求，其厚度应保证热处理时不变形，小头厚度应大于 5mm。

楔块材料一般用 20 钢或 20Cr 钢，渗碳厚度 0.8～1.2mm，热处理硬度 56～62HRC，工作表面粗糙度 $Ra = 1.6\mu m$。

2. 螺旋夹紧装置

螺旋夹紧装置是从楔块夹紧装置转化而来的，相当于把楔块绕在圆柱体上，转动螺旋

装置时即可夹紧工件。图 3-48 所示为螺旋夹紧装置。若采用图 3-48a 所示装置，由于螺杆头部直接与工件接触，一方面会压伤工件表面，另一方面转动螺杆时会带动工件旋转而破坏定位，因此在螺杆头部应装上浮动的压块，如图 3-48b 所示。压块的结构形式较多，图 3-49 所示为两种标准的形式，压块通过螺杆头部的螺纹，旋入压块的槽中而浮动。图 3-49a 所示用于已加工表面，图 3-49b 所示用于未加工表面。

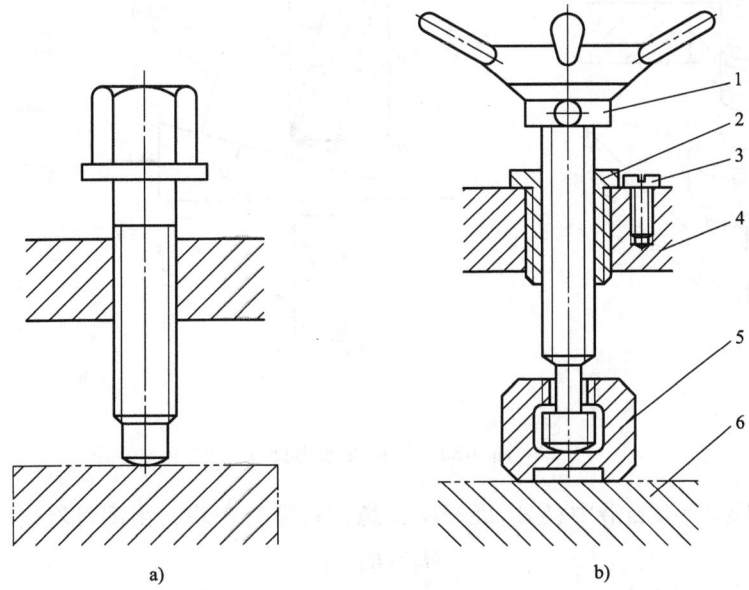

图 3-48　螺旋夹紧装置

1—夹紧手柄　2—螺纹衬套　3—防转螺钉　4—夹具体　5—浮动压块　6—工件

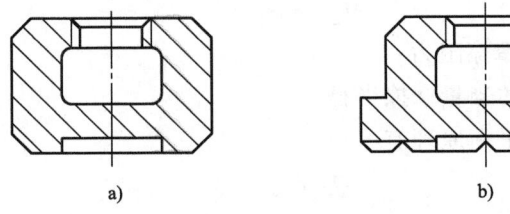

图 3-49　标准浮动压块

压块的材料一般用 45 钢，淬硬至 43~48HRC。螺杆的材料也常用 45 钢，淬硬至 33~38HRC。有关压块、螺杆、手柄的结构及尺寸已有标准，设计时可参考相关设计手册。

(1) 螺杆夹紧力计算　如图 3-50a 所示，工件处于夹紧状态时，根据力矩的平衡原理有

$$M = M_1 + M_2 \tag{3-42}$$

式中　M——作用于螺杆的原始力矩；

M_1——螺母给螺杆的反力矩；

M_2——工件给螺杆的反力矩。

$$M = PL \tag{3-43}$$

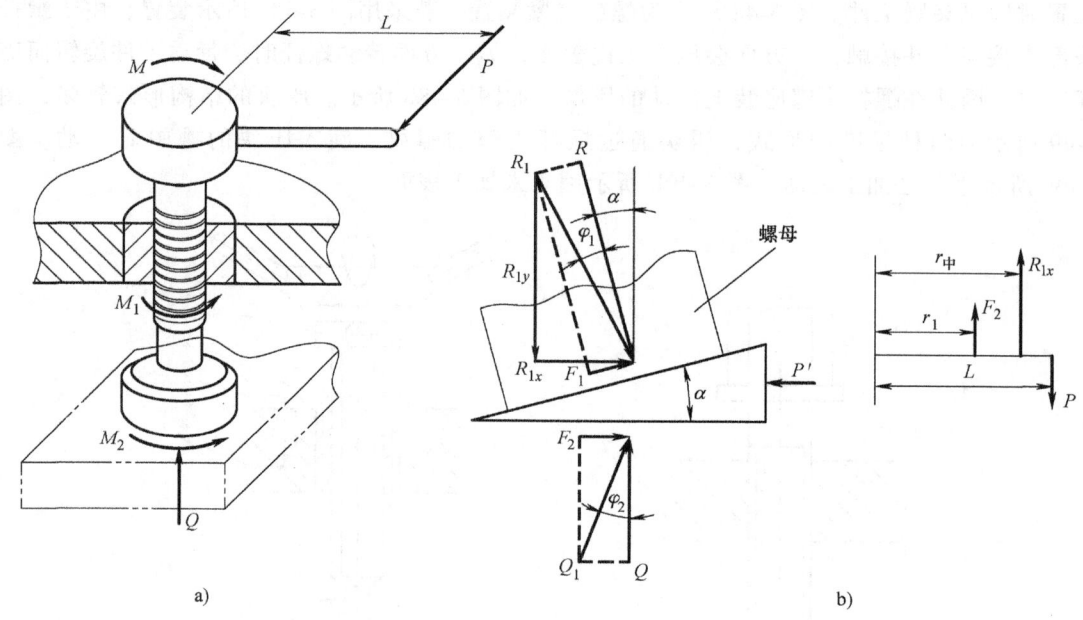

图 3-50 螺旋夹紧力计算

图 3-50b 所示为螺旋沿中径 $d_{中}$ 展开图，螺杆可视为楔块，由图可看出

$$M_1 = R_{1x} r_{中} \tag{3-44}$$

式中 R_{1x}——螺母对螺杆的反作用力 R_1 的水平分力（R_1 为螺母对螺杆的摩擦力 F_1 和正压力 R 的合力）；

$r_{中}$——螺旋装置中径的一半。

$$M_2 = F_2 r_1 \tag{3-45}$$

式中 F_2——工件对螺杆的摩擦阻力；

r_1——压紧螺钉顶部的当量摩擦半径。

夹紧工件后，根据力的平衡原理有

$$Q = R_{1y} \tag{3-46}$$

而

$$R_{1x} = R_{1y} \tan(\alpha+\varphi_1) = Q\tan(\alpha+\varphi_1) \tag{3-47}$$

$$F_2 = Q\tan\varphi_2 \tag{3-48}$$

故

$$Q = \frac{PL}{r_{中}\tan(\alpha+\varphi_1) + r_1\tan\varphi_2} \tag{3-49}$$

式中 α——螺旋升角，一般取 $\alpha = 2° \sim 4°$；

φ_1——螺母与螺杆间的摩擦角；

φ_2——工件与螺杆头部（或压块）间的摩擦角。

压紧螺钉顶部的当量摩擦半径 r_1 的值与螺杆头部或压块的形状有关，压紧螺钉顶部的当量摩擦半径计算见表 3-3。

（2）螺旋夹紧装置的自锁性能和传力系数　楔块夹紧装置的自锁条件为 $\alpha = 11.5° \sim 17°$，而螺旋夹紧装置的螺旋升角（$\alpha = 2° \sim 4°$）很小，故自锁性能好。

传力系数 i_p 为

$$i_p = \frac{Q}{P} = \frac{L}{r_{中}\tan(\alpha+\varphi_1) + r_1\tan\varphi_2} \tag{3-50}$$

因为螺旋升角小于楔块升角，而 L 大于 $r_{中}$ 和 r_1，所以螺旋夹紧装置的传力系数远比楔块夹紧装置的大。

表 3-3　压紧螺钉顶部的当量摩擦半径计算

接触形式	点接触	平面接触	圆环线接触	圆环面接触
r_1	0	$\dfrac{D}{2}$	$R\cot\dfrac{\alpha}{2}$	$\dfrac{1}{3}\dfrac{D^3-d^3}{D^2-d^2}$
简图				

由于螺旋夹紧装置结构简单，制造容易，夹紧行程大，传力系数大，自锁性能好，因此广泛用于手动夹紧；但其夹紧缓慢，效率低。

（3）螺旋与压板的组合夹紧装置　为了在工件最合适的位置和方向上进行夹紧，生产中经常采用图 3-51 所示结构。在图 3-51a、b、c 所示三种装置中，若要求对工件产生的夹紧力 Q 相同，那么所需要施加的原始力 P 的大小和方向是不同的。图 3-52 所示为钩形螺旋压板，它使夹具结构紧凑，且已规格化，选用时可查《机床夹具设计手册》。

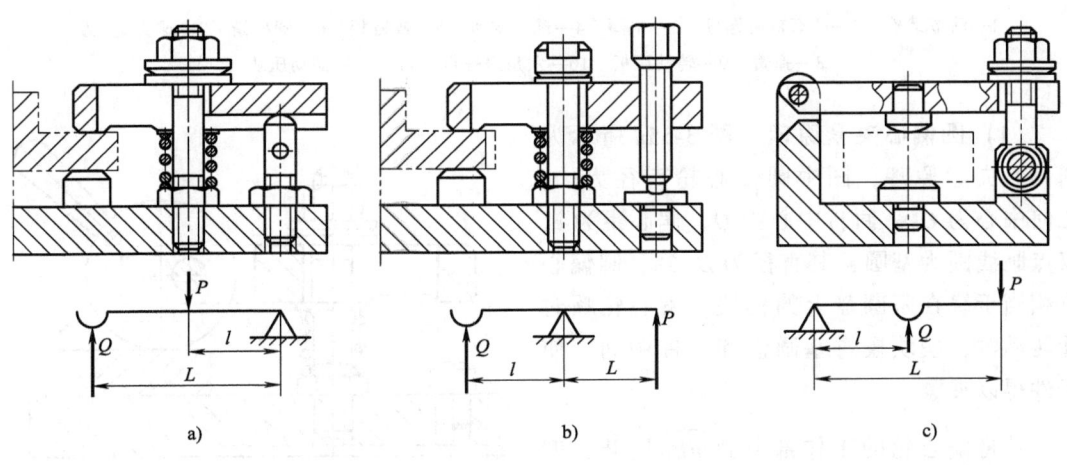

图 3-51　螺旋压板组合夹紧装置

为了减少夹压的辅助时间和提高生产率，可采用多位或多件夹紧装置，如图 3-53 所示。图 3-53a 所示为多位夹紧，图 3-53b 所示为多件夹紧。多位和多件夹紧的共同特点：用一个原始力对数个点或数个工件同时进行夹紧。为了避免工件因尺寸或形状误差而出现夹紧不牢或破坏夹紧机构的现象，在压块两边各连接摆动压板 11、12，它们可以通过摆动来补偿各自夹压的两个工件的直径尺寸公差。

3. 偏心夹紧装置

偏心夹紧装置也是从楔块夹紧装置转化而来的，它是将楔块包在圆盘上，通过旋转圆盘使工件得以夹紧。偏心夹紧装置经常与压板联合使用，如图 3-54 所示。常用的偏心轮有圆偏心轮和曲线偏心轮。曲线偏心轮多采用阿基米德曲线或对数曲线，这两种曲线的优点是升角变化均匀或不变，可使工件夹紧稳定可靠，但制造困难；圆偏心轮由于制造容易，因而使用较广。下面主要介绍圆偏心夹紧装置。

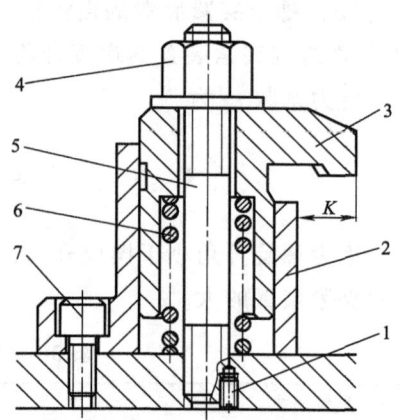

图 3-52　钩形螺旋压板组合夹紧装置
1—骑缝螺钉　2—基座　3—钩形压板
4—夹紧螺母　5—双头螺柱
6—弹簧　7—固定螺钉

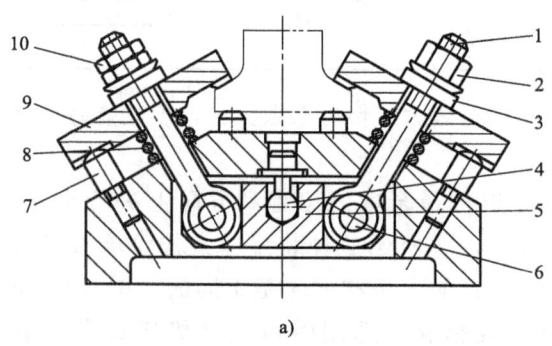

a)

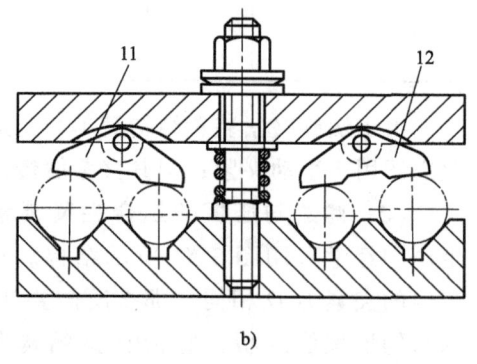

b)

图 3-53　多位或多件夹紧装置
1—活节螺栓　2—球面带肩螺母　3—垫圈　4—球头支承　5—铰链板　6—圆柱销　7—球头支承钉
8—弹簧　9—转动压板　10—六角扁螺母　11、12—摆动压块

（1）圆偏心夹紧原理　图 3-55a 所示为圆偏心夹紧原理，图中圆偏心轮直径为 D，几何中心为 O_1，回转中心为 O，偏心距为 e，双点画线圆为基圆，其直径为 $D-2e$，圆偏心就相当于绕在基圆盘上的楔块。偏心轮顺时针转动时，楔块楔进基圆盘和工件中间，使工件得以夹紧。

若将偏心轮的工作部分弧 $\overset{\frown}{mPn}$ 展开，就可得到一个具有曲线斜边的楔块，如图3-55b

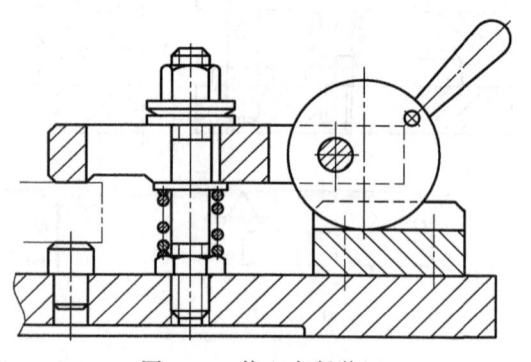

图 3-54　偏心夹紧装置

所示。从图 3-55b 中可看出，斜面上各点的斜率（即升角）是变化的，而在 P 点（展开图为 90°的点）附近变化较小。为使偏心轮工作稳定可靠，常取 P 点左右夹角为 30°~45° 的一段圆弧为工作部分，也就是弧 $\overset{\frown}{APB}$ 为 60°~90°。

（2）圆偏心的自锁条件 由图 3-55c 可知，圆偏心弧 $\overset{\frown}{mPn}$ 上任意一点 X 的升角为：过该点作 $\overline{OX}$ 的垂线 $\overline{XA}$，$\overline{O_1X}$ 的垂线 $\overline{XB}$，两垂线的夹角 α_X 就是 X 点的升角。该角等于 $\overline{O_1X}$ 与 $\overline{OX}$ 的夹角。角 α_X 可用下式计算

$$\tan\alpha_X = \frac{\overline{OC}}{\overline{CX}} = \frac{e\cos\beta}{\frac{D}{2}+e\sin\beta} = \frac{2e\cos\beta}{D+2e\sin\beta} \tag{3-51}$$

式中　β——偏心距 e 从水平位置转过的角度。

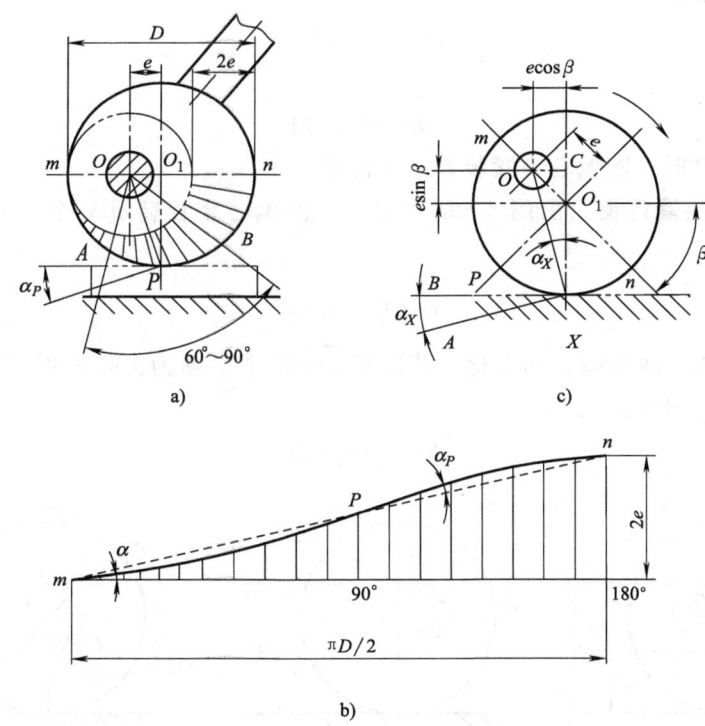

图 3-55　圆偏心夹紧原理

由式（3-51）可看出，α_X 是随 β 而变化的。若 β 从 $-90°\rightarrow 0°\rightarrow +90°$，则 α_X 从 $0°\rightarrow \arctan(2e/D)\rightarrow 0°$。当 $\beta=0°$ 时，即在 P 点的升角 α_P 为最大，有

$$\alpha_P = \arctan\frac{2e}{D} \tag{3-52}$$

根据楔块自锁条件，有以下关系式

$$\alpha_P \leq \varphi_1 + \varphi_2 \tag{3-53}$$

式中　φ_1——圆偏心轮孔与支承轴之间的摩擦角；
　　　φ_2——圆偏心轮与工件（或压块）间的摩擦角。

为安全起见，可不考虑偏心轮孔与支承轴间的摩擦，于是有

$$\alpha_P \leqslant \varphi_2 \tag{3-54}$$

或

$$\tan\alpha_P \leqslant \tan\varphi_2 \tag{3-55}$$

故可得到圆偏心的夹紧特性为

$$\frac{2e}{D} \leqslant f_2 \tag{3-56}$$

或

$$\frac{D}{e} \geqslant \frac{2}{f_2} \tag{3-57}$$

式中　f_2——偏心轮与工件（或压板）间的摩擦系数。

若 $f_2 = 0.1 \sim 0.15$，则

$$D = (20 \sim 14)e \tag{3-58}$$

或

$$D/e = 20 \sim 14 \tag{3-59}$$

满足上述条件时，圆偏心夹紧装置可以自锁。

（3）圆偏心夹紧行程　由图 3-55c 可知，当圆偏心装置转过一个角度 β 时，其行程 S 为

$$S = \overline{CO_1} = e\sin\beta \tag{3-60}$$

因 e 为一定值，故 S 随 β 而变化。若取弧 $\overset{\frown}{mPn}$ 整个半圆为工作表面（见图 3-56a），β 变化范围为 $-90° \sim +90°$，则

$$S = h_2 - h_1 = 2e \tag{3-61}$$

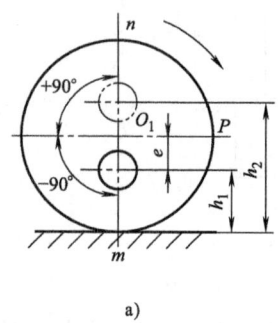 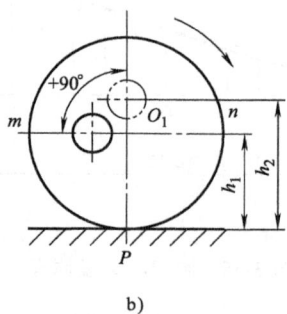 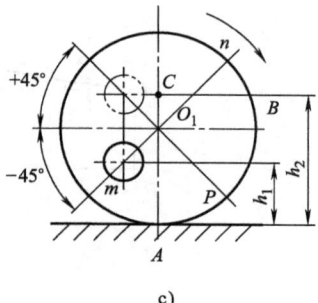

a)　　　　　　　　b)　　　　　　　　c)

图 3-56　圆偏心夹紧行程

若取弧 $\overset{\frown}{Pn}$ 为工作表面（见图 3-56b），β 变化范围为 $0° \sim +90°$，则

$$S = h_2 - h_1 = e \tag{3-62}$$

若取 P 点左右弧 $\overset{\frown}{AB}$ 为工作表面（见图 3-56c），β 的变化范围为 $-45° \sim +45°$，则

$$S = h_2 - h_1 = 2\,\overline{CO_1} \approx 1.4e \tag{3-63}$$

设计圆偏心轮时，首先要确定夹紧行程 S。若工件夹紧尺寸的公差为 T，装卸工件时

必要的间隙为 $C_{间}$，夹紧机构的弹性变形、偏心轮磨损等应考虑的行程储备量为 $C_{储}$，则

$$S = T + C_{间} + C_{储} \qquad (3-64)$$

式（3-64）中 $C_{间}$、$C_{储}$ 分别取 0.5mm 左右。根据所选择角的变化范围确定行程 S 与偏心距 e 的关系，并求出 e；再根据作图法决定 D。图 3-57 所示为 β 的变化范围为 $-45° \sim +45°$ 时的偏心轮，实际工作表面为弧 $\widehat{A_1B_1}$，它可通过作图法决定，为夹紧安全，弧的两端可做少量延长。

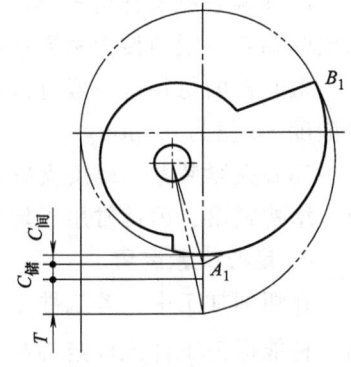

图 3-57 圆偏心轮的设计

（4）圆偏心夹紧力计算　圆偏心夹紧实际上是斜楔夹紧的一种变形，由于当圆偏心轮以弧 $\widehat{mPn}$ 的中点夹紧工件时，其夹紧点的升角 $\alpha_P = \alpha_{max}$，此时，夹紧力接近最小。一般只需校验该夹紧点的夹紧力，如图 3-58 所示。

为计算方便，假设一升角为 α 的楔块 ABC（α 为夹紧点的升角）作用于支承轴与垫块间，如图 3-58 所示。将作用于手柄的力 P 转化为作用于夹紧点的力 Q_1，则 Q_1 为

$$Q_1 = P \frac{L}{\rho} \qquad (3-65)$$

且

$$Q_{1x} = Q_1 \cos\alpha \qquad (3-66)$$

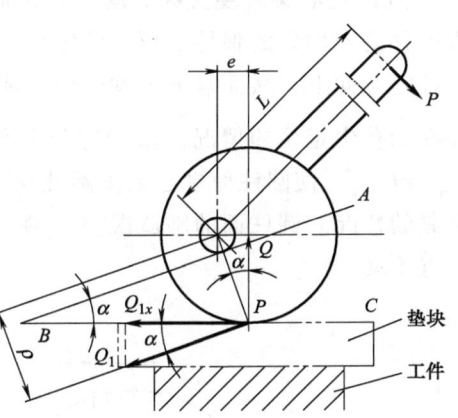

图 3-58 圆偏心夹紧计算

根据楔块夹紧力计算式（3-37），有

$$Q = \frac{Q_{1x}}{\tan(\alpha+\varphi_1)+\tan\varphi_2} = \frac{Q_1\cos\alpha}{\tan(\alpha+\varphi_1)+\tan\varphi_2} \qquad (3-67)$$

因 α 很小，可取 $\cos\alpha = 1$，再将 Q_1 代入得

$$Q = \frac{PL}{\rho[\tan(\alpha+\varphi_1)+\tan\varphi_2]} \qquad (3-68)$$

式中　L——手柄长度；

　　　ρ——支承轴中心（回转中心）至夹紧点的距离；

φ_1、φ_2——偏心轮与支承轴及偏心轮与工件间的摩擦角。

如果取转轴至夹紧点 P 的回转半径 $\rho = \dfrac{R}{\cos\alpha_P}$，$\varphi_1 = \varphi_2 = \varphi$，$\tan\varphi = 0.15$，力臂 $L = (2 \sim 2.5)D$，$\tan\alpha_P \approx \dfrac{2e}{D} = \dfrac{2}{D} \times \dfrac{D}{14} = \dfrac{1}{7}$，则特定情况的夹紧力为

$$Q = (\rho - 1)P \qquad (3-69)$$

（5）圆偏心夹紧的传力系数　其计算公式为

$$i_P = \frac{L}{\rho[\tan(\alpha+\varphi_1)+\tan\varphi_2]} \qquad (3-70)$$

因圆偏心最大升角 $\alpha_P = 8.13°$,而螺旋升角为 $2° \sim 4°$,又因在一般情况下 $\rho > r_m$,$\rho > r_1$,因此圆偏心夹紧的传力系数远小于螺旋夹紧的传力系数。

偏心轮的材料,一般可选用 20 钢或 20Cr 钢,工作表面渗碳淬火至 55~60HRC,表面粗糙度 Ra 值为 $0.8\mu m$。

偏心夹紧装置与螺旋夹紧装置相比,夹紧行程小,夹紧力小,自锁性能差,但夹紧迅速,结构紧凑,因此常用于切削力不大、振动较小的场合。

4. 定心夹紧装置

在切削加工中,若工件是以中心线或对称面为工序基准,为使定位间隙 $C_{定} = 0$,可采用一种能保证工件准确定心或对中的装置,使工件的定位和夹紧过程同时完成,而定位元件与夹紧元件合二为一。这种装置称为定心夹紧装置。

这里主要介绍定心夹紧装置的定心或对中原理、类型及典型结构。

(1) 定心夹紧装置的原理 在定心夹紧装置中,定位夹紧元件经调整后,利用它的等速移动或均匀的弹性变形,使定位夹紧元件或工件定位基准的尺寸制造误差均匀分布在工件定位面上,从而保证工件的中心或对称位置不变。在图 3-59 中,图 3-59a 所示为圆柱面在圆孔中定位的情况,由于定位元件和工件的制造误差所引起的 $e_{定} = \overline{O_1 O_2} = T_D + T_d + C_{min} = C_{max}$,使圆柱面中心偏离圆孔中心。图 3-59b 所示为圆柱面在自定心卡盘中定心和夹紧的情况。圆柱面的制造误差 T_d 在三个卡爪上的分布是相同的,各为 $T_d/2$,使中心 O 位置不动。

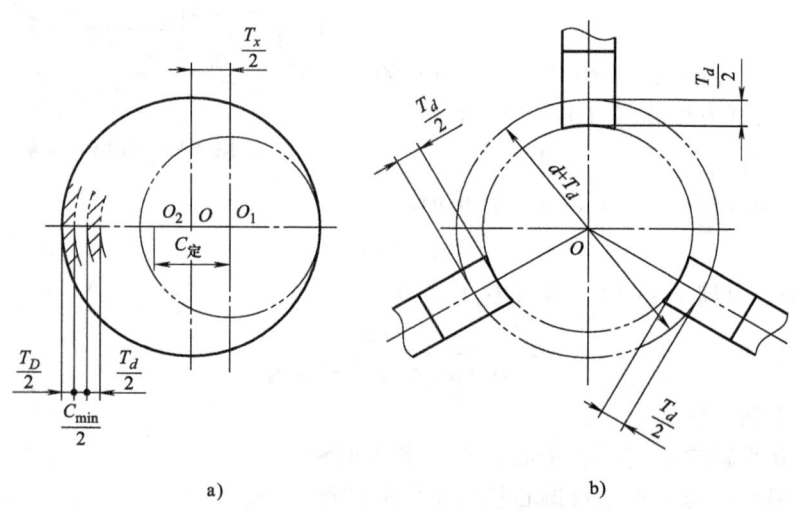

图 3-59 圆柱面的定心与夹紧

(2) 定心夹紧装置的类型 定心夹紧装置种类很多,按其工作原理可分为以下两大类。

1) 等速移动式定心夹紧装置。这类装置中常见的几种如图 3-60 所示。

图 3-60a 所示为左右螺旋定心夹紧装置。旋转螺杆 3,通过左右螺旋带动 V 形块 1 和 2 同时移向中心,起定位夹紧作用,叉座 7 对 3 起调整作用。

图 3-60b 所示为斜楔定心夹紧装置。当拉杆 8 左移时,三个滑块 9 同时向外张开,对

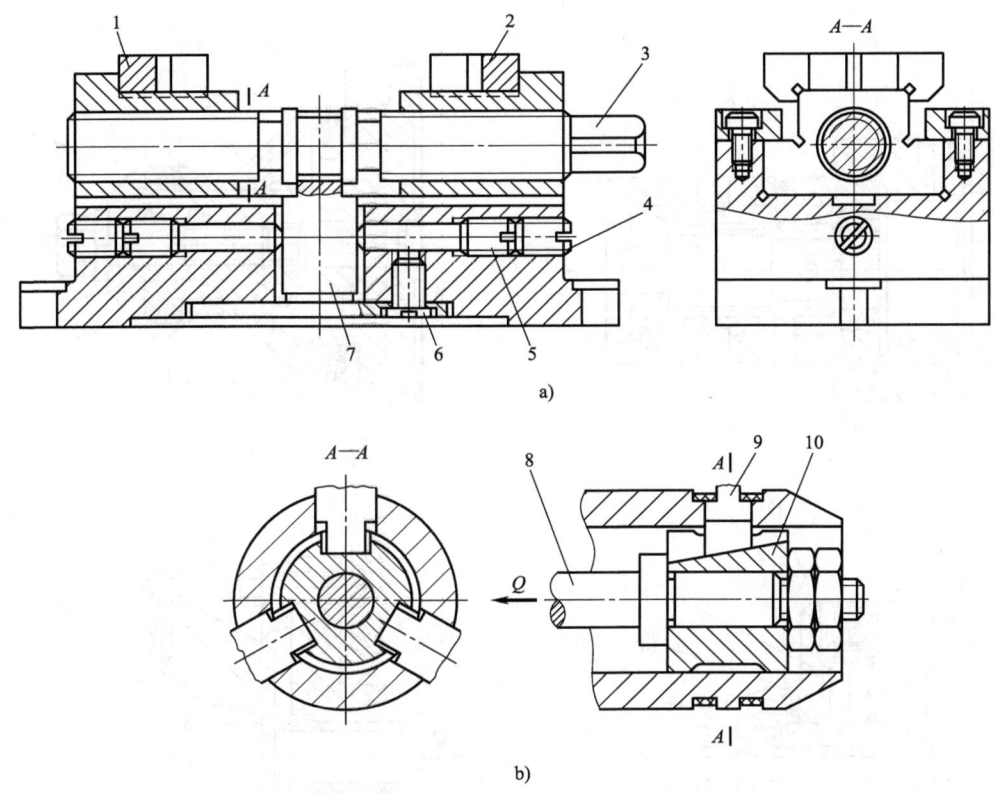

图 3-60 等速移动式定心夹紧装置
1、2—移动 V 形块 3—螺杆 4—紧定螺钉 5—调节螺钉 6—固定螺钉
7—叉座 8—拉杆 9—滑块 10—斜楔

圆孔起定心夹紧作用。

以上这类定心夹紧装置，由于制造误差和组成元件间的间隙较大，故定心精度不高，为 0.2~0.16mm，但夹紧力和夹紧行程较大，因此常用于粗加工和半精加工。

2）弹性变形式定心夹紧装置。当定心精度要求较高时，一般都利用这类定心夹紧装置，其中常见的装置如图 3-61 所示。

图 3-61a 所示为用于装夹工件以外圆柱面为定位基准的弹簧夹头，旋转螺母 4 时，锥套 3 迫使筒夹 2 收缩变形，从而使工件外圆定心并被夹紧。

图 3-61b 所示为蝶形弹簧片式定心夹紧装置。5 和 7 是两列蝶形弹簧片，数目越多夹紧力越大。旋转夹紧螺钉 8 时，弹簧片由于受力变形，外径增大，因而将工件定心夹紧。

图 3-61c 所示为液性塑料定心夹紧装置。这是一种以液性塑料为介质传递作用力的高精度夹具。薄壁套筒 16 压入心轴体 11，它们之间有环形槽并注满液性塑料。当旋紧加压螺钉 12 时，柱塞 13 挤压液性塑料 17，由于液性塑料的不可压缩性，迫使薄壁套筒 16 做径向均匀胀大，使工件得到定心夹紧。

图 3-61d 所示为鼓膜式定心夹紧装置。弹性薄盘 22 带有 3~12 个卡爪，卡爪上装有可调支承螺钉 20，外力 Q 通过推杆作用于弹性薄盘 22 上，而弹性薄盘 22 产生弹性变形使卡爪张开，此时便可放入工件，去掉外力 Q 后，弹性薄盘 22 弹性恢复，就可将工件定心夹紧。

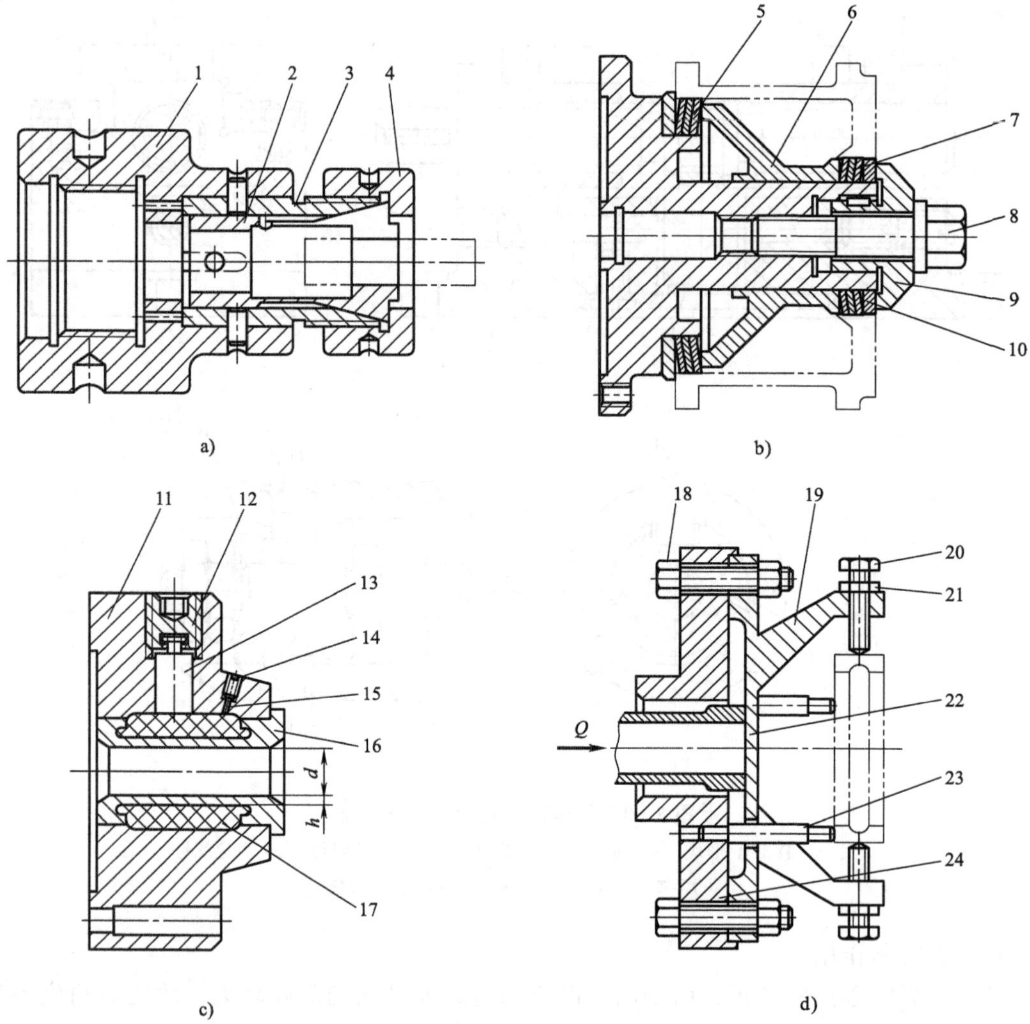

图 3-61 弹性变形式定心夹紧装置

1、24—夹具体 2—筒夹 3—锥套 4—螺母 5、7—蝶形弹簧片 6—中间套 8—夹紧螺钉 9—压套 10—压环 11—心轴体 12—加压螺钉 13—柱塞 14—紧定螺钉 15—堵塞 16—薄壁套筒 17—液性塑料 18—固定螺钉 19—卡爪 20—可调支承螺钉 21—锁紧螺母 22—弹性薄盘 23—定位支承

3.4 典型机床夹具简介

3.4.1 铣床夹具

铣床夹具主要用于加工平面、凹槽及各种成形表面，一般由定位元件、夹紧机构、对刀装置（对刀块与塞尺）、定位键和夹具体组成。

1. 典型铣床夹具的特点

（1）**直线进给式铣床夹具** 直线进给式铣床夹具直接安装在按直线进给方式运动的铣床工作台上。图 3-2 所示为连杆铣槽的直线进给式铣床夹具，夹具通过夹具体 1 的底面和两个定位键 3 在按直线进给方式运动的铣床工作台上定位，并通过两个 T 形螺栓夹紧。工件以一面两孔在支承板 11、圆柱销 5 和削角销 7 上定位。拧紧螺母 10 通过螺栓 8 带动杠杆 4，使两副压板 9 同时夹紧两个工件。夹具上一次可安装多个（2~6）连杆，生产率高。

（2）**圆周连续进给式铣床夹具** 圆周连续进给铣床夹具多数安装在有回转工作台的铣床上，它在加工过程中随回转盘旋转做连续的圆周进给运动，这样可以在不停机的情况下装卸工件，因此其加工效率高，适用于大批量生产。

图 3-62 所示为铣拨叉用的圆周连续进给铣床夹具，回转工作台 7 上共备有 12 个工位。工件以内孔、端面及侧面通过空心定位销 2 和侧挡销 8 定位，并由液压缸 6 驱动拉杆 1 通过开口垫圈 4 将工件夹紧。工作台由电动机连接蜗杆蜗轮机构带动回转，从而将工件 3 依次送入 AB 切削区，当工件被加工好后会离开切削区而进入 CD 非切削区内，此刻可将工件卸下，并装上待加工工件，这样辅助时间与铣削时间相重合，能够有效提高机床利用率。

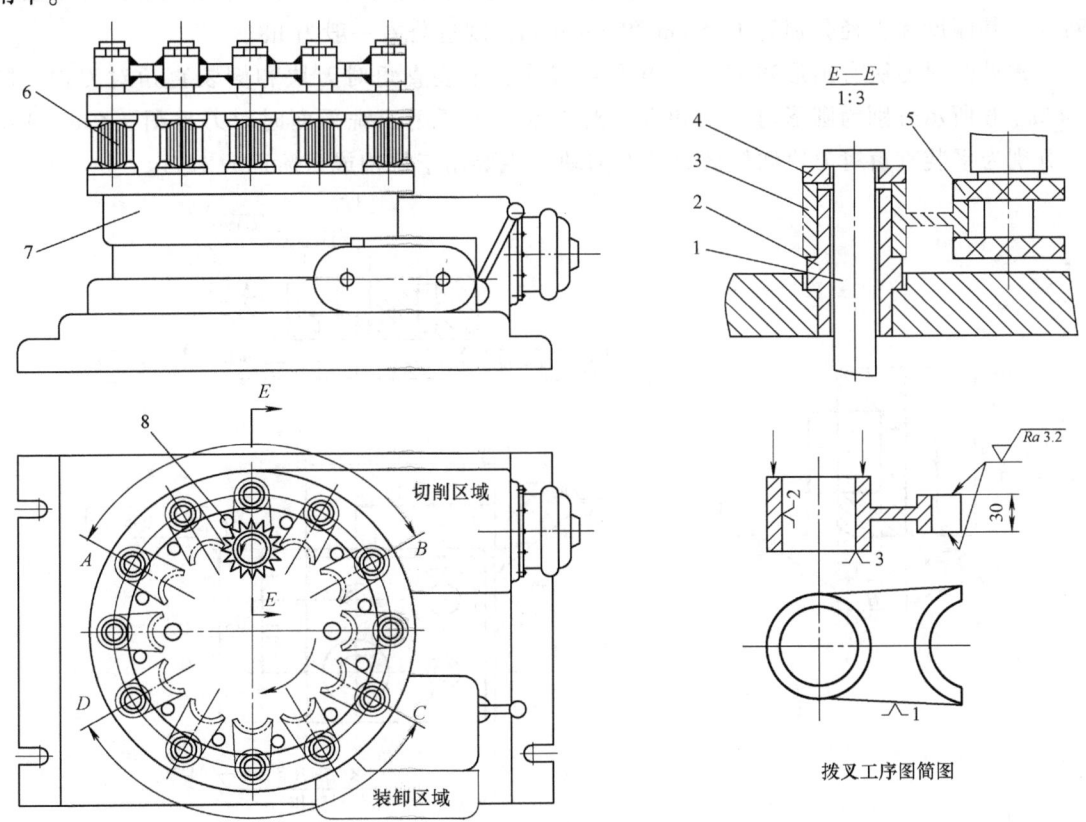

图 3-62 铣拨叉用的圆周连续进给铣床夹具

1—拉杆 2—空心定位销 3—工件 4—开口垫圈 5—铣刀 6—液压缸 7—回转工作台 8—侧挡销

2. 铣床夹具设计要点

（1）定位稳定，夹紧可靠 铣削加工是多刀多刃断续切削，切削用量和切削力较大，且切削力的方向不断改变，容易产生振动。因此，定位装置的设计和布置应尽量使定位支承面积大一些，夹紧力应作用在工件刚度较大的部位上；夹紧装置要有足够的夹紧力，自锁性好，一般不宜采用偏心夹紧，特别是粗铣时应当特别注意。

（2）提高生产率 铣削加工有空行程，加工辅助时间长，因此要求尽可能安排多件、多工位加工，尽量采用快速夹紧、联动夹紧和液压气动夹紧等高效夹紧装置。

（3）定位键 定位键也称定向键。定位键一般成对使用，安装在夹具底面的同一个纵向槽中，并用螺钉紧固在夹具体上。两个定位键的距离越远，导向精度越高，定位键通过与铣床工作台的T形槽配合确定夹具在机床上的正确位置，并能承受部分的切削扭矩，以减轻T形槽螺栓负荷，增加夹具的稳定性，如图3-4所示。定位精度要求高或使用重型夹具时不宜采用定位键，而是在夹具体上加工出一窄长面作为找正基面来找正夹具的安装位置。

（4）对刀装置 对刀装置由对刀块和塞尺组成，用来确定刀具的位置。如图3-2所示，对刀块2和塞尺为铣床夹具中的对刀装置。对刀块常用销和螺钉紧固在夹具体上，其位置应便于使用塞尺对刀，不妨碍工件装卸。对刀时，在刀具与对刀块之间加一塞尺，避免刀具与对刀块直接接触而损坏刀刃或造成对刀块过早磨损。塞尺有平塞尺和圆柱形塞尺两种，其厚度和直径分别为1~5mm和3~5mm，制造公差一般为h8。

常见的对刀块有圆形对刀块、方形对刀块、平装直角对刀块和侧装直角对刀块。图3-63a、b所示分别为圆形对刀块和方形对刀块，主要用于铣平面时对刀；图3-63c、d所示分别为平装直角对刀块和侧装直角对刀块，主要用于铣槽或台阶面时对刀。

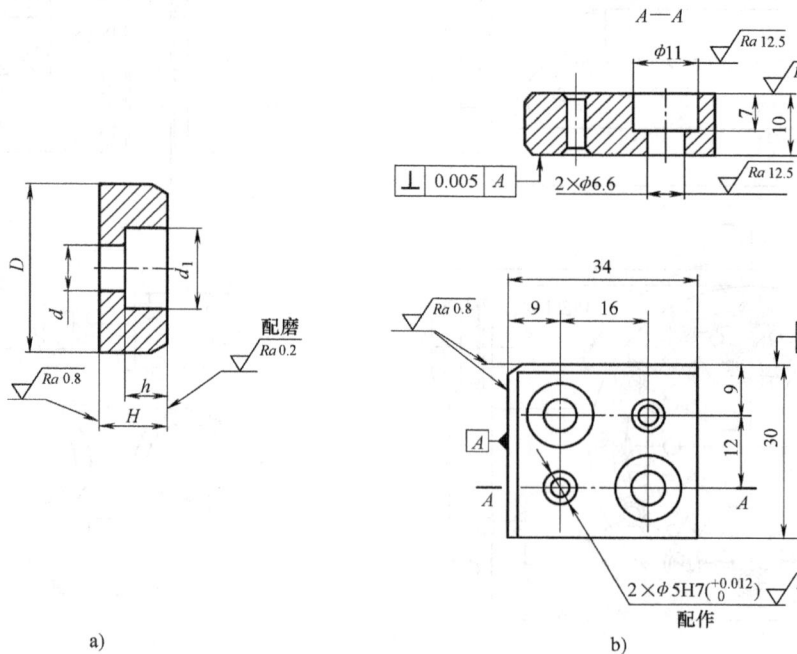

图 3-63 常见的对刀块

a）圆形对刀块 b）方形对刀块

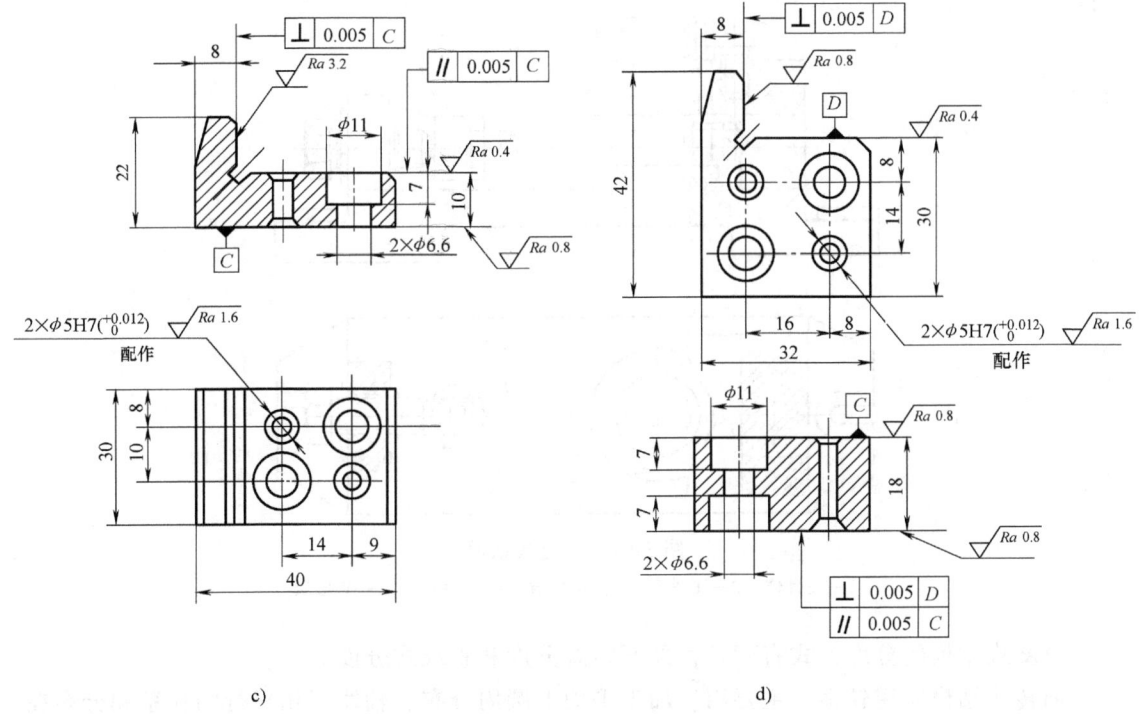

图 3-63 常见的对刀块（续）
c) 平装直角对刀块 d) 侧装直角对刀块

（5）夹具体设计 为提高铣床夹具在机床上安装的稳固性，减轻断续切削等引起的振动，夹具体不仅要有足够的刚度和强度，其高度和宽度比也应恰当，其高度 H、宽度 B 之比一般应保持 $H/B = 2 \sim 2.25$，这样可以降低夹具重心，使工件加工表面尽量靠近工作台面。若夹具体较宽，可在同一侧设置两个与铣床工作台 T 形槽间等距（或倍数关系）的耳座。对重型铣床夹具，夹具体两端还应设置吊装孔或吊环等，以便搬运与吊装。

3.4.2 钻床夹具

钻床夹具是在钻床上用于钻孔、扩孔、铰孔及攻螺纹的机床夹具。钻床夹具也称钻模，一般设有安装钻套的钻模板，以确定刀具位置并引导刀具进行切削，保证孔的加工要求，大幅度提高生产率。钻床夹具主要由钻套、钻模板、定位元件及夹紧装置、夹具体等组成，如图 3-1 所示。

1. 典型钻床夹具的特点

钻模的结构形式很多，可分为固定式钻模、分度式钻模、盖板式钻模等。

（1）固定式钻模 固定式钻模在机床上的位置一般固定不动，要求加工精度较高，主要用于立式钻床上加工直径较大的单孔及同轴线上的孔，或在摇臂钻床上加工轴线平行的孔系。为了提高加工精度，在立式钻床上安装钻模时，要求先将安装在主轴上的钻头伸入钻套中，以确定钻模的位置，然后再将夹具夹紧，如图 3-64 所示。

（2）分度式钻模 带有分度装置的钻模称为分度式钻模。

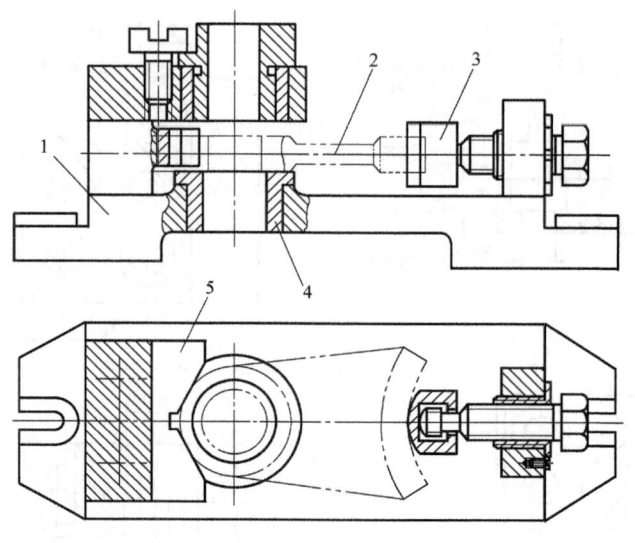

图 3-64 固定式钻模
1—夹具体　2—工件　3—夹紧装置　4—定位套　5—V 形块

分度式钻模的分度方式有两种，即回转式分度和直线式分度。

回转式钻模应用较多，主要用于加工平面上圆周分布、轴线互相平行的孔系和分布在圆柱面上的径向孔系。工件一次安装，经夹具分度机构转位可顺序加工各孔。

图 3-65 所示为卧式回转分度式钻模。这类钻模多用于加工工件圆柱面上径向均布孔。分度盘 6 的左端面上有成圆周均布的 3 个轴向钻套孔，内设定位锥套 12。钻孔前，对定销 2 在弹簧力的作用下插入分度锥孔，反转手柄 5，螺套 4 通过锁紧螺母使分度盘锁紧在夹具体上。钻孔后，正转手柄 5，将分度盘 6 松开，同时螺套 4 上的端面凸轮将对定销 2 拔出，将分度盘 6 转动 120°，直至对定销 2 重新插入第二个锥孔，然后锁紧加工另一孔。

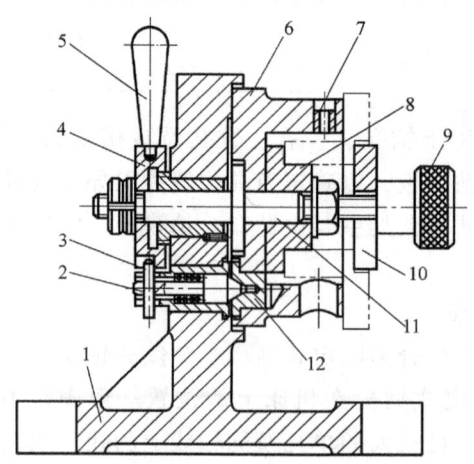

图 3-65 卧式回转分度式钻模
1—夹具体　2—对定销　3—横销　4—螺套　5—手柄　6—分度盘　7—钻套
8—定位件　9—旋钮　10—开口垫圈　11—转轴　12—定位锥套

（3）盖板式钻模 盖板式钻模的定位元件和夹紧装置直接安装在钻模板上。钻模板在工件上定位，夹具轻便结构简单，切屑易于清除，常用于箱体等大型工件上的小孔加工，也可以用于中、小批量生产中的中、小工件孔加工。加工小孔时，可以不设夹紧装置。

图 3-66 所示为加工主轴箱 7 个螺纹孔的盖板式钻模。工件以端面及两大孔作为定位基准面，在钻模板的 4 个支承钉 1 组成的平面、夹具体 2 及削角销 5 上定位；旋转螺杆 6，推动钢球 4 向下，钢球同时使 3 个柱塞 3 外移，将钻模夹紧在工件上。

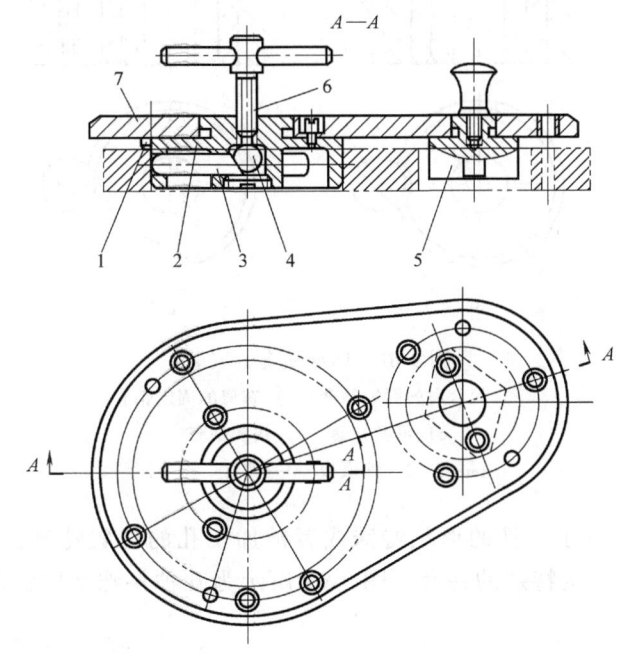

图 3-66 盖板式钻模

1—支承钉　2—夹具体　3—柱塞　4—钢球　5—削角销　6—螺杆　7—钻模板

2. 钻套的结构设计

钻套用来引导钻头，以保证被加工孔的位置精度，提高工艺系统的刚度。钻套可分为标准钻套和特殊钻套两大类。

（1）标准钻套 标准钻套又分为固定钻套、可换钻套和快换钻套，如图 3-67 所示。

1）固定钻套。图 3-67 a、b 所示为固定钻套的两种形式。钻套 1 直接压入钻模板或夹具体的孔中，位置精度高，但磨损后不易更换，常在中、小批量生产中使用。

2）可换钻套。图 3-67c 所示为可换钻套的标准结构。衬套 4 压入钻模板 2 中，钻套 1 以间隙配合安装在衬套 4 中，并用螺钉 3 固定，以防止钻套在衬套中转动。可换钻套磨损后，将螺钉松开便可迅速更换，多用于大批量生产。

3）快换钻套。图 3-67d 所示为快换钻套。当一次安装中顺序进行钻、扩、铰孔，需要使用不同内径的钻套来引导刀具时，可使用快换钻套。使用时，将钻套朝逆时针方向转动一个角度，使螺钉的头部刚好对准钻套上的缺口，然后往上一拔，即可取出钻套。

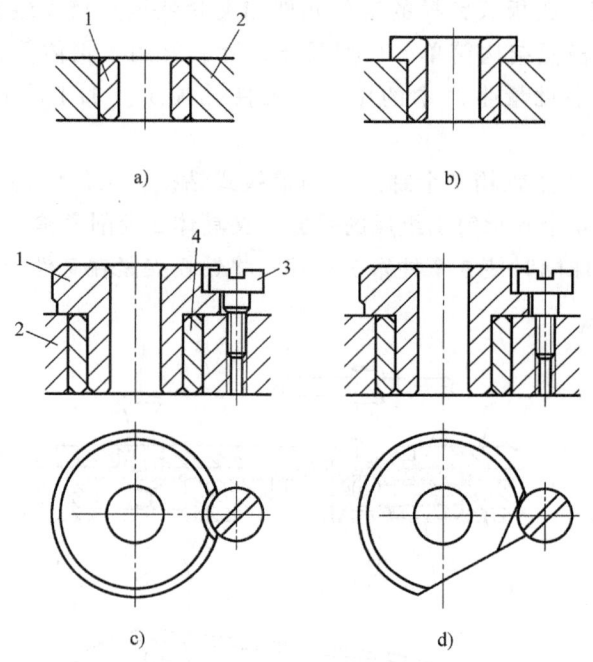

图 3-67 标准钻套的安装
a)无台肩的固定钻套 b)有肩的固定钻套
c)可换钻套 d)快换钻套
1—钻套 2—钻模板 3—螺钉 4—衬套

（2）特殊钻套 由于工件的形状特殊或者被加工孔的位置特殊，不适合采用标准钻套时，需要自行设计结构特殊的钻套。图 3-68 所示为几种特殊结构的钻套。

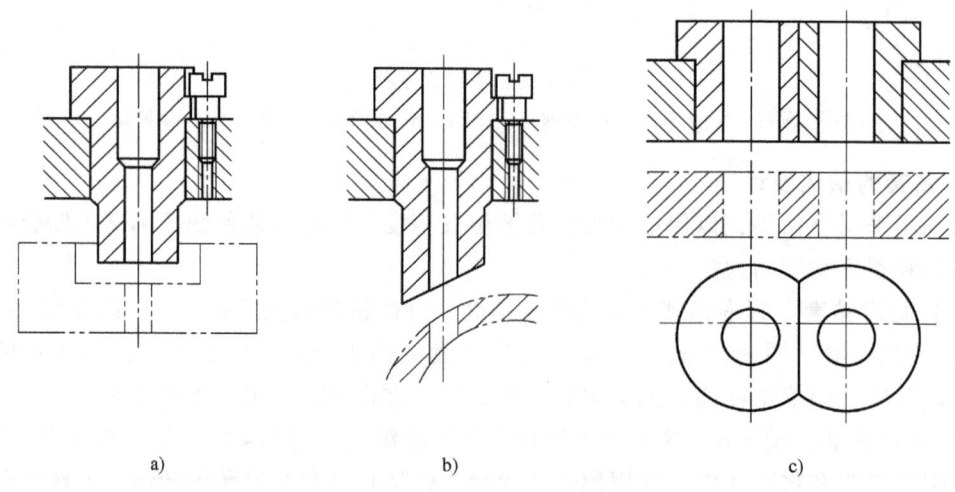

图 3-68 特殊钻套的安装

图 3-68a 所示为在凹形表面上钻孔的加长钻套；图 3-68b 所示为在斜面或圆弧面上钻孔的钻套；图 3-68c 所示为小孔距钻套。

(3) 钻套结构尺寸

1) 导向孔径 d。如图 3-69 所示，钻套的公称尺寸取刀具的上极限尺寸。对于钻头、扩孔钻、铰刀等定尺寸刀具，按基轴制选用动配合 F7 或 G6。

2) 钻套高度 H。对于一般孔距精度，钻套高度 H 为

$$H = (1.5 \sim 2)d$$

当孔距精度要求高于 ±0.05mm 时，有

$$H = (2.5 \sim 3.5)d$$

3) 钻套与工件距离 C。增大 C 值，排屑方便，但刀具的刚度和孔加工精度都会降低。

钻削易排屑的铸铁时，常取

$$C = (0.3 \sim 0.7)d$$

钻削较难排屑的钢件时，常取

$$C = (0.7 \sim 1.5)d$$

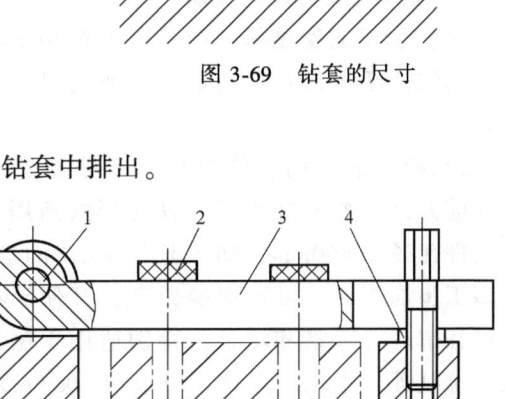

图 3-69 钻套的尺寸

工件精度要求高时，取 $C=0$，切屑全部从钻套中排出。

3. 钻模板的结构

钻模板用于安装钻套，并确保钻套在钻模上的位置。常见的钻模板有以下几种：

(1) **固定式钻模** 固定式钻模板与夹具体铸成一体，或用销钉与螺钉和夹具体连接在一起，如图 3-1 所示。其特点是结构简单、制造方便、定位精度高，但有时装配工件不方便。

(2) **铰链式钻模板** 图 3-70 所示为铰链式钻模板，钻套导向孔与夹具安装面的垂直度可通过调整两个支承钉的高度加以保证。加工时，钻模板由螺母锁紧。由于铰链销与孔之间存在一定间隙，故工件的加工精度不会太高。

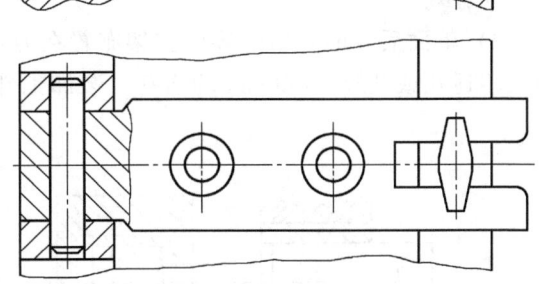

图 3-70 铰链式钻模板
1—销轴 2—钻套 3—钻模板 4—支承钉

3.4.3 镗床夹具

镗床夹具简称镗模，主要由镗套、镗模支架、夹具体以及必需的定位、夹紧机构组成，多用于在镗床、组合机床、车床和摇臂钻床上加工箱体、支座等零件上的精密孔或孔系。

按其所使用的机床形式，镗床夹具可分为卧式和立式两类；按其导向支架的布置形式，可分为双支承镗模、单支承镗模和无支承镗模三类。

1. 镗床夹具的典型结构

(1) **单支承引导镗模** 单支承引导时，镗杆在镗模中只有一个镗套引导，因镗杆与

机床主轴刚性连接，即镗杆插入机床主轴的莫氏锥孔中，这保证了镗套中心与主轴轴线重合，但机床主轴的回转精度将影响工件镗孔精度，只适于小孔和短孔加工。

（2）**双支承引导镗模** 双支承引导时，镗杆和机床主轴采用浮动连接，所以镗孔的位置精度取决于镗模两导向孔的位置精度，而与机床主轴精度无关。镗模导向支架主要用来安装镗套和承受切削力，因而要求其有足够的刚性及稳定性，故在结构上一般要有较大的安装基面和必要的加强筋，且支架上不允许安装夹紧机构来承受夹紧反力，以免支架变形而破坏精度。

（3）**无支承镗模** 工件在刚度好、精度高的金刚镗床、坐标镗床、数控机床或加工中心上镗孔时，夹具上不设镗模支承，加工孔的尺寸和位置精度由机床保证。无支承镗模只需设计定位、夹紧装置和夹具体即可。

2. 镗床夹具的设计要点

（1）**引导支架结构** 引导支架结构主要依据镗孔的长径比 L/D 来选取，一般有以下4种形式：

1）单面前导向：单个导向支架布置在刀具的前方，如图3-71所示。这种形式适用于加工工件孔径 $D>60$mm，加工长度 $L<D$ 的通孔。在多工步加工时，可不更换镗套，又便于在加工过程中进行观察和测量，特别适用于铣平面

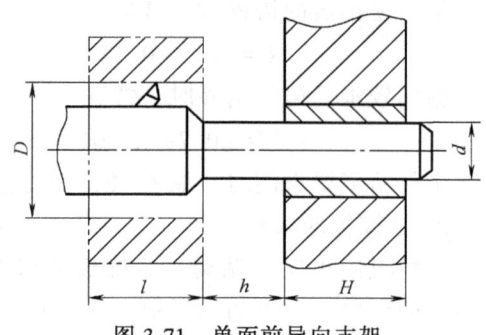

图 3-71 单面前导向支架

或攻螺纹等工序。一般情况下 $h=(0.5\sim1)D$，且不小于 20mm，镗套长度一般取 $H=(1.5\sim3)d$。

2）单面后导向：单个导向支架布置在刀具的后方，如图3-72所示。这种形式适用于加工不通孔或孔径 $D<60$mm 的通孔，装卸工件和更换刀具较方便。

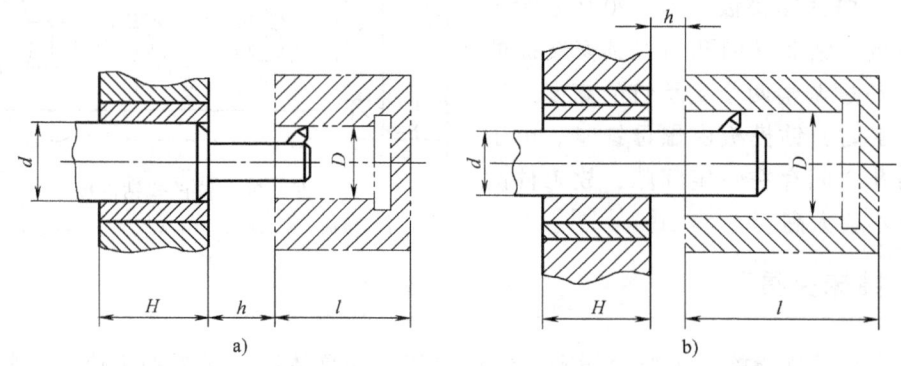

图 3-72 单面后导向支架

当 $L<D$ 时，采用图3-72a所示结构。刀具导向部分的直径 d 可大于所加工孔径 D，此时刀具刚度好，加工精度高，装卸工件和换刀方便，且在多工步加工时，可不更换镗套。

当 $L>D$ 时，采用图3-72b所示结构。刀具导向部分的直径 d 应小于所加工孔径 D，镗杆能进入孔内，可减小镗杆的悬伸量，有利于缩短镗杆的长度。镗套长度 H 一般取 $(1.5\sim3)d$。h 值的大小取决于换刀、装卸和测量工件及排屑是否方便。

3）单面双导向：在刀具后方装有两个导向镗套，镗杆与机床主轴浮动连接，如图 3-73 所示。为保证镗杆刚度，镗杆的悬伸量 $l_1<5d$，两个支架的导向长度 $L=(1.25\sim1.5)l_1$。单面双导向镗模便于装卸工件和刀具，以及在加工中进行观察和测量。

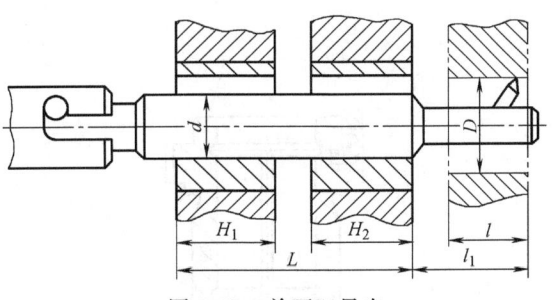

图 3-73 单面双导向

4）双面单导向：导向支架分别装在工件的两侧，镗杆与机床主轴浮动连接，如图 3-74 所示。这种形式适用于加工孔径较大，工件孔的长径比大于 1.5 的通孔或同轴线的几个短孔，以及有较高同轴度和中心距要求的孔系。

双面单导向结构镗杆长，刚性较差，刀具装卸不便。当镗套间距 $L>10d$ 时，应增加中间导向支承。在采用单刃镗刀镗削同一轴线上的几个等径孔时，需要设计让刀机构。

固定式镗套的长度取

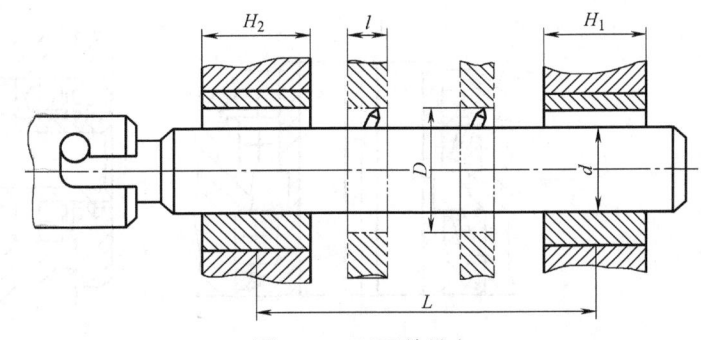

图 3-74 双面单导向

$$H_1=H_2=(1.5\sim2)d$$

（2）镗套的选择与设计　镗套有固定式和回转式两种。固定式镗套是一类常用的镗套，是指在镗孔过程中不随镗杆转动的镗套，其结构与钻套基本相同。回转式镗套在镗孔过程中随镗杆一起转动，镗杆与镗套之间只有相对移动而无相对转动，从而减少了镗套的磨损，不会因摩擦发热而卡死，因此回转式镗套特别适用于高速镗削。

在回转式镗套中，设置有油杯和油孔，为使回转副得到充分润滑而在镗套中间开有键槽，镗杆上的键通过键槽带动镗套一起回转。这种镗套径向尺寸较小、回转精度高、减振性好、承载能力大，但需充分润滑。回转式镗套适用于摩擦面线速度 $v=0.3\sim0.4$m/s，孔心距较小的孔系的精加工。镗套结构如图 3-75 所示。

固定式镗套（图 3-75a）：镗套外形尺寸小，结构简单，导向精度高，但镗杆在镗套内一边回转，一边做轴向移动，镗套易磨损，故只适用于低速镗孔。

滑动回转式镗套（图 3-75b）：镗套可在滑动轴承内回转，镗模架上所设镗套的结构形式和精度直接影响被加工孔的精度。

立式滚动回转式镗套（图 3-75c）：为避免切屑和切削液落入镗套，需设防护罩；为承受轴向力，一般采用圆锥滚子轴承。

卧式滚动回转式镗套（图 3-75d）：镗套支承在两个滚动轴承上，回转精度受轴承精度的影响，对润滑要求较低；但这种镗套径向尺寸较大，适用于粗加工和半精加工。

3. 汽车零件镗床夹具案例

图 3-76 所示为镗缸体主轴承孔夹具。为了提高刚度，镗杆除在工件两端采用支承外，

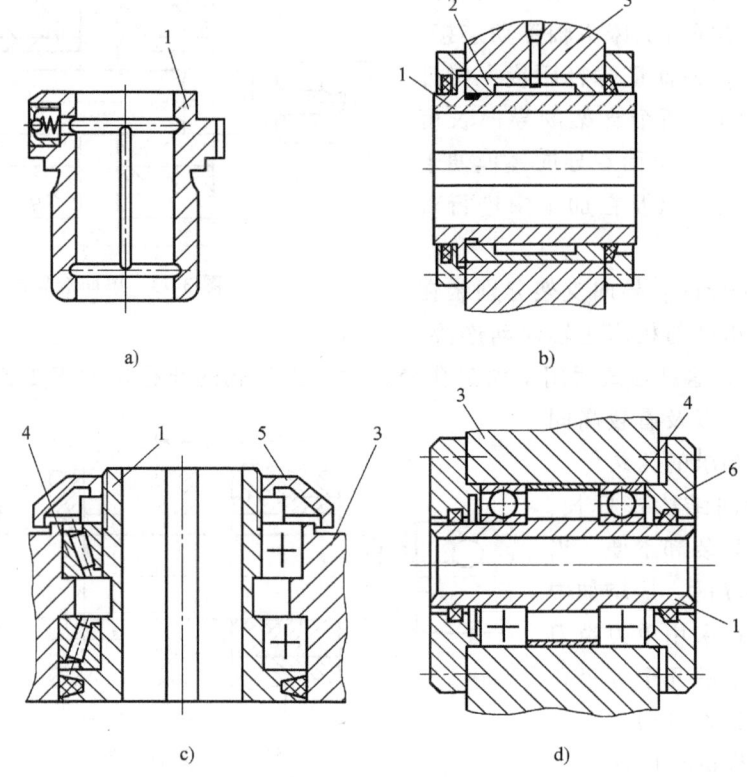

图 3-75 镗套结构

1—镗套 2—滑动轴承 3—镗模架 4—滚动轴承 5—防护罩 6—轴承盖

在轴承座之间还采用中间支承。

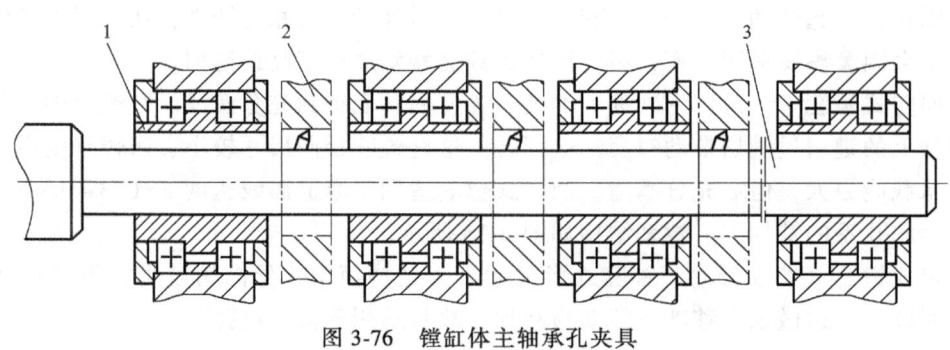

图 3-76 镗缸体主轴承孔夹具

1—导向套 2—缸体 3—镗杆

*3.5 现代夹具发展简介

夹具结构和设计的发展主要受生产模式、制造工艺和机床或设备发展的影响。从机械制造业来看，多品种小批量的柔性生产的方向无疑是确定的；从机械加工工艺原则来看，已从过去的工序分散转变为今天的高度集中，数控机床的研发也正努力向这个方向发展。

因此，今后夹具的主流，即数控机床用夹具以及其他工艺过程应用的夹具将向柔性化、自动化、智能化等方向发展。

3.5.1 夹具柔性化

柔性夹具是指具有加工多种不同工件能力的夹具。早期的夹具柔性化是对原有专用夹具的扩展，也就是可调整夹具和组合夹具。几十年来，组合夹具和可调整夹具支持并促进了数控机床、加工中心的普及和发展，由于技术成熟、使用可靠，它们已成为使用最广泛的柔性夹具。为了满足异面零件越来越高的精度要求，近年来组合夹具在技术层面又有了新的突破。图 3-77 所示为采用异形组合夹头加工一个或多个异形工件，虽然其原理源于弹性夹头，但与其又有较大的区别。

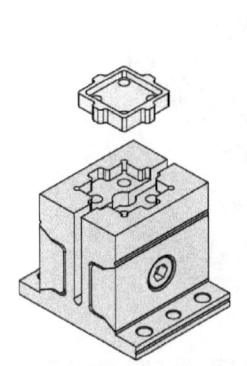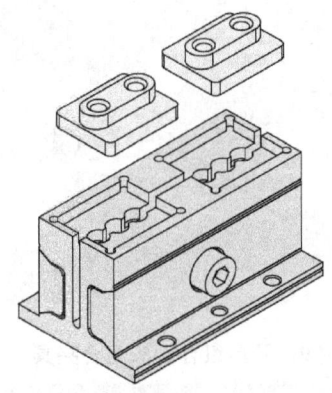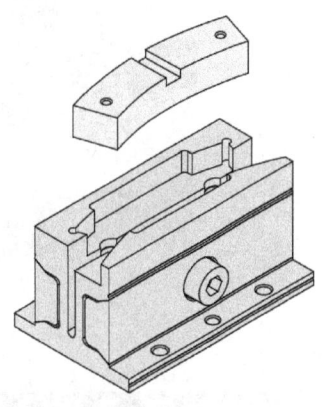

图 3-77 加工一个或多个异形工件的异形组合夹头

图 3-78 所示为异形组合夹头加工异形工件的工作原理。首先将异形组合夹头安装在夹具体上（夹具体安装在下夹具体上，下夹具体安装在加工零件的机床工作台上），根据工件要求选取自行加工用垫圈，如图 3-78a 所示，并用螺栓将其推至与安装孔底接触，使

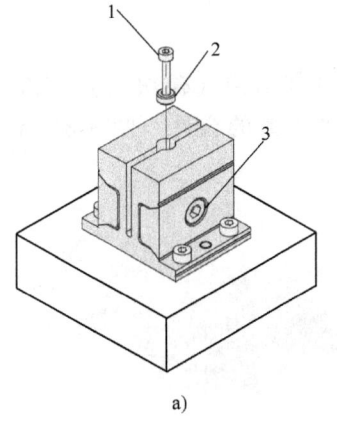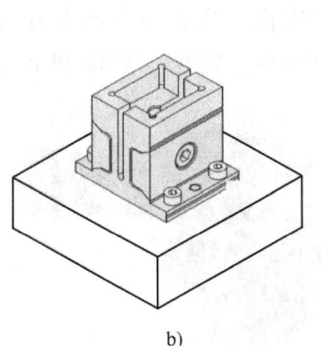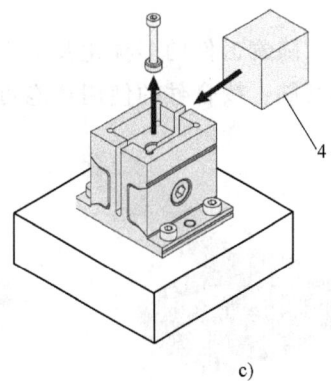

a)　　　　　　　　　　b)　　　　　　　　　　c)

图 3-78 异形组合夹头加工异形工件的工作原理
1—螺栓　2—自行加工用垫圈　3—夹紧螺栓　4—工件

夹头产生定量变形，再用夹紧螺栓夹紧；根据工件形状自行加工夹口，图3-78b所示为长方形夹口，图3-77所示为异形夹口；放松夹紧螺栓，取下自行加工用垫圈后，安装工件并拧入夹紧螺栓进行固定，实现工件的定位夹紧，如图3-78c所示。

异形组合夹头的出现，解决了异形工件定位夹紧难的问题，提高了异形工件的定位精度；一个夹头还可先加工小夹口，对小工件进行定位夹紧，后加工大夹口，对大工件进行定位夹紧，实现重复使用，这既节省材料又在很大程度上提高了生产效率。同时为适应不同生产节拍，多个异形组合夹头可实现不同的组合，如图3-79所示。图3-80所示为加工现场异形组合夹头的两种组合。

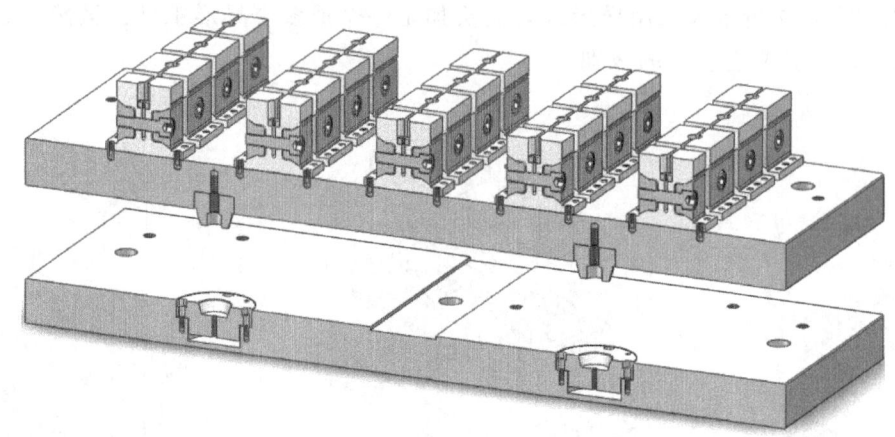

图3-79　异形组合夹头组合夹具

图3-80　加工现场异形组合夹头的两种组合

随着工件的多样化及生产的快速化，现代组合夹具正朝着合件结构（模块化）的方向发展，按合件的使用功能可分为支承、定位、分度和夹紧四种类型的合件。图3-81所

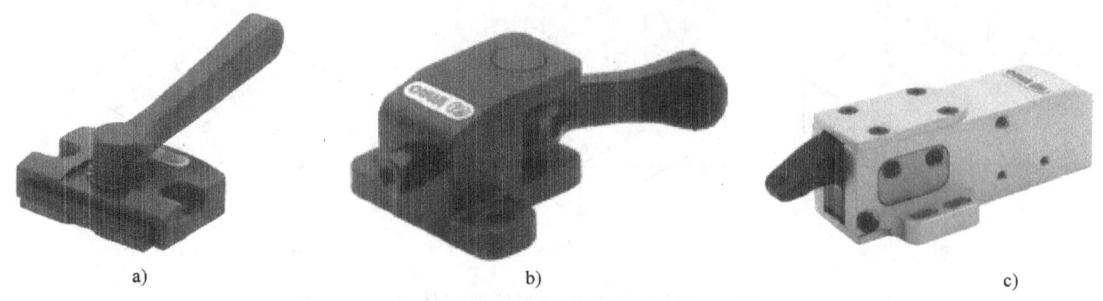

　　　　a)　　　　　　　　　　　　　b)　　　　　　　　　　　　　c)

图3-81　夹紧类型的合件

a）薄型凸轮侧推式快捷夹具　b）凸轮侧推式快捷夹具　c）气压辅助夹具

示为夹紧类型的合件。应用合件能够简化夹具结构，缩短组装时间，提高组合夹具的使用水平。

在前期研究的基础上，近二十多年来技术人员从结构和原理上不断探索，开发出各种结构新颖的柔性夹具，见表 3-4。

表 3-4 结构或原理具有新意和创新的柔性夹具

分类和名称	简图	柔性原理	子分类	应用说明
模块化程序控制式夹具	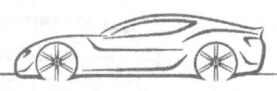	用伺服控制机构改变夹紧元件的位置	双转台位移式 可移动拇指式	数控机床或加工中心上，仅可用于同一组零件
适应性夹具		将定位或夹紧元件分解为更小的元素，以适应元件形状的连续变化	涡轮叶片式弯曲长轴式	仅用于涡轮叶片或某一类适用的零件上

(续)

分类和名称	简图	柔性原理	子分类	应用说明
相变材料夹具	压板 工件 定位元件 伪相变材料	相变材料热效应或电磁效应的双相性（液相和固相）	真变夹具 伪变流态夹具	相材料相材料相态床具 尚在试验研究中
仿生抓夹式夹具	温控旋钮 钛镍合金线材 波状硬胶把 橡胶内衬	用形状记忆合金改变夹紧元件的位置	用于机器人终端器或夹具中变换定位夹紧元件的位置	试验用于机器人手终端器，用于夹具尚在研究中

3.5.2 夹具自动化和智能化

随着用工成本的不断提高和减轻操作夹具人员体力劳动强度的需要，夹具开始向自动化方向发展，特别是在数控机床和加工中心生产线中，过去分散的工序越来越集中，多坐标加工中心的出现更希望在一次安装下将中等复杂零件全部加工完毕，当从一个面的加工变换到另一个面加工时，刀具很容易和定位或夹紧装置发生干涉，就有必要在加工一个工步后将压板或定位支承自动移开，而用另一些压板或定位支承压紧或定位，这都需要夹具在加工过程中自动来完成。此外，数控机床和加工中心的工作台空间都受封闭加工的限制，复杂的加工过程中容易产生意外，为了保证安全生产也需要夹具有"智慧"，在紧急情况下能够感知危险并避免事故，这就需要智能化夹具。

3.5.3 应对"寻位-加工"的挑战

"寻位-加工"方式的操作过程大体上是先由安装在机床上的CCD摄像头对准自由安

放在工作台上的工件,然后将所摄工件图像在寻位工作站中进行处理,凭借工作站中的各种功能测量出当前工件的表面和实际位置信息,再根据工件实际状态实时生成刀具运动路径和轨迹,最后控制机床各轴运动加工出合格的零件。从概念上说,"寻位-加工"是利用图像和传感技术、人工智能的大范围工件寻位算法以及计算机手段,求解出工件的实际姿态和位置,再以寻位后反馈的工件信息为基础,实时生成刀具运动路径和轨迹实现工件的加工。

就当前技术水平而言,用夹具定位达到亚微米级甚至更高的定位精度是不成问题的,而"寻位-加工"若仅用图像处理要达到如此高的分辨精度,目前很难做到。此外,还有一个成本和经济性的问题,现在可多次重复使用的夹具,其成本还是比较低的,复杂的寻位工作系统其成本和夹具比较不言自明。显然"寻位-加工"在定位精度和成本方面仍面临着较大的挑战。

纵观夹具发展的历史以及推动夹具技术发展的主要因素看来,各种工艺过程中应用的夹具硬件发展趋势如下:

1)在功能组件标准化的基础上,专用、可调整和组合夹具将逐步统一成模块化组合可调整夹具。

2)研究和开发更多应用新原理的柔性夹具。

3)更多采用微小型液压器件组成的动力夹紧系统。

4)机构简单、布局简洁的定位夹紧系统。

5)在夹具上应用传感器使定位夹紧更加准确可靠,更能感知外界环境的变化并与之相适应。

6)夹具要快速适应多工位的数控机床,向自动化和智能化的方向发展,夹具上的定位夹紧装置将随着工位的更替自动变更定位元件,或自动松开或压紧工件。

3.6 机床夹具的基本要求和设计步骤

3.6.1 机床夹具的基本要求

机床夹具的基本要求可总括为以下四个方面:

1)稳定地保证工件的加工精度。

2)提高机械加工的劳动生产率。

3)结构简单,有良好的结构工艺性,能提供好的劳动条件。

4)应能降低工件的制造成本。

简而言之,设计夹具时必须使加工质量、生产率、劳动条件和经济性等几方面达到辩证的统一。其中保证加工质量是最基本的要求。为了提高生产率采用先进的结构和机械传动装置,往往会增加夹具的制造成本,但当工件的批量增加到一定的规模时,因单件工时下降所获得的经济效益会超过增加的夹具成本,从而降低工件的制造成本。因此所设计夹具的复杂程度和工作效率只有与生产规模相适应,才能获得良好的经济效果。

但是,任何技术措施都会遇到某些特殊的情况,设计夹具时,对加工质量、生产率、

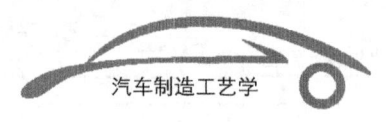

劳动条件和经济性几方面，有时也有侧重。如对于位置精度要求很高的加工，往往着眼于保证加工精度；对于位置精度要求不高而加工批量较大的情况，则着重于提高夹具的工作效率。总之，在考虑上述四方面要求时，应在满足加工要求的前提下，根据具体情况处理好生产率与劳动条件、生产率与经济性的关系，力图解决主要矛盾。

在设计过程中必须深入生产实际进行调查研究，广泛征求操作者的意见，吸收国内外的相关先进经验，在此基础上拟出初步设计方案，经过讨论，然后定出合理的方案进行具体设计。

3.6.2 机床夹具的设计步骤

1. 研究原始资料，明确设计任务

为明确设计任务，首先应分析研究工件的结构特点、材料、生产规模和本工序加工的技术要求，以及前后工序的联系，然后了解加工所用设备、辅助工具中与设计夹具有关的技术性能和规格，以及工具车间的技术水平等。必要时还要了解同类工件的加工方法和所使用夹具的情况，作为设计的参考。

2. 考虑和确定夹具的结构方案，绘制结构草图

确定夹具的结构方案时，主要解决如下问题：

1）根据六点定位原理确定工件的定位方式，并设计相应的定位装置。
2）确定刀具的引导方法，并设计引导元件或对刀装置。
3）确定工件的夹紧方式，设计夹紧装置。
4）确定其他元件或装置的结构形式，如定向键、分度装置等。
5）考虑各种装置、元件的布局，确定夹具体和总体结构。

对夹具的总体结构，最好考虑几个方案，画出草图，经过分析比较，从中选取较合理的方案。

3. 绘制夹具总图

夹具总图应遵循国家标准绘制，图形大小的比例尽量取1∶1，使所绘的夹具总图有良好的直观性，如工件过大时可用1∶2或1∶5的比例，过小时可用2∶1的比例。总图中的视图应尽量少，但必须能够清楚地表示出夹具的工作原理和构造，以及各种装置或元件之间的位置关系等。主视图应取操作者实际工作时的位置，以作为装配夹具时的依据并供使用时参考。

绘制夹具总图的顺序：先用双点画线绘出工件的轮廓外形，并显示出加工余量；然后把工件视为透明体，按照工件的形状及位置依次绘出定位、导向、夹紧及其他元件或装置的具体结构；最后绘制夹具体，形成一个夹具整体。

4. 确定并标注有关尺寸及技术要求

（1）应标注的尺寸及公差　在夹具总图上应标注的尺寸公差有下列五类：

1）工件与定位元件的联系尺寸：常指工件以孔为定位基准在心轴或定位销上（或工件以外圆为定位基准在内孔中）定位时，工件定位表面与夹具上定位元件间的配合尺寸。
2）夹具与刀具的联系尺寸：用来确定夹具上对刀、导引元件位置的尺寸。对于铣床、刨床夹具，是指对刀元件与定位元件的位置尺寸；对于钻床、镗床夹具，则是指钻

（镗）套与定位元件间的位置尺寸，钻（镗）套之间的位置尺寸，以及钻（镗）套与刀具导向部分的配合尺寸等。

3）夹具与机床的联系尺寸：用于确定夹具在机床上正确位置的尺寸。对于车床、磨床夹具，主要是指夹具与主轴端的配合尺寸；对于铣床、刨床夹具，则是指夹具上的定位键与机床工作台上的T形槽的配合尺寸。

4）夹具内部的配合尺寸：它们与工件、机床、刀具无关，主要是为了保证夹具装配后能满足规定的使用要求。

5）夹具的外廓尺寸：一般是指夹具的最大外形轮廓尺寸。若夹具上有可动部分，应包括可动部分处于极限位置所占的尺寸空间。

上述诸尺寸公差的确定可分为两种情况处理：一种是夹具上定位元件之间，对刀、导引元件之间的尺寸公差，直接对工件上相应的加工尺寸发生影响，因此可根据工件的加工尺寸公差确定，一般可取工件加工尺寸公差的1/5～1/3；另一种是定位元件与夹具体的配合尺寸，夹紧装置各组成零件间的配合尺寸公差等，则应根据其功用和装配要求，按一般公差与配合原则决定。

(2) **应标注的技术条件** 在夹具总图上应标注的技术条件（位置精度要求）有如下几个方面：

1）定位元件之间或定位元件与夹具体底面间的位置要求，其作用是保证工件加工面与工件定位基准面间的位置精度。

2）定位元件与连接元件（或找正基面）间的位置要求。例如，为保证键槽与工件轴线平行，定位元件V形块的中心线必须与夹具定向键侧面平行。

3）对刀元件与连接元件（或找正基面）间的位置要求。如对刀块的侧对刀面对于两定向键侧面的平行度要求，是为了保证所铣键槽与工件轴线的平行度。

4）定位元件与导引元件的位置要求。如图3-1所示，若要求所钻孔的轴线与定位基准面垂直，必须以夹具上钻套轴线与定位元件工作表面垂直及定位元件工作表面与夹具体底面平行为前提。

上述技术条件是保证工件相应的加工要求所必需的，其数值应取工件相应技术要求所定数值的1/5～1/3。

当加工的技术要求较高时，应进行工序精度分析。

5. 绘制夹具零件图

夹具中的非标准零件都必须绘制零件图。在确定这些零件的尺寸、公差或技术条件时，应注意使其满足夹具总图的要求。

在夹具设计图样全部绘制完毕后，设计工作并不就此结束。因为所设计的夹具还有待于实践的验证，在试用后有时可能要对原设计做必要的修改。因此，设计人员应关心夹具的制造和装配过程，参与鉴定工作，并了解使用过程，以便发现问题及时加以改进，使之达到正确设计的要求。只有夹具制造出来了，使用合格后才能算完成设计任务。

在实际工作中，上述设计程序并非一成不变，但设计程序在一定程度上反映了设计夹具所要考虑的问题和设计经验，因此对于缺乏设计经验的人员来说，遵循一定的方法、步骤进行设计是有益的。

本 章 小 结

通过本章的学习，应熟悉和掌握以下主要内容：

1）熟悉机床夹具的组成（定位元件、夹紧装置、对刀元件、夹具体等）及各组成部分的作用，了解机床夹具设计就是针对夹具组成的各个部分进行设计，其中定位与夹紧两个环节是夹具设计的重点。

2）掌握六点定位原理。定位就是根据六点定位原理确定工件在夹具中的正确位置，是通过在夹具上设置正确的定位元件与工作定位面接触来实现的。工件的定位有完全定位和不完全定位，要根据具体加工要求而定；工件的定位过程中有可能出现过定位和欠定位，欠定位在夹具设计中是不允许的，而过定位则可以有条件地采用。

3）掌握定位误差的概念，熟悉定位误差分析的方法。由于定位副的制造不准确或采用了基准不重合定位等，定位过程中会引入定位误差，定位误差的确定要根据具体情况分析计算。

4）熟悉夹紧力三要素设计原则，熟悉常用夹紧装置的工作原理及特点。夹紧是为了克服切削力等外力干扰，使工件在空间中保持正确的定位位置的一种手段。夹紧一般在定位步骤之后，有时定位与夹紧是同时进行的，如膨胀式定心夹紧机构。

5）了解机床夹具设计步骤。不同的机床（车、铣、钻、镗、磨等）其夹具设计具有各自的特点，应根据具体设计任务，遵循夹具设计的基本要求和步骤进行设计。

思考题与习题

3-1 什么是机床夹具？试举例说明机床夹具的作用及其分类。

3-2 机床夹具都由哪几部分组成？各部分起什么作用？

3-3 什么是定位？简述工件定位的基本原理。

3-4 为什么说夹紧不等于定位？

3-5 限制工件自由度与加工要求的关系如何？

3-6 什么是完全定位、不完全定位、过定位和欠定位？

3-7 什么是固定支承、可调支承、浮动支承和辅助支承？

3-8 组合定位分析的要点是什么？

3-9 何谓定位误差？定位误差是由哪些因素引起的？定位误差的数值一般应控制在零件公差的什么范围内？

3-10 对夹紧装置的基本要求有哪些？

3-11 何谓联动夹紧机构？设计联动夹紧机构时应注意哪些问题？试举例说明。

3-12 试述一面两孔组合时，需要解决的主要问题、定位元件设计及定位误差的计算。

3-13 简述镗床夹具的设计要点。

3-14 根据下列各题的加工要求，试确定合理的定位方案，并绘制定位方案的草图。

1）如图 3-82a 所示，在圆柱形工件上铣一个与外圆中心线对称且平行的通槽，并保证尺寸 h。

2) 如图 3-82b 所示，在工件上钻一个与键槽对称的小孔 O_1，并保证尺寸 h。

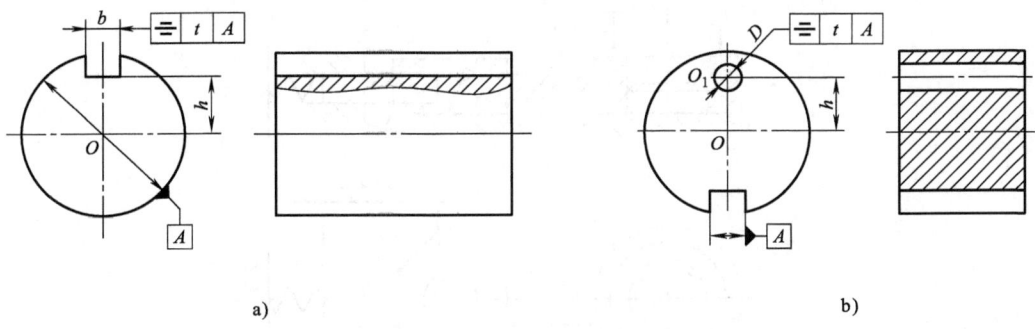

图 3-82　题 3-14 图

3-15　根据六点定位原理，分析图 3-83 所示各定位方案中各定位元件所限制的自由度。

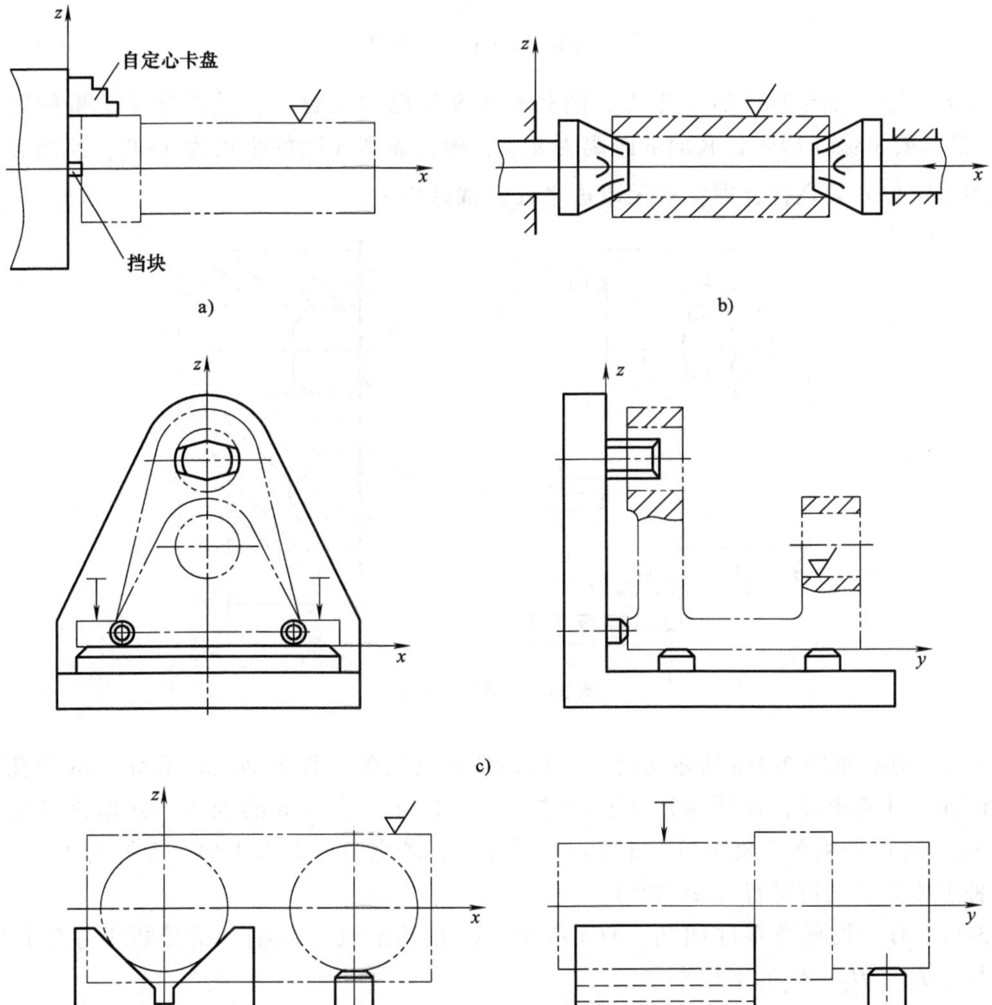

图 3-83　题 3-15 图

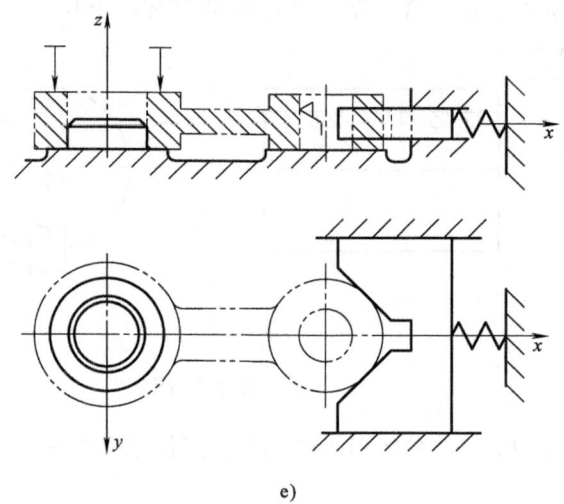

e)

图 3-83 题 3-15 图（续）

3-16 有一批图 3-84 所示零件，圆孔和平面均已加工合格，现在铣床上铣削宽度为 $b_{-T_b}^{\ 0}$ 的槽。要求保证槽底到底面的距离为 $h_{-T_h}^{\ 0}$；槽侧面到 A 面的距离为 $a+T_a$，且与 A 面平行，图示定位方案是否合理？有无改进之处？试分析之。

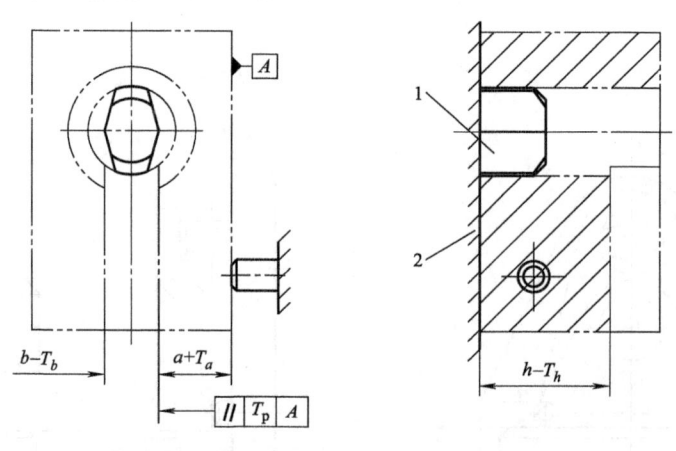

图 3-84 题 3-16 图

3-17 有一批图 3-85a 所示工件，采用钻模夹具钻削工件上 $\phi 5\text{mm}$ 和 $\phi 8\text{mm}$ 两孔，除保证图样尺寸要求外，还须保证两孔的连心线通过 $\phi 60_{-0.1}^{\ 0}\text{mm}$ 的轴线，其偏移量公差为 0.08mm。现可采用图 3-85b、c、d 所示三种方案，若定位误差大于加工允差的 1/2，试问这三种定位方案是否可行（$\alpha=90°$）。

3-18 有一批套类零件如图 3-86a 所示，欲在其上铣一键槽，试分析下述定位方案中，尺寸 H_1、H_2、H_3 的定位误差。

1) 在可胀心轴上定位（图 3-86b）。

2) 在处于垂直位置的刚性心轴上具有间隙的定位（图 3-86c），定位心轴直径 $d_{ei_d}^{es_d}$。

3-19 夹紧装置如图 3-87 所示，若切削力 $F=800\text{N}$，液压系统压力 $p=2\times10^6\text{Pa}$（为

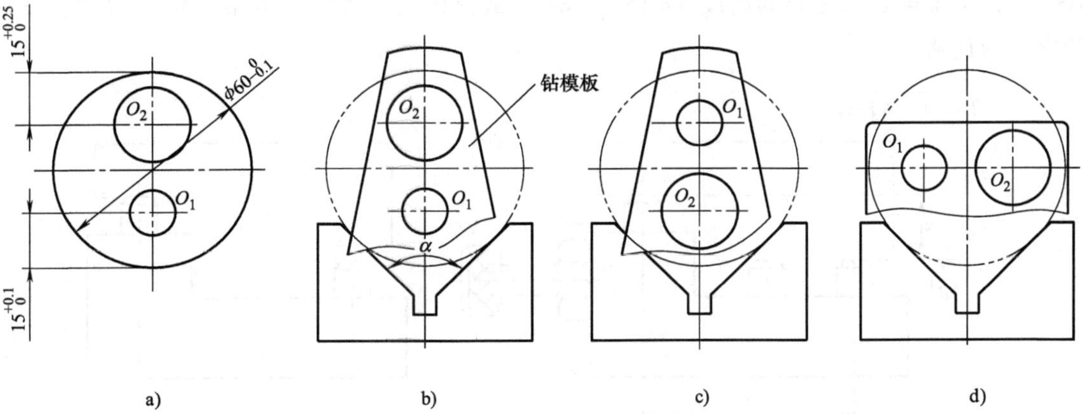

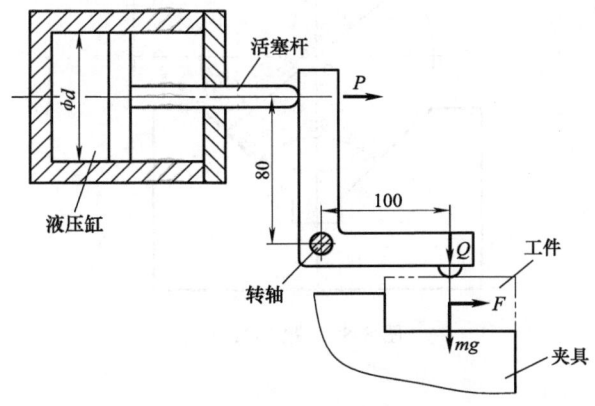

图 3-85　题 3-17 图

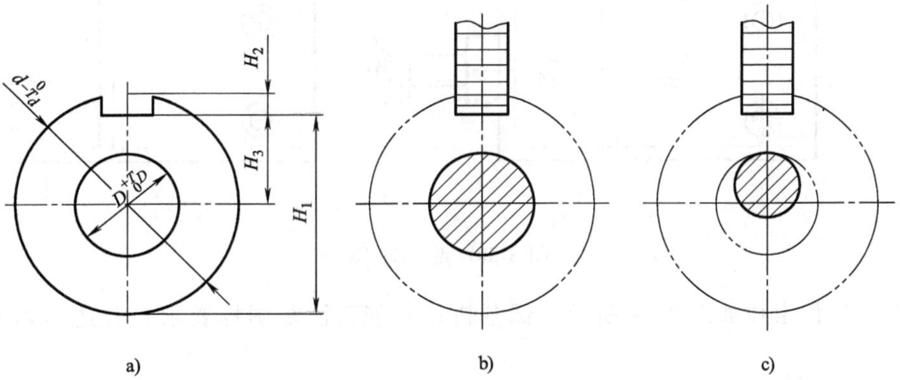

图 3-86　题 3-18 图

简化计算，忽略加力杆与孔壁的摩擦，按效率 $\eta=0.95$ 计算），试求液压缸的直径应为多大才能将工件压紧。夹紧安全系数 $K=2$；夹紧杆与工件间的摩擦系数 $\mu=0.1$。

图 3-87　题 3-19 图

3-20　图 3-88 所示的阶梯工件，B 面和 C 面已加工合格。现采用图 3-88a、b 所示两种定位方案加工 A 面，要求 A 面和 B 面的平行度不大于 $20'$（用角度误差表示）。已知 $L=$

100mm，B 面与 C 面之间的高度 $h = 15_{\ 0}^{+0.5}$ mm。试分析这两种定位方案的定位误差，并比较它们的优劣。

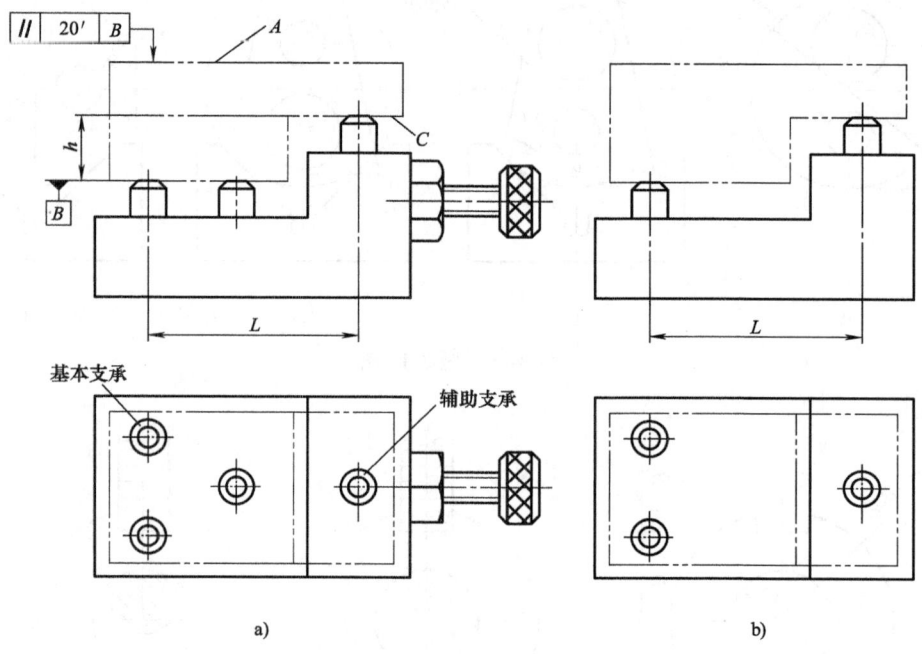

图 3-88　题 3-20 图

3-21　工件定位如图 3-89 所示，试分析计算能否满足图样要求。若达不到要求应如何改进？

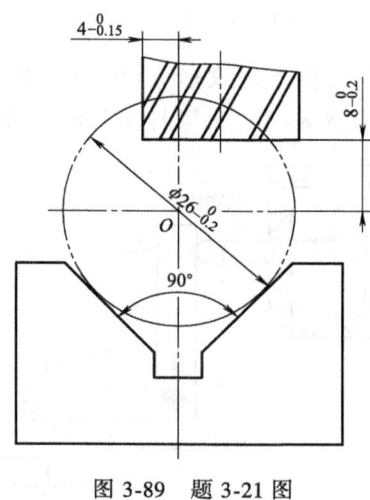

图 3-89　题 3-21 图

第4章

汽车零件机械加工精度

本章提要

机械产品的质量与零件的加工质量和装配质量有着密切的关系。机械零件的加工质量是由加工精度和表面质量两方面所决定的,它将直接影响机械的工作性能和使用寿命。生产实际中经常遇到的许多工艺问题,其多数表现为加工精度问题。本章主要是研究机械加工精度,从加工精度概念入手,深入了解和研究加工误差的产生原因和影响因素,掌握加工误差的变化规律,寻求提高加工精度的途径以确保零件的加工质量。机械加工精度是本课程的核心内容之一。

本章主要内容有机械加工精度的基本概念、影响加工精度的因素、加工误差的统计分析及提高加工精度的途径四个方面。

4.1 机械加工精度的基本概念

1. 加工精度的概念

加工精度是指零件加工后的实际几何参数(尺寸、形状和位置)与理想几何参数相符合的程度。符合程度越高,加工精度越高。加工精度包括尺寸精度、形状精度和位置精度三个方面的内容。

由于加工中各种因素的影响,实际零件不可能与理想的要求完全相符,总会有一定的偏离。零件加工后的实际几何参数对理想几何参数的偏离程度称为加工误差。

加工精度与加工误差两者从不同角度来评定零件的几何参数。加工精度用公差等级衡量,公差等级越小,其精度越高;加工误差用数值表示,数值越大,其误差越大。加工精度越高,加工误差就越小,反之亦然。加工误差的大小表示了加工精度的高低,加工精度可以通过控制加工误差的方法来达到。所谓保证和提高加工精度问题就是限制和降低加工误差问题。

2. 加工精度的研究方法

加工精度的研究方法一般分为两种:

1) 因素分析法:只研究某一确定因素对加工精度的影响。研究过程一般不考虑其他因素的同时作用,研究方法采用分析计算或试验、测试等,研究目标是找出该项因素对加工误差的影响规律。

2) 统计分析法:研究一批工件加工误差的表现形式及变化规律,用以控制工艺过程的正常进行。运用数理统计方法对生产中实测结果进行数据处理,适用于大批、大量的生产条件。

在实际生产中，往往先采用统计分析法，找出误差出现的规律，分析可能产生加工误差的原因，而后运用因素分析法进行甄别，以便迅速有效地找出影响加工精度的关键因素。

3. 影响加工精度的因素

零件的机械加工是在由机床、夹具、刀具和工件组成的系统中进行的，该系统称为机械加工工艺系统，简称为工艺系统。

在工艺系统中，零件的尺寸、几何形状和表面间相对位置的形成，取决于切削运动过程中工件和刀具间的相互位置及相对运动关系。工艺系统中会有各种各样的误差产生，这些误差在各种不同的具体工作条件下，会以各种不同的方式，引起刀具和工件相对正确的位置关系或速度关系发生变化，从而反映为工件的加工误差。

工艺系统中凡是能直接引起加工误差的因素都称为原始误差。原始误差是造成加工误差的根源。

工艺系统的原始误差主要指加工前、加工中和加工后的误差，其分类归纳如下：

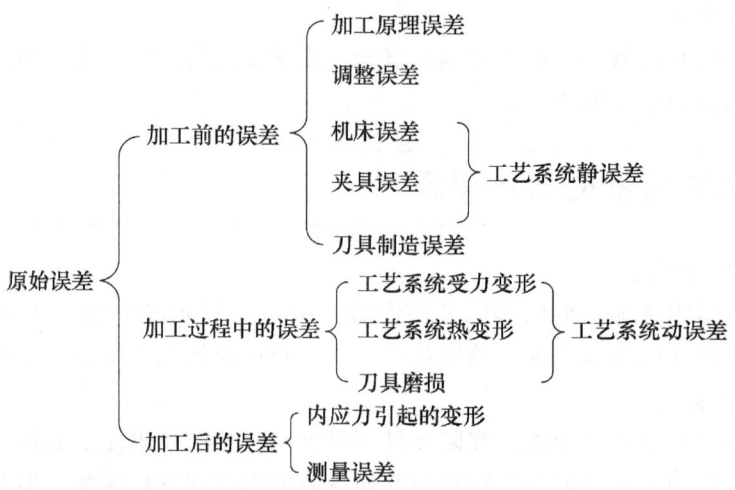

其中，在加工前、无切削负荷的情况下已存在的原始误差，称为工艺系统静误差；在加工过程中有切削负荷的情况下产生的原始误差则称为工艺系统动误差。

图4-1所示为活塞销孔精镗工序中的各种原始误差：由于定位基准不是设计基准而产生的定位误差和由于夹紧力过大而产生的夹紧误差属于工件装夹误差；机床制造或使用中的磨损产生的导轨误差属于机床误差；调整刀具与工件之间位置而产生的对刀误差属于调整误差；由于切削热、摩擦热等因素的影响而产生的机床热变形属于工艺系统热变形。此外还有加工过程中刀具磨损导致的误差，加工完毕测量工序尺寸时由于测量方法和量具本身的误差而产生的测量误差。

4. 原始误差与加工误差的关系

由原始误差引起的加工误差大小，必须在工序尺寸方向上测量。各种原始误差的大小和方向各不相同，不同方向的原始误差所导致的加工误差也不同。

原始误差对加工误差的影响，可以用图4-2所示车削外圆时的情况加以说明。图中实线为刀尖正确位置，双点画线为误差位置。图4-2a所示为某一瞬时，由于原始误差的影

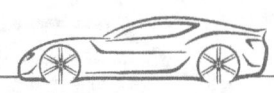

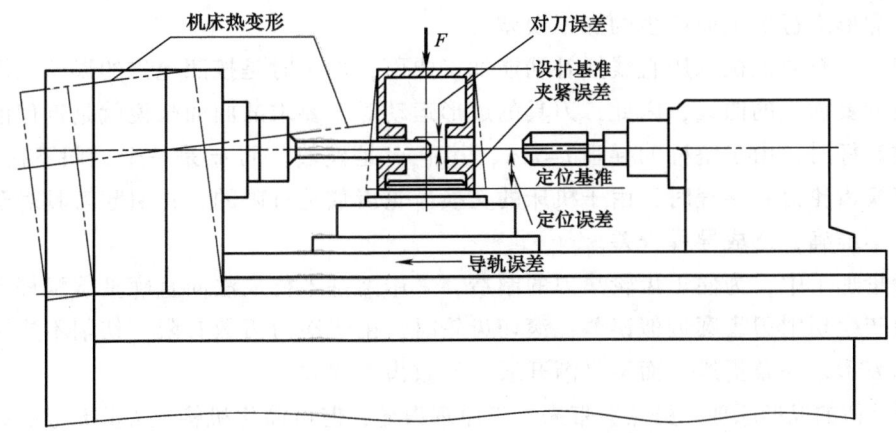

图 4-1　活塞销孔精镗工序中的各种原始误差

响，刀尖在加工表面有切向位移 ΔZ，即有原始误差 ΔZ 的情况，由此引起零件加工后的半径 R 变为 $R+\Delta R$，这时半径加工误差 ΔR 为

$$\Delta R = (R+\Delta R)-R = (R^2+\Delta Z^2)^{\frac{1}{2}}-R$$
$$= R\left[1+\left(\frac{\Delta Z^2}{R^2}\right)\right]^{\frac{1}{2}}-R$$

图 4-2　原始误差与加工误差的关系

由于 $\Delta Z < R$，因而 $\left(\frac{\Delta Z^2}{R^2}\right) < 1$，按照二项式展开，并忽略高阶小量 $\left(\frac{\Delta Z^2}{R^2}\right)^2$，得

$$\Delta R \approx R\left(1+\frac{\Delta Z^2}{2R^2}\right)-R = \frac{\Delta Z^2}{2R} \tag{4-1}$$

图 4-2b 所示为原始误差的影响使刀尖在加工表面法向位移 ΔY 的情况，半径加工误差 ΔR 为

$$\Delta R = \Delta Y \tag{4-2}$$

由此可见，当原始误差值相等即 $\Delta Y = \Delta Z = \delta$ 时，法线方向的加工误差最大，切线方向的加工误差极小，以致可以忽略不计。所以把对加工误差影响最大的那个方向（即通过切削刃的加工表面的法线方向）称为误差敏感方向，而把对加工误差影响最小的那个方向（即通过切削刃的加工表面的切线方向）称为误差非敏感方向。这是分析加工精度问题时的重要概念。

4.2　影响加工精度的因素

4.2.1　加工原理误差

加工原理是指加工表面的成形原理。加工原理误差是指采用了近似的成形运动或近似的切削刃廓形进行加工而产生的加工误差。

例如，一般数控机床用直线插补功能加工曲面，加工时是按照允许的误差，用很多短折线去逼近要加工的曲线，因此，刀具的成形运动对于要求的曲面来说就是近似的。又如车削模数蜗杆时，由于蜗杆的导程 $t=m\pi$，其中 m 是模数，而 π 是一个无限不循环小数，用选择交换齿轮得到导程时，由于机床的交换齿轮齿数是有限的，将引起刀具对于工件成形运动的不准确，造成导程误差。

在齿轮加工中，为便于齿轮滚刀的制造，采用阿基米德或法向直廓基本蜗杆代替渐开线蜗杆而产生切削刃齿廓近似误差；滚切齿轮时，由于滚刀刃数有限，切削不连续，包络成的实际齿形是一条折线，而不是渐开线，导致齿形误差。

采用近似的成形原理，虽然会带来加工原理误差，但可简化机构或刀具形状，提高生产率，降低生产成本，因此在允许的范围内，有加工原理误差的加工方法仍在被广泛使用。

4.2.2 机床误差

加工中刀具相对于工件的成形运动一般都是通过机床完成的，工件的加工精度在很大程度上取决于机床的精度。机床误差是指在无切削负荷下，来自机床本身的制造误差、安装误差和磨损。机床误差对工件加工精度影响较大的有主轴回转误差、导轨误差和传动链误差。

1. 主轴回转误差

机床主轴是装夹工件或刀具的基准，并将运动和动力传给工件或刀具，主轴回转误差将直接影响被加工工件的精度。

（1）主轴回转误差的概念　机床主轴回转时，理想轴线的空间位置是固定不变的，瞬时速度为零。而在实际主轴系统中，由于存在着各种影响因素，主轴回转轴线的空间位置，每一瞬时都在变化，各瞬时回转轴线的平均位置即为平均回转轴线。理想轴线难以得到，一般把主轴的平均回转轴线作为理想回转轴线。

主轴回转误差是指主轴实际回转轴线相对其理想回转轴线在误差敏感方向上的最大漂移量。所谓漂移，是指回转轴线在每一转中，偏离理想轴线的方位和大小都在变化的一种现象。

为了便于分析和掌握主轴回转误差对加工精度的影响，可将其看作是在某几个方位上简谐性质变动的合成。故主轴回转误差可分解为纯径向圆跳动、纯轴向窜动和纯角度摆动三种基本形式，如图4-3所示。

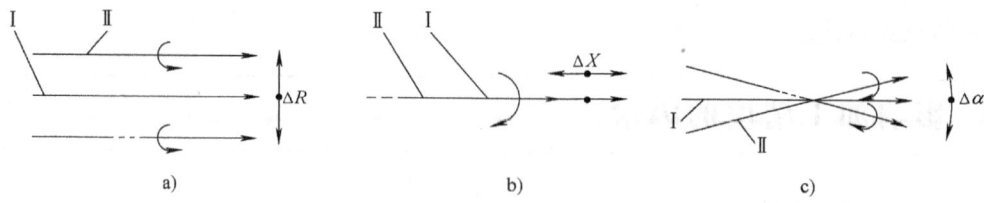

图 4-3　机床主轴回转误差的类型
a) 纯径向圆跳动　b) 纯轴向窜动　c) 纯角度摆动
Ⅰ—理想回转轴线　Ⅱ—实际回转轴线

纯径向圆跳动：实际回转轴线始终平行于理想回转轴线，在一个平面内做等幅的跳动。

纯轴向窜动：实际回转轴线始终沿理想回转轴线做等幅的窜动。

纯角度摆动：实际回转轴线与理想回转轴线始终成一倾角，在一个平面上做等幅摆动，且交点位置不变。

引起主轴回转轴线误差的主要因素：主轴轴颈的圆度误差、轴颈之间的同轴度误差、轴肩面与回转轴线的垂直度误差、轴承本身的误差、轴承之间的同轴度误差、轴承的间隙，以及主轴系统的刚度等。滚动轴承的几何误差如图 4-4 所示。

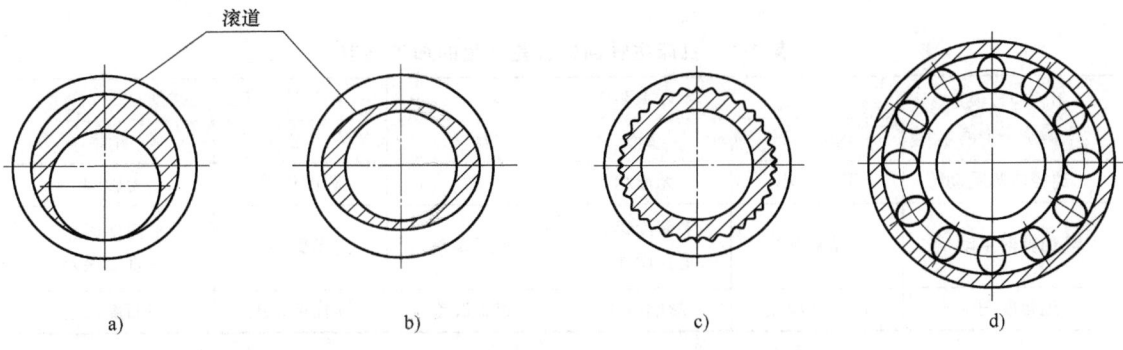

图 4-4 滚动轴承的几何误差

a) 孔与滚道不同轴 b) 滚道不圆 c) 滚道有波度 d) 滚动体有尺寸、圆度误差

（2）主轴回转误差对加工精度的影响　主轴回转误差的不同形式以及误差形式相同但加工方式不同时，对加工精度的影响都是不相同的。在车床上加工外圆和内孔时，主轴径向圆跳动可以引起工件的圆度和圆柱度误差，但对加工工件端面则无直接影响。主轴轴向窜动对加工外圆和内孔的影响不大，但对所加工端面的垂直度及平面度则有较大的影响，对车螺纹会导致产生螺距误差。主轴回转误差对加工精度的具体影响见表 4-1 和如图 4-5~图 4-8 所示。

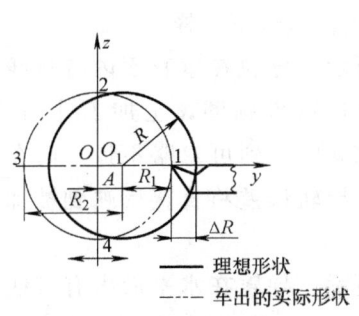

图 4-5 车削时纯径向圆
跳动对加工精度的影响

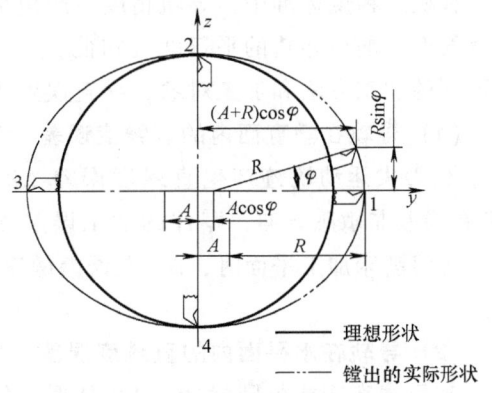

图 4-6 镗孔时纯径向圆跳动对加工
精度的影响

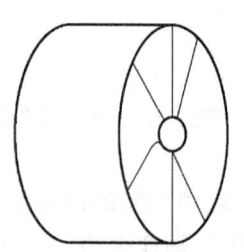

图 4-7 主轴轴向窜动对端面
加工精度的影响

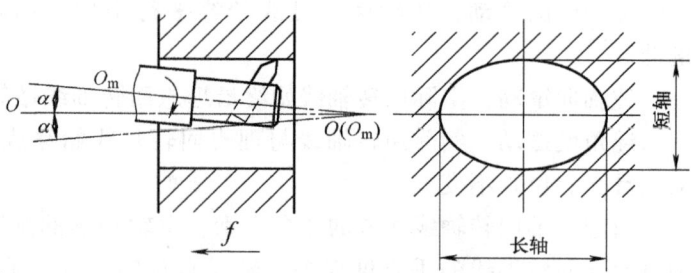

图 4-8 纯角度摆动对镗孔的影响
O—工件孔轴线 O_m—镗杆回转轴线

表 4-1 机床主轴回转误差产生的加工误差

主轴回转误差的基本形式	车床上车削			镗床上镗削	
	内、外圆	端面	螺纹	孔	端面
纯径向圆跳动	影响极小	无影响		圆度误差	无影响
纯轴向窜动	无影响	平面度误差垂直度误差	螺距误差	无影响	平面度误差垂直度误差
纯角度摆动	圆柱度误差	影响极小	螺距误差	圆柱度误差	平面度误差

（3）控制主轴回转误差的措施 提高主轴部件的制造精度；提高轴承的回转精度，如选高精度的滚动轴承；提高箱体支承孔、主轴轴颈和与轴承相配合有关表面的加工精度；预测径向圆跳动，调节径向圆跳动方位，使误差相互补偿或抵消；对滚动轴承进行适当预紧消除间隙，增加轴承刚度；直接保证工件在加工过程中的回转精度而不依赖于主轴，使主轴的回转误差不反映到工件上，如外圆磨床上采用固定顶尖，可避免回转顶尖随主轴的跳动反映到工件上。镗孔时主轴与镗杆浮动连接，依靠镗模保证镗杆的回转精度。

2. 导轨误差

机床导轨是确定机床各主要部件相对位置和运动的基准。导轨误差是指导轨运动副中运动件的实际运动方向与理想运动方向的偏差，它将直接影响加工精度。

在机床精度标准中，导轨精度一般包括：导轨在水平面内的直线度、导轨在垂直面内的直线度、前后导轨的平行度（扭曲）、导轨与主轴回转轴线的平行度（或垂直度）。对于不同的加工方法和加工对象，导轨误差所引起的加工误差也不一样。

（1）导轨在垂直面内的直线度误差 如图 4-9a 所示，导轨在垂直面内有直线度误差 ΔZ，使刀尖运动轨迹产生直线度误差 ΔZ。在卧式车床或外圆磨床上加工外圆柱面时，ΔZ 在误差非敏感方向，零件的加工误差 $\Delta R \approx \Delta Z^2/(2R)$ 小到可忽略不计。而在平面磨床、龙门刨床加工平面时，ΔZ 在误差敏感方向，所以导轨误差将直接反映到被加工的零件上。

（2）导轨在水平面内的直线度误差 如图 4-9b 所示，导轨在水平面内有直线度误差 ΔY。对卧式车床或外圆磨床，ΔY 是误差敏感方向，引起工件半径的加工误差 $\Delta R = \Delta Y$，并使刀尖的直线运动轨迹产生同样的直线度误差，造成工件的圆柱度误差。对平面磨床和龙门刨床，ΔY 为误差非敏感方向，加工误差可忽略。

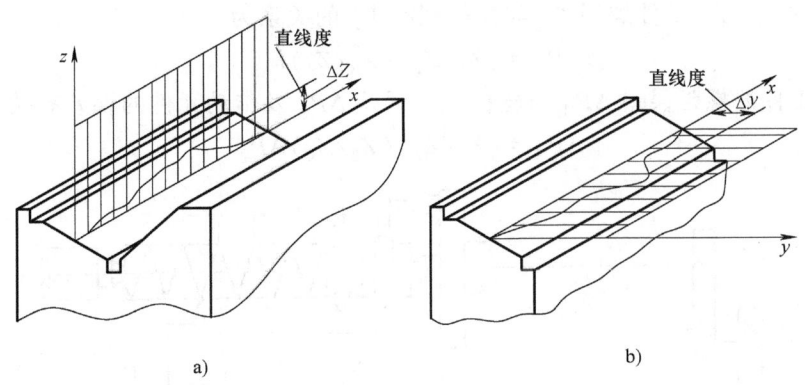

图 4-9 导轨的直线度误差
a) 导轨在垂直面内的直线度误差 b) 导轨在水平面内的直线度误差

（3）前后导轨的平行度误差　如图 4-10 所示，卧式车床或外圆磨床的前后导轨存在平行度误差（扭曲），使刀具和工件之间的相对位置发生了变化，结果引起了工件的形状误差。在垂直于纵向走刀方向的某一截面内，若前后导轨的平行度误差为 ΔH，则工件的半径误差为

$$\Delta R \approx \Delta Y = \Delta H \frac{H}{B} \tag{4-3}$$

一般卧式车床的 $H/B \approx 2/3$，外圆磨床的 $H/B \approx 1$，因此导轨扭曲误差对加工精度的影响不能忽略。

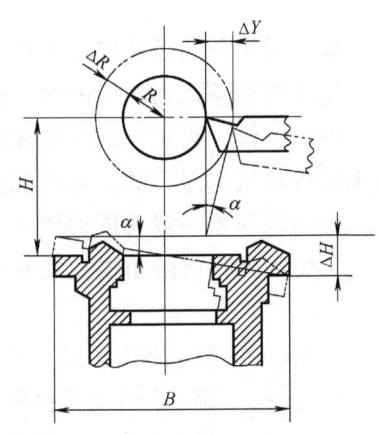

图 4-10 前后导轨的平行度误差

（4）导轨与主轴回转轴线的平行度误差　若车床导轨与主轴回转轴线在水平面内有平行度误差，车出的内、外圆柱面就会产生锥度；若在垂直面内有平行度误差，则圆柱面会变成双曲线回转体（图 4-11），因为是误差非敏感方向故可忽略。

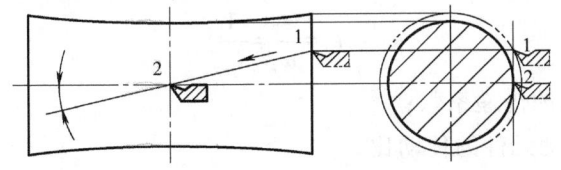

图 4-11 车床导轨与主轴回转轴线在垂直面
内的平行度误差产生的加工误差

机床导轨误差产生的原因主要与机床导轨的制造、安装调整有关，同时在使用过程中的不均匀磨损也会引起导轨误差。减小导轨误差通常可采取提高导轨的加工精度，如采用导轨磨床来加工导轨。在材料方面，可选择耐磨合金、耐磨塑料提高导轨的耐磨性，在结构上可设计镶钢导轨、滚动导轨，以减小磨损。

3. 传动链误差

如图 4-12 所示，车床上车削螺纹时，主轴箱与进给箱之间传动交换齿轮的齿数分别

为 Z_1、Z_2、Z_3、Z_4，工件螺距 $P_工$ 与丝杠螺距 $P_丝$ 的关系为

$$P_工 = (Z_1/Z_2)(Z_3/Z_4)P_丝$$

加工后工件的螺距误差 $\Delta P_工$ 与丝杠螺距误差 $\Delta P_丝$ 及传动元件的误差有关，即

$$\Delta P_工 = (Z_1/Z_2)(Z_3/Z_4)\Delta P_丝$$

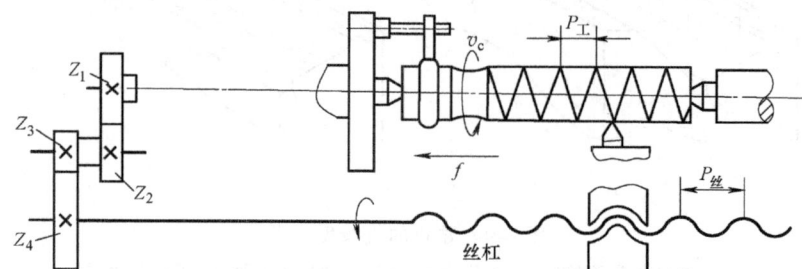

图 4-12 切削螺纹时传动链误差

这说明了传动链精度对工件加工精度的影响。

传动链误差是指机床内联系传动链始末两端的传动元件之间相对运动的误差。

加工螺纹、齿轮、蜗轮等成形表面时，刀具和工件之间精确的运动关系是由机床传动系统即传动链来保证的。对于机械传动机床，传动链一般由齿轮副、蜗杆副、丝杠副等组成。传动链误差一般用传动链末端元件的转角误差来衡量。

各传动元件的转角误差是转角的正弦（或余弦）函数，即

$$\Delta\varphi_j = \Delta_j \sin(\omega_j t + \alpha_j) \tag{4-4}$$

式中　$\Delta\varphi_j$——第 j 个传动元件的转角误差（rad）；

　　　Δ_j——第 j 个传动元件转角误差的幅值（rad）；

　　　ω_j——第 j 个传动元件的角速度（rad/s）；

　　　α_j——第 j 个传动元件转角误差的初相角（rad）。

第 j 个传动元件的转角误差 $\Delta\varphi_j$ 使末端元件 n 产生转角误差 $\Delta\varphi_{jn}$ 为

$$\Delta\varphi_{jn} = k_j \Delta\varphi_j \tag{4-5}$$

$$k_j = \frac{\omega_n}{\omega_j} = \frac{1}{i_{jn}}$$

式中　k_j——转角误差的传递系数；

　　　i_{jn}——第 j 个传动元件的传动比。

整个传动链的总转角误差 $\Delta\varphi_\Sigma$ 是各传动元件所引起末端元件转角误差 $\Delta\varphi_{jn}$ 的迭加，即

$$\Delta\varphi_\Sigma = \sum_{j=1}^{n} \Delta\varphi_{jn}$$

因为

$$\omega_j t = \frac{\omega_j}{\omega_n}\omega_n t = i_{jn}\omega_n t$$

所以

$$\Delta_j \sin(\omega_j t + \alpha_j) = \Delta_j \sin(i_{jn}\omega_n t + \alpha_j)$$

$$\Delta\varphi_\Sigma = \sum_{j=1}^n \Delta\varphi_{jn} = \sum_{j=1}^n k_j\Delta_j \sin(i_{jn}\omega_n t + \alpha_j) \tag{4-6}$$

由式 (4-6) 可见，传动链误差是周期性变化的，且 k_j 越小传动链误差就越小。

传动链中各传动件的加工、装配误差对传动精度均有影响，但影响的大小不同，传动链中末端件的误差影响最大。

为了减少传动链的传动误差，通常采取如下措施：

1) 进行结构或工艺上的改进。提高传动元件的制造精度；缩短传动链，传动链越短，传动件数量越少，传动误差就越小，因而传动精度就越高；采用降速传动，特别是传动链末端传动副采用小传动比，则传动链中其余各传动元件误差对传动精度的影响就小。

2) 采用误差补偿技术。如设置机械校正装置，通过校正装置附加一个误差，该误差的大小与传动链本身的误差相等而方向相反，从而使之相互抵消，如图 4-13a 所示；也可采用数控误差补偿装置，图 4-13b 所示为车削精密丝杠时的数控误差补偿装置。利用主轴上安装的光电码盘发出的脉冲信号，确定主轴的回转量；利用光栅式位移传感器，测量刀架纵向位移量；最后通过控制计算机对所获得的两路信号进行数据处理，得到螺距误差，确定补偿量，并发出控制信号，驱动压电陶瓷微位移刀架，做螺距误差补偿运动。

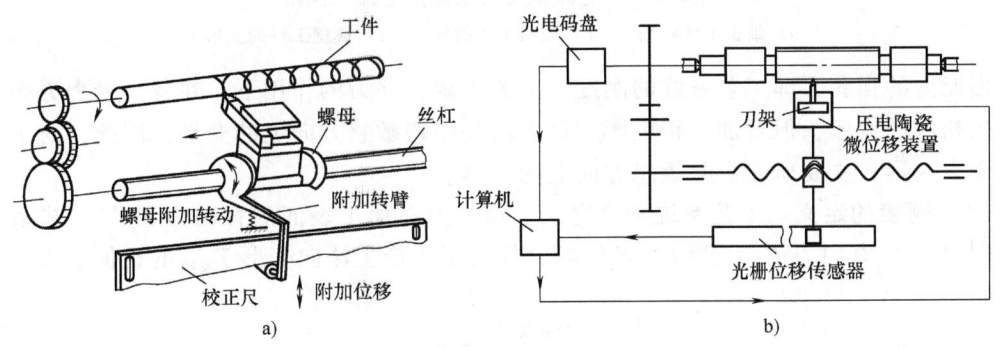

图 4-13 丝杠校正装置
a) 机械校正装置 b) 数控误差补偿装置

4.2.3 工艺系统受力变形

机械加工过程中，工艺系统受切削力、夹紧力、传动力、重力和惯性力等的作用，因而产生相应的变形。这种变形会破坏刀具和工件之间的正确位置关系，使工件产生加工误差，同时还影响工件的表面质量，并且限制生产率的提高。

例如，图 4-14a 所示为车细长轴，在切削力作用下工件因弹性变形而产生"让刀"现象，在工件全长上吃刀深度先由多变少，再由少变多，工件产生圆柱度误差；图 4-14b 所示为车削粗短工件时，机床床头、尾座受力变形，工件产生加工误差；图 4-14c 所示为在车床上加工薄壁工件的内孔，工件因自定心卡盘夹紧而产生弹性变形，加工后取下工件，变形得到恢复，内孔产生圆度误差。

1. 工艺系统刚度

工艺系统在外力作用下变形的大小，不仅取决于外力的大小，而且取决于工艺系统抵

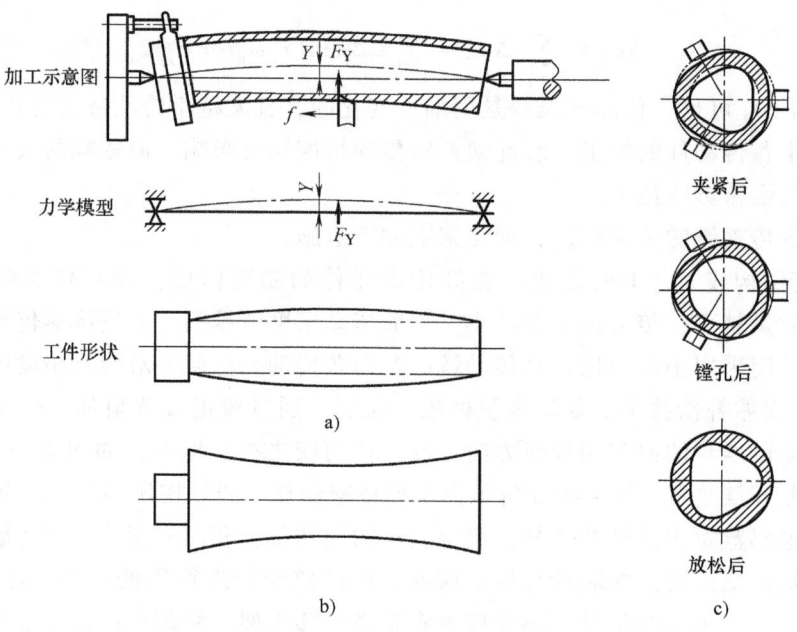

图 4-14 工艺系统受力变形产生加工误差
a) 细长工件的变形 b) 短粗工件的变形 c) 薄壁工件的变形

抗变形能力的强弱,即工艺系统的刚度。工艺系统在外力的作用下,在各个受力方向上均会产生相应的变形,但对加工精度影响最大的是误差敏感方向上的变形,因此,对于工艺系统受力变形,主要研究误差敏感方向上的变形。

(1) 刚度的定义 工艺系统刚度定义:切削力在加工表面的背向力 F_p 与工艺系统在主切削力 F_c、背向力 F_p、进给力 F_f 的综合作用下所产生法向变形 $Y_{系统}$ 的比值,即

$$K_{系统} = \frac{F_p}{Y_{系统}} \tag{4-7}$$

式中 $K_{系统}$——工艺系统的刚度(N/mm);

F_p——背向力(N);

$Y_{系统}$——工艺系统的法向变形(mm)。

(2) 工艺系统的刚度 工艺系统各部分在切削力作用下都会产生不同程度的变形。根据工艺系统刚度的定义,以及材料力学中变形叠加原理,工艺系统法向总变形是各组成环节在同一处的法向变形的叠加,可以推导出系统刚度的计算式。

$$Y_{系统} = Y_{机床} + Y_{夹具} + Y_{刀具} + Y_{工件}$$

式中 $Y_{系统}$、$Y_{机床}$、$Y_{夹具}$、$Y_{刀具}$、$Y_{工件}$——系统、机床、夹具、刀具和工件的法向变形。

而工艺系统各部件的变形为

$$Y_{机床} = \frac{F_p}{K_{机床}}, \quad Y_{夹具} = \frac{F_p}{K_{夹具}}, \quad Y_{刀具} = \frac{F_p}{K_{刀具}}, \quad Y_{工件} = \frac{F_p}{K_{工件}}$$

式中 $K_{机床}$、$K_{夹具}$、$K_{刀具}$、$K_{工件}$——机床、夹具、刀具和工件的刚度。

x所以工艺系统的刚度为

$$\frac{1}{K_{系统}} = \frac{1}{K_{机床}} + \frac{1}{K_{夹具}} + \frac{1}{K_{刀具}} + \frac{1}{K_{工件}}$$

即
$$K_{系统} = \cfrac{1}{\cfrac{1}{K_{机床}}+\cfrac{1}{K_{夹具}}+\cfrac{1}{K_{刀具}}+\cfrac{1}{K_{工件}}} \quad (4\text{-}8)$$

式（4-8）表明，工艺系统的刚度取决于各组成环节的刚度；若已知工艺系统各组成环节的刚度，即可求得工艺系统的刚度。

由此可得：$K_{系统}<K_{机床}$、$K_{系统}<K_{夹具}$、$K_{系统}<K_{刀具}$、$K_{系统}<K_{工件}$。

因此，工艺系统的刚度小于各组成环节的最小刚度。

(3) 部件的刚度 工艺系统由工件、刀具、夹具及机床组成，一般刀具和工件的形状结构简单、规则，其刚度问题较简单，可用材料力学中的公式进行计算；夹具的结构较复杂一些；机床的连接和运动方式最为复杂。夹具和机床多是由若干个零件组成的，其刚度很难用公式计算，宜采用试验的方法测定。

1）工件的刚度：工件刚度与工件在机床上的装夹方式有关，并且与工件的长度有关。在工件的全长上，刚度也是一个变值。现以车床上加工细长光轴外圆为例进行说明。

工件用两顶尖装夹，则工件类似于简支梁，工件变形 Y 的计算公式为

$$Y = \frac{F_p}{3EI}\frac{x^2(L-x)^2}{L} \quad (4\text{-}9)$$

式中　L——工件的长度（mm）；
　　　x——刀尖距右顶尖的距离（mm）；
　　　E——工件材料的弹性模量（N/mm²）；
　　　I——工件截面的惯性矩（mm⁴）。

当切削位置在中点时，工件变形最大，此时有

$$Y_{max} = \frac{F_p L^3}{48EI}$$

此时工件的最小刚度

$$K_{min} = \frac{F_p}{Y_{max}} = \frac{48EI}{L^3}$$

如果用自定心卡盘装夹，则最大变形按悬臂梁计算，为

$$Y_{max} = \frac{F_p L^3}{3EI} \quad (4\text{-}10)$$

式中　L——工件悬臂长度（mm）。

此时工件的最小刚度

$$K_{min} = \frac{F_p}{Y_{max}} = \frac{3EI}{L^3}$$

刀具刚度也可按上述方式进行分析、计算。对于外圆刀具，工件加工表面法线方向上的刚度很大，因而变形可忽略；镗小孔时，镗杆刚度很差，变形对加工精度影响很大，镗杆变形按材料力学公式估算。

夹具一般作为机床的附件，其刚度与机床一起考虑。

2）机床部件的刚度：机床的结构形状复杂，各部件受力影响下的变形各不相同，且

变形后对工件加工精度的影响也不同。

机床部件的受力变形过程,首先是消除各有关零件之间的间隙,挤掉其间的油膜层的变形;接着是部件中薄弱零件变形,如图 4-15 所示刀架溜板中楔铁的变形;最后才是其他组成零件本身的弹性变形和相互接触面的接触变形。

由于机床部件刚度的复杂性,很难用理论公式计算,一般用试验方法来测定。图 4-16 所示为单向测定车床静刚度的试验方法。图中,刚性心轴 1 装在车床顶尖间,螺旋加力器 2 装在刀架上,测力环 3 装在加力器与心轴之间,与心轴中点接触。转动加力器的加力螺钉 5,通过测力环使刀架与心轴之间产生作用力,力的大小由测力环中的千分表读出(测力环预先在材料试验机上用标准压力标定)。这时,床头、尾座和刀架在力的作用下产生变形的大小可分别从千分表 4 中读出。

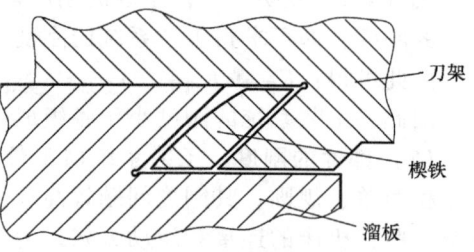

图 4-15 机床部件刚度的薄弱环节

试验时可以进行几次加载和卸载,根据测得的 F_p 和 Y 数据可分别画出刀架、床头和尾座等部件的静刚度曲线。图 4-17 所示为车床刀架静刚度的实测曲线。由图 4-17 可见,刚度曲线不是直线,加载与卸载时的刚度曲线不重合,当载荷去除之后变形恢复不到起点。这反映了部件的变形不单纯是弹性变形,由于零件表面存在着几何形状误差和表面粗糙度,两个零件实际接触面积小于名义接触面积,只有一些高的凸峰(图 4-18)才相互接触,在外力的作用下,接触点产生了较大的接触应力,引起包括表面层弹性变形和局部塑性变形的接触变形。

2. 工艺系统受力对加工精度的影响

(1) 切削过程中力作用位置的变化对加工精度的影响

工艺系统刚度的另一个特点:工艺系统各环节的刚度和整个工艺系统的刚度是随着受力点位置变化而变化的。

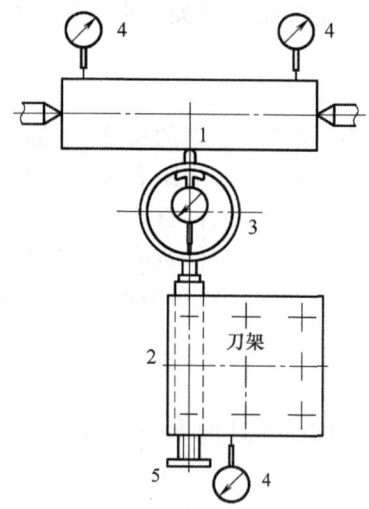

图 4-16 车床刀架、床头、尾座单向静刚度测试
1—心轴 2—加力器 3—测力环
4—千分表 5—加力螺钉

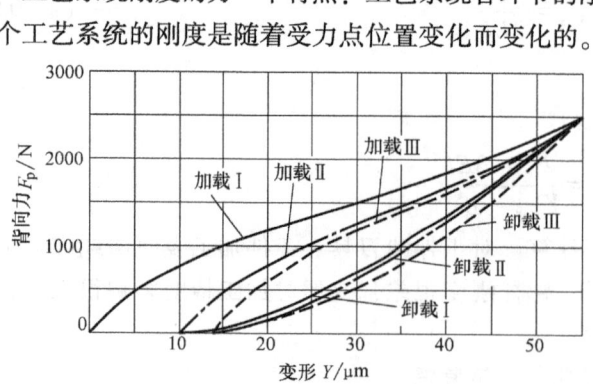

图 4-17 车床刀架静刚度的实测曲线

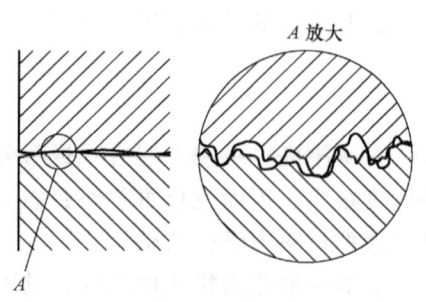

图 4-18 零件表面的接触情况

如图 4-19 所示，在车床两顶尖间加工光轴，此时背向切削力为 F_p，其大小保持不变，作用点随刀具从右向左移动。当受力点在距工件右端 x 处时，机床头架所受的力为 $\frac{x}{L}F_p$，尾座所受的力为 $\frac{L-x}{L}F_p$，刀架所受的力 F_p，引起机床各处的变形为

$$Y_{头架} = \frac{F_p}{K_{头架}}\left(\frac{x}{L}\right),$$

$$Y_{尾座} = \frac{F_p}{K_{尾座}}\left(\frac{L-x}{L}\right), \quad Y_{刀架} = \frac{F_p}{K_{刀架}}$$

由图中的几何关系可得任意切削点 x 处机床、夹具的变形 Y_x 为

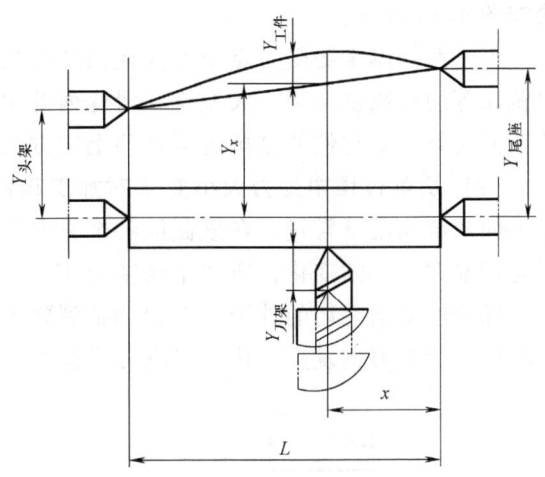

图 4-19　车床受力变形的组成

$$Y_x = Y_{机床} + Y_{夹具} = Y_{刀架} + Y_{头架} + (Y_{尾座} - Y_{头架})\left(\frac{L-x}{L}\right)$$

$$= \frac{F_p}{K_{刀架}} + \frac{F_p}{K_{头架}}\left(\frac{x}{L}\right)^2 + \frac{F_p}{K_{尾座}}\left(\frac{L-x}{L}\right)^2$$

同时考虑机床和工件的变形时，由于车刀粗短，其变形较小可忽略，在切削点处刀具相对于工件的位移量为两者的叠加。工件的变形按式（4-9）计算。则有

$$Y_{系统} = Y_{机床} + Y_{夹具} + Y_{刀具} + Y_{工件}$$

$$= \frac{F_p}{K_{刀架}} + \frac{F_p}{K_{头架}}\left(\frac{x}{L}\right)^2 + \frac{F_p}{K_{尾座}}\left(\frac{L-x}{L}\right)^2 + \frac{F_p}{3EI}\frac{x^2(L-x)^2}{L} \tag{4-11}$$

$$K_{系统} = \frac{F_p}{Y_{系统}} = \frac{F_p}{\dfrac{F_p}{K_{刀架}} + \dfrac{F_p}{K_{头架}}\left(\dfrac{x}{L}\right)^2 + \dfrac{F_p}{K_{尾座}}\left(\dfrac{L-x}{L}\right)^2 + \dfrac{F_p}{3EI}\dfrac{x^2(L-x)^2}{L}}$$

$$= \frac{1}{\dfrac{1}{K_{刀架}} + \dfrac{1}{K_{头架}}\left(\dfrac{x}{L}\right)^2 + \dfrac{1}{K_{尾座}}\left(\dfrac{L-x}{L}\right)^2 + \dfrac{1}{3EI}\dfrac{x^2(L-x)^2}{L}} \tag{4-12}$$

上述公式中，$K_{头架}$、$K_{尾座}$、$K_{刀架}$ 可通过试验测得，工件的材料、尺寸给定，即可估算不同点 x 处工艺系统的刚度。如果背向切削力已获得，即可估算不同点 x 处工件半径的变化。

由此可见，工艺系统刚度在沿工件轴向的各个位置是不同的，所以加工后工件各个横截面上的直径尺寸也不相同，造成加工后的形状误差。

车削外圆时，如果工件细长，则其刚度较低，工艺系统的变形主要取决于工件的变形，产生图 4-14a 所示的鞍形加工误差；如果工件粗短，则其刚度较大，工艺系统的变形完全取决于头架、尾座、顶尖和刀具的变形，工件的受力变形相对较小，产生图 4-14b 所示的鞍形加工误差。

在内圆磨床、卧式镗床上加工时，工艺系统受力变形，随受力点位置变化而变化的情

况如图 4-20 所示。

工艺系统刚度随受力点位置变化而变化的例子很多。例如，立式车床、龙门刨床、龙门铣床等的横梁及刀架，大型铣床滑枕内的主轴等，其刚度均随刀架位置或滑枕伸出长度的不同而异，对它们的分析也可参照上述方法进行。

（2）切削过程中受力大小变化对加工精度的影响　在切削加工时，位于工件同一截面上的系统刚度是常量。在该截面各个方向上，由于材料硬度不均匀或加工余量变化，将引起切削力大小的变化，所产生的变形不一致，导致零件的加工误差。图 4-21 所示为车削一椭圆形截面毛坯的外圆，刀尖调整到要求的尺寸（图中双点画线位置）。在工件的每一转中，背吃刀量发生变化，背吃刀量最大为 a_{p_1}，最小为 a_{p_2}。

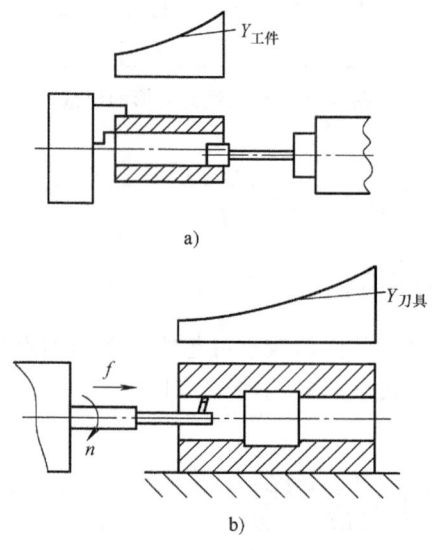

图 4-20　工艺系统受力位置变化时的变形
a）内圆磨床加工　b）卧式镗床加工

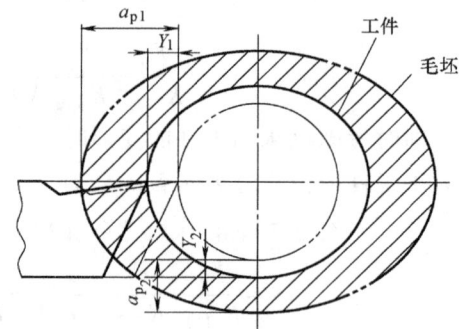

图 4-21　毛坯形状误差的复映

根据金属切削原理，在一定的切削条件下，背向力与实际背吃刀量成正比，即

$$F_p = C(a_p - Y)$$

式中　C——背力系数（N/mm）；

　　　a_p——背吃刀量（mm）；

　　　F_p——背向力（N）；

　　　Y——刀具相对于工件的退让变形。

在背吃刀量最大 a_{p_1} 处，对应背向力 F_{p_1} 也最大；在背吃刀量最小 a_{p_2} 处，对应背向力 F_{p_2} 也最小。由 $Y=F_p/K$ 可知，背向力变化引起对应的退让变形分别是 Y_1、Y_2，且 $Y_1>Y_2$。于是工件的变形量为

$$Y_1 - Y_2 = \frac{1}{K_{系统}}(F_{p_1} - F_{p_2}) = \frac{C}{K_{系统}}[(a_{p_1} - a_{p_2}) - (Y_1 - Y_2)]$$

$$Y_1 - Y_2 = \frac{C}{K_{系统} + C}(a_{p_1} - a_{p_2})$$

令 $(a_{p_1}-a_{p_2})$ 为毛坯误差 $\Delta_{毛坯}$，(Y_1-Y_2) 为工件误差 $\Delta_{工件}$，$\varepsilon=\dfrac{C}{K_{系统}+C}$ 为误差复映系数，则有

$$\Delta_{工件}=\dfrac{C}{K_{系统}+C}\Delta_{毛坯}=\varepsilon\Delta_{毛坯} \tag{4-13}$$

式（4-13）反映了毛坯误差对加工误差的影响。由于加工误差与毛坯误差是相对应的，可以把加工误差看成是毛坯误差的复映。由于误差复映系数 $\varepsilon<1$，所以与毛坯误差相比加工误差值是减小的。若每次走刀的复映系数为 ε_1、ε_2、$\cdots$、ε_n，则总的误差复映系数 $\varepsilon_{总}=\varepsilon_1\varepsilon_2\cdots\varepsilon_n$，因而经过多次加工后，毛坯误差对工件成品的影响减小到可以忽略。把这种当工件加工前工件有形状或位置误差时，加工后工件仍会有同类的加工误差，并且加工误差值减小的现象，称为误差复映规律。

误差复映规律同样适用于毛坯尺寸误差。在成批、大量生产中用调整法加工一批工件时，如果每个毛坯的直径大小不同，那么加工后这批工件仍有尺寸不同的误差。如果毛坯的尺寸分散范围过大，就会使工件的尺寸分散范围扩大，甚至超差。

（3）**其他作用力对加工精度的影响**

1）夹紧力的影响：薄壁型零件夹紧后产生弹性变形，加工后卸下零件变形恢复，从而破坏了应有的加工精度，如图 4-14c 所示的薄壁套筒镗孔加工；图 4-22 所示为平面磨床磨削薄片时，由于工件有平面度误差，电磁工作台夹紧工件时，产生夹紧变形，加工后平整的表面在弹性力作用下恢复，又产生弯曲，从而影响加工精度。

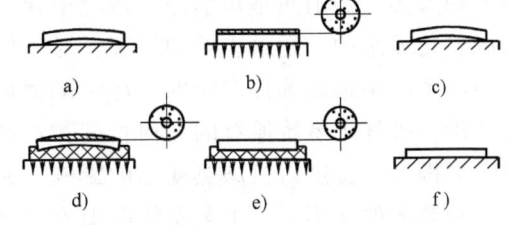

图 4-22　磨削薄片时夹紧力的影响

2）重力的影响：由于机床部件或工件本身重量以及它们在移动中位置变化而引起加工误差。如图 4-23 所示，立式车床由于刀架自重引起的横梁变形，会导致在加工端面时产生凹陷，加工外圆时产生锥度。

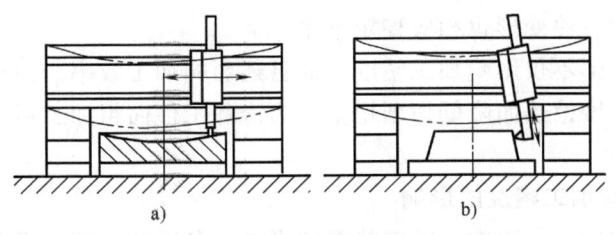

图 4-23　立式车床刀架自重的影响
a) 车端面　b) 车外圆

3. 减小工艺系统受力变形的措施

（1）**合理的结构设计**　尽量减少连接面的数目，注意各部件间刚度的匹配。采用空心截形、封闭截形，添加加强肋，以增强部件的结构刚度。

（2）**提高接触刚度**　减小表面粗糙度值，增加接触面积，从而改善工艺系统中各组

成部件的配合表面质量,以提高接触刚度。也可以通过给机床预加载荷,增加实际接触面积的方法来提高接触刚度。

(3) **提高部件刚度** 采用导套、导杆等辅助支承来加强刀架的刚度,如镗杆的支承、转塔车床导向杆。当工件刚度成为影响加工精度的薄弱环节时,可设置中心架和跟刀架,以缩短切削力作用点和支承点的距离,或改善工件的装夹方法,以提高工件的刚度。

(4) **消除微量进给下的"爬行"** 机床工作台如果运动速度很低,当主动件匀速运动时,从动件往往会出现明显的速度不均匀,有时是时走时停,有时是时快时慢。这种在低速运动不平稳的现象称为爬行。爬行的原因是运动速度低于临界速度时,滑动摩擦系数小于静摩擦系数。爬行可以从改善滑动面的摩擦特性和提高传动系统的刚度方面采取措施。采用滚动导轨、静压导轨或塑料滑动导轨,其摩擦特性好,可以有效地防止低速爬行。

4.2.4 工艺系统的热变形

在机械加工过程中,工艺系统受到各种热源的影响,其各组成部分会产生相应的变形,即热变形。这种变形破坏了刀具与工件之间正确的几何关系和运动关系,造成工件的加工误差。

引起工艺系统热变形的热源主要有内部的切削热、摩擦热以及外部的环境温度、阳光辐射两大类。切削热是切削加工过程中弹、塑性变形能及刀具、工件和切屑之间摩擦的机械能转化而来的,是最主要的热源,对工件加工精度的影响最为直接。摩擦热主要是机床和液压系统中运动部件产生的,尽管摩擦热比切削热少,但会引起局部温度升高(温升)和变形,破坏了系统原有的几何精度,对加工精度也会带来严重影响。外部热源的阳光辐射及周围环境温度对机床热变形的影响,尤其是在大型、精密工件加工时不能忽视。

在热源的作用下,工艺系统的温度会升高,但同时也在向周围散发热量,并且工艺系统各部分温度不同。工艺系统各部分的温度分布称为温度场。温升初期,工艺系统的温度场不稳定,热量的导入速度快,散发速度慢。温升一定时间后,随着工艺系统温度的升高,热量的导入速度逐渐减慢,而散发速度加快。当工艺系统达到某一温度时,其单位时间内导入的热量与散发的热量趋于相等,即达到了"热平衡"。此时工艺系统的温度不再升高,温度场较稳定,热变形也相应稳定下来。

工艺系统的热变形不仅影响加工精度,而且还影响加工效率。为达到热平衡而预热机床,为减少切削热、摩擦热而降低切削用量,为冷却工件而粗加工后停机,都会增加工序时间,影响生产率。

1. 机床热变形对加工精度的影响

机床在工作过程中,由于内、外部热源的影响,各部分温度会逐渐升高。由于机床结构复杂和热源分布不均匀,形成不均匀的温度场,导致机床部件之间的相互位置发生变化,破坏机床原有的几何精度,引起相应的加工误差。当热平衡后机床各部分热变形停止在某种程度上,相互之间的位置和运动相对稳定。由于各种机床的结构和工作条件不同,机床的热变形形式也多种多样。

车、铣、钻、镗类机床的主要热源是主轴箱。主轴箱中轴承、齿轮的摩擦热,以及润滑油发热,导致主轴箱温升,并使其相连接部分,如床身或立柱温升,从而产生较大的变形。图 4-24a 所示为卧式车床的热变形趋势，车床主轴箱的温升导致主轴轴线抬高；主轴前轴承的温升高于后轴承，又使主轴前端高于后端；主轴箱的热量经油池传到床身，导致床身中部向上凸起，加剧了主轴轴线向上倾斜。最终导致主轴回转轴线与导轨的平行度误差，使加工后的零件产生圆柱度误差。图 4-24b 所示万能铣床的热源也来自主传动系统，由于左箱壁温度高也导致主轴轴线升高并倾斜。

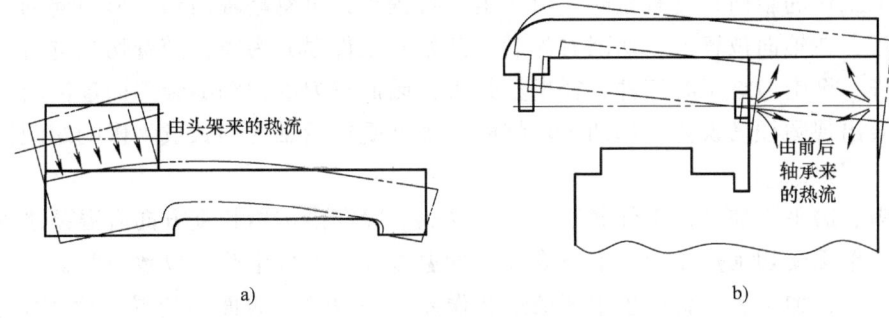

图 4-24 几种机床的热变形趋势
a) 车床的热变形 b) 万能铣床的热变形

2. 刀具的热变形对加工精度的影响

刀具热变形的热源是切削热。通常传入刀具的切削热虽然不多，但由于热量集中在切削部分，刀具质量小，热容量小，因此刀具仍会有很高的温升，导致热伸长而产生加工误差。

连续加工某些工件时，刀具切削时间较长，刀具热伸长会随时间的增加而增加，直至达到热平衡。图 4-25 所示为车刀的热伸长曲线，曲线 A 为刀具连续工作时的热变形情况，使加工后的工件外圆产生圆柱度误差，端面产生平面度误差。

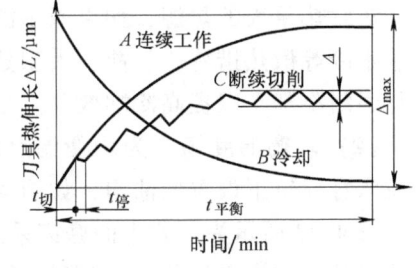

在成批加工小型工件时，每个工件切削的时间较短，刀具断续工作，刀具受热和冷却是交替进行的，热变形情况如图 4-25 中断续切削曲线 C 所示。对每一个工件来说，产生的形状误差是较小的；对一批工件来说，在刀具未达到热平衡时，加工出的一批工件尺寸有一定的误差，造成一批工件尺寸的分散。

图 4-25 车刀的热伸长曲线

切削停止时，刀具开始冷却，温度立即下降，如图 4-25 中冷却曲线 B 所示。

3. 工件的热变形对加工精度的影响

工件主要受切削热的影响而产生热变形。环境温度对大型、精密工件也有较大的影响。

工件的形状不同、加工方法不同，热变形也不相同。存在结构尺寸差异的工件受热分两种情况：均匀受热和不均匀受热。

加工一些形状简单、对称的轴类、盘类和套类零件的内、外表面时，切削热比较均匀地传入，在工件的全长或圆周上，温度较一致，热变形也比较均匀，工件的热变形量可由其温升 ΔT 来估算：

直径上的热膨胀 $\Delta D = \alpha D \Delta T$ (4-14)
长度上的热伸长 $\Delta L = \alpha L \Delta T$ (4-15)

式中 α——零件材料的热胀系数（1/℃）；

D、L——工件在热变形方向上的尺寸（mm）；

ΔT——工件的温升（℃）。

当加工工件的轴向长度较短时，由于走刀行程短，可忽略轴向热变形引起的误差。当工件较长时，在轴向位置上，切削有先后，开始时工件温升为零，随着切削进行，工件逐渐受热膨胀，至走刀终了时工件直径增量最大，因而车刀的切深随走刀而逐渐增大，零件冷却之后会出现圆柱度误差。如加工丝杠时，零件受热后轴向伸长成为影响螺距误差的主要因素。

铣、刨、磨平面加工，工件属于不均匀受热。除在沿进给长度方向有温差之外，更严重的是工件单面受切削热作用，上下表面间的温差导致工件中凸，以致中间被多切去，加工完毕冷却后，加工表面就产生中凹的形状误差，一般上下表面间的温差为1℃，就会产生平面度误差0.01mm。

4. 工艺系统热变形的控制措施

(1) 减少热源的发热和隔离热源 为了减少机床的热变形，凡是可能从机床分离出去的热源，如电动机、主轴箱、液压系统、冷却系统等均应移出，使之成为独立单元。对于不能分离的热源，如主轴轴承、丝杠副、高速运动的导轨副等则可以从结构、润滑等方面改善其摩擦特性，减少发热。例如采用静压轴承、静压导轨，改用低黏度润滑油、锂基润滑脂，或使用循环冷却润滑；也可用隔热材料将发热部件和机床大件（如床身、立柱等）隔离开来。

对发热量大的热源，如果既不能从机床内部移出，又不便隔热，则可采用强制式的风冷、水冷等散热措施。目前，大型数控机床、加工中心普遍采用冷冻机对润滑油、切削液进行强制冷却，以提高冷却效果。精密丝杠磨床的丝杠中则通以冷却液，以减少热变形。

(2) 均衡温度场 为均衡温度场所采取的措施：将油池搬出主机做成单独的油箱；或在床身导轨下设置回油沟，如图4-26所示。

图4-27所示为立式平面磨床采用热空气加热温升较低的立柱后壁，以均衡立柱前后壁的温升，减小立柱的向后倾斜。图中热空气从电动机风扇排出，通过特设的软管引向立柱的后壁空间。采取这种措施后，磨削平面的平面度误差可降到未采取措施前的1/3～1/4。

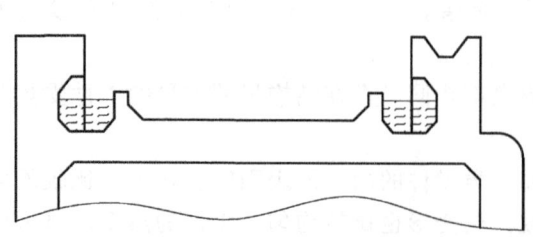

图4-26 平面磨床补偿油沟

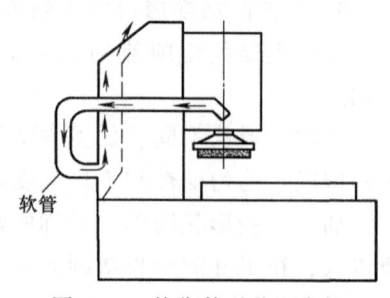

图4-27 均衡前后壁温度场

(3) 采用合理的机床部件结构及装配基准

1) 采用热对称结构。在变速箱中,将轴、轴承、传动齿轮等对称布置,可使箱壁温升均匀,箱体变形减小。图4-28所示为牛头刨滑枕的热变形及结构改进。图4-28a所示为滑枕导轨面下置,由于导轨面高速滑动,导致滑枕上冷下热,产生翘曲变形,如图4-28b所示。若将导轨采用图4-28c所示居中布置,则可以大大减小滑枕因受热引起的变形,提高机床的精度。

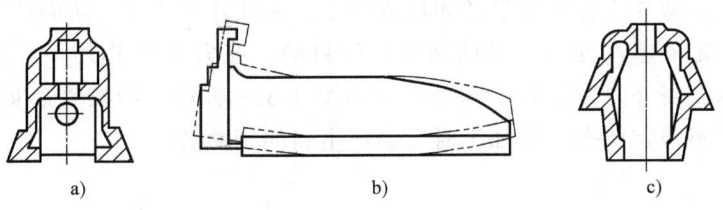

图4-28 牛头刨床滑枕的热变形及结构改进
a) 原滑枕截面 b) 原滑枕热变形 c) 滑枕热对称结构

2) 合理选择机床零部件的装配基准。图4-29所示为车床主轴箱在床身上的两种不同定位方式。由于主轴部件是车床主轴箱的主要热源,故在图4-29a中,主轴轴线相对于装配基准H而言,在y方向和z方向均产生热变形,而y方向的热变形是车床的误差敏感方向,直接影响刀具与工件的相对位置,造成加工误差。在图4-29b中,主轴轴线相对于装配基准H主要在z方向产生热位移,对加工精度影响较小。

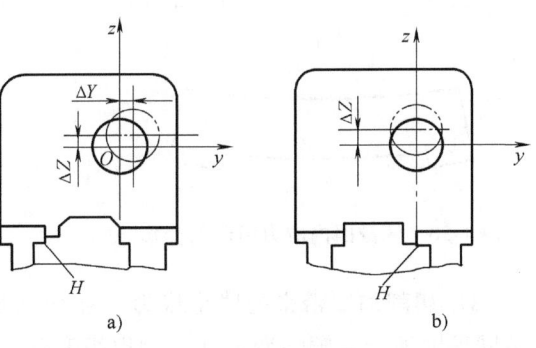

图4-29 车床主轴箱定位基准的选择

(4) 加速达到热平衡状态 在加工前,使机床做高速空运转,或在机床的适当部位设置控制热源,给机床加热,使机床较快地达到热平衡状态,然后进行加工。

(5) 控制环境温度 精密机床应安装在恒温车间,其恒温精度一般控制在±1℃以内,精密级为±0.5℃。恒温室平均温度一般为20℃,冬季可取17℃,夏季取23℃。

4.2.5 工件残余应力引起的变形

残余应力也称内应力,是指在没有外力作用下或去除外力后,仍然残存在工件内部的应力。残余应力是由于金属内部宏观或微观组织发生了不均匀的体积变化而产生的。促成这种变化的因素主要来自冷、热加工。

工件中的残余应力处于一种极不稳定的平衡状态,有着强烈的恢复到无应力状态的倾向。在外界因素的影响下,它会打破内部组织原有的平衡,形成新的平衡,内应力将重新分布。工件内部应力从一种平衡状态转变到另一种平衡状态,将会产生变形,从而破坏工件原有的精度。

(1) 毛坯制造和热处理过程中产生的残余应力　在铸、锻、焊、热处理等加工过程中，由于工件各部分冷热收缩不均匀以及金相组织转变而引起体积变化，使毛坯内部产生了残余应力。初期暂时处于相对平衡的状态，当切去部分表面层金属后，这种平衡被打破，残余应力重新分布，工件明显地出现变形。图 4-30a 所示为床身毛坯残余应力暂时平衡的状态，图 4-30b 所示为加工后残余应力重新产生中凹的弯曲变形。

(2) 冷校直带来的残余应力　为消除细长轴类工件加工后的弯曲，采用图 4-31a 所示的冷校直方法。即在工件原变形的相反方向上，施加作用力 F，从而使工件向相反方向弯曲，并产生一定的塑性变形，以达到校直的目的。在力 F 的作用下，工件的应力分布如图 4-31b 所示，当外力去除后，残余应力如图 4-31c 所示。冷校直后虽然弯曲消除了，但工件内部处于不稳定状态，再加工时又会产生新的弯曲变形。

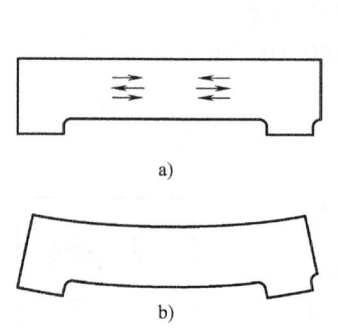

图 4-30　床身因内应力引起的变形

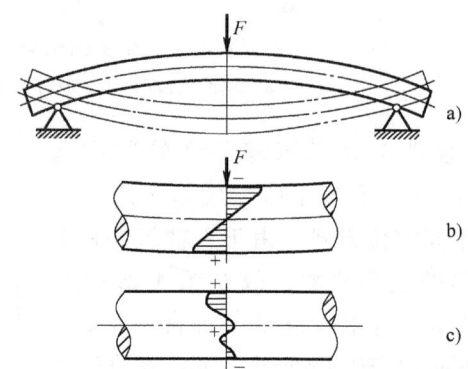

图 4-31　冷校直引起的残余应力

(3) 切削加工带来的残余应力　在切削加工中，受切削力和切削热的作用，工件表层不同程度地产生塑性变形和金相组织变化，引起残余应力。在粗加工阶段，由于切削余量较大，这种现象尤为明显。去除残余应力的方法往往是采取时效处理。

(4) 减小工件残余应力的措施

1) 合理设计工件结构。使工件各部分壁厚均匀，结构对称，减小零件各部分尺寸差异，以减少铸、锻件毛坯在制造中产生的残余应力。

2) 采取热处理措施。铸、锻、焊接零件毛坯在加工前安排时效、退火和回火。重要零件加工过程中安排时效：粗、精加工之间安排时效，在粗加工或半精加工后进行时效处理（自然、人工、振动时效处理）。

4.3　加工误差的统计分析

实际生产中，影响加工精度的因素往往是错综复杂的，同时存在多种原始误差，其相互叠加或相互抵消，最终得到的加工误差是多种因素综合影响的结果，而且其中的不少因素对加工影响是随机的和无法确定的。因此，在很多情况下仅靠前面介绍的单因素来分析加工误差是不够的，还必须运用数理统计的方法对加工误差数据进行处理和分析，从中发现误差形成规律，找出影响加工误差的主要因素。这就是加工误差的统计分析法。

4.3.1 加工误差的性质

从加工一批工件时所出现的误差规律的性质来看，加工误差可分为系统性误差和随机误差两大类。其性质不同，分布规律及解决的途径也不同。

1. 系统误差

在连续加工一批工件时，加工误差的大小和方向基本上保持不变，或者按一定规律变化，称为系统误差。前者称为常值系统误差，后者称为变值系统误差。

常值系统误差对于同批工件的影响是一致的，不会引起各工件之间的差异；变值系统误差虽然会引起同批工件之间的差异，但是是按照一定的规律而依次变化的，不会造成忽大忽小的波动。

机床、刀具、夹具的制造误差，工艺系统受力变形引起的加工误差，均与时间无关，其所引起的加工误差属于常值系统误差。机床、夹具、量具等磨损引起的加工误差，在一定时间内也可看作是常值系统误差。常值系统误差可以通过对工艺装备进行相应的维修、调整，或采取针对性的措施来加以消除。

机床、刀具、夹具等在热平衡前的热变形误差和刀具的磨损等，所引起的加工误差属于变值系统误差。变值系统误差可以通过对工艺系统进行热平衡，按其规律对机床进行补充调整，或通过采取自动连续、周期性补偿等措施来加以控制。

2. 随机误差

在连续加工一批零件时，加工误差的大小和方向是无规律变化的，称为随机误差。随机误差造成工件尺寸忽大忽小波动，但该波动总在某一确定的范围内，因而具有一定的统计规律性。

随机误差的特点：在一定的加工条件下随机误差的数值总在一定范围内波动；绝对值相等的正误差和负误差出现的概率相等；误差绝对值越小出现的概率越大，误差绝对值越大出现的概率越小。

毛坯误差复映、定位误差、夹紧误差、残余应力引起的误差、多次调整的误差等，这些因素都是变化不定的，因而其所引起的加工误差属于随机误差。

必须指出，系统误差与随机误差之间的划分不是固定不变的。两者之间既有区别又有联系，具体的划分要根据实际情况而定。同一原始误差在某种情况下引起随机误差，而在另一种情况下又可能引起系统误差。例如，在一次调整机床后，加工一批零件，则机床的调整误差所引起的加工误差，即是常值系统误差；如果是经过若干次调整完成的，则调整误差就引起随机误差了。

4.3.2 分布曲线法

从采用调整法大批量加工的一批零件中，随机抽取足够数量的工件（称作样本），进行加工尺寸 X 的测量、记录。由于随机误差和变值系统误差的存在，这些零件加工尺寸的实际数值是各不相同的，这种现象称为尺寸分散。按尺寸大小把零件分成若干组，所分组数 k 按表 4-2 选择。每一组中零件的尺寸处在一定的间隔范围内，每组的尺寸间隔

$\Delta X = (X_{\max} - X_{\min})/(k-1)$。同一尺寸间隔内（即同一组内）的零件数量称为频数 m。频数 m 与样本总数 n 之比 m/n 称为频率。频率除以尺寸间隔值所得的商 $m/(n \cdot \Delta X)$ 称为频率密度。以零件尺寸为横坐标，频数或频率密度为纵坐标可绘出等宽直方图。再连接直方图中每一直方宽度的中点（组中值）得到一条折线，即实际分布曲线，如图 4-32a 所示。

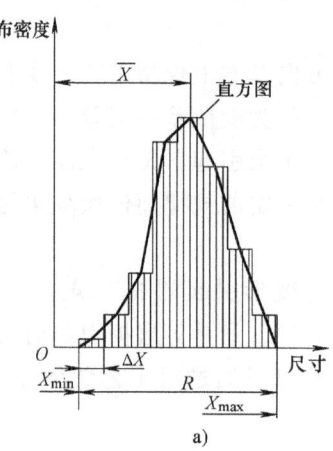 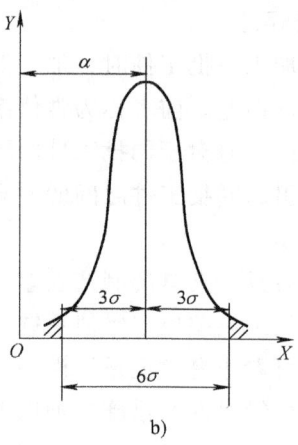

图 4-32 分布曲线

a) 实际分布曲线　b) 正态分布曲线

表 4-2 分组数的推荐值

样本总数 n	≤50	>50~100	>100~250	>250
分组数 k	6~7	6~10	7~12	10~20

1. 正态分布曲线方程

大量的实际统计和理论分析表明，当用调整法加工一批工件数量极多，而这些加工误差因素中又都没有任何优势倾向时，工件的尺寸分布是服从正态分布的，如图 4-32b 所示。正态分布曲线（又称高斯曲线）的方程式为

$$Y = \frac{1}{\sigma\sqrt{2\pi}} e^{-\frac{(X-\alpha)^2}{2\sigma^2}} \tag{4-16}$$

式中　Y——正态分布的概率密度；

α——正态分布曲线的均值；

σ——正态分布曲线的标准偏差（均方根偏差）。

理论上的正态分布曲线是向两边无限延伸的，而在实际生产中产品的特征值（如尺寸值）却是有限的。因此，用有限的样本平均值 $\overline{X}$ 和样本标准偏差 S 作为理论均值 α 和标准偏差 σ 的估计值。由数理统计原理得有限测定值的计算公式为

$$\overline{X} = \frac{1}{n}\sum_{i=1}^{n} X_i \tag{4-17}$$

$$S = \sqrt{\frac{1}{n-1}\sum_{i=1}^{n}(X_i - \overline{X})^2} \tag{4-18}$$

式中　$\overline{X}$——样本平均值，即该样本的尺寸分布中心；

X_i——各工件实测尺寸（或偏差）；

n——样本总数，即随机实测工件的总数。

2. 正态分布曲线的特性

均值 α 和标准偏差 σ 实际上是正态分布曲线的两个特征参数，借助于正态分布曲线的特性，可以对生产过程中的加工误差问题进行分析。

由图 4-33b 可见，正态分布曲线成钟形，其渐近线为 X 轴，$X = \alpha$ 为对称轴。这表明被加工零件的尺寸靠近分散中心（均值 α）的工件占大部分，而尺寸远离分散中心的工件是极少数，而且工件尺寸大于 α 和小于 α 的概率是相等的。正态分布曲线下的面积 $A = \int_{-\infty}^{+\infty} Y dX = 1$ 代表了工件（样本）的总数，即 100%。

如果改变参数 α 的值（σ 不变），则分布曲线沿着 X 轴平移，而其形状不变，如图 4-33a 所示，α 决定了正态分布曲线的位置。如果改变参数 σ 的值（α 不变），曲线形状发生变化，如图 4-33b 所示。若 σ 值减小，则 Y_{max} 增大，曲线中心部分升高，但因 $A = 1$，故曲线在两侧要收缩。当 σ 很小时，曲线下的面积几乎全部集中在以 α 为中心的一个小区域内。若 σ 值增大，则 Y_{max} 减小，曲线将渐趋平坦。所以正态分布曲线的形状是由标准偏差 σ 来决定的，σ 的大小完全由随机误差所决定。

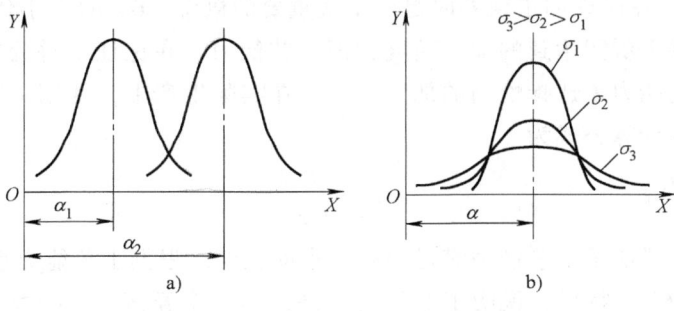

图 4-33 不同特征参数下的正态分布曲线形状
a) 不同 α 的情况　b) 不同 σ 的情况

联系到加工误差的两种表现特性，随机误差引起尺寸分散，常值系统误差决定分散中心位置，而变值系统误差则使中心位置随着时间按一定规律移动。

分布曲线下所包含的全部面积代表加工一批工件（样本）的总数，如图 4-34 所示。全部工件的实际尺寸都在这一分布范围，C、D 两点之间的距离为工件规定的公差带。C、D 间曲线下的面积代表加工零件的合格率。曲线下其余部分（图上无阴影线的部分）的面积则代表废品率。在加工外圆时，图上 C 左边部分是不可修复的废品，D 右边部分则为可修复的废品；在加工内孔时，则恰好相反。

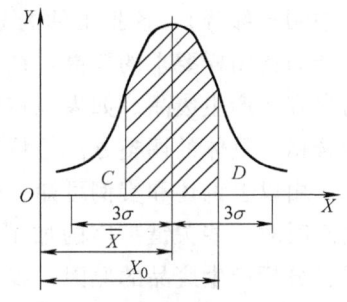

图 4-34 利用正态分布曲线计算产品合格率

对于正态分布曲线来说，从 α 到 X_0，曲线下的面积 A 计算公式为

$$A = \int_{\alpha}^{X_0} Y dX = \frac{1}{\sigma\sqrt{2\pi}} \int_{\alpha}^{X_0} e^{-\frac{(X-\alpha)^2}{2\sigma^2}} dX \tag{4-19}$$

具体计算时，也可直接查正态分布曲线下的面积函数的积分表，并可用 $\overline{X}$ 代替 α，用 S 代替 σ。

式（4-19）中，当 $X_0 - \alpha = 3\sigma$ 时，$A = 49.865\%$，$2A = 99.73\%$，即工件尺寸分布在 $\pm 3\sigma$ 以外的概率只占 0.27%，可以忽略不计。因此，一般都取正态分布曲线的分散范围为 $\pm 3\sigma$。设工件公差为 T，加工时将尺寸分布中心调整到与公差中心重合，只要满足 $T \geq 6\sigma$ 的条件，即实际加工的尺寸分散范围不超过规定的公差带宽度，则不产生废品；反之，则有废品出现。尺寸过大的废品率或过小的废品率均由下式计算

$$Q_{废品率} = 0.5 - A \tag{4-20}$$

若分布中心与公差中心不重合，此不重合部分即为常值系统误差，以 $\Delta_{系统}$ 表示，如图 4-35 所示，这时即使加工公差 $T > 6\sigma$，仍有产生废品的可能性，而这时不产生废品的条件就应该为

$$T \geq 6\sigma + 2\Delta_{系统}$$

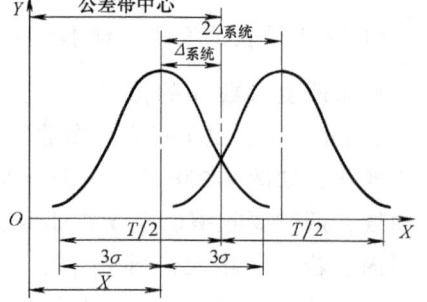

图 4-35 分布中心与公差中心不重合的情况

$\pm 3\sigma$（或 6σ）在研究加工误差时是一个很重要的概念。6σ 的大小代表了某一种加工方法在规定的条件下所能达到的加工精度，即工艺能力。在保证工件公差要求的前提下，可根据实际的工艺能力来选择恰当的加工方法。在实际生产中，常用工艺能力系数 C_p 来衡量工艺能力。其计算公式为

$$C_p = \frac{T}{6\sigma} \tag{4-21}$$

工艺能力系数说明了工艺能力满足公差要求的程度。根据工艺能力系数的大小，将工艺分五级：$C_p > 1.67$ 为特级，说明工艺能力过高，不一定经济；$1.67 \geq C_p > 1.33$ 为一级，说明工艺能力足够，可以允许一定的波动；$1.33 \geq C_p > 1.00$ 为二级，说明工艺能力勉强，必须密切注意；$1.00 \geq C_p > 0.67$ 为三级，说明工艺能力不足，可能出现少量不合格品；$0.67 \geq C_p$ 为四级，说明工艺能力不行，必须加以改进。

图 4-36a 所示为卧式镗床上精镗活塞销孔直径尺寸的分布图。

实测结果分析：部分工件的尺寸超出了公差范围，有 14.47% 的废品（实际分布曲线图中阴影部分）；这批工件的分散范围 0.012mm 比公差带 0.015mm 小，也就是说实际加工能力比图样要求的要高：$C_p = 1.11$，即 $T > 6\sigma$。只是由于有系统误差 $\Delta_{系统} = 0.0054$mm 的存在而产生废品。如果能将分散中心调整到公差范围中心，如图 4-36b 所示，工件就完全合格。具体的调整方法是将镗刀的伸出量调短些。

由以上论述和实例可知，分布曲线是一定生产条件下加工精度的客观标志。在大批量生产时对一些关键工序的加工经常采用这种统计方法，根据分布曲线判断加工误差的性质，分析产生废品的原因，找出解决加工误差问题的方法。

但分布曲线法不能反映出零件加工的先后顺序，因此不能把变值系统误差和随机误差区分出来；而且分布曲线只有在一批零件加工完后才能绘出来，因此不能在加工过程中为

控制工艺过程提供参考,以便随时调整机床保证加工精度。采用点图法可以弥补上述缺点。

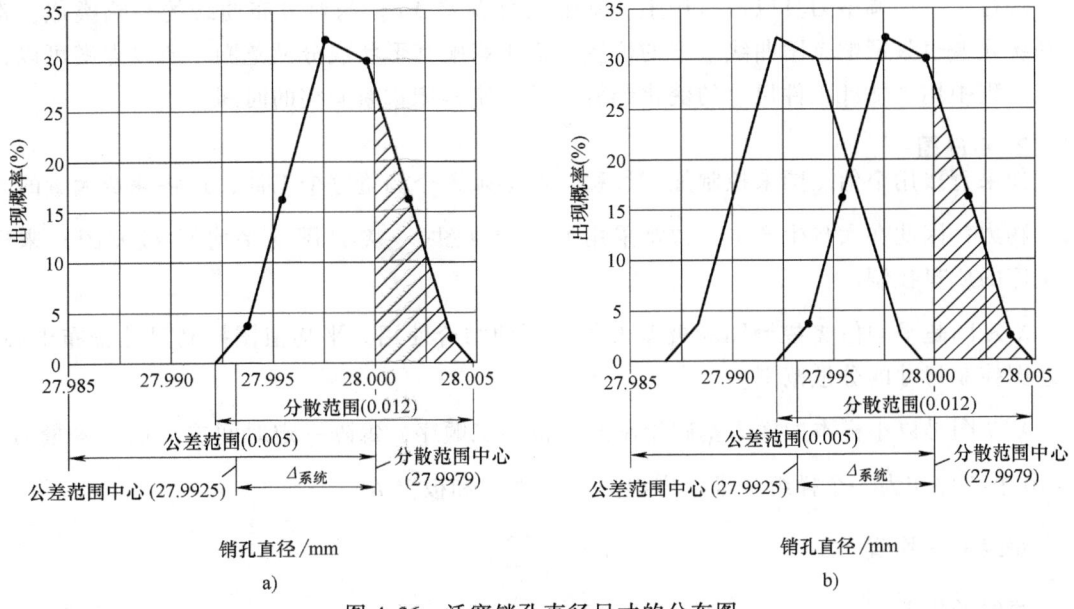

图 4-36　活塞销孔直径尺寸的分布图

4.3.3　点图法

点图是按加工顺序做出各瞬时工件尺寸的变化图,从而揭示整个加工过程误差变化的规律。利用点图可以分析工艺过程的稳定性,以便及时检查和调整机床,防止废品的产生。下面介绍个值点图和 $\overline{X}$-R 图两种。

1. 个值点图

按顺序加工一批工件,依次测量其尺寸。以工件的序号为横坐标,所测得的尺寸为纵坐标,即可画出图 4-37 所示的点图。该点图反映了工件加工尺寸的变化与时间的关系。

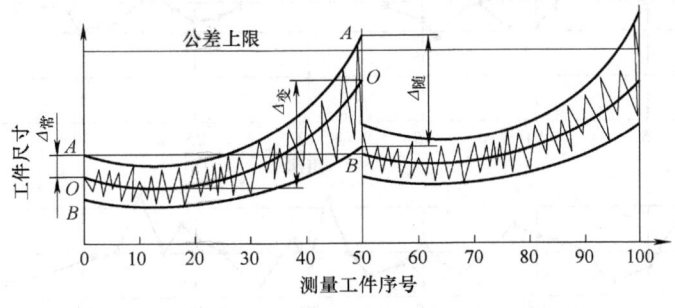

图 4-37　自动车床加工的点图

图 4-37 是按自动车床加工的工件直径测量结果而做出的。把点图中上、下限点包络成两根平滑的曲线 AA、BB,并做出这两条曲线的平均值曲线 OO,就能较清楚地揭示出加工过程中误差的性质及其变化规律。平均值曲线 OO 表示了瞬时分散中心的变化状况,

即变值系统误差。包络线 AA 和 BB 之间的宽度则反映分散范围随时间变化的状况，即随机误差。从图 4-37 中可以看出，在加工到第 50 号工件后进行测量时，尺寸超出了公差上限。进行了一次调整刀具以后，产生了常值系统误差 $\Delta_常$。与对分布曲线的影响类似，常值系统误差也只影响点图曲线上下的位置，而不影响其形状或分散范围。所以点图可以在加工过程中用来估计工件尺寸的变化趋势，并决定机床重新调整的时间。

2. $\overline{X}$-R 图

如果直接用个值点图来控制加工过程，则必须逐个测量每个工件，这将耗费大量的人力、物力，因此在大量生产中，常常采用另一种点图——$\overline{X}$-R 图（平均值-极差图）来进行工序的质量控制。

$\overline{X}$-R 图是平均值 $\overline{X}$ 控制图和极差 R 控制图的结合使用。平均值图控制尺寸分布中心，极差图控制尺寸的分散范围。

$\overline{X}$-R 图是以小样本抽样为基础绘制的。按加工顺序，每隔一定时间连续抽取容量 $m=2\sim10$ 个工件作为一个样组，求出样组的平均值 $\overline{X}$ 和极差 R。

每组的平均值
$$\overline{X} = \frac{1}{m}\sum_{i=1}^{m} X_i \tag{4-22}$$

每组的极差
$$R = X_{i\max} - X_{i\min} \tag{4-23}$$

经过若干时间后，取得若干个（k 个）样组，将样组的 $\overline{X}$ 和 R 图分别标在相应的 $\overline{X}$ 图和 R 图上，并在图中标出平均线以及上下控制线，即可得到 $\overline{X}$-R 图。

由控制图上点的变化趋势，可以分析工艺过程的稳定性。从数理统计的原理来说，若一个工艺过程的质量参数的总体分布，其平均值 $\overline{X}$ 和标准偏差 σ 在整个工艺过程中若能保持不变，则工艺是稳定的。由概率论可知，总体分布是正态分布，当加工的工件数 $m<$

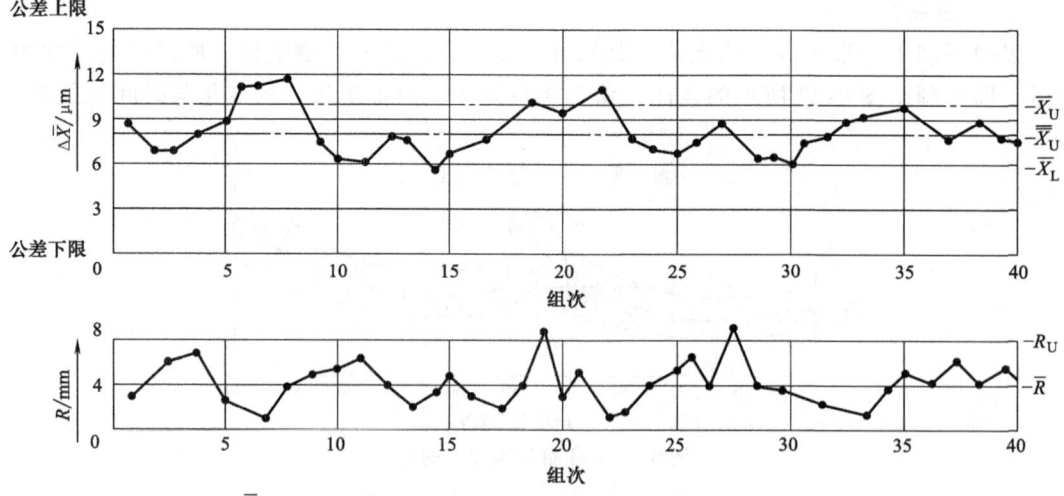

$\Delta\overline{\overline{X}}_U = 8.05\mu m$ $\Delta\overline{X}_U = (8.05+0.58\times4.00)\mu m = 10.37\mu m$ $\Delta\overline{X}_L = (8.05-0.58\times4.00)\mu m = 5.73\mu m$
$\overline{R} = 4.00mm$ $R_U = 2.11\times4.00mm = 8.44mm$

图 4-38 精镗活塞销孔的 $\overline{X}$-R 图

10 时，极差 R 具有足够的精度代替 σ。因此，为了验证工艺的稳定性，需要判断 $\bar{X}$ 和 R 的变化，$\bar{X}$ 和 R 的波动反映了工件平均值的变化趋势和随机误差的分散程度。在 $\bar{X}\text{-}R$ 图上分别画上中心线和控制线，控制线就是用来判断工艺是否稳定的界限线。

图 4-38 所示为精镗活塞销孔的一个例子，$\bar{X}$ 图中有 6 个点超出控制线，R 图中有 2 个点超出控制线，这说明工艺过程不稳定。加工过程中包含有不稳定因素时，就要注意观察、控制，避免出现质量问题。

4.4 提高加工精度的途径

4.4.1 减少误差法

减少误差法是生产中应用较广的提高加工精度的一种基本方法，是在查明产生加工误差的主要因素后，设法对其直接进行消除或减小。

例如，细长轴的车削，可利用辅助支承来提高工件的刚度。图 4-39a 所示为利用中心架，缩短切削力作用点和支承点的距离，可以提高工件的刚度近 8 倍；图 4-39b 所示为采用跟刀架，也可提高工件的刚度；图 4-39c 所示为在卡盘加工中采用后顶尖支承后，工件刚度显著提高。若后顶尖用弹簧活动顶尖，还可进一步消除热变形引起的热伸长危害。采用大主偏角车刀，后弹簧活动顶尖，反向大进给量切削，使工件沿长度方向受到拉伸力，可消除切削力、热变形引起的弯曲变形，提高细长轴的加工精度。

又如在铣床上加工角铁类零件时，采用图 4-40b 所示装夹法，整个工艺系统刚度比图 4-40a 所示装夹法高许多。

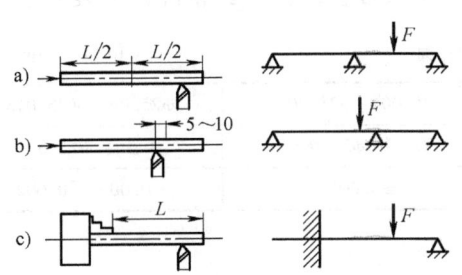

图 4-39 用辅助支承提高工件刚度减少误差

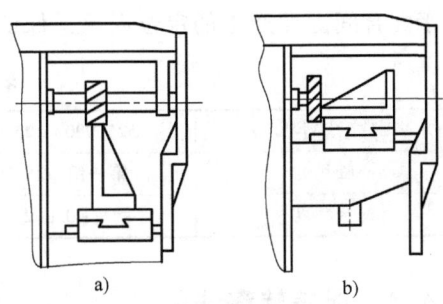

图 4-40 铣角铁时的两种装夹方法

4.4.2 误差补偿法

误差补偿法是通过人为造出一种新的误差，去抵消工艺系统中原有的原始误差；或用一种原始误差去抵消另一种原始误差。尽量使两者的大小相等、方向相反，从而达到减少加工误差、提高加工精度的目的。

图 4-41 所示为受机床部件和工件自重的影响，龙门刨床横梁导轨弯曲变形引起的加

工误差。采用误差补偿法，在横梁导轨制造时故意使导轨面产生向上的几何形状误差，以抵消横梁因自重而产生的向下垂的受力变形。在精密螺纹、精密齿轮加工时，机床传动链误差将直接反映到工件的螺距、齿距上，使加工精度受到一定影响，采用校正机构可以消除传动链造成的误差。对于车削细长轴零件，也可用前、后双刀架"对刀"切削，使法向力和受力变形相互抵消。

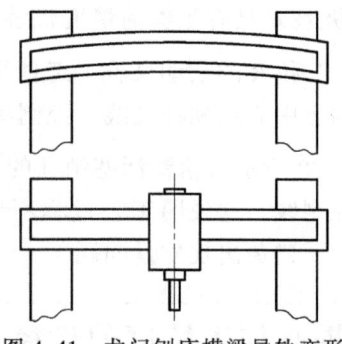

图 4-41　龙门刨床横梁导轨变形

4.4.3　误差分组法

在加工中，对于毛坯误差复映、定位误差而引起的工序误差，可采取分组的方法来减少其影响。

采用误差分组调整（又称均分误差）的办法，其实质就是把毛坯或定位基准面按误差的大小分为 n 组，每组毛坯或定位面的误差范围就缩小为原来的 $1/n$。然后分别调整各组的刀具与工件的相对位置，使各组工件的分散中心基本上一致，就可大大缩小整批工件的加工尺寸分散范围。

例如，某厂采用心轴装夹工件剃齿，由于心轴与工件内孔之间的配合间隙过大，造成剃齿后工件齿圈径向圆跳动超差；同时剃齿时易产生振动，引起齿面波度，使齿轮工作噪声增大。为了保证工件与心轴有更高的同轴度，需减少两者间的配合间隙，而工件孔的精度已较高，再要提高，势必大大增加成本。因此，不用提高齿坯的加工精度，而采用误差分组法，将工件内孔尺寸按大小分组，并用多档尺寸心轴与工件内孔相配对，从而减少了由于配合间隙而产生的定位误差，保证了剃齿的加工精度要求。分组情况参见表 4-3。

表 4-3　分组情况　　　　　　　　　　（单位：mm）

工件(孔)尺寸	$\phi25.000 \sim \phi25.004$	$\phi25.004 \sim \phi25.008$	$\phi25.008 \sim \phi25.013$
心轴尺寸	第一组 $\phi25.002$	第二组 $\phi25.006$	第三组 $\phi25.011$
配合精度	±0.002	±0.002	−0.003 ~ +0.002

4.4.4　误差转移法

误差转移法实质上是转移工艺系统的几何误差、受力变形和热变形等。

误差转移法的实例很多。当机床精度达不到零件加工要求时，常常不是一味提高机床精度，而是在工艺上或夹具上想办法，创造条件，使机床的几何误差转移到不影响加工精度的方面。

图 4-42 所示为在大型龙门铣床的结构中采用转移变形的例子：在横梁上再安装一根附加的梁，使它承担铣头的重量，这样一来就将横梁承受的重量转移到附加的梁上，于是把原来使横梁下垂的受力变形也转移到了附加梁上。而从图中可见附加梁的受力变形对加

工精度不起任何影响。

又如在箱体孔系加工时,当镗床主轴轴线与导轨有平行度误差时,镗杆与主轴之间采用浮动连接,镗杆的位置精度由镗床夹具的前后支承确定,机床主轴的原始误差就转移掉了,不再影响加工精度。

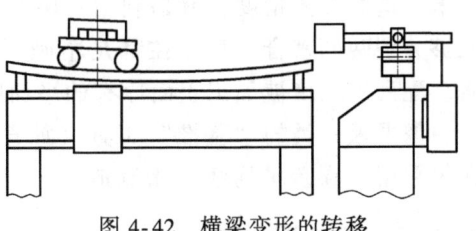

图4-42 横梁变形的转移

4.4.5 "就地加工"法

在机械加工和装配中,有些精度问题涉及很多零部件的相互关系,如果单纯依靠提高零部件的精度来满足设计要求,有时不仅困难,甚至不可能达到。而采用"就地加工法"就可以解决这种难题。

例如,在转塔车床制造中,转塔上六个安装刀架的大孔,其轴线必须保证和主轴回转中心线重合,而六个面又必须和主轴中心线垂直。如果把转塔作为单独零件,加工出这些表面后再装配,要想达到上述两项要求是很困难的。因而实际生产中采用了"就地加工法":这些表面在装配前不进行精加工,等它装配到机床上以后,再在主轴上装上镗杆和能做自动径向进给的刀架,镗和车削六个大孔及端面(图4-43),这样易于保证精度。

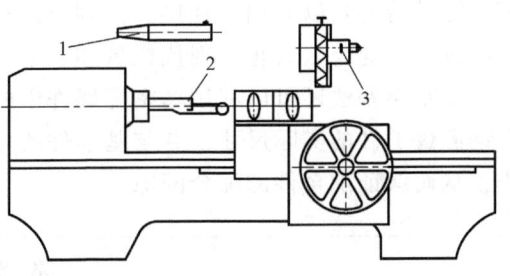

图4-43 转塔车床上六个大孔和
平面的加工与检验
1—镗杆 2—心轴与千分表
3—自动进给径向刀架

"就地加工"法的要点,就是要求保证部件间的某种位置关系,就在这种位置关系上利用一个部件装上刀具去加工另一个部件。

"就地加工"法在机床生产中应用很多。如为了使牛头刨床的工作台面对滑枕保持平行的位置关系,就在装配后的自身机床上进行"自刨自"的精加工。平面磨床的工作台面也是在装配后作"自磨自"的精加工。在车床上,为了保证自定心卡盘卡爪的装夹面与主轴回转中心同轴,也是在装配后对卡爪装夹面进行就地车削或磨削的。

"就地加工"法不但应用于机床装配中,在零件的加工中也常常用来作为保证精度的有效措施。

4.4.6 误差平均法

对要求配合精度很高的轴和孔,常采用研磨的方法。研具本身并不要求具有高精度,但它却能和工件做复杂的相对运动,与工件上各点相互接触,并对工件进行微量切削,同时工件和研具相互修整,最终使工件达到很高的精度。这种表面间相对研擦和磨损的过程,也就是误差相互比较和相互消除的过程,称为误差平均法。

采用误差平均法可制造出精密零件。例如,三块一组的精密标准平板,其平面度达几

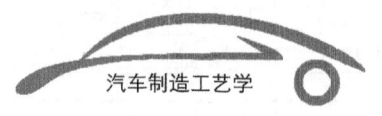

微米。这样高的精度,就是利用三块平板相互对研、配刮的方法加工的。因为三块平板要能够分别两两密合,只有在都是精确平面的条件下才有可能。此时误差平均法是通过对研、配刮加工使被加工表面原有的平面度误差不断缩小而使误差均化的。

像平板一类的"基准"工具(如直尺、角度尺、多棱体、分度盘及标准丝杆等),现在仍采用"误差平均法"来制造。

4.4.7 控制误差法

原始误差中的常值系统误差比较容易消除,只要测量出来,就可以用前面的误差补偿的方法来消除或减少。对于变值系统误差就不是用一种固定的补偿方法所能解决的,于是就有了控制误差法。

控制误差法的特点是在加工循环中,利用测量装置连续地测量出工件的实际尺寸精度,随时给刀具以附加的补偿,控制刀具和工件间的相对位置,直至实际值与调定值的差不超过预定的公差为止。现代机械加工中的自动测量和自动补偿就属于这种形式。

控制误差法还可以利用精密配偶件中的一件为基准,控制另一件的加工精度。加工时自动测量工件的实际尺寸,并与基准件的尺寸比较,直至达到规定的差值时,机床自动停止,从而保证配合件的配合间隙。

本 章 小 结

本章从加工精度和加工误差的基本概念出发,主要讲述了原始误差对加工精度影响的理论、加工误差出现规律的分析和控制加工误差的方法。针对加工精度问题的分析、解决方案,本章的主要思想:首先采用统计分析法,揭示加工误差的分布与变化规律;然后使用单因素分析法,找出产生加工误差的原因;最后结合实践经验,寻求解决加工精度问题的有效途径。在实际工艺工作中,处理有关加工精度问题可归纳为三个方面:一是在制订零件机加工工艺规程时预计加工总误差;二是综合分析与解决加工中出现的加工质量问题;三是进一步探求并实施保证和提高加工精度的途径。

学完本章后,通过做思考题与习题,应着重理解和掌握加工精度、加工误差(系统误差和随机误差)、原始误差、机床误差(主要是主轴回转误差和导轨误差)、工艺系统刚度等基本概念;学会具体分析各种原始误差对加工误差的影响,尤其是主轴回转误差,导轨误差,工艺系统受力、受热变形而产生的加工误差;结合试验学会采用加工误差的因素分析法和统计分析法分析实际加工精度问题,懂得寻求解决方法。探索有效提高机械加工精度的途径是机械制造工程技术人员的终生追求。

思考题与习题

4-1 举例说明加工精度、加工误差的概念以及两者的区别与关系。

4-2 说明原始误差、工艺系统静误差、工艺系统动误差的概念以及加工误差与原始误差的关系和误差敏感方向的概念。

4-3　在车削前，工人经常在刀架上装上镗刀修整自定心卡盘三个卡爪的工作面或花盘的端面，其目的是什么？这样做能否提高主轴的回转精度（径向圆跳动和轴向窜动）？

4-4　何谓工艺系统的刚度、柔度？它们有何特点？工艺系统刚度对加工精度有何影响？怎样提高工艺系统的刚度？

4-5　为什么机床部件的加载和卸载过程的静刚度曲线既不重合，又不封闭，且机床部件的刚度值远比其按实体估计的要小？

4-6　何谓误差复映规律？误差复映系数的含义是什么？它与哪些因素有关？减小误差复映有哪些工艺措施？

4-7　工艺系统受哪些热源作用？在各种热源的作用下，工艺系统各主要组成部分会产生何种热变形？有何规律性？对加工精度有何影响？采取何种措施可减小它们的影响？

4-8　分析工件产生残余应力的主要原因及经常出现的场合。

4-9　加工误差按其性质可分为哪几类？它们各有何特点或规律？各采用何种方法分析与计算？试举例说明。

4-10　试述分布曲线法和点图法的特点、应用及各自解决的主要问题。

4-11　实际分布曲线符合正态分布时能说明什么问题？满足 $6\sigma<T$ 时又出现废品，其原因何在？如何消除这种废品？

4-12　举例说明下列保证和提高加工精度常用方法的原理及应用场合：误差补偿法；误差转移法；误差分组法；误差平均法。

4-13　在车床上加工圆盘件的端面时，有时会出现圆锥面（中凸或中凹）或端面凸轮似的形状（螺旋面），试从机床几何误差的影响分析造成图 4-44 所示的端面几何形状误差的原因。

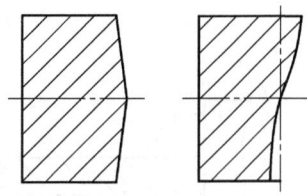

图 4-44　题 4-13 图

4-14　在卧式镗床上对箱体零件镗孔，试分析当分别采用刚性主轴镗杆、浮动镗杆（指与主轴连接的方式）和镗模夹具时，影响镗杆回转精度的主要因素有哪些？

4-15　磨削一批工件的外圆，图样要求保证尺寸 $\phi 60_{-0.05}^{0}$ mm。加工中，车间温度 $T_0=20$℃，工件的温度 $T_{工}=46$℃。工人不等工件冷却下来就直接在机床上测量，试问此时外径尺寸应控制在怎样的范围内，才能使其在冷却后仍能保证达到图样要求的尺寸而不出现废品？

4-16　热的锻件（大型轴）放在较湿的地上，试推想在粗车外圆后可能产生怎样的加工误差？为什么？

4-17　加工外圆、内孔与平面时，机床传动链误差对加工精度有无影响？在怎样的加工场合下，才须着重考虑机床传动链误差对加工精度的影响？传动元件的误差传递系数，其物理意义是什么？

4-18　在大型立式车床上加工盘形零件的端面及外圆时（图 4-45），因刀架较重，试推想由于刀架自重可能会产生怎样的加工误差？

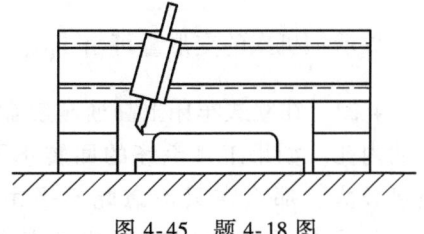

图 4-45　题 4-18 图

4-19　如图 4-46 所示，在外圆磨床上加工工件。当 $n_1=2n_2$ 时，若只考虑主轴回转误差的影响，试分析在图中给定的两种情况下，磨削后工件外圆应是什么形状？为什么？

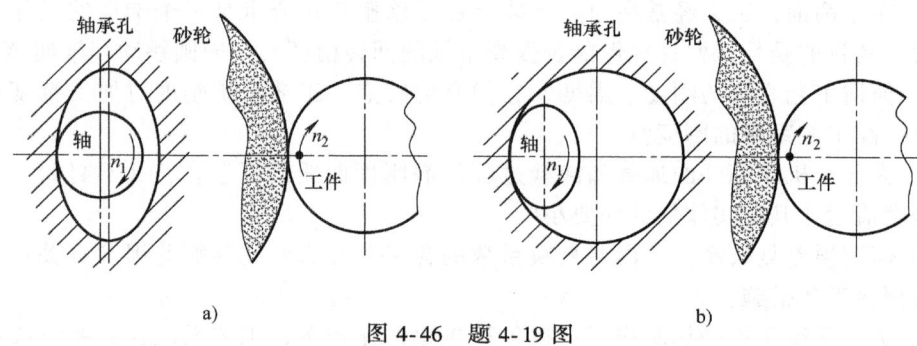

图 4-46 题 4-19 图

4-20 在内圆磨床上磨削不通孔时（图 4-47），试分析只考虑内圆磨头受力变形的条件下，工件内孔将产生什么样的加工误差？

4-21 在卧式车床上加工一光轴，已知光轴长度 $L=800\text{mm}$，加工直径 $D=80_{-0.05}^{0}\text{mm}$，该车床因使用年限较久，前后导轨磨损不均，前山形导轨磨损较大，且中间最明显，形成导轨扭曲，如图 4-48 所示，经测量，前后导轨在垂直面内的平行度（扭曲值）为 $0.015\text{mm}/1000\text{mm}$，试求所加工的工件几何形状的误差值，并绘出加工后光轴的形状。

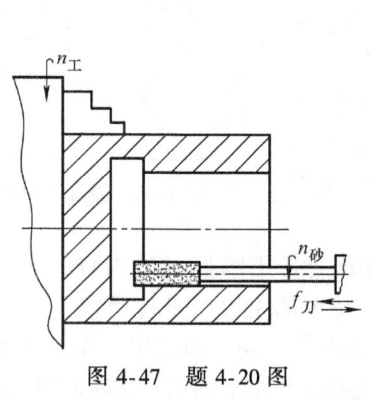

图 4-47 题 4-20 图

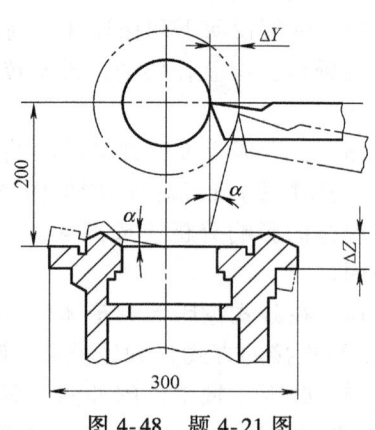

图 4-48 题 4-21 图

4-22 在车床的两顶尖间加工短而粗的光轴外圆时（工件的刚度对于机床刚度大得多），若已知 $F_p=1000\text{N}$，$K_{床头}=100000\text{N/mm}$，$K_{尾座}=50000\text{N/mm}$，试求由于机床刚度不均引起的加工表面的形状误差为多少？并画出光轴加工后的形状。

提示：机床的变形量可由 $Y_{机床}=\dfrac{F_p}{K_{刀架}}+\dfrac{F_p}{K_{尾座}}\left(\dfrac{x}{L}\right)^2+\dfrac{F_p}{K_{床头}}\left(\dfrac{L-x}{L}\right)^2$ 求得。

4-23 在立式车床上高速车削盘形零件的内孔。如果工件毛坯的回转不平衡，质量较大，那么在只考虑此不平衡质量和工件夹持系统的刚度影响的条件下，试分析加工后工件内孔将产生怎样的加工误差。

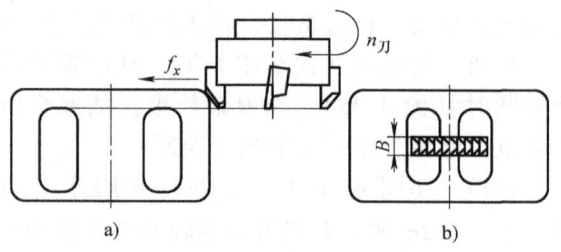

图 4-49 题 4-24 图

4-24 如图 4-49a 所示的铸件，若只考虑毛坯残余应力的影响,试分析当用面铣刀铣去上部连接部分后,此工件将产生怎样的变形?又如图 4-49b 所示的铸件,当采用宽度为 B 的三面刃铣刀将毛坯中部铣开时,试分析开口宽度尺寸的变化。

4-25 在卧式镗床上采用浮动镗刀精镗孔时,是否会出现误差复映现象?为什么?

4-26 在车床两顶尖之间加工工件(图 4-50),若工件刚度极大,机床刚度不足且 $K_{头架} > K_{尾座}$,试分析图示两种情况加工后工件的形状误差。

4-27 在车床上加工一批光轴的外圆,加工后经测量若整批工件发现有如图 4-51 所示几何形状误差,试分别说明可能产生上述误差的各种因素。

4-28 一批圆柱销外圆的设计尺寸为 $\phi 50_{-0.04}^{-0.02}$ mm,加工后测量发现外圆尺寸按正态分布,其均方根偏差为 0.003mm,曲线顶峰位置偏离公差带中心,向右偏移 0.005mm,试绘出分布曲线图,并求出合格品率和废品率,并分析废品能否修复及产生的原因。

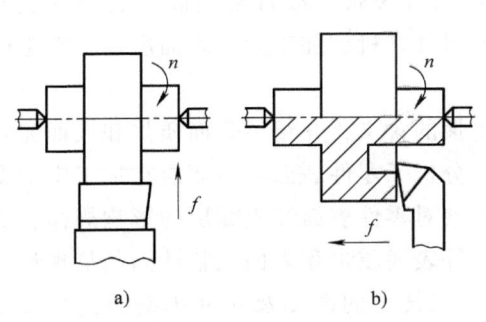

图 4-50 题 4-26 图

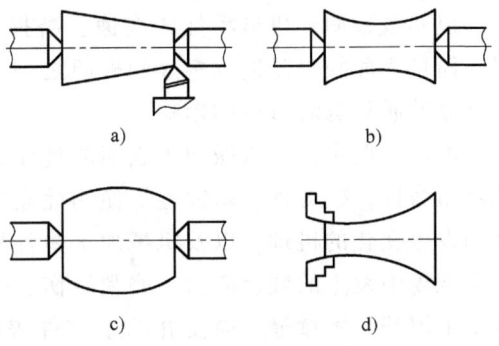

图 4-51 题 4-27 图
a)锥形 b)鞍形 c)腰鼓形 d)喇叭形

第5章

机械加工表面质量

本 章 提 要

机械加工的表面质量与机械产品的使用性能、使用寿命和可靠性密切相关。任何经过机械加工的零件表面,都不是完全理想的表面,总是会存在一定程度的微观不平、表面缺陷、冷作硬化、残余应力及金相组织变化等现象。虽然这些只发生在零件很薄的表面层内,但实践证明,机械零件的腐蚀、磨损和疲劳断裂等失效事故常常起源于表面及表面层,而且表面缺陷是造成事故的根源之一。这说明零件在机械加工后的表面质量,对零件和产品的质量有着直接的影响。

本章主要讲述了机械加工表面质量和表面完整性的含义,介绍了表面质量和表面完整性对耐磨性、疲劳性、耐蚀性等使用性能的影响,分析了零件表面和表面层在加工中的变化和发生变化的机理,以及机械加工中各种工艺因素对零件表面和表面层的影响规律,对生产现场中发生的残余应力、磨削烧伤、磨削裂纹等表面质量和表面完整性问题从理论上做出了解释。本章最后简要介绍了零件表面光整加工技术的内涵及几种典型的光整加工工艺。

5.1 机械加工后的表面质量

5.1.1 表面质量的含义

零件的表面按照其形成方法可分为毛坯表面和机械加工表面。一般机械加工后的零件总是存在与基体材料不同的一个很薄的表面层,机械加工表面质量是指零件加工后表面的几何形状特征和表面层的物理力学性能。机械加工表面质量的含义有以下两方面的内容:

1. 表面的几何形状特征

(1) **表面粗糙度** 表面粗糙度是指表面微观几何形状误差,其波长与波高的比值在 $L_1/H_1 < 40$ 的范围内,如图 5-1 所示。GB/T 1031—2009 规定:表面粗糙度的幅度参数用在一定长度内(称为取样长度)轮廓的算术平均偏差 Ra 或轮廓的最大高度 Rz 作为评定指标。当需要反映涂漆性能、耐蚀性、减小流体流动摩擦阻力等要求时,还应附加测量间距特性参数,表示加工纹理的细密程度。如轮廓单元的平均宽度 Rsm。

(2) **表面波度** 表面波度是介于加工精度(宏观几何形状误差,波长与波高的比值 $L_3/H_3 > 1000$)和表面粗糙度之间的一种带有周期性的几何形状误差,其波长与波高的比值在 $40 \leq L_2/H_2 \leq 1000$ 的范围内,如图 5-1 所示。

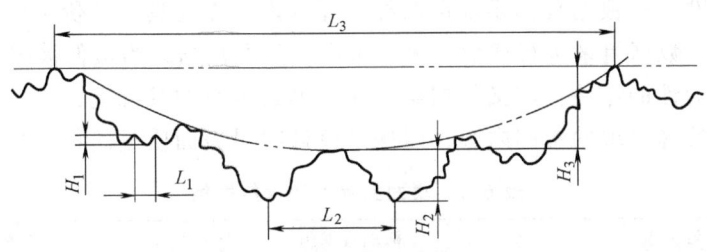

图 5-1 表面的几何形状特征

（3）**表面纹理**　表面纹理是零件表面微观结构的主要方向，表征加工时所形成加工痕迹的类型和方向。GB/T 131—2006 中规定了常见的 7 种纹理方向。

（4）**表面缺陷**　表面缺陷是指在零件加工、储存或使用期间，非故意或偶然生成的实际表面的单元体、成组的单元体、不规则体。GB/T 15757—2002 将表面缺陷分为凹缺陷、凸缺陷、混合表面缺陷、区域缺陷和外观缺陷，如沟槽、擦痕、破裂、毛孔、砂眼、缩孔、裂缝、缝隙、裂隙、缺损等都属于凹缺陷。

零件表面要求高或有特殊要求时，还需规定表面轮廓支承长度率 $Rmr(c)$、表面纹理、毛刺棱边等评价指标。

2. 表面层的物理力学性能

（1）**表面层冷作硬化**（简称冷硬）　冷硬是指零件在机械加工中表面层金属产生强烈的冷态塑性变形后，引起强度和硬度都有所提高的现象。

（2）**表面层金相组织的变化**　表面层金相组织变化是指由于切削或磨削热引起工件表面温升过高，表面层金属发生金相组织变化的现象。

（3）**表面层的残余应力**　表面层残余应力是指由于切削或磨削加工过程中变形和热的影响，工件表面层产生具有一定大小、方向和分布情况的残余应力。

5.1.2　表面完整性的含义

随着科学技术的发展，对机械产品零件表面质量的要求日益提高，人们对如何评价和控制零件的表面质量进行了不断深入的研究，提出了表面完整性的概念。表面完整性是描述、鉴定和控制零件加工过程在其加工表面层可能产生的各种变化及其对该表面工作性能影响的技术指标。表面完整性所包含的内容比传统的表面质量所包含的内容更加全面、具体，已被工业发达国家应用于生产中，用于评价和控制关键零件在制造过程中表面状态和性能的变化，全面分析表面质量对产品性能的影响。

表面完整性是从加工表面的几何纹理状态和表面受扰材料区的物理、化学、力学性能变化等方面来评价和控制表面质量的，其评价指标可归纳为五类：①表面的纹理形貌，包括表面粗糙度、表面波度和表面纹理等；②表面缺陷，包括加工毛刺、飞边、宏观裂纹、表面撕裂和皱折等缺陷；③微观组织和表面冶金学、化学特性，包括金相组织、微观裂纹和表层化学性能；④表面力学性能，包括加工硬化的程度和深度，残余应力的大小、方向及分布情况；⑤表面的其他工程技术特性，包括电子性能变化（电导率、磁性及电阻变化）、光学性能变化（对光的反射性能，如光亮度等）。

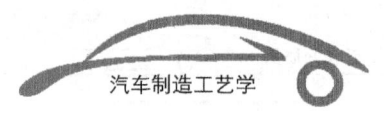

对于某一零件，应根据具体要求选取部分评价内容作为具体评价指标，一般情况可按表 5-1 规定的三个数据组来进行评价。表 5-1 中，基本数据组为最低极限数据组；标准数据组用于更为关键性的零件；广义数据组是在标准数据组的基础上，扩大了力学性能试验和其他工程技术特殊要求的检测内容，以满足设计时对表面质量的特殊要求。

表 5-1 表面完整性评价数据组

基本数据组	标准数据组	广义数据组
表面粗糙度和表面纹理组织 宏观组织 10 倍或更低倍数能观察到的加工毛刺、飞边、宏观裂纹和宏观腐蚀 微观组织 微观裂纹、塑性变形、相变、晶间腐蚀、麻点、撕裂、皱折、积屑瘤、熔化和再沉积层、选择性腐蚀 显微硬度	基本数据组 疲劳强度试验 应力腐蚀试验 残余应力和畸变	标准数据组 扩大的疲劳试验（如低频疲劳试验，用于得出设计所需要的信息） 附加的力学性能试验（如拉伸、应力断裂、蠕变等） 其他特殊性能试验（如摩擦特性、锈蚀特性、密封特性、光学特性及电子特性等）

应用表面完整性对关键零件的表面质量进行评价和控制，已得到航空航天工业、汽车工业、原子能发电、机床行业等工业部门的重视和应用。通过表面完整性研究，可对某些关键零件所用的材料及有关最终工序的加工方法进行分析；在极限工艺参数范围内进行不同的试验，研究零件加工后表面层金相组织、残余应力和疲劳性能等主要性能的变化，从而确定这些材料对加工条件和工艺参数的敏感性。例如，一种镍基合金涡轮盘的加工表面完整性试验数据表明，该材料在表面粗糙度 Ra 值为 $0.38 \sim 6.1 \mu m$ 时，对疲劳强度的影响不敏感。根据这一试验结果，就可放宽车削时对该表面粗糙度的要求，由原设计的 $Ra1.6\mu m$ 改为 $Ra3.2\mu m$。由于表面粗糙度 Ra 值的增大，零件加工工时大约减少了 10%，从而在不影响疲劳性能的前提下降低了生产成本。

5.1.3 表面质量和表面完整性对零件使用性能的影响

随着科学技术和生产力的发展，零件经常在低温（高温）、高压、高速、重载和受腐蚀介质侵蚀等恶劣环境中工作，零件的表面质量和表面完整性对其使用性能有很大影响。

1. 对零件耐磨性的影响

运动副零件相对运动时会产生摩擦。摩擦一方面消耗能量（如汽车发动机在满负荷下工作时，约 20% 的功率消耗在摩擦上），另一方面会引起零件的磨损。汽车有很多零件工作时做相对运动，为保证汽车的使用寿命，零件应具有一定程度的耐磨性。零件的耐磨性与摩擦副的材料、热处理情况和润滑条件有关。在同样的条件下，零件的耐磨性取决于零件的表面质量和表面完整性。

（1）零件表面粗糙度对磨损的影响 零件的磨损过程分为初期磨损（磨合）、正常磨损和急剧磨损三个阶段。由于表面粗糙度的存在，两个零件表面最初只是一些凸峰接触，实际接触面积比名义接触面积小得多（据统计，车削或铣削加工的表面实际接触面积仅达到名义接触面积 15% ~ 20%，精磨的达到 30% ~ 50%，研磨的达到 90% ~ 97%）。当单位接触面积上的压力超过材料的屈服极限时，凸峰部分产生塑性变形。两个零件做相对运动，就会产生剪切、凸峰断裂或塑性滑移，导致初期磨损速度加快。

图 5-2 所示为不同表面粗糙度值对初期磨损量影响的试验曲线。由图 5-2 可见，曲线存在一个最佳点，其所对应的是零件最佳的表面粗糙度值，具有此表面粗糙度值的零件，初期磨损量最小；若载荷加重或润滑条件恶化，磨损曲线将向上向右移动，最佳表面粗糙度值也随之右移。表面粗糙度值大于最佳值时，减小表面粗糙度值可减少初期磨损量。当表面粗糙度值小于最佳值时，实际接触面积就增大，接触面之间的润滑油被挤出，而使金属表面直接接触，因金属分子间的亲和力而发生黏结（称为冷焊），随着相对运动的进行，黏结处在剪切力的作用下发生撕裂破坏。或由于摩擦产生高温，使摩擦面局部熔化（称为热焊），导致接触表面遭到破坏，初期磨损量反而急剧增加。因此，一对摩擦副在一定的工作条件下通常有一个最佳表面粗糙度值，其具体数值应根据零件工作的情况及有关经验来确定。

（2）零件表面微观轮廓形状及表面纹理方向对耐磨性的影响 图 5-3 所示为具有相同表面粗糙度 Ra 值的零件表面，由于 Ra 值只能说明表面轮廓在高度方向上的偏差，不能反映表面凸峰的形状、大小和分布状况等特性，从而导致相同 Ra 值的零件的实际接触面积和润滑油的存留情况可能会有很大变化，其耐磨性可能相差 3~4 倍。

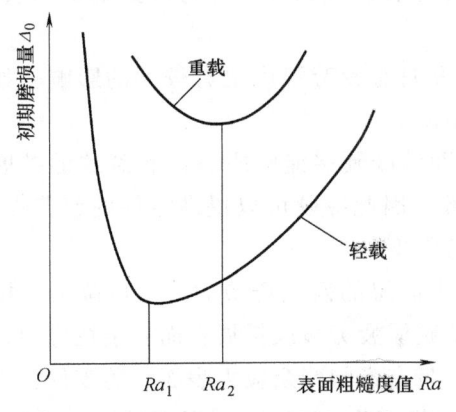

图 5-2 表面粗糙度与初期磨损量的关系

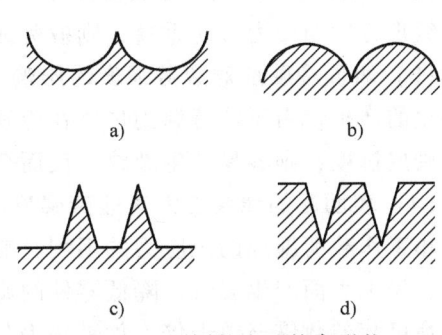

图 5-3 不同的表面轮廓形状

（3）零件表面的加工纹理方向与相对运动方向的相互关系对磨损的影响 轻载、润滑充分时，表面纹理方向与相对运动方向相同时磨损量最小，两者都相垂直时磨损量最大；重载时，当两表面纹理相垂直，且运动方向平行于下表面的纹理方向时，磨损量最小；当两表面纹理方向与运动方向相同时，容易发生咬合，磨损量最大。发动机曲轴轴颈工作时润滑充分，轴颈和轴瓦的加工纹理一般应平行于相对运动的方向。为了提高耐磨性，对于机器零件的主要表面，除规定表面粗糙度参数值外，还应规定最后工序的加工方法及纹理方向。

（4）表面层的冷硬对零件耐磨性的影响 表面层的冷硬一般可显著地提高零件的耐磨性。其原因是冷硬提高了表面接触点处的屈服强度，减少了进一步塑性变形的可能性，并减少了摩擦表面金属的冷焊现象。例如，40 钢冷拔加工后硬度可提高 15%~45%，经磨

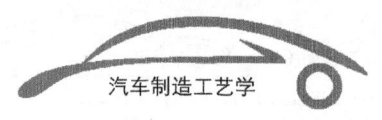

损试验表明，其磨损量可减少20%~30%。如果表面硬化过度，将会引起零件内部和表面层硬度差异过大，造成金属组织疏松，相对运动中会发生表面层剥落现象，使磨损加剧。表面层产生金相组织变化时，由于改变了基体材料原来的硬度，因而也会直接影响其耐磨性。

2. 对零件疲劳强度的影响

在交变载荷的作用下，零件表面的微观不平、划痕、裂纹等缺陷都会产生应力集中现象，导致该部位的应力容易超过疲劳极限而产生和扩展疲劳裂纹，造成疲劳损坏。

（1）**表面粗糙度对疲劳强度的影响** 一般情况下零件表面粗糙度值越小，表面缺陷越少，其抵抗疲劳破坏的能力越强。这是因为粗糙表面的凹谷部位容易引起应力集中，产生和扩展疲劳裂纹而造成疲劳损坏。试验表明：承受交变载荷的零件，减小表面粗糙度值，可使疲劳强度提高30%~40%。对于承受较大交变载荷的汽车零件，如曲轴、转向节轴颈及圆角、变速器齿轮齿面等，都规定了较小的表面粗糙度值，以提高这些零件的疲劳强度。表面粗糙度对疲劳强度的影响，还与材料的强度极限以及材料对应力集中的敏感程度有关。材料的强度极限越高，对应力集中的敏感程度越大，则表面粗糙度对疲劳强度的影响越大。钢件对应力集中敏感，钢材的强度越高，表面粗糙度对疲劳强度的影响越大。因此，零件材料选用高强度合金钢时，相同的工作条件下应该要求承受交变载荷零件的表面具有更小的表面粗糙度值。而含有石墨的铸铁件与有色金属件一样对应力集中不敏感，表面粗糙度对疲劳强度的影响就不明显。

（2）**表面纹理对疲劳强度的影响** 表面纹理方向对疲劳强度也有较大的影响，如果表面纹理方向与受力方向垂直，则疲劳强度明显下降。

（3）**表面冷硬层对疲劳强度的影响** 零件表面的冷硬层能够阻碍已有裂纹的扩展和新裂纹的产生。由于疲劳源的位置在冷硬层的中部，因此冷硬可以提高零件的疲劳强度。但冷硬层过度，则容易产生裂纹，反而会降低疲劳强度。

（4）**表面层的残余应力对疲劳强度的影响** 表面层的残余压应力，可以降低、抵消或减小工作载荷施加的拉应力的不利影响，阻碍或延缓疲劳裂纹扩展；而残余拉应力，容易使已加工表面产生裂纹，降低零件的疲劳强度。带有不同残余应力表面层的零件，其疲劳寿命可相差数倍至数十倍。如镀镍及镀铬零件，将产生 $400N/mm^2$ 以下的残余拉应力，此时疲劳强度会降低20%~40%，甚至更多。

（5）**表面层金属的金相组织变化对疲劳强度的影响** 表面层金属的金相组织变化也影响疲劳强度。例如，45Cr淬火钢件由于磨削烧伤，疲劳强度会由 $450N/mm^2$ 降低到 $330N/mm^2$，若在磨削中出现磨削裂纹，其影响更为严重。

3. 对零件耐蚀性的影响

腐蚀性介质凝聚在金属表面，会对金属表面产生腐蚀作用。如燃料在发动机中燃烧后的废气中含有酸性物质，凝结在气缸壁上会使气缸壁发生腐蚀，加速了气缸的磨损。

零件表面粗糙度值越大，潮湿空气和腐蚀介质越容易堆积在零件表面凹谷处而发生化学腐蚀，或在凸峰间产生电化学作用而引起电化学腐蚀，故耐蚀性越差。

表面冷硬和金相组织变化都会产生残余应力。零件在应力状态下工作时，会产生应力腐蚀。金属材料强度不同，对应力腐蚀的敏感性也不同，如强度较高的低合金钢，对应力腐蚀也较敏感；若有裂纹，则更增加了对应力腐蚀的敏感性。

提高零件表面质量和表面完整性（减小表面粗糙度值，减少表面裂纹等缺陷，形成残余压应力和适当的加工硬化），进行适当的表面防护，以及选择能有效抵抗介质腐蚀作用的材料等，都能提高零件的耐蚀性。

4. 对配合质量的影响

表面质量和表面完整性对零件的配合质量有很大的影响。表面粗糙度值越大，初期磨损量越大，对动配合来说，使用不久就会使配合性质发生变化，影响间隙配合的稳定性；对静配合来说，压装时会减少过盈量，降低配合强度，影响过盈配合的可靠性。设计时，应根据配合精度要求选取表面粗糙度。当配合要求高时，相应配合表面的表面粗糙度值应小，以保证零件的配合质量和工作可靠性。

5. 对零件的其他影响

表面质量和表面完整性对零件的镀涂层、导热性和接触电阻、密封性能、反射能力和辐射性能、液体和气体流动阻力、导体表面电流的流通等都会有不同程度的影响。例如：要求外观质量高的产品，还要考虑表面纹理方向、划痕和光亮程度等；液动和气动元件，还要考虑毛刺、飞边等缺陷对密封性能和流动阻力的影响；发动机类产品，还要考虑毛刺和表面附着杂质对产品清洁度的影响；电机、电器、变压器、换向器和继电器等产品，更应考虑加工毛刺对电路短路的影响。

此外，零件表面质量和表面完整性的提高，可使在同样的使用寿命内减轻零件重量，减少能源消耗。如某板簧由于采用光整加工工艺，重量减少为原设计的 1/3，承受同样载荷时在设计寿命内未发生疲劳事故。

零件表面层状态对其使用性能和使用寿命有如此大的影响是因为：承受载荷应力最大的表面层是金属的边界，机械加工后破坏了晶粒的完整性，从而改变了表面的某些力学性能；零件表面经过机械加工后，表面层的物理、力学、冶金和化学性能都变得和基体材料不同了；表面层有裂纹、加工痕迹等各种缺陷，在动载荷的作用下，可能引起应力集中而导致破坏。

5.1.4 表面质量和表面完整性对产品使用性能的影响

零件的表面质量和表面完整性不仅对零件的使用性能有很大影响，同时也影响装配后的产品装配精度、使用性能和使用寿命。

例如，以 LL480QB 柴油机为总体试验研究对象，考虑发动机总体构造，摩擦副零件主要集中在曲柄连杆机构和配气机构，同时考虑具体零件的表面质量与表面完整性对发动机整机性能影响的重要程度，选定 17 种零件。按零件的结构、材料、表面状况及光整加工要求，选定了具体的光整加工工艺，见表 5-2。综合分析表明：摩擦副零件全面光整加工的整机与摩擦副零件未光整加工的整机相比，出厂磨合时间减少 50% 左右，燃油消耗量减少 30% 左右（燃油消耗率降低 3~4g/kW·h），节约燃油费、工时费、水电费等；机油油样中 Fe 元素含量减少 18%~35%，整机运行清洁度明显提高。用未光整零件和光整零件分别装配 2 万台整机，跟踪一年统计结果显示，曲轴轴颈拉伤、划瓦故障率由 0.55% 减少为 0.069%，可靠性提高；整机噪声降低 1dB 以上，功率和转矩增加，动力性提高。

总之，摩擦副零件在光整加工过程中，不同程度地受到滚压作用、刻划和滑擦的微量磨削作用，导致被加工零件的表面质量和表面完整性指标改善，从而提高了零件的疲劳强度、耐磨性及耐蚀性，最终实现改善发动机清洁度、提高有效功率、降低油耗、减小噪声、缩短磨合期的目标，有利于延长发动机使用寿命。这也表明对摩擦副零件进行光整加工是改善发动机整机性能的有效途径之一。

表 5-2　LL480QB 柴油机主要摩擦副零件的具体光整加工工艺方法

序号	零件名称	零件材料	光整加工工艺方法
1	曲轴	QT800-2	卧式主轴滚磨
2	连杆总成(外表面)	—	强制旋流滚磨
	连杆总成(两孔)		永磁磁性研磨
3	活塞销	20Cr10Si2Mo	离心式滚磨
4	活塞	66-1 共晶硅合金	立式主轴式滚磨
5	活塞环组件	合金铸铁	离心式滚磨
6	缸套	硼铸铁	旋涡气流光整
7	凸轮轴	精选 45 钢	卧式主轴滚磨
8	摇臂轴	20 钢	自由主轴滚磨
9	进气门	4Cr9Si2	自由旋流滚磨
10	排气门	4Cr10Si2Mo	自由旋流滚磨
11	气门内弹簧	钢丝 4-10/50CrVA-2Y	离心式滚磨
12	气门外弹簧	钢丝 4-10/50CrVA-2Y	离心式滚磨
13	油泵正时齿轮	45 钢	强力叉轴滚磨
14	曲轴正时齿轮	45 钢	强力叉轴滚磨
15	凸轮轴齿轮	45 钢	强力叉轴滚磨
16	正时惰齿轮	45 钢	强力叉轴滚磨
17	惰齿轮	40Cr	强力叉轴滚磨

另外，通过在气缸或气缸套工作表面加工大量相互独立、互不贯穿、深度一致、按一定规律分布的蜂窝状微坑，可以使其与活塞环之间的润滑油不被挤出，产生流体动力油膜，改善润滑情况。经大量台架试验和汽车使用数据表明，这一措施令气缸使用寿命提高 80%～200%，机油消耗量降低 30%～60%，环境污染减少，磨合期缩短，避免了拉缸现象，提高了发动机的寿命。

5.2　机械加工后的表面几何特征

零件表面的功用不同，所需的表面几何特征及其数值也不同。零件图上标注的表面粗糙度，用以说明该表面加工后需达到的表面特性。表面粗糙度的评定除了最基本的轮廓算术平均偏差 Ra 外，根据表面功能的需要，还可用轮廓的最大高度 Rz、轮廓单元的平均宽度 Rsm、轮廓的支承长度率 $Rmr(c)$ 等。

5.2.1 切削加工后的表面粗糙度

切削加工时表面粗糙度的形成,大致可归纳为三方面的原因:几何因素、物理因素和工艺系统的振动。

1. 影响因素

形成表面粗糙度的几何因素是由刀具相对于工件做进给运动时在加工表面上遗留下来的切削层残留面积(图5-4)。其理论上的最大表面粗糙度值 Rz 可由刀具形状、进给量 f,按几何关系求得。当不考虑刀尖圆弧半径时,

$$Rz = H = \frac{f}{\cot\kappa_r + \cot\kappa_r'} \tag{5-1}$$

式中 f——刀具每转的进给量(mm);

κ_r、κ_r'——刀具的主偏角和副偏角。

当背吃刀量和进给量很小时,表面粗糙度值 Rz 主要由刀尖圆弧决定,即

$$Rz = H \approx \frac{f^2}{8r_\varepsilon} \tag{5-2}$$

式中 r_ε——刀尖圆弧半径(mm)。

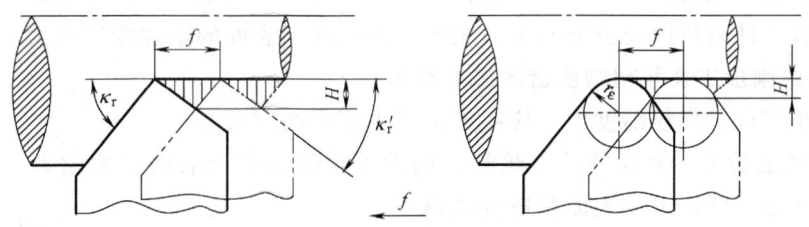

图 5-4 切削层残留面积

切削加工后的实际表面粗糙度与理论表面粗糙度有比较大的差别。这主要与被加工材料的性能及与切削机理有关的物理因素的影响有关。切削过程中刀具的刃口圆角及后刀面对工件进行挤压与摩擦而产生塑性变形。韧性越好的材料,塑性变形越大,且容易出现积屑瘤与鳞刺,使表面粗糙度严重恶化。此外还有切削用量、冷却润滑液和刀具材料等因素的影响。

如果工艺系统存在振动,会破坏正常的切削过程。振动会在工件与刀具正常相对运动的基础上,附加一个周期性的运动,使得工件表面上留下振动痕迹。低频振动一般会使加工表面产生波度,而高频振动则会使表面粗糙度值增大。

2. 减小切削加工表面粗糙度值的工艺措施

刀具的几何形状、材料、刃磨质量,切削用量,工件材料以及润滑冷却状态等都会影响切削加工后的表面粗糙度值。

从影响表面粗糙度的几何因素来看,控制残留面积的高度,即可减小表面粗糙度值。对于切削刀具,可通过增大刀尖圆弧半径,减小主偏角、副偏角,采用主偏角为零的修光

刃刀具等措施减小残留面积。对于切削用量，采用小的进给量也能有效地减小表面粗糙度值，但会使切削效率降低而影响生产率。

对于影响表面粗糙度的物理因素，可采取控制刀具几何角度、切削速度及对工件材料改性等，来有效抑制积屑瘤和鳞刺的产生。如增大刀具前角、适当加大后角，采用较高或较低的切削速度，合理选用切削液，必要时对工件进行正火、调质等热处理（可降低塑性、细化晶粒），均能有效减小表面粗糙度值。

5.2.2 磨削加工后的表面粗糙度

影响磨削加工后表面粗糙度的因素也可归纳为三方面：与磨削过程和砂轮结构有关的几何因素，与磨削过程和被加工材料塑性变形有关的物理因素，以及工艺系统的振动因素。

1. 影响因素

从几何因素看，砂轮上磨粒的微刃形状和分布对于磨削后的表面粗糙度是有影响的。磨削表面是由砂轮上大量的磨粒刻划出无数极细的沟槽形成的，单位面积上的刻痕越多，即通过单位面积的磨粒数越多，以及刻痕的等高性能越好，表面粗糙度值也越小。

从物理因素看，大多数磨粒只有滑擦、耕犁作用。在滑擦作用下，被加工表面只有弹性变形，不产生切屑；在耕犁作用下，磨粒在工件表面上刻划出一条沟痕，工件材料被挤向两边产生隆起，此时产生塑性变形但仍不产生切屑。切屑主要是经过很多后继磨粒的多次挤压，导致工件材料因疲劳而断裂、脱落，所以加工表面的塑性变形很大。

2. 减小磨削加工表面粗糙度值的工艺措施

为了减小工件表面粗糙度值，应考虑以下主要影响因素：

（1）**砂轮的粒度** 砂轮的粒度越细，则砂轮单位面积上的磨粒数越多，在工件上的刻痕也越密而细，所以工件表面粗糙度值越小。

（2）**砂轮的修整质量** 砂轮的修整质量越高，砂轮工作表面上的等高微刃（图 5-5）就越多，所加工工件的表面粗糙度值也越小。

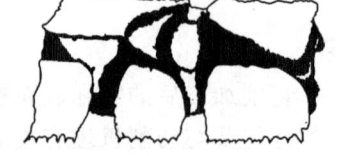

图 5-5 磨粒上的微刃

（3）**砂轮速度 v_s** 提高砂轮速度可以增加单位时间内工件单位面积上的刻痕数，同时塑性变形造成的隆起量随着砂轮速度的增大而下降，原因是高速下塑性变形的传播速度小于磨削速度，材料来不及变形，因而工件表面粗糙度值可以显著减小。

（4）**工件速度 v_w** 工件速度越大，单个磨粒的磨削厚度就越大，单位时间内磨削工件表面的磨粒数减少，工件表面粗糙度值增大。

（5）**径向进给量 f_r** 增大磨削径向进给量将增加塑性变形的程度从而增大工件表面粗糙度值。通常在磨削过程开始时采用较大的径向进给量，以提高生产率；最后采用较小的径向进给量或无径向进给量磨削，以减小工件表面粗糙度值。

（6）**轴向进给量 f_a** 采用较小的轴向进给量，则磨削后工件表面粗糙度值较小。

根据试验结果，砂轮速度 v_s、工件速度 v_w、径向进给量 f_r、轴向进给量 f_a 与表面粗糙度 Ra 值的关系为

$$Ra \propto \frac{v_w^{0.8} f_a^{0.66} f_r^{0.48}}{v_s^{2.7}} \tag{5-3}$$

磨削用量的选择应慎重，提高砂轮转速、减小工件转速、降低进给量、减小磨削深度等，均可以减小工件表面粗糙度值，但有可能产生磨削烧伤。提高冷却润滑效果，降低磨削区的温度，减少烧伤，及时冲去脱落的磨粒和磨屑，以免划伤工件，也有利于减小工件表面粗糙度值。

另外，引起磨削加工工件表面粗糙度值增大的主要原因还往往是工艺系统的振动，增加工艺系统的刚度和阻尼，做好砂轮的动平衡以及合理地修整砂轮可显著减小工件表面粗糙度值。

5.2.3 机械加工后的毛刺

缺陷的种类很多，在切削加工中产生最多的缺陷是毛刺。毛刺是指在切削加工时，由于塑性变形和表面撕裂等原因，在加工表面的棱边处派生出多余的微小尖棱凸起物。加工方法、加工工艺不同，毛刺生成的机理、形状、尺寸、位置和特性（如刚性、硬度和强度）也不同。

毛刺的存在对产品的精度、装配、使用性能、使用寿命及可靠性会产生不良的影响，甚至造成设备毁坏和损伤等事故。为了抑制和减少毛刺的形成，在设计时，应在满足零件性能要求的前提下，尽量选用适当的零件结构，采用硬化指数及伸长率较好的材料。制订工艺时，可采用不产生毛刺的加工方法、改变零件的加工顺序、改变工艺参数（切削用量、进给方向等），以及选用适宜的刀具材料和几何角度等方法来抑制和减少加工毛刺。例如，套筒上有径向孔时，先车中心孔、后钻径向孔时，孔尾端会产生毛刺，而将零件的加工顺序改为先钻径向孔、后车中心孔，则可减少或消除毛刺。

当零件存在毛刺时，可采用不同的去毛刺工艺进行去除，其成本效益与需要去除毛刺的范围、零件的复杂程度、毛刺位置、零件批量等有关。

5.3 机械加工后的表面层物理力学性能

5.3.1 机械加工后表面层的冷作硬化

1. 冷作硬化产生的原因

切削或磨削加工时，表面层金属由于塑性变形使晶粒间产生剪切滑移，晶格扭曲，晶粒发生拉长、破碎、纤维化，从而使表层材料强化，强度和硬度提高，塑性降低，物理性能变化的现象，称为冷作硬化现象，简称冷硬。例如，钢件磨削后的表面硬度平均值可达原工件硬度的 1.2~2 倍，冷硬层的深度平均值可达 0.02~0.06μm。

冷硬的指标通常用冷硬层的深度 h、表面层的显微硬度 H、硬化程度 N 以及硬化梯度 μ 来表示（图 5-6），即

$$N = \frac{H - H_0}{H_0} \times 100\% \tag{5-4}$$

$$\mu = \frac{H - H_0}{h} \times 100\% \qquad (5\text{-}5)$$

式中 H_0——冷硬前的显微硬度。

表面层冷作硬化的程度,取决于产生塑性变形的力、变形速度及变形时的温度。力越大,塑性变形越大,则硬化程度越大;速度越大,塑性变形越不充分,则硬化程度越小;变形时的温度不仅影响塑性变形程度,还会影响变形后金相组织的回复程度。当温度处于 $(0.25\sim0.30)T_{熔}$(熔化绝对温度)时,除了强化现象外,同时还有回复现象,降低了冷硬作用;当温度超过再结晶温度时,就会发生金属再结晶,此时由于强化而改变了的表面层物理力学性能几乎完全回复。

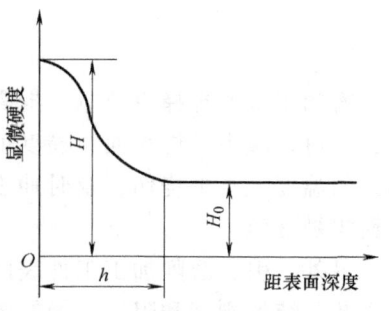

图 5-6 切削加工后表面层的冷硬

机械加工时表面层的冷作硬化就是强化作用和回复作用综合的结果。切削温度越高、高温持续时间越长、强化程度越大,则回复作用也就越强。因此,为保证疲劳强度,对于高温下工作的零件,其表面层最好是没有冷硬层或者只有极薄(10~20μm)的冷硬层。

2. 影响冷作硬化的主要因素

(1) **刀具** 刀具的切削刃口圆角和后刀面的磨损量增大时,冷硬层深度和硬度也随之增大;刀具前角减小时,冷硬层深度和硬度也会增大。

(2) **切削用量** 切削速度增大时,刀具与工件接触时间短,工件塑性变形程度降低,同时会使温度增高,有助于冷硬的回复,所以硬化层深度和硬度都有所减少。进给量增大时,切削力增大,塑性变形程度也增大,因此硬化现象增加;但进给量较小时,由于刀具的刃口圆角在加工表面单位长度上的挤压次数增多,硬化倾向也会增大。

(3) **被加工材料** 被加工材料硬度越低、塑性越大,机械加工后的冷硬现象越严重。

5.3.2 机械加工后表面层金相组织的变化

1. 金相组织变化的原因

加工时,由于切削热的作用,加工表面温度会升高。当温度升高到超过工件材料金相组织变化的临界点时,就会发生金相组织变化。磨削加工时,切削力大,切削速度也非常高,去除单位体积材料所消耗的功率,是其他切削加工方法的数十倍。这样大的能量消耗绝大部分转换成了热量;而磨屑的体积小、数量少,砂轮的导热性又差,磨削过程中有 70% 以上的热量都瞬时传给了工件;在很短的时间内磨削区温度可上升到 400~1000℃,甚至更高。这样快的加热速度,会促使加工表面局部形成瞬时热聚集现象,有很高的温升和很大的温度梯度,导致金相组织变化,材料强度和硬度下降,产生残余应力,甚至引起裂纹,这就是磨削烧伤现象。对于齿轮、轴承、曲轴、凸轮轴等机械零部件,局部的表面烧伤将使该处硬度下降,产生残余拉应力,降低了疲劳强度,裂纹容易产生和扩展,从而造成零件表面的早期失效。

磨削加工时,工件表面的温升与主要工艺参数的关系为

$$\Delta T \propto D^{0.25} d^{0.75} \left(\frac{v_s}{v_w}\right)^{0.5} \tag{5-6}$$

式中　ΔT——工件表面的温升（K）；

　　　D——砂轮直径（mm）；

　　　d——磨削深度（mm）；

　　　v_s——砂轮速度（m/s）；

　　　v_w——工件速度（m/s）。

磨削淬火钢时，由于磨削烧伤，工件表面会形成氧化膜，并呈现出黄、褐、紫、青、灰等不同颜色，相当于钢的回火色。这是由于工件氧化膜的厚度不同，因而反射光线形成的干涉状态不同所致。不同的烧伤色代表受到不同温度的作用与产生不同的烧伤深度，磨削区温度越高，烧伤层越深，氧化膜颜色越重。不过有时表面虽看不出变色，却并不等于表面不存在热损伤。例如，过大的磨削用量会在工件表面层产生较深的烧伤层，在随后的无进给磨削中，虽然磨去了表面的烧伤色，但未能去除烧伤层，这样会给工件的使用留下隐患。

下面以淬火钢为例来分析磨削烧伤。淬火钢的组织原为马氏体，硬度很高。对中碳钢，若温度高于 727℃，马氏体将转变为奥氏体；在 500~650℃ 范围内，马氏体转化为回火索氏体，回火索氏体由铁素体和较细的粒状渗碳体组成，硬度、强度较低；在 350~500℃ 范围内，马氏体转变为回火托氏体，回火托氏体由铁素体和更细的粒状渗碳体组成，硬度比马氏体低，比回火索氏体高；温度在 300℃ 以下时，马氏体转变为回火马氏体，这是一种与淬火马氏体硬度相近、脆性较低的针叶片状组织。

磨削淬火钢时表面层产生的烧伤有：

(1) **回火烧伤**　磨削区温度超过马氏体转变温度而未超过相变温度，则工件表面原来的马氏体组织将产生回火现象，转化成硬度降低的回火组织——索氏体或托氏体。

(2) **淬火烧伤**　磨削区温度超过相变温度，马氏体转变为奥氏体，由于冷却液的急冷作用，表层会出现二次淬火马氏体，硬度较原来的回火马氏体高，而它的下层则因为冷却缓慢成为硬度降低的回火组织。

(3) **退火烧伤**　不用冷却液进行干磨削时，磨削区温度超过相变温度，马氏体转变为奥氏体，因工件冷却缓慢，则表层硬度急剧下降，这时工件表层被退火。

2. 影响磨削加工时金相组织变化的因素

影响磨削加工时金相组织变化的因素有工件材料、磨削温度、温度梯度及冷却速度等。

磨削加工时，工件材料为低碳钢时不会发生相变；高合金钢（如轴承钢、高速钢、镍铬钢等）传热性特别差，在冷却不充分时易出现磨削烧伤；未淬火钢为扩散度低的珠光体，磨削时间短时不会发生金相组织的变化；淬火钢极易相变。

图 5-7 所示为高碳淬火钢在不同磨削条件下出现的表面层硬度分布情况。当磨削深度 (a_p) 小于 10μm 时，由于温度的影响使表面层的回火马氏体产生弱化，并与塑性变形产生的冷作硬化现象综合而产生了比基体硬度低的部分，而表面的里层由于磨削加工中的冷作硬化起了主导作用，又产生了比基体硬度高的部分。当磨削深度为 20~30μm 时，冷作

硬化的影响减少，磨削温度起了主导作用。由于磨削区温度高于马氏体转变温度低于相变温度，而使表面层马氏体回火产生回火烧伤。当磨削深度增大至 50μm 时，磨削区最高温度超过了相变温度，急冷时产生淬火烧伤，而再往里层则硬度又逐渐升高直至未受热影响的基体组织。

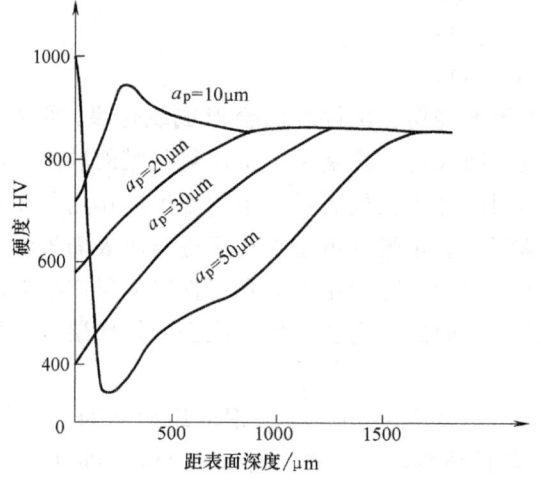

图 5-7　磨削高碳淬火钢时表面层硬度分布

5.3.3　机械加工后表面层的残余应力

1. 残余应力产生的原因

在机械加工中，工件表面层金属相对基体金属发生形状、体积或金相组织变化时，表面层中将产生残余应力。表面层的残余应力与表面层下基体里层的残余应力作用方向相反，且相互平衡。产生表面层残余应力的主要原因如下：

（1）**冷态塑性变形**　机械加工时，表面层金属产生强烈的塑性变形。沿切削速度方向，表面层金属产生拉伸变形，晶粒被拉长，金属密度会下降，即比容增大，而里层材料则阻碍这种变形，因而在表面层产生残余压应力，在里层则产生残余拉应力。当刀具从被加工表面上切除金属时，由于后刀面的挤压和摩擦作用，加大了表面层金属伸长的变形，受到里层材料的限制，也在表面层产生残余压应力。

（2）**热态塑性变形**　机械加工时，切削或磨削热使工件表面局部温升过高，引起高温塑性变形。图 5-8 所示为因加工温度而引起残余应力的示意图。

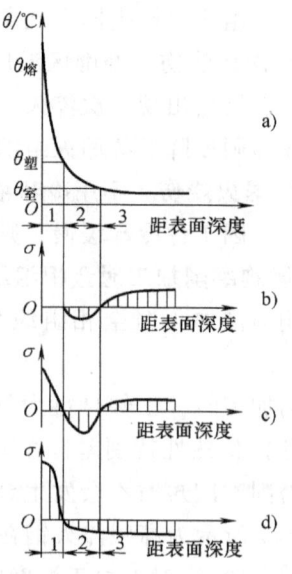

图 5-8　因加工温度而引起工件残余应力的示意图
a) 加工时工件温度分布　b) 加工时应力分布
c) 开始冷却应力分布　d) 最后冷却应力分布

图 5-8a 所示为加工时工件表面到内部的温度分布情况：第 1 层温度在塑性温度 $\theta_{塑}$ 以上，这层金属产生热塑变形；第 2 层温度在塑性温度与室温 $\theta_{室}$ 之间，这层金属只产生弹性热膨胀；第 3 层是处在室温的冷态层不产生热变形。由于第 1 层处于塑性状态，故没有应力；第 2 层的膨胀受到第 3 层的阻碍，所以第 2 层产生压应力；第 3 层则产生拉应力（图 5-8b）。开始冷却时，当第 1 层冷却到塑性温度以下，体积收缩，但第 2 层阻碍其收缩，这时第 1 层中产生拉应力，第 2 层中的压应力增加。而由于第 2 层的冷却收缩，第 3 层中的拉应力有所减小（图 5-8c）。最后冷却时，第 1 层继续收缩，拉应力进一步增大，而第 2 层的热膨胀全部消失，完全由第 1 层的收缩而形成一个不大的压应力，第 3 层的拉应力消失，而与第 2 层一起受第 1 层的影响，也形成一个不大的压应力（图 5-8d）。

（3）金相组织变化 机械加工时产生的温度超过材料的相变温度时，会引起材料表面的相变。由于不同的金相组织有不同的比容，表面层金相变化的结果将造成体积的变化。表面层体积膨胀时，因为受到基体的限制，会产生压应力，反之，表面层体积缩小时，则产生拉应力。例如，淬火钢回火时，马氏体要转变为接近珠光体的托氏体，体积要缩小，受未转变为托氏体部分的阻碍，便产生了残余拉应力，未转变为托氏体部分产生残余压应力。

实际机械加工后的表面层残余应力是上述三方面因素综合作用的结果。在一定条件下，其中某些因素可能起主导作用。例如，切削加工时，如果切削温度不高，则以冷塑变形为主；若温度高，则以热塑变形为主。磨削加工时表面层残余应力随磨削条件不同而不同。图 5-9 所示为不同磨削条件下产生的表面层残余应力。轻磨削条件产生浅而小的残余压应力，因为此时没有金相组织变化，温度影响也很小，主要是塑性变形的影响在起作用；中等磨削条件产生浅而大的拉应力；重磨削条件则产生深而大的拉应力（最外层表面可能出现小而浅的压应力），这里显然是由于热塑变形和金相组织变化的影响在起主导作用。

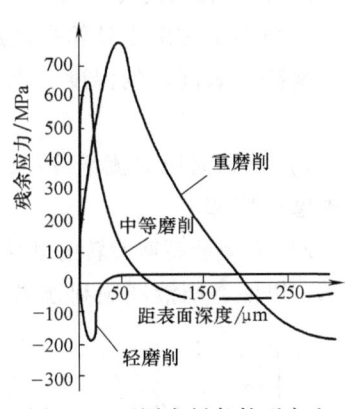

图 5-9 不同磨削条件下产生的表面层残余应力

影响残余应力的工艺因素主要是刀具的前角、切削速度以及工件材料的性质和冷却润滑液，具体的情况则看其对机械加工时的塑性变形、切削温度和金相组织变化的影响程度而定。

2. 磨削裂纹的产生

磨削加工中，热塑变形和金相组织变化的影响较大，故大多数磨削零件的表面层往往有残余拉应力。当残余拉应力超过材料的强度极限时，零件表面就会出现裂纹。有的磨削裂纹也可能不在工件的外表面，而是出现在表面层下，成为肉眼难以发现的缺陷。磨削裂纹一般很浅（0.2~0.5mm），大多数垂直于磨削方向或成网状（磨削螺纹时，有时也有平行于磨削方向的裂纹）。裂纹总是由拉应力引起的，且常与烧伤同时出现。

磨削裂纹的产生与材料性质及热处理工序有很大关系。磨削硬质合金时，由于其脆性大、抗拉强度低以及导热性差，因此特别容易产生磨削裂纹。磨削含碳量高的淬火钢时，由于其晶界脆弱,也容易产生磨削裂纹。工件在淬火后如果存在残余应力,则即使在正常的磨削条件下也可能出现裂纹,故在磨削前进行去除应力的工序能收到很好的效果。渗碳、渗氮时如果工艺不当,就会在表面层晶界面上析出脆性的碳化物、氮化物,当磨削时在热应力作用下,就容易沿着这些组织发生脆性破坏,而出现网状裂纹。

5.3.4 降低磨削温度的工艺途径

对零件使用性能危害甚大的残余拉应力、磨削烧伤和磨削裂纹,均起因于磨削热。为降低磨削区温度,可以按减少磨削热的产生和加速磨削热的传出两种解决思路进行。

1. 选择合理的磨削参数

为了直接减少磨削热的发生和降低磨削区的温度,应合理选择磨削参数:减小砂轮速度和背吃刀量,适当提高进给量和工件速度。但这会使表面粗糙度值增大而造成矛盾。生产中比较可行的办法是通过试验来确定磨削参数:先按初步选定的磨削参数试磨,检查工件表面的热损伤情况,据此调整磨削参数直至最后确定下来。另一种方法是在磨削过程中连续测量磨削区温度,然后控制磨削参数。

2. 选择有效的冷却方法

磨削加工时由于砂轮高速旋转而产生强大的气流,使磨削液很难进入磨削区,故不能有效地降低磨削区的温度。因此应选择适宜的磨削液和有效的冷却方法,加速磨削热的传出。

1)采用高压大流量冷却,不仅能增强冷却效果,还可对砂轮表面进行清洗,使其不易被磨屑堵塞。

2)为减轻高速旋转的砂轮表面的高压附着气流的作用,可加装空气挡板,如图 5-10a 所示,以使磨削液能顺利地喷注到磨削区。

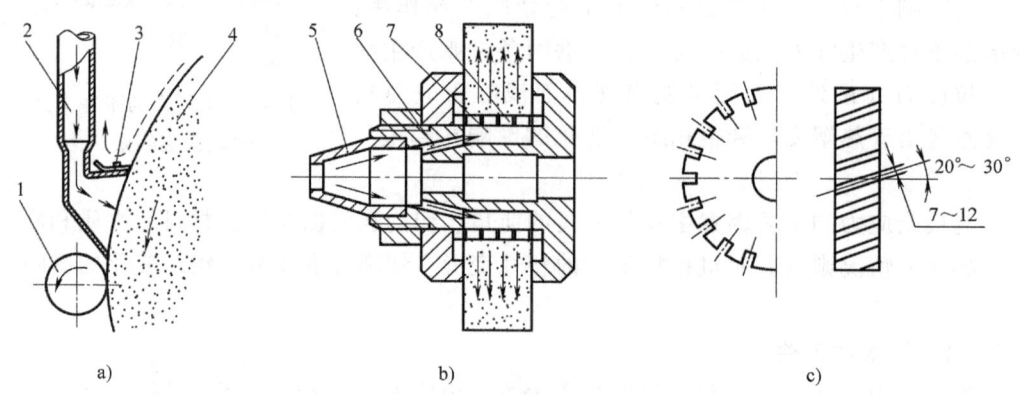

图 5-10 不同冷却方式
a) 加装空气挡板 b) 内冷却砂轮 c) 开槽砂轮
1—工件 2、6—磨削液 3—挡板 4—砂轮 5—锥套 7—砂轮中心腔 8—开孔薄壁套

3)采用内冷却砂轮进行内冷却,如图 5-10b 所示,磨削液引入砂轮中心腔后靠离心力作用甩出,可使磨削液直接进入磨削区。

4)采用开槽砂轮,如图 5-10c 所示,在砂轮的四周开一些横槽,既能将磨削液带入磨削区，提高冷却效果；同时可形成间断磨削，减少工件受热时间；还能促进空气流动，改善散热条件。

*5.4 零件表面光整加工技术

近年来，由于对零件表面质量和表面完整性要求的不断提高，涌现出许多新技术和新工艺。其中，零件表面光整加工技术不仅能有效地减小零件表面粗糙度值，改善表面层应力状态，而且还可以去除毛刺、棱边倒圆，使零件表面质量得到提高，表面完整性得到改善。下面仅介绍光整加工技术。

5.4.1 零件表面光整加工技术的内涵

在机械加工中旨在提高零件表面质量或表面完整性的各种加工方法、加工技术，统称为零件表面光整加工技术，简称光整技术。

通常对毛坯表面和机械加工表面应根据需要进行相应的零件表面光整加工。对于毛坯零件加工，是指零件在经过铸锻、冲压、焊接之后，虽然获得了规定的毛坯尺寸和几何形状，但毛坯表面质量还存在许多缺陷，如表面氧化层、皱曲、黏砂、残留焊渣等，这样的零件在进入下道工序之前，必须进行清砂处理或者镀前处理等。这类以保证毛坯零件表面质量为目的的光整加工，称为毛坯表面光整加工技术。零件经机械加工后，进行棱边倒圆、去除毛刺、消除微观裂纹、减小表面粗糙度值、改善表面层物理力学性能等加工，称为零件最终表面光整加工技术，也称为精密表面光整加工技术。

零件表面光整加工技术的主要功能包括：①减小零件表面粗糙度值，去除划痕、微观裂纹等表面缺陷，提高和改善零件表面质量，有效缩短整机装配后零件的初期磨损时间；②提高零件表面层的物理力学性能，如改善零件表面层应力状态，进一步提高零件和产品的使用性能和使用寿命；③去除毛刺，棱边倒圆，保证表面之间光滑过渡，提高零件的装配工艺性；④改善零件表面的光泽度和光亮程度，提高零件清洁度等，满足外观特殊要求。

零件表面光整加工技术的类型很多，按主要功能可分为：①以减小零件表面粗糙度值为主要目的，如光整磨削、研磨、珩磨和抛光等；②以改善零件表面层物理力学性能为主要目的，如滚压、抛喷丸、金刚石压光和挤孔等；③以去除毛刺飞边、棱边倒圆等为主要目的，如喷砂、高温爆炸、滚磨、磨料流加工和动力刷加工等。

目前，零件表面光整加工技术已在兵器工业、航空航天、高档数控机床、轨道交通装备等高端装备制造业，新一代核电、大型风电等新能源装备制造业，汽车、内燃机、高效传动与驱动、煤机装备、高端仪器、机械基础零部件、石化装备、纺织机械、五金件等传统制造业都有一定的应用。

各种零件表面光整加工工艺应被视为由零件表面光整加工设备、光整加工介质和被加工零件组成的一个系统，通过调整、优化加工参数，合理确定光整加工工序，从而使表面光整加工更加有效、可靠。

零件表面光整加工方法很多，都具有特定条件下的优势，但也存在局限性。下面仅介绍几种典型的零件表面光整加工工艺。

5.4.2 典型的零件表面光整加工工艺

1. 超精加工

如图5-11所示,超精加工是用细粒度的磨条以一定的压力压在做低速旋转运动的工件表面上,并沿着轴向做高频率短行程的往复运动,同时工件或磨条还做轴向进给运动以进行微量切削的加工方法。超精加工后的表面粗糙度 Ra 值小（0.01~0.08μm）,呈现网状的痕迹,有利于储油,表面耐磨性好。超精加工常用于加工内外圆柱面、圆锥面,还可加工平面、球面等,例如滚动轴承套圈的滚道等。

磨条振摆速度 $v\cos\varphi$ 与工件的回转速度 $v_工$ 构成的切削角 β,是超精加工的重要参数。其计算公式为

$$\tan\beta = \frac{v\cos\varphi}{v_工} = \frac{\pi Af\cos\varphi}{\pi d_工 n_工} = \frac{Af\cos\varphi}{d_工 n_工} \tag{5-7}$$

式中 A——磨条振摆的振幅（mm）;

f——磨条振摆的频率（Hz）;

$d_工$——工件的直径（mm）;

$n_工$——工件的转速（r/min）。

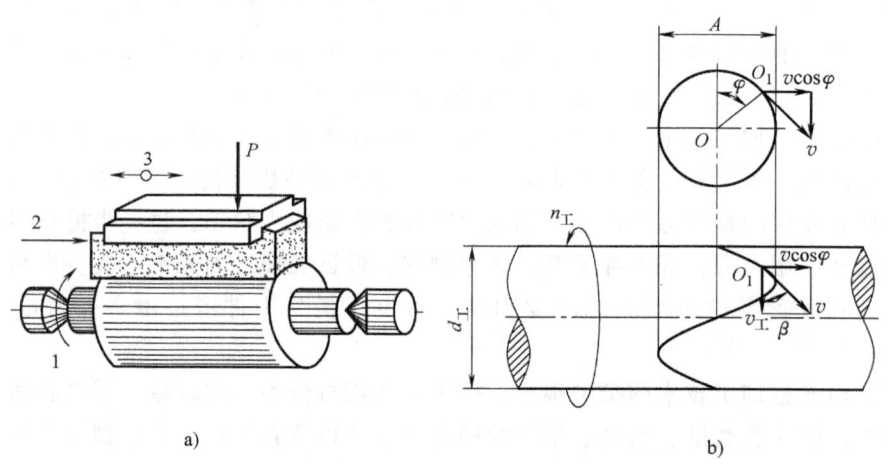

图5-11 超精加工原理及其运动轨迹

a) 加工原理 b) 运动轨迹

1—工件旋转 2—磨头的进给运动 3—磨条高频往复振动 P—压力

超精加工一般可划分为以下四个加工阶段。

(1) 强烈切削阶段 加工初期磨条主要起切削作用,磨条同工件表面的实际接触面积小,单位面积压力较大,工件与磨条之间不能形成完整的润滑油膜,且磨条做高频率短行程的往复运动,切削力方向经常变化,磨粒破碎的机会多,自砺性好,故切削作用强烈。

(2) 正常切削阶段 工件表面逐渐被磨平后,接触面积逐步增大,单位面积上的压

力减小，切削作用减弱，进入正常切削阶段。

（3）**微弱切削阶段**　随着工件表面接触面积进一步增大，单位面积上的压力更小，切削作用微弱，磨条表面也因有极细的切屑氧化物嵌入空隙而变得光滑，产生抛光作用。

（4）**自动停止阶段**　工件表面被磨平，单位面积上的压力极低，工件和磨条间润滑油膜逐渐形成，不再接触，故切削自动停止。

2. 冷压强化

冷压强化工艺是通过冷压加工方法使零件表面层金属发生冷态塑性变形，以减小表面粗糙度值，提高表面硬度，并在表面层产生残余压应力和冷硬层，从而提高零件的疲劳强度及耐蚀性。采用冷压强化工艺时应控制好工艺参数，避免造成过度硬化、塑性消失，甚至引起显微裂纹和材料剥落等不良后果。目前采用的冷压强化工艺主要有抛喷丸、滚压、挤压等。

抛喷丸是一种用压缩空气或离心力，将大量直径细小（$\phi 0.125 \sim \phi 5 mm$）的弹丸（如钢丝切丸、铸钢丸、玻璃丸、陶瓷丸等），以 $30 \sim 80 m/s$ 的速度，不断抛喷向被加工零件表面的方法。抛喷丸工艺可分为清理和强化两种。抛喷丸强化时，引起工件表面层很大的塑性变形（深度可达 $1.25 mm$），造成表面的冷硬层和残余压应力，从而提高抗疲劳与应力腐蚀等使用性能，常用于弹簧、齿轮、涡轮叶片和轴等承载交变应力的汽车零件、机械工程和驱动传动装置零件等的强化处理。例如，20CrMnTi 齿轮渗碳淬火后进行喷丸处理，残余压应力为 880MPa，寿命从 55 万次提高到 150 万~180 万次。

抛喷丸工艺对抛喷丸强度有严格要求，抛喷丸强度过高或过低都难以达到提高零件的疲劳强度等使用性能的效果。抛喷丸工艺中，抛喷丸介质大小、硬度、密度，抛喷丸量，抛喷丸速度、距离、角度都直接影响抛喷丸强度；对于某一种被加工材料而言，存在一个适宜的抛喷丸强度范围。图 5-12 所示为抛喷丸工艺加工后工件残余应力场的特征及主要参数对残余应力场的影响规律。在抛喷丸工艺中，遮蔽是非常重要的一项准备工作，能够使不允许进行抛喷丸的区域没有弹丸覆盖；还可用于防止弹

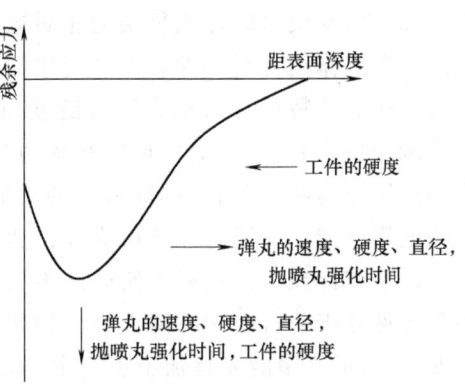

图 5-12　抛喷丸残余应力的特征及参数影响

丸进入加油孔等内孔，因为从这些内孔移除弹丸很难，且残余弹丸可能会对工件的功能造成不良影响。

3. 珩磨

如图 5-13 所示，珩磨是利用珩磨头上的细粒砂条对孔表面进行加工的一种方法，在气缸孔、油缸筒、阀孔以及炮筒等的大批大量生产中应用很普遍，也可用于小批生产。珩磨头上装有 2~10 条砂条，砂条由张开机构作用，沿径向张开并在孔表面上产生一定的压力，对工件进行微量切削、挤压和擦光。珩磨分为立式和卧式两种。立式珩磨时，工件不动，珩磨头做旋转运动和轴向的往复运动。由于珩磨头的转速与每分钟往复次数无公约数，故被加工孔表面上呈现交叉而互不重复的网状痕迹，形成了储存润滑油的良好条件。

珩磨压力低，切深小，故珩磨功率小，工件表面层的变形小，切削能力弱。而切削轨迹不重复，切削过程平稳，且使用大量的切削液冲走脱落的砂粒并对工件表面进行充分冷却等特点，使珩磨后工件的表面质量很高，表面粗糙度 Ra 值可达 $0.04\sim 0.32\mu m$。珩磨还能对前道工序遗留下来的几何形状误差进行一定程度的修正，因为表面的突出部分总是先与砂条接触而被磨去，直至砂条与工件表面完全接触。

为了补偿机床、珩磨头、夹具间的同轴度误差，珩磨头与机床主轴之

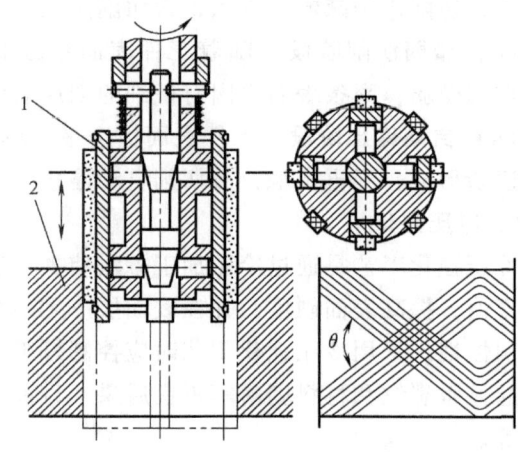

图 5-13 珩磨加工原理
1—珩磨头　2—工件　θ—网纹交叉角

间的连接是浮动的，因此珩磨加工不能修正孔间的相对位置误差。

4. 滚磨

滚磨光整加工是将处于自由状态或非自由状态的零件置于盛有加工介质（滚抛磨块、磨剂、水等）的容器中，加工时，通过零件、容器或两者同时产生一定运动的形式，使零件和滚抛磨块之间形成复杂的相对运动。在相对运动的作用下，处于游离状态的滚抛磨块以一定的作用力对零件表面进行碰撞、滚压、滑擦和刻划的微量磨削，从而改变零件表面的几何形状特征（减小表面粗糙度值，增加表面轮廓支承长度率，改变表面纹理，去除毛刺等缺陷），改善表面层的物理力学性能（提高表面显微硬度，表面形成变质层，改善表面层应力状态等），提高零件的清洁度，综合改善零件的表面完整性，提高零件及产品的使用性能、使用寿命和可靠性，达到对零件表面光整加工的目的。

按照零件在加工过程中所处的不同状态来分，滚磨光整加工可以分为零件处于自由状态和零件处于非自由状态两大类，如图 5-14 所示。典型滚磨加工的加工原理如图 5-15 和图 5-16 所示。滚磨光整加工工艺中，零件或容器的运动方式及运动参数、加工介质的类型及用量、加工设备的几何参数、加工时间等工艺参数都会直接影响加工效果和加工效率。

滚磨光整加工可以去毛刺、除锈、做表面光整、倒角倒圆、去除热处理或其他工艺留下的各种缺陷、做涂镀前准备以及涂镀后处理等。对于黑色金属、有色金属、塑料、复合材料、陶瓷甚至木材等各种材料均可进行加工。该技术具有整体加工、综合改善表面完整性主要特征参数、经济性好的特征，生产效率高，加工效果好，已广泛用于各种轴类零件、盘类零件、箱壳类零件、杂件类零件的光整加工。例如，曲轴光整后，表面粗糙度 Ra 等级提高 1~2 级，表面纹理趋于各向同性，表面轮廓支承长度率提高 30% 以上，表面层应力状态明显改善，棱边倒圆 $R0.1mm$，清洁度指标明显提高；齿轮光整后，齿形轮廓部位形成 $R0.2mm\sim R0.3mm$ 的圆角，表面显微硬度提高近 7%，表面压应力增加 600MPa 左右；某专用弹簧经滚磨光整加工后，使用循环次数由 3.6 万次提高到 5.2 万次；汽车轮

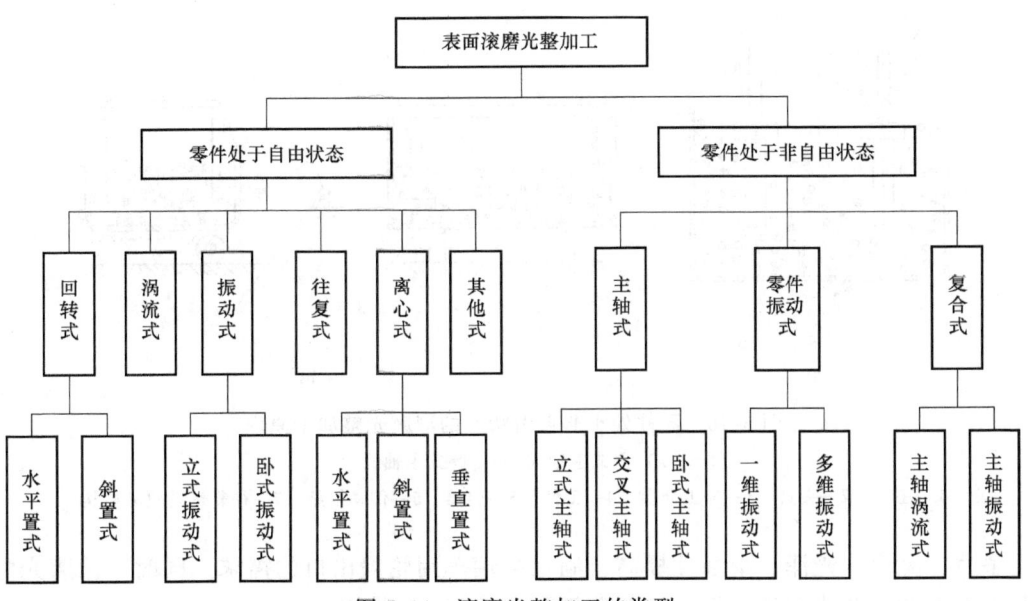

图 5-14 滚磨光整加工的类型

图 5-15 零件处于自由状态的滚磨光整加工原理

a) 回转式 b) 离心式 c) 卧式振动式 d) 立式振动式

1—滚筒 2—工件 3—加工介质 4—滑动层 5—基座 6—底座
7—激振器 8—螺旋弹簧 9—板弹簧 10—容器

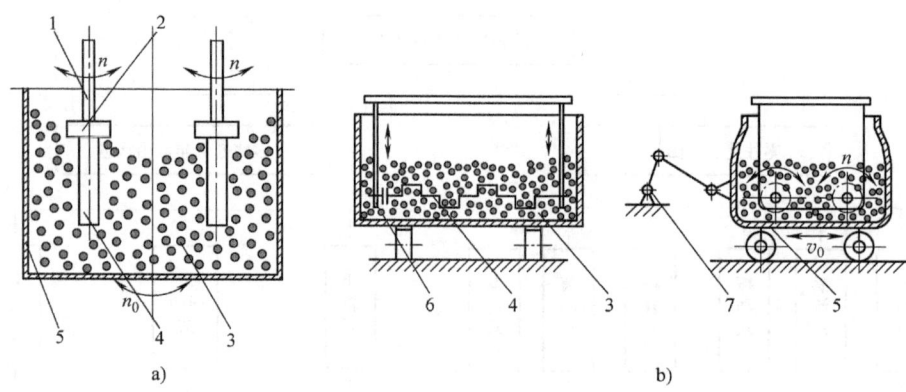

图 5-16 零件处于非自由状态的滚磨光整加工原理
a) 立式主轴式 b) 卧式主轴式
1—主轴 2—夹具 3—加工介质 4—工件 5—容器 6—传动框架 7—往复运动驱动机构

毂光整后，亮度、光泽、耐蚀性提高，满足高端车用轮毂出口的需求。同时，滚磨光整加工具有设备和工艺成本低、操作简单方便、劳动强度低等优点。

与所有的加工方法一样，滚磨光整加工也具有一定的适用范围。常见滚磨光整加工方式的特点和适用范围见表 5-3。

表 5-3 常见滚磨光整加工方式的特点和适用范围

滚磨光整加工方式	材料去除能力	加工效率	零件表面光亮度	提高零件表面粗糙度等级	改善表面物理力学性能	零件表面相互磕碰程度	实现自动化	适用范围
回转式	很弱	低	一般	约 0.5 级	一般	大	一般	小型异形件
振动式	较弱	一般	较好	1 级左右	一般	小	易	中小型异形件，也可加工大中型件
离心式	强	高	较好	1~2 级	较好	中	一般	中小型异形件，也可加工大中型件
涡流式	较强	高	较好	1~2 级	较好	中	易	中小型异形件（薄片件除外）
立式主轴式	强	高	好	1~2 级	较好	无	较易	中小型件、轴类件及异形件
交叉主轴式	强	高	好	1~2 级	较好	无	较易	中小型件、盘类件及异形件
卧式主轴式	强	高	好	1~2 级	较好	无	易	大中型偏心轴类和盘类零件

5. 挤压珩磨（磨料流加工）

如图 5-17 所示，挤压珩磨又称为磨料流加工，是 20 世纪 70 年代发展起来的一项零件表面光整加工技术，该技术是在下料缸中装入一种半固体状的黏弹性磨料介质，把工件装入夹具中，然后将上料缸活塞下降压紧夹具；当下料缸活塞向上运动时，迫使黏弹性的磨料介质流过工件上需要加工的部位，流入上料缸。通过磨料在被加工工件表面进行往复运动，实现对工件各种型腔、交叉孔道、微孔等的研磨抛光、倒圆角、去毛刺、清除表面硬化层，是一种独特的零件表面光整加工技术。由于磨料介质的流动性、黏弹性等特征，可以适应复杂表面的去毛刺和光整加工操作，如齿轮、叶轮、喷油嘴、液压元件、燃料旋流器以及各种模具等。

挤压珩磨工艺参数除了黏弹性磨料介质的基体种类和黏度、磨料种类和粒度外，还有挤压压力、磨料介质的流动速度（或单位时间介质流量）、加工时间（或循环次数）和合理设计的夹具等。挤压压力、流量、加工时间由挤压珩磨设备控制。挤压压力一般控制为 0.7~22MPa，流量一般控制为 7~25L/min，加工时间在几分钟到几十分钟范围内。

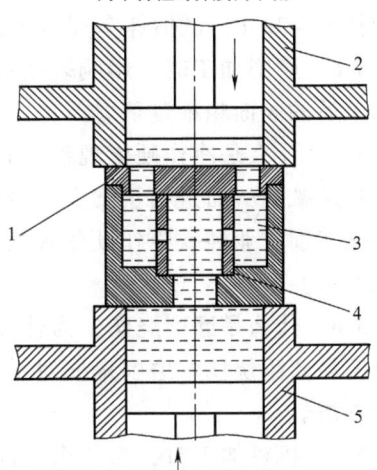

图 5-17　挤压珩磨加工原理
1—夹具　2—上料缸　3—黏弹性磨料介质　4—工件　5—下料缸

本 章 小 结

机械加工表面质量和表面完整性问题产生的原因比较复杂，影响因素很多，而且不容易观察和测量，因此在生产中通常是对一些关键零件、关键部位的加工和关键的加工工序进行表面质量和表面完整性的评估、研究、控制。

学完本章后，应着重理解、掌握零件表面质量和表面完整性的基本概念，了解其对机械零件和产品的使用性能和使用寿命的影响；重点掌握表面粗糙度、冷作硬化、金相组织的变化和残余应力产生的机理和磨削烧伤、磨削裂纹产生的机理，学会分析影响机械加工表面质量和表面完整性的各种因素及其影响规律；掌握表面光整加工技术的内涵及作用，能应用典型的表面光整加工方法分析和解决生产实际问题。

思考题与习题

5-1　机械加工表面质量包括哪些内容？为什么机械零件的表面质量与加工精度具有同等重要的意义？

5-2　一般机械加工后的零件总是存在与基体材料不同的很薄的表面层，简要分析该表面层的组成及其沿零件深度方向的变化情况。

5-3　简述零件表面完整性的内涵及其评价。

5-4　零件的表面质量和表面完整性对零件和产品的使用性能有哪些具体的影响？试举例分析。

5-5　影响切削加工表面粗糙度的主要因素有哪些？采取什么工艺措施可减小切削加

工后的表面粗糙度值？车削一铸铁零件的外圆表面，若进给量 $f=0.4\text{mm/r}$，车刀刀尖圆弧半径 $r_\varepsilon=3\text{mm}$，试估算车削后表面粗糙度的数值。

5-6 磨削加工时，影响表面粗糙度的主要因素有哪些？采取哪些工艺措施可减小磨削加工后的表面粗糙度值？

5-7 什么是冷作硬化现象？其产生的主要原因是什么？为什么切削速度增大，冷作硬化现象减弱，而进给量增大，冷作硬化现象却增强？在相同的切削条件下，为什么切削钢件比切削工业纯铁冷作硬化现象减弱？为什么切削钢件比切削有色金属工件的冷作硬化现象要强？

5-8 什么是磨削烧伤？为什么磨削加工常产生烧伤？为什么磨削高合金钢较普通碳钢更容易产生烧伤？磨削烧伤对零件的使用性能有何影响？试举例说明减少磨削烧伤及裂纹的办法。

5-9 机械加工时，为什么工件表面层金属会产生残余应力？试述加工表面产生残余拉应力或残余压应力的主要原因。磨削加工与切削加工，在工件表面层产生残余应力的原因是否相同？

5-10 磨削淬火钢时，加工表面层的硬度有可能升高或下降，试分析其可能的原因，并说明表面层的应力符号。

5-11 在外圆磨床上磨削一根淬火钢轴时，工件表面温度高达950℃，因使用冷却液而产生回火。表面层金属由马氏体转变为珠光体，其密度从 $7.75\times10^3\text{kg/m}^3$ 增至 $7.78\times10^3\text{kg/m}^3$。试问表面层产生的残余应力有多大？是残余压应力还是残余拉应力？

5-12 在平面磨床上磨削一块厚度为10mm、宽度为50mm、长为30mm的20钢工件，磨削时表面温度高达900℃，试估算加工表面层和非加工表面层残余应力数值，并画出近似的变形图及应力图。

5-13 刨削一块钢板，在切削力的作用下，被加工表面层产生塑性变形，其密度从 $7.87\times10^3\text{kg/m}^3$ 降至 $7.75\times10^3\text{kg/m}^3$，试问表面层产生的残余应力有多大？是残余压应力还是残余拉应力？

5-14 分析高温下工作的零件表面层最好没有冷硬层或者只有极薄冷硬层的原因。

5-15 简述零件表面光整加工技术的内涵，并分析零件表面光整加工技术为什么越来越得到工业界的重视？

5-16 举例说明毛刺缺陷的危害，分析抑制或减少毛刺的措施。举例说明如何采用合理的加工方法、加工顺序、工艺参数和刀具设计来抑制或减少毛刺。

5-17 简述超精加工的基本原理及其四个加工阶段。举例说明抛喷丸加工的主要效果及其应用。

5-18 分析滚磨光整加工与磨料流加工的加工原理、影响因素和加工效果，说明它们各自的适用场合。

5-19 论述零件表面光整加工技术的发展现状及其趋势。

第6章

汽车装配工艺

本章提要

汽车装配是汽车制造过程中最后的工艺环节，它将最终保证汽车部件的质量。若装配工艺制订不合理，即使所有机械零件都符合质量要求，也不能装配出合格产品。只有做好装配的各项准备工作，选择适当的装配方法，才能高质量、高效率、低成本地完成装配任务。

学习本章，首先要明确汽车装配解决的基本问题，掌握互换法、选配法、修配法和调整法的基本原理、计算方法及应用范围；了解装配工艺规程制订的内容，掌握装配工艺文件的整理与编写要求。

本章重点和难点是选配法、修配法和调整法的相关计算。

6.1 汽车装配基本问题概述

6.1.1 各种生产类型的装配特点

汽车装配是根据汽车产品设计的技术规定和精度要求等，将构成汽车产品的零件结合成组件、部件直至汽车产品的过程。汽车装配的生产类型按生产批量可以分为大批和大量生产、成批生产及单件小批生产三种。生产类型不同，其装配工作的特点，如组织形式、装配方法、使用的工艺装备等方面都有所不同。汽车装配工艺是根据汽车产品的零件结构、制造精度、生产批量、工作条件和经济情况等因素，将汽车装配过程具体化（文件化、制度化）。

在大量生产中，装配工艺主要是互换装配法，只允许少量简单的调整，工艺过程划分较细，即采用工序分散原则，要求有较高的均衡性和严格的节奏性，其组织形式是在高效工艺装备的物质条件基础上，建立起移动式流水线以至自动装配线。在单件小批生产中，装配方法以修配法及调整法为主，互换件比例较小，工艺上灵活性较大，工艺文件不详细，多用通用装备，工序集中，组织形式以固定式为主，装配工作的效率一般较低。当前，提高单件小批生产的装配工作效率是重要课题。具体措施是吸收大批、大量生产类型的一些装配方法，例如，采用固定式流水装配就是一种组织形式上的改进，这种装配组织形式，实际上是分工装配，装配对象放在工段中心的台架上，装配工人（或小组）在台架旁进行装配操作。一个工人做完一道工序后立即对下一装配对象进行同一工序操作，同时将已做完的装配对象转给第二个工人继续另一工序的装配。由于装配工序是由许多工人同时完成的,一个人只进行单一工序的重复操作,因此能缩短装配周期。又如,尽可能采用机械加工或机械化手持工具来代替繁重的手工修配操作,采用先进的调整及测试手段都可以提高调整工作的效率。成批生产类型的装配工作特点则介于大批、大量与单件小批两种生产类型之间。各种生产类型装配工作的特点见表6-1。

表6-1 各种生产类型装配工作的特点

装配工作特点比较项目\生产类型	大批、大量生产	成批生产	单件小批生产
基本特征	产品固定,生产过程长期重复,生产周期一般较短	产品在系列化范围内变化,分批交替投产或多品种同时投产,生产过程在一定时期内重复	产品经常变换,不定期重复生产,生产周期一般较长
组织形式	多采用流水装配线;有连续移动、间歇移动及可变节奏移动等方式,还可采用自动装配机或自动装配线	产品笨重,批量不大的产品多采用固定流水装配,批量较大时,采用流水装配,多品种平行投产时用多品种可变节奏流水装配	多采用固定装配或固定式流水装配进行总装
装配工艺方法	按互换装配,允许有少量的调整,精密偶件成对供应或分组供应装配,无任何修配工作	主要采用互换法,但灵活运用其他保证装配精度的装配方法,如调整法、修配法及合并法,以节约加工费用	以修配法及调整法为主,互换件比例较小
工艺过程	工艺过程划分很细,力求达到高度的均衡性	工艺过程的划分须适合于批量的大小,尽量使生产均衡	一般不制订详细的工艺文件,工序可适当调整,工艺也可灵活掌握
手工操作要求	手工操作比例小,熟练程度容易提高,便于培养新工人	手工操作比例较大,技术水平要求较高	手工操作比例大,要求工人有高的技术水平和各方面的工艺知识
工艺装备	专业化程度高,宜采用专用高效工艺装备,易于实现机械化、自动化	多用通用装备,但也采用一定数量的专用工艺装备以保证装配质量和提高工效	一般用通用装备及通用工、夹、量具
应用实例	汽车、拖拉机、内燃机、滚动轴承、手表、缝纫机、电气开关、手机部件	机床、机车车辆、中小型锅炉、矿山采掘机械	重型机床、重型机器、汽轮机、大型内燃机、大型锅炉、新产品试制

6.1.2 装配精度与零件精度的关系

为了使汽车产品具有正常的工作性能,必须保证其装配精度。装配精度是指零件经装配后在尺寸、相对位置及运动等方面所获得的精度。

汽车装配精度的具体内容主要体现在以下几个方面:

1) 轴与孔的配合间隙或过盈量。
2) 零件、部件间的位置公差。
3) 相邻旋转零件与固定零件的轴向间隙。

4）往复运动件的行程范围。

5）滚动轴承端面与轴承盖间的轴向间隙或过盈量。

6）联轴器所连接的两轴轴线同轴度。

7）滑动轴承中轴类零件的轴肩（或端面）与推力轴承间的轴向间隙。

8）性能参数（如发动机的压缩比等）。

9）机械变速器中滑动齿轮在啮合状态时，齿轮没有进入啮合的宽度（一般小齿比大齿宽5mm），齿轮在分离状态时轮齿分离的间隙值（一般为1~2mm）。

10）锥齿轮传动副中，为了保证齿侧间隙和接触区要求，所规定的锥齿轮副锥顶的位移值。

11）为了保证齿轮副或蜗轮副能正常啮合，齿轮副或蜗轮副的啮合中心距。

由于一般零件都有一定的加工误差，因此在装配时这种误差的积累就会影响装配精度。如果这种积累误差超出装配精度指标所规定的允许范围，则将产生不合格品。从装配工艺角度考虑，装配工作最好是只进行简单的连接过程，不必进行任何修配或调整就能满足精度要求。因此一般装配精度要求高的，则要求零件精度也高，但零件的加工精度不但在工艺技术上受到加工条件的限制，而且受到经济性的制约，甚至有的机械设备的组成零件较多，而最终装配精度的要求又较高时，即使不考虑经济性，仅通过提高零件的加工精度以降低积累误差，还是达不到装配精度要求。因此要求达到装配精度，就不能只靠提高零件的加工精度，在一定程度上还必须依赖于装配的工艺技术。在装配精度要求较高、批量较小时，这种现象尤为突出。

6.1.3 装配中的连接方式

在装配中，零件的连接方式可分为固定连接和活动连接两类。固定连接能保证装配后的相配零件间相互位置不变；活动连接能保证装配后的相配零件间有一定的相对运动。在固定连接和活动连接中，又根据它们能否拆卸的情况不同，分为可拆卸连接和不可拆卸连接两种。所谓可拆卸连接是指这类连接不损坏任何零件，拆卸后还能重新装在一起。

固定不可拆卸的连接可用焊接、铆接、过盈配合、金属镶嵌件铸造、黏接剂粘合、塑性材料的压制等方法实现。固定可拆卸的连接方法有各种过渡配合，螺纹连接和圆锥连接等；活动可拆卸的连接可由圆柱面、圆锥面、球面和螺纹面等的间隙配合以及其他各种方法来达到。活动不可拆卸的连接用得较少，如滚珠和滚柱轴承、油封等。

6.2 保证装配精度的方法

保证装配精度的方法可归纳为互换法、选配法、修配法和调整法四大类，统称为装配工艺配合法。装配工艺配合法以装配零件的尺寸（包括角度）精度为依据，找出装配全部尺寸（包括角度）链，合理计算，把封闭环的公差值分配给各组成环，确定各环的公差及极限尺寸。这里，组成环是指配合零件的相关尺寸，而封闭环是指间隙、过盈、垂直度、平行度等装配精度特性。

6.2.1 互换法

零件按一定公差加工后，装配时不经任何修配和调整即能达到装配精度要求的装配方法称为互换法。按其互换程度，互换法可分为完全互换法和不完全互换法。

1. 完全互换法

由第 2 章可知，零件加工误差的规定应使各有关零件公差之和小于或等于装配公差，可用下式表示：

$$T_0 \geq \sum_{i=1}^{m} T_i = T_1 + T_2 + T_3 + \cdots + T_m \tag{6-1}$$

式中　T_0——封闭环公差（装配公差）；

　　　T_i——各有关零件的制造公差；

　　　m——尺寸链中组成环的总环数，连同封闭环在内的总环数为 $m+1$。

按式（6-1）制订零件公差，在装配时零件是可以完全互换的，故称"完全互换法"。其优点如下：

1）装配过程简单，生产率高。
2）对工人技术水平要求不高。
3）便于组织流水装配和自动化装配。
4）便于实现零部件生产专业化协作。
5）备件供应方便。

但是，在装配精度要求高，同时组成零件数目又较多时，"完全互换法"就难以满足零件的经济精度要求，有时会导致零件加工非常困难，甚至无法加工。

由此可见，完全互换法只适用于大批、大量生产中装配精度要求高而尺寸链环数很少的组合或装配精度要求不高的多环尺寸链的组合。

要做到完全互换装配，必须根据装配精度的要求把各装配零件有关尺寸的制造公差规定在一定范围内，这就需要进行装配尺寸链分析计算。根据零件加工误差的规定原则，由式（6-1）可以看出，完全互换法是用极大极小法（极值法）解尺寸链。

装配尺寸链的计算方法与工艺尺寸链相同（关于工艺尺寸链可参看第 2 章）。装配尺寸链中的"正计算法"常用在已有产品装配图和全部零件图的情况，用以验证组成环公差、公称尺寸及其偏差的规定是否正确，是否满足装配精度指标。"反计算法"常用在产品设计阶段，即根据装配指标确定组成环公差，然后才能将这些已确定的公称尺寸及其偏差标注到零件图上。"协调环公差法"（见第 2 章定义）在装配尺寸链中是经常用到的，协调环公差法的有关公式可推导如下：

$$T_0 = T_j + \sum_{\substack{i=1 \\ i \neq j}}^{m} T_i \tag{6-2}$$

式中　T_i——组成环（协调环除外）的公差；

　　　T_j——协调环的公差；

　　　T_0——封闭环的公差。

同理，可得到计算协调环及协调环上、下极限偏差公式。

若协调环 A_j 是增环（$\xi_j = 1$），则有

$$A_0 = \sum_{\substack{i=1 \\ i \neq j \\ \xi_i = 1}}^{m} A_i + A_{j,\xi_j=1} - \sum_{\substack{i=1 \\ \xi_i = -1}}^{m} A_i \tag{6-3a}$$

若协调环 A_j 是减环（$\xi_j = -1$），则有

$$A_0 = \sum_{\substack{i=1 \\ \xi_i = 1}}^{m} A_i - A_{j,\xi_j=-1} - \sum_{\substack{i=1 \\ i \neq j \\ \xi_i = -1}}^{m} A_i \tag{6-3b}$$

若协调环是增环，则上、下极限偏差分别为

$$\mathrm{ES}_{A_{j,\xi_j=1}} = \mathrm{ES}_{A_0} - \sum_{\substack{i=1 \\ i \neq j \\ \xi_i = 1}}^{m} \mathrm{ES}_{A_i} + \sum_{\substack{i=1 \\ \xi_i = -1}}^{m} \mathrm{EI}_{A_i} \tag{6-4}$$

$$\mathrm{EI}_{A_{j,\xi_j=1}} = \mathrm{EI}_{A_0} - \sum_{\substack{i=1 \\ i \neq j \\ \xi_i = 1}}^{m} \mathrm{EI}_{A_i} + \sum_{\substack{i=1 \\ \xi_i = -1}}^{m} \mathrm{ES}_{A_i} \tag{6-5}$$

若协调环是减环，则上、下极限偏差分别为

$$\mathrm{ES}_{A_{j,\xi_j=-1}} = -\mathrm{EI}_{A_0} + \sum_{\substack{i=1 \\ \xi_i = 1}}^{m} \mathrm{EI}_{A_i} - \sum_{\substack{i=1 \\ i \neq j \\ \xi_i = -1}}^{m} \mathrm{ES}_{A_i} \tag{6-6}$$

$$\mathrm{EI}_{A_{j,\xi_j=-1}} = -\mathrm{ES}_{A_0} + \sum_{\substack{i=1 \\ \xi_i = 1}}^{m} \mathrm{ES}_{A_i} - \sum_{\substack{i=1 \\ i \neq j \\ \xi_i = -1}}^{m} \mathrm{EI}_{A_i} \tag{6-7}$$

【例 6-1】 图 6-1a 所示为某双联转子（摆线齿轮）泵的轴向装配关系图。已知各公称尺寸为：$A_0 = 0\mathrm{mm}$，$A_1 = 41\mathrm{mm}$，$A_2 = A_4 = 17\mathrm{mm}$，$A_3 = 7\mathrm{mm}$。根据要求，冷态下的轴向装配间隙 $A_0 = 0^{+0.15}_{+0.05}\mathrm{mm}$，$T_0 = 0.1\mathrm{mm}$。求各组成环尺寸的公差大小和分布位置。

解：1) 画出装配尺寸链（图 6-1b），校验各环的公称尺寸。图 6-1b 所示是一个总环数 $n = 5$ 的尺寸链，其中，A_0 是封闭环，A_1 是增环，A_2、A_3 及 A_4 是减环。

计算封闭环的公称尺寸，得

$$A_0 = A_1 - (A_2 + A_3 + A_4) = [41 - (17 + 7 + 17)]\mathrm{mm} = 0\mathrm{mm}$$

2) 确定各组成环尺寸的公差大小和分布位置。为了满足封闭环公差 $T_0 = 0.1\mathrm{mm}$ 的要求，各组成环公差 T_i 的总和 $\sum T_i$ 不得超过 $0.1\mathrm{mm}$，即

$$\sum T_i = T_1 + T_2 + T_3 + T_4 \leq 0.1\mathrm{mm}$$

在具体确定各 T_i 值的过程中，首先可按各环为"等公差"分配，看一下各环所能分配到的平均公差 T_{av} 的数值，即

$$T_{av} = \frac{T_0}{m} = \frac{0.1}{4}\mathrm{mm} = 0.025\mathrm{mm}$$

由此可以看出，零件制造加工精度要求是不高的，能加工出来，因此用极值法的完全

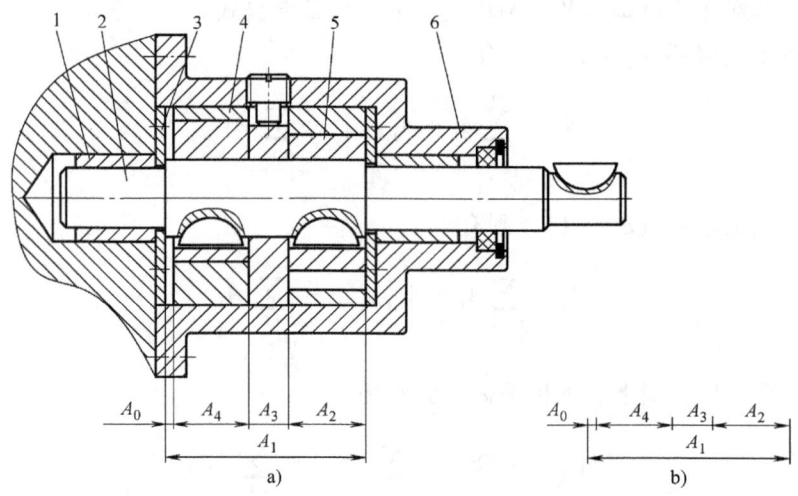

图 6-1 双联转子泵的轴向装配关系及装配尺寸链
1—衬套 2—传动轴 3—侧板 4—外转子 5—内转子 6—壳体

互换法装配是可行的。但还需要进一步按加工难易程度和设计要求等方面考虑对各环的公差进行调整。

考虑到尺寸 A_2、A_3 及 A_4 可用平面磨床加工,其公差可规定得小些,而且其尺寸能用卡规来测量,其公差必须符合标准公差;尺寸 A_1 是由镗削加工保证的,公差应给得大些,且此尺寸属于高度尺寸,在成批生产中常用通用量具测量,不使用极限量规测量,故决定选 A_1 为协调环的尺寸。为此确定:尺寸 A_2 和 A_4 各为 $17_{-0.018}^{0}$ mm ($T_2 = T_4 = 0.018$mm,属于 7 级精度基准轴的公差),尺寸 $A_3 = 7_{-0.015}^{0}$ mm ($T_3 = 0.015$mm,属于 7 级精度基准轴的公差)。

3) 确定协调环的公差和偏差。很明显,协调环 A_1 的公差值 T_1 应根据式 (6-2) 求得,即

$$T_1 = T_0 - (T_2 + T_3 + T_4) = 0.1\text{mm} - (0.018 + 0.015 + 0.018)\text{mm} = 0.049\text{mm}$$

(相当于 8 级精度公差)。

而协调环的上、下极限偏差可根据式 (6-4) 和式 (6-5) 计算。由于 A_1 的公差 T_1 已确定为 0.049mm,故上、下极限偏差中只要求出其中一个即可得解。具体计算如下:

根据式 (6-5),得

$$\text{EI}_{A_1,\xi_1=1} = \text{EI}_{A_0} - \sum_{\substack{i=1 \\ i \neq j \\ \xi_i = 1}}^{m} \text{EI}_{A_i} + \sum_{\substack{i=1 \\ \xi_i = -1}}^{m} \text{ES}_{A_i} = (0.050 - 0 + 0)\text{mm} = 0.050\text{mm}$$

求得

$$\text{EI}_{A_1} = +0.050\text{mm}$$
$$\text{ES}_{A_1} = (0.050 + 0.049)\text{mm} = 0.099\text{mm}$$

因此,$A_1 = 41_{+0.050}^{+0.099}$ mm。

2. 不完全互换法

不完全互换法又称部分互换法,其实质是将尺寸链中的各组成环公差比用完全互换法

时放宽，以使加工容易，成本降低。根据第 2 章可知，当各组成环按正态分布时，用概率法求得的组成环平均公差比极值法扩大 $\sqrt{m}$，但这种方法仅适用于大批、大量的生产类型。当各组成环和封闭环的尺寸按正态分布时，用概率法求解尺寸链的基本公式有：

(1) 装配公差（封闭环公差）T_0 与各有关零件公差 T_i 之间的关系式

$$T_0 \geq \sqrt{\sum_{i=1}^{m} T_i^2} = \sqrt{T_1^2 + T_2^2 + T_3^2 + \cdots + T_m^2} \tag{6-8}$$

(2) 各环算术平均值之间的关系式

$$A_{0\mathrm{av}} = \sum_{\substack{i=1 \\ \xi_i=1}}^{m} A_{i\mathrm{av}} - \sum_{\substack{i=1 \\ \xi_i=-1}}^{m} A_{i\mathrm{av}} \tag{6-9}$$

(3) 各环平均中间偏差 Δ_{av} 之间的关系式

$$\Delta_{\mathrm{av}A_0} = \sum_{\substack{i=1 \\ \xi_i=1}}^{m} \Delta_{\mathrm{av}A_i} - \sum_{\substack{i=1 \\ \xi_i=-1}}^{m} \Delta_{\mathrm{av}A_i} \tag{6-10}$$

在计算出有关环的平均尺寸 $A_{i\mathrm{av}}$（或 $A_{0\mathrm{av}}$）及公差 T_i（或 T_0）后，各环的公差应对平均尺寸标注成双向对称分布，即写成 $A_{i\mathrm{av}} \pm \dfrac{T_i}{2}$（或 $A_{0\mathrm{av}} \pm \dfrac{T_0}{2}$）的形式，然后根据需要，可再改注为具有公称尺寸及相应上、下极限偏差的形式。

正如第 2 章中指出的，用概率法能扩大公差，是因为在正态分布中取 $T = 6\sigma$，并没有包括工件尺寸出现的全部概率，而是总体的 99.73%。这样做，需要承担可能有 0.27% 的部件装配后不合格的风险。概率论已证明作为小概率事件基本不出现，所以这个不合格率常常可以忽略；即使偶然出现装配后不合格的部件，还可以通过调配方式进行装配，故称概率法为"不完全互换法"或"部分互换法"，此法在生产上更经济。

用概率法计算时，可先按下式估算公差的平均值 T_{av}：

$$T_{\mathrm{av}} = T_i = \frac{T_0}{\sqrt{m}} = \frac{\sqrt{m}}{m} T_0 \tag{6-11}$$

式中 m——尺寸链中组成环数（不包括封闭环）。

若 T_{av} 基本上满足经济精度要求，就可按各组成环加工的难易程度合理分配公差。显然，在概率法中试凑各组成环的公差，比在极值法中要麻烦得多，为此更应该利用"相依尺寸公差法"。由

$$T_0 = \sqrt{T_j^2 + \sum_{\substack{i=1 \\ i \neq j}}^{m} T_i^2}$$

可得到

$$T_j = \sqrt{T_0^2 - \sum_{\substack{i=1 \\ i \neq j}}^{m} T_i^2} \tag{6-12}$$

【例 6-2】 在图 6-1 所示的尺寸链中，用不完全互换法来估算实际产生的间隙 A_0 的分布范围。实际上这是一个正计算问题。

已知：$A_1 = 41^{+0.099}_{+0.050}\text{mm} = \left[\left(41.0745 \pm \dfrac{0.049}{2}\right)\text{mm}\right]$

$A_2 = 17^{0}_{-0.018}\text{mm} = \left[\left(16.991 \pm \dfrac{0.018}{2}\right)\text{mm}\right]$

$A_3 = 7^{0}_{-0.015}\text{mm} = \left[\left(6.9925 \pm \dfrac{0.015}{2}\right)\text{mm}\right]$

$A_4 = 17^{0}_{-0.018}\text{mm} = \left[\left(16.991 \pm \dfrac{0.018}{2}\right)\text{mm}\right]$

按式（6-8）可得

$$T_0 = \sqrt{T_1^2 + T_2^2 + T_3^2 + \cdots + T_m^2} = \sqrt{0.049^2 + 0.018^2 + 0.015^2 + 0.018^2}\,\text{mm} \approx 0.058\text{mm}$$

按式（6-9）求封闭环平均尺寸和实际分布范围的上、下极限偏差，得

$$A_{0av} = A_{1av} - (A_{2av} + A_{3av} + A_{4av}) = [41.0745 - (16.991 + 6.9925 + 16.991)]\text{mm} = 0.1\text{mm}$$

及

$$A_0 = A_{0av} \pm \dfrac{T_0}{2} = \left(0.1 \pm \dfrac{0.058}{2}\right)\text{mm} = 0^{+0.129}_{+0.071}\text{mm}$$

计算说明，尺寸 A_0 的波动范围要比按极值法计算的范围小一些，如图 6-2 所示。也就是说，若按概率法计算，尺寸 A_1、A_2、A_3、A_4 的公差可以放大些。

现在来看一下，尺寸 A_1、A_2、A_3、A_4 的公差可以放大多少呢？若与极值法相同，预先确定 $A_2 = A_4 = 17^{0}_{-0.018}\text{mm}$，$A_3 = 7^{0}_{-0.015}\text{mm}$，$T_0 = 0.1\text{mm}$，则作为协调环 A_1 的公差 T_1 可按式（6-12）求出：

$$T_1 = \sqrt{T_0^2 - (T_2^2 + T_3^2 + T_4^2)}$$
$$= \sqrt{0.1^2 - 0.018^2 - 0.015^2 - 0.018^2}\,\text{mm}$$
$$\approx 0.096\text{mm}$$

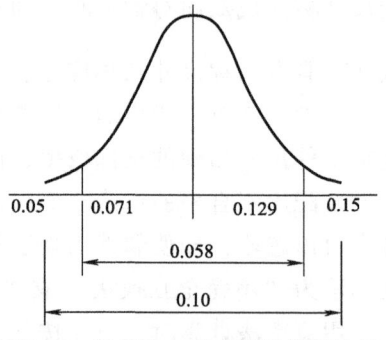

图 6-2 极值法与概率法计算的比较

即尺寸 A_1 的公差 T_1 比按极值法计算扩大了近一倍。

$$A_1 = A_{1av} \pm \dfrac{T_1}{2} = (41.0745 \pm 0.048)\text{mm} = 41^{+0.123}_{+0.027}\text{mm}$$

而如前所述，用极值法计算出来的 A_1 为

$$A_1 = 41^{+0.099}_{+0.030}\text{mm}$$

为了验算结果的正确性，可将上面的结果做正计算：

$$T_0 = \sqrt{T_1^2 + T_2^2 + T_3^2 + T_4^2} = \sqrt{0.096^2 + 0.018^2 + 0.015^2 + 0.018^2}\,\text{mm} = 0.1\text{mm}$$

$$A_0 = A_{0av} \pm \dfrac{T_0}{2} = (0.1 \pm 0.05)\text{mm}\quad（前面已计算出 A_{0av} = 0.1\text{mm}）$$

即

$$A_0 = 0^{+0.15}_{+0.05}\text{mm}$$

这说明上面的计算是正确的。

6.2.2 选配法

选配法的实质是将相互配合的零件按经济精度加工,即把尺寸链中组成环的公差放大到经济可行的程度,然后选择合适的零件进行装配,以保证封闭环的精度达到规定的技术要求。这种装配方法称为选配法。采用这种装配方法,能达到很高的装配精度要求,而又不增加零件机械加工费用和困难。它适用于成批或大量生产时组成的零件不太多而装配精度要求很高的场合,此时采用完全互换法或不完全互换法都使零件公差要求过严,甚至超过了现实加工方法的可能性。例如,精密滚动轴承内外环与滚动体的配合,就不宜甚至不能只依靠零件的加工精度来保证装配精度要求。

1. 选配法的种类

选配法有直接选配、分组选配和复合选配三种。

(1) 直接选配法 直接选配法是由装配工人从许多待装配零件中,挑选合适的零件装在一起的装配方法。这种方法与下述的分组选配法相比较,可以省去零件的分组工作,但是要想选择合适的零件往往需要花费较长时间,并且装配质量在很大程度上取决于工人的技术水平。

(2) 分组选配法 分组选配法是将组成环的公差按完全互换法(极值解法)求得的值,加大倍数(一般为2~4倍),使其能按经济精度加工,然后将加工后零件按测量尺寸分组,再按对应组分别进行装配,以满足装配精度要求,由于同组零件可以互换,故也称分组互换法。

(3) 复合选配法 复合选配法是上述两种方法的复合使用,即把加工后的零件进行测量分组,装配时再在各对应组中直接选配。例如,汽车发动机的气缸与活塞的装配就是采用这种方法。

上述三种方法,由于直接选配和复合选配方法,在对生产节拍要求严格的大批、大量流水线装配中使用有困难,实际生产中多采用分组选配法。下面着重讨论分组选配法。

2. 分组选配的一般要求

1) 要保证分组后各组的配合精度性质与原来的要求相同。为此,要求配合件的公差范围应相等,公差的增加要向同一方向,增大的倍数相同,增大的不同倍数就是分组数。

以图 6-3 所示的轴孔间隙配合为例,设轴与孔的公差按完全互换法的要求为 $T_{轴}$、$T_{孔}$,且令 $T_{轴}=T_{孔}=T$,装配后得到最大间隙为 $C_{1\max}$,最小间隙为 $C_{1\min}$。图 6-3a 所示为轴孔分组互换图。

由于公差 T 太小,加工困难,故用分组装配法,将轴孔公差在同一方向放大到经济加工精度。假设放大了 n 倍,即 $T'=nT$。零件加工按 $T'_{轴}=T'_{孔}$ 公差加工后再把轴、孔按尺寸分为 n 组,每组公差仍为 $\dfrac{T'_{轴}}{n}$ 或 $\left(\dfrac{T'_{孔}}{n}\right)$。装配时按对应组装配。取第 k 组来分析,轴与孔相配合后得到的最大间隙和最小间隙为

$$C_{k\max} = [C_{1\max}+(k-1)T_{孔}-(k-1)T_{轴}] = C_{1\max}$$

$$C_{k\min} = [C_{1\min}+(k-1)T_{孔}-(k-1)T_{轴}] = C_{1\min}$$

由此可见，无论是哪一组，其装配精度和配合性质都不变。

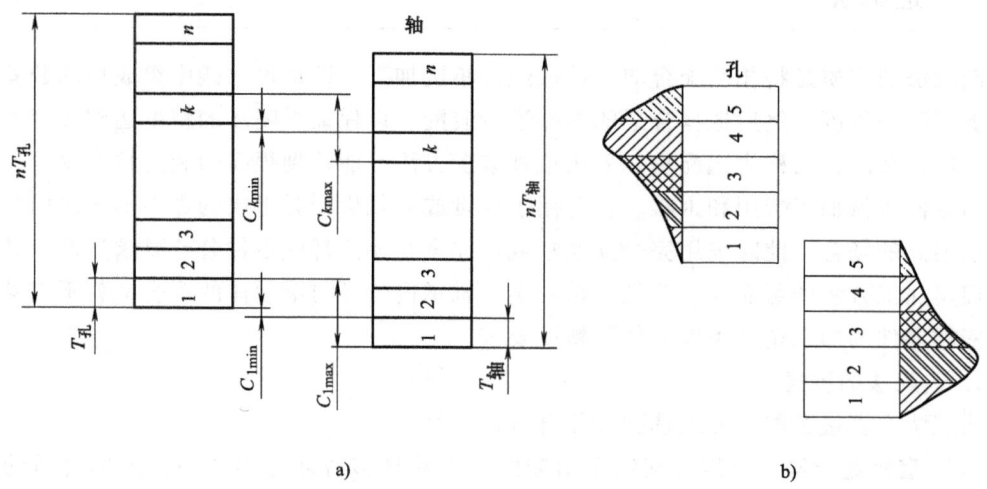

图 6-3 轴孔分组的不配套情况

2）要保证零件分组后在装配时能够配套。一般按正态分布规律，零件分组后是可以互相配套的，根据概率理论，基本不会产生相配零件各组数量不等的情况。但是，如果有某些因素（特别是系统性误差）的影响，则将造成各相配零件尺寸不是正态分布，如图 6-3b 所示，因而造成各对应尺寸组中的零件数不等而出现零件不能配套，这在实际生产中是难以避免的。出现这种情况时，只能在积累相当数量的不配套零件后，通过专门加工一批零件来配套，否则会造成零件的积压和浪费。

3）分组数不宜太多。尺寸公差放大到经济加工精度就行，否则由于零件的测量、分组、保管的工作复杂化容易造成生产紊乱，影响装配效率。

4）配合件的表面粗糙度值、几何公差必须保持原设计要求，不能随着公差的放大而加大表面粗糙度值和放大几何公差。

5）应严格组织对零件的测量、分组、标记、保管和运送工作。

3. 分组选配应用举例

某种发动机的活塞销与活塞销孔的装配如图 6-4 所示，采用分组装配法。

假设活塞销与销孔的公称尺寸 d、D 均为 $\phi 28\text{mm}$，装配技术要求规定冷态装配时销与销孔间应有 $0.0025 \sim 0.0075\text{mm}$ 的过盈量，即

$$d_{\min} - D_{\max} = 0.0025\text{mm}$$
$$d_{\max} - D_{\min} = 0.0075\text{mm}$$

则可求得 $T_0 = (0.0075 - 0.0025)\text{mm} = 0.005\text{mm}$。若销与销孔采用完全互换法装配，其公差按"等公差法"分配，则它们的公差为

$$T_D = T_d = 0.0025\text{mm}$$

按基轴制原则标注偏差，则其尺寸为

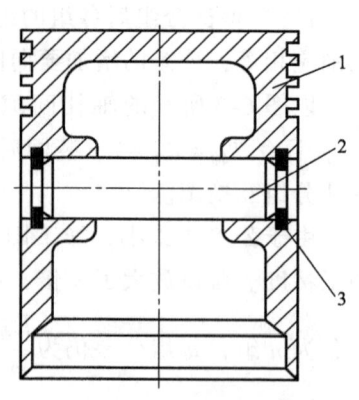

图 6-4 活塞与活塞销孔的装配
1—活塞 2—活塞销 3—挡圈

$$d = 28_{-0.0025}^{0}\text{mm}$$
$$D = 28_{-0.0075}^{-0.0050}\text{mm}$$

很明显，这种精度的活塞销是难以加工的，制造很不经济，故生产上常采用分组装配法将它们的公差值均按同向（尺寸减小方向）放大 4 倍，则活塞销尺寸 $d = 28_{-0.010}^{0}\text{mm}$，活塞销孔尺寸 $D = 28_{-0.0300}^{-0.0050}\text{mm}$。这样，销轴外圆可用无心磨削加工，销孔可用金刚镗加工，然后用精密量具测量，按尺寸大小分成 4 组，用不同颜色标记，以便进行分组装配。具体分组情况见表 6-2。

表 6-2 活塞销和活塞销孔的分组尺寸　　　　　　　　　　　　　（单位：mm）

组号	标志颜色	活塞销直径分组尺寸范围	活塞销孔直径分组尺寸范围	过盈量最小值	过盈量最大值
1	浅蓝	28.0000~27.9975	27.9950~27.9925	0.0025	0.0075
2	红	27.9975~27.9950	27.9925~27.9900	0.0025	0.0075
3	白	27.9950~27.9925	27.9900~27.9875	0.0025	0.0075
4	黑	27.9925~27.9900	27.9875~27.9850	0.0025	0.0075

6.2.3 修配法

在单件小批生产中，当装配精度要求高而且组成环多时，完全互换法或不完全互换法、选配法均不能采用。此时可将零件按经济精度加工，而在装配时通过修配方法改变尺寸链中某一预先规定的组成环尺寸，使之能满足装配精度要求。这个被预先规定的组成环称为"修配环"，这种装配方法称为修配法。

生产中利用修配法来达到装配精度的方式很多，现介绍应用比较广泛的几种。

1. 按件修配法

如图 6-5 所示，某卧式车床要求前、后顶尖对床身导轨的不等高允差为 0.06mm（只许后顶尖高）。由这项精度组成的尺寸链中组成环有三个（影响较小的因素忽略不计），即主轴箱主轴中心到底面高度 $A_1 = 202\text{mm}$，尾座底板厚度 $A_2 = 46\text{mm}$，尾座顶尖中心到底板顶面距离 $A_3 = 156\text{mm}$，要求装配精度 $A_0 = 0 \sim 0.06\text{mm} = 0_{0}^{+0.06}\text{mm}$。

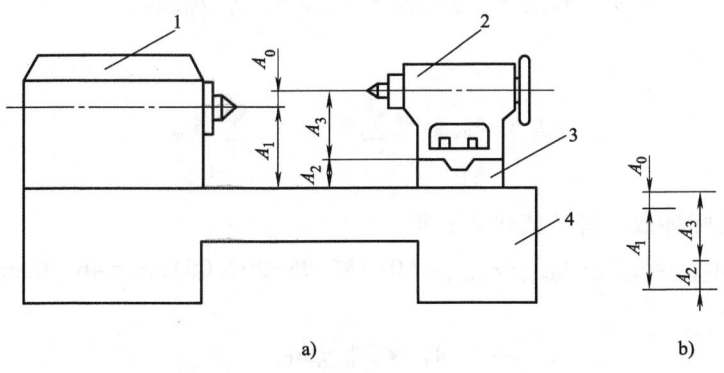

图 6-5　影响车床等高度要求的尺寸链联系简图
1—主轴箱　2—尾座　3—尾座底板　4—床身

若用完全互换法装配，则组成环平均公差为

$$T_{av} = \frac{0.06}{3}\text{mm} = 0.02\text{mm}$$

这样的公差使加工困难，因此一般多采用修配法。选尾座底板为修配件，并且根据经济加工精度，制订出各组成环的公差为 $T_1 = T_3 = 0.1\text{mm}$。A_1、A_3 尺寸标注为

$$A_1 = (202 \pm 0.05)\text{mm}; \quad A_3 = (156 \pm 0.05)\text{mm}$$

尾座底板厚度尺寸 A_2 的公差大小，根据半精加工的经济精度规定为 0.15mm，至于 A_2 的公差带分布位置则需通过计算才能确定。具体计算如下：

画出简化尺寸链，如图 6-5b 所示，修配环 A_2 是增环，尺寸链的特点是修配环越被修配，封闭环尺寸就越小，即尾座顶尖套锥孔中心线相对于主轴锥孔中心线越修越低。

这样，当装配后所得封闭环实际数值 T_0 大于规定的最大值 $T_{0\max}$（即实际所得的尾座顶尖锥孔中心线高于主轴锥孔中心线 0.06mm 以上）时，就可以通过修配底板面（即减小 A_2 尺寸）而使尾座顶尖套锥孔中心线逐步下降，直到满足 0~0.06mm 的装配要求为止。相反，如果装配后所得的封闭环实际数值已经小于规定的 $A_{0\min}$（等于零的封闭环最小值），就无法通过修配达到要求。

所以，为使装配时通过修配 A_2 环来满足装配要求，就必须使装配后所得封闭环的实际尺寸 $A'_{0\min} = A_{0\min}$，根据这一关系，就可以提出封闭环极限尺寸关系式为

$$A'_{0\min} = \sum_{\substack{i=1 \\ \xi_i = 1}}^{m} A_{i\min} - \sum_{\substack{i=1 \\ \xi_i = -1}}^{m} A_{i\max} = A_{0\min} \tag{6-13}$$

用偏差法计算时的关系式为

$$\text{EI}_{A'_0} = \sum_{\substack{i=1 \\ \xi_i = 1}}^{m} \text{EI}_{A_i} - \sum_{\substack{i=1 \\ \xi_i = -1}}^{m} \text{ES}_{A_i} = \text{EI}_{A_0} \tag{6-14}$$

下面按式（6-13）或式（6-14）计算修配环的实际尺寸。

（1）按式（6-13）用极值法计算修配环的实际尺寸 修配环是增环，把它作为未知数从增环组中分出，则可写成

$$A_{0\min} = \sum_{\substack{i=1 \\ i \neq 2 \\ \xi_i = 1}}^{m} A_{i\min} + A_{2\min} - \sum_{\substack{i=1 \\ \xi_i = -1}}^{m} A_{i\max}$$

$$A_{2\min} = A_{0\min} - \sum_{\substack{i=1 \\ i \neq 2 \\ \xi_i = 1}}^{m} A_{i\min} + \sum_{\substack{i=1 \\ \xi_i = -1}}^{m} A_{i\max}$$

根据本例实际环数，将数值代入，得

$$A_{2\min} = A_{0\min} - A_{3\min} + A_{1\max} = (0 - 155.95 + 202.05)\text{mm} = 46.10\text{mm}$$

故

$$A_2 = 46^{+0.25}_{+0.10}\text{mm}$$

（2）按式（6-14）用偏差法计算修配环的实际尺寸 修配环是增环，把它作为未知数从增环组中分出，则可写成

$$\mathrm{EI}_{A_0} = \sum_{\substack{i=1 \\ i \neq 2 \\ \xi_i = 1}}^{m} \mathrm{EI}_{A_i} + \mathrm{EI}_{A_2} - \sum_{\substack{i=1 \\ \xi_i = -1}}^{m} \mathrm{ES}_{A_i}$$

$$\mathrm{EI}_{A_2} = \mathrm{EI}_{A_0} - \sum_{\substack{i=1 \\ i \neq 2 \\ \xi_i = 1}}^{m} \mathrm{EI}_{A_i} + \sum_{\substack{i=1 \\ \xi_i = -1}}^{m} \mathrm{ES}_{A_i}$$

根据本例的实际环数将数值代入,得

$$\mathrm{EI}_{A_2} = \mathrm{EI}_{A_0} - \mathrm{EI}_{A_3} + \mathrm{ES}_{A_1} = [0-(-0.05)+0.05]\mathrm{mm} = 0.10\mathrm{mm}$$

故

$$A_2 = 46^{+0.25}_{+0.10}\mathrm{mm}$$

为了保证有一定的接触刚度,底板底面在总装时必须修刮,所以还必须对尺寸 A_2 进行放大,留必要的最小修刮量(假设定为 0.10mm),则修正后的实际尺寸 A_2 应为

$$A_2 = 46^{+0.35}_{+0.20}\mathrm{mm}$$

当然不是所有的情况都要留修刮余量的,如键和键槽的修配就不必有这一要求。

如果修配环是减环,则需把它作为未知数从减环组中分出,移项求解,计算方法及顺序与上述相同,只是应令 $A'_{0\mathrm{max}} = A_{0\mathrm{max}}$。

下面介绍最大修刮余量 $Z_{刮}$ 的计算:

显然,当增环 A_2、A_3 做得最大,而减环 A_1 做得最小时,尾座顶尖套锥孔中心线高出主轴锥孔中心线为 0.06mm 时所刮去的余量就是最大的修刮余量,即

$$Z_{刮} = A_{2\mathrm{max}} + A_{3\mathrm{max}} - A_{1\mathrm{min}} - 0.06\mathrm{mm} = (46.35+156.05-201.95-0.06)\mathrm{mm} = 0.39\mathrm{mm}$$

实际修刮时正好刮到高度差为 0.06mm 的情况是很少的,所以实际的最大修刮量要稍大于 0.39mm。

最大修刮余量也可按偏差的关系式来计算:

$$Z_{刮} = \mathrm{ES}_{A'_0} - \mathrm{ES}_{A_0} = (\mathrm{ES}_{A_2} + \mathrm{ES}_{A_3} - \mathrm{EI}_{A_1}) - 0.06$$
$$= [0.35+0.05-(-0.05)-0.06]\mathrm{mm} = 0.39\mathrm{mm}$$

可见,上述最大修刮量 $Z_{刮}$ 有些过大,若将 A_2 和 A_3 作为一个整体尺寸 $A_{2,3}$ 来镗孔,则由于少了一个组成环,就可减少装配时的修刮劳动量。这种修配方法称为"合并加工修配法"。

2. 合并加工修配法

合并加工修配法的实质就是减少组成环的环数,从而扩大组成环的公差,同时又满足了装配精度要求。

如上述卧式车床的生产批量大时,为避免装配和加工时减少修刮量,一般先把尾座和底板的配合平面加工好,并且配刮横向小导轨,然后把两者装配在一起镗尾座孔,这样可大大减少修刮量,容易保证精度。

合并加工,就是把原来的组成环 A_2、A_3 合并成一个环 $A_{2,3}$,尺寸链相应地由 4 环变成 3 环,如图 6-6 所示。

根据经济加工精度确定:

$$A_1 = (202\pm0.05)\mathrm{mm}; \quad A_{2,3} = (156+46)\mathrm{mm} = 202\mathrm{mm}; \quad T_{2,3} = 0.1\mathrm{mm}$$

计算修配环尺寸。根据式（6-13）或式（6-14）得

$$A_{2,3\min} = A_{0\min} - \sum_{\substack{i=1 \\ \xi_i=1}}^{m-1} A_{i\min} + \sum_{\substack{i=1 \\ \xi_i=-1}}^{m-1} A_{i\max}$$

$$= A_{0\min} + A_{1\max} = (0 + 202.05)\,\mathrm{mm}$$

$$= 202.05\,\mathrm{mm}$$

故

$$A_{2,3} = 202^{+0.15}_{+0.05}\,\mathrm{mm}$$

若 $A_{2,3}$ 要留必要的最小修刮量（假设定为 0.10mm），则修正后的实际尺寸 $A_{2,3}$ 应为

$$A_{2,3} = 202^{+0.25}_{+0.15}\,\mathrm{mm}$$

计算最大修刮量 $Z_{刮}$，得

$$Z_{刮} = A_{2,3\max} - A_{1\min} - 0.06\,\mathrm{mm} = (202.25 - 201.95 - 0.06)\,\mathrm{mm} = 0.24\,\mathrm{mm}$$

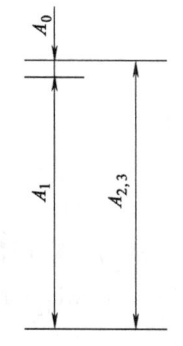

图 6-6 合并后的等高度尺寸链

由此可见，合并加工可使修刮余量大为减小。

3. 自身加工修配法

在机床制造中，有一些装配精度很不容易保证，常用"自身加工修配法"来达到装配精度。采用自身加工修配法时应注意以下事项：

1）应正确选择修配对象，首先应该选择那些只与本项装配精度有关而与其他装配精度项目无关的零件作为修配对象（在尺寸链关系中不是公共环），然后再考虑选择其中易于拆装，且面积不大的零件作为修配件。

2）应该通过装配尺寸链计算，合理确定修配件的尺寸公差，既保证它具有足够的修配量，又不要使修配量过大。

6.2.4 调整法

调整法的实质与修配法相似，只是具体办法有所不同。在调整法中，一种是用一个可调整的零件来调整它在装备中的位置以达到装配精度，另一种是增加一个定尺寸零件（如垫片、垫圈、套筒）以达到装配精度。前者称为移动调整法，后者称为固定调整法。上述两种零件都起到补偿装配累积误差的作用，故称为补偿件。

1. 移动调整法

所谓移动调整法，就是用改变补偿件的位置（移动、旋转或移动和旋转两者兼用）以达到装配精度的，调整过程中不需拆卸零件，故比较方便。在机械制造中使用移动调整的方法来达到装配精度的例子很多。例如，图 6-7 所示的结构是靠转动螺钉来调整轴承外环相对于内环的位置以取得合适的间隙或过盈配合；又如图 6-8 所示，为了保证装配间隙 A_0，加工一个可移动的套筒（补偿件）来调整装配间隙；再如图 6-9 所示，发动机的气门间隙就是通过调整螺钉来保证。另外还有机床导轨结构中常用楔铁调整来得到合适的间隙；自动机械分配轴上的凸轮是用调整法装配并调整到合适位置后，再用销钉固定在已调好的位置上。

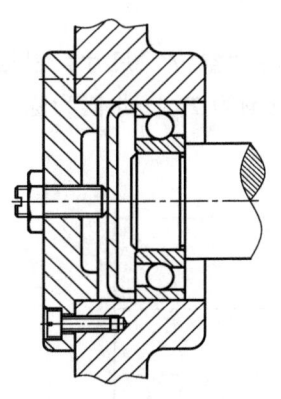
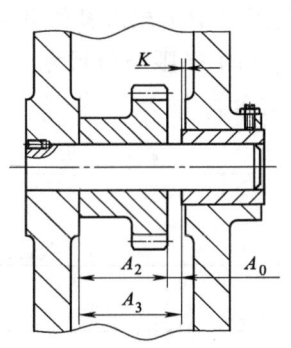
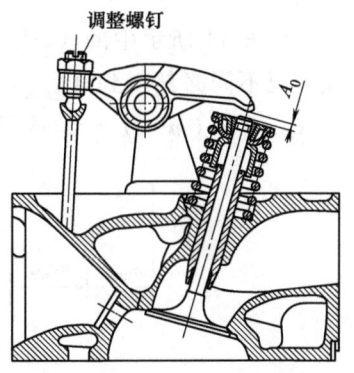

图 6-7 轴向间隙的调整　　　图 6-8 齿轮与轴承间隙的调整　　　图 6-9 发动机气门间隙调整

2. 固定调整法

这种装配方法，是在尺寸链中选定一个或加入一个零件作为调整环。作为调整环的零件是按一定的尺寸间隔分级制成的一组专门零件，根据装配需要，选用其中某一级的零件来做补偿从而保证所需要的装配精度。常用的补偿件有垫圈、垫片、轴套等。采用固定调整法时，为了保证所需要的装配精度，最重要的问题是如何确定补偿件尺寸的计算方法。

在图 6-10 所示的机构中，装配后的要求是保证间隙 $A_0 = 0.2 \sim 0.3 \mathrm{mm} = 0^{+0.3}_{+0.2} \mathrm{mm}$。若用完全互换法装配，则分配到 4 个组成环的平均公差为

$$T_{av} = \frac{0.1}{4} \mathrm{mm} = 0.025 \mathrm{mm}$$

轴向尺寸精度要求这样高的零件难以加工。又因为该机构的装配属于大批生产流水线作业，故决定用固定尺寸垫片调整。先按经济加工精度确定零件公差，并用 $A_补$ 表示固定补偿件的尺寸。各零件的制造公差按"入体"原则及经济加工精度确定如下：

$A_1 = 23.2^{+0.12}_{0} \mathrm{mm}$;　　$A_2 = 10^{0}_{-0.10} \mathrm{mm}$;

$A_3 = 10^{+0.1}_{0} \mathrm{mm}$;　　$A_4 = 1^{0}_{-0.08} \mathrm{mm}$;

$A_补 = 2^{0}_{-0.02} \mathrm{mm}$;　　$T_补 = 0.02 \mathrm{mm}$

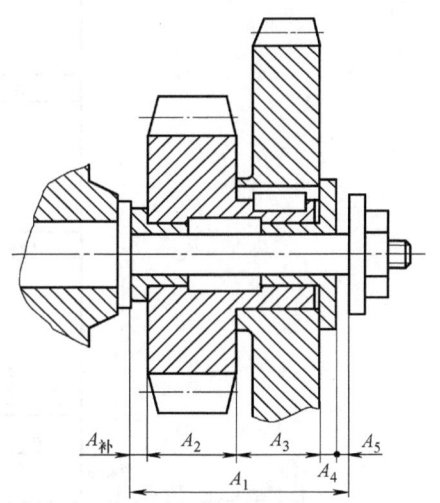

图 6-10 保证装配的分组垫片调整法

如果上述尺寸按完全互换装配必然产生超差，其变动量（不考虑补偿件公差）为

$$A'_0 = 0.2^{+0.3}_{-0.1} \mathrm{mm}; \quad T'_0 = 0.4 \mathrm{mm}$$

而实际要求

$$A_0 = 0.2 \sim 0.3 \mathrm{mm} = 0^{+0.3}_{+0.2} \mathrm{mm} = 0.2^{+0.1}_{0} \mathrm{mm}; \quad T_0 = 0.1 \mathrm{mm}$$

所以超差量

$$\delta = T'_0 - T_0 = 0.3 \mathrm{mm}$$

此超差量应予以补偿，故 δ 即称为补偿量。因为在装配过程中 δ 是变化的，只能用变化尺寸的补偿环 $A_补$ 去补偿。为了简化装配工作，$A_补$ 尺寸变化要分级，可用图 6-11 来

说明。

图 6-11 所示中的 $A_{空}$ 表示装配尺寸中未放入补偿环 $A_{补}$ 之前的“空位”尺寸，根据组成情况不同必然得到 $A_{空\min}$ 及 $A_{空\max}$ 两个极限空位尺寸，其变动范围为 $T_{空}$，此值为除补偿环 $A_{补}$ 以外（$m-1$）个组成环公差之和。

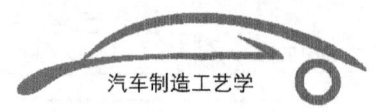

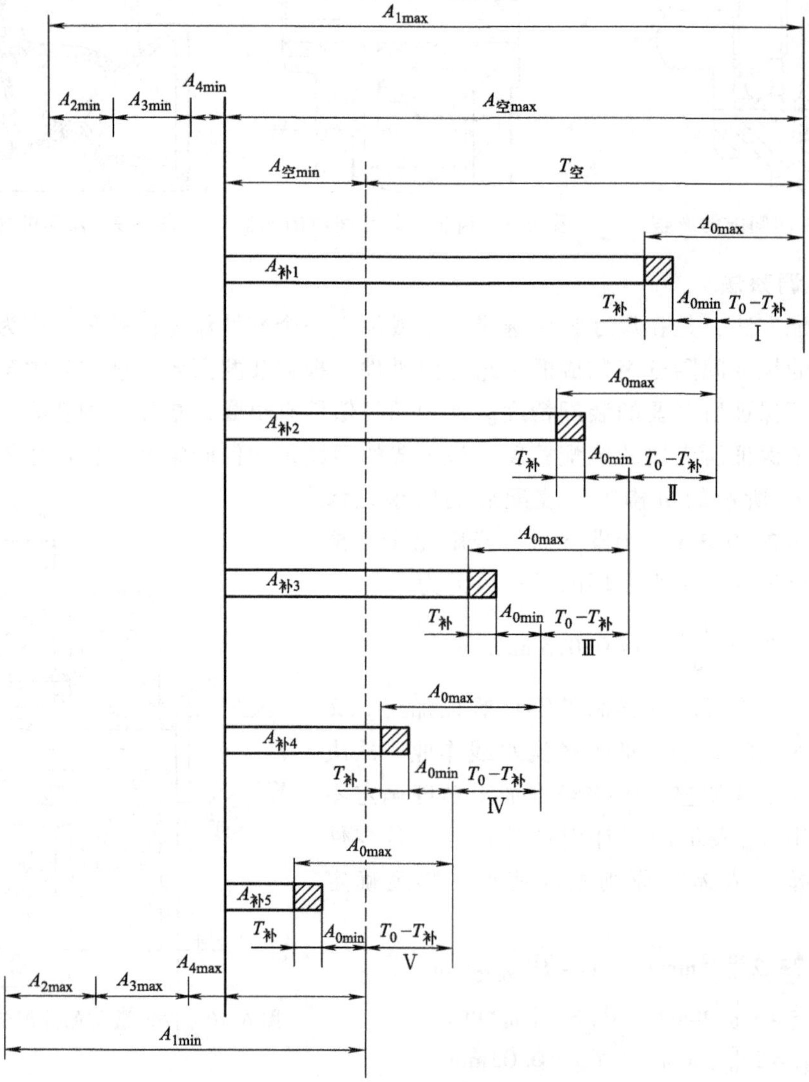
A1max
A2min
A3min
A4min
A空max
A空min
T空
A0max
A补1
T补
A0min
T0-T补
I
A补2
II
A补3
III
A补4
IV
A补5
V
A2max
A3max
A4max
A1min

图 6-11　确定固定补偿件分级尺寸 $A_{补i}$ 的图解

若 $T_{空}$ 可以用所要求的装配精度 T_0（间隙）范围（$A_{0\max}-A_{0\min}$）给予补偿，此时 T_0 即称为补偿能力。如果各级补偿环 $A_{补i}$ 尺寸能做到绝对准确（$T_{补}=0$），则补偿环 $A_{补}$ 的分级数 $g=\dfrac{T_{空}}{T_0}$。但实际上补偿件本身必定有公差 $T_{补}$，这一公差会降低补偿效果，此时补偿件的实际补偿能力为（$T_0-T_{补}$），而相邻级别的补偿件，其公称尺寸的差值（称级差）应取为（$T_0-T_{补}$）。

本例中，由此得分级数

$$g = \frac{T_{空}}{T_0 - T_{补}} = \frac{\sum_{i=1}^{m-1} T_i}{T_0 - T_{补}}$$

$$T_{空} = \sum_{i=1}^{m-1} T_i = (0.12 + 0.1 + 0.1 + 0.08)\,\text{mm} = 0.4\,\text{mm}$$

因此

$$g = \frac{0.4\,\text{mm}}{0.08\,\text{mm}} = 5$$

分级数不能为小数,若计算所得为小数,则取相近的整数。从分级数 g 的计算公式中可见,补偿环公差 $T_{补}$ 对 g 值影响很大,分级数不能太多,一般取 3~5 级为宜。虽然分级数可增加 $\sum_{i=1}^{m-1} T_i$ 值,对零件加工有利,但增加了生产组织工作的困难,因此零件加工精度不宜取得过低,尤其是补偿环的公差应尽量严格控制。

那么,如何实现补偿呢? 由图 6-11 可以看出,在装配时,当 A_1 接近最大尺寸,A_2、A_3、A_4 接近最小尺寸,并使"空位"尺寸 $A_{空}$ 实际测量值的变动范围处于图中第 Ⅰ 个 $(T_0 - T_{补})$ 范围内时,可以用最大尺寸级别的 $A_{补1}$(其公差为 $T_{补}$)来进行补偿,使封闭环实际尺寸 A_0 处于 $A_{0\min} \sim A_{0\max}$ 范围内,从而达到装配精度要求。随着实测的"空位"尺寸的不断缩小,选用的补偿件尺寸也应相应减小。例如,当"空位"尺寸的变动范围处于图中第 Ⅱ 个 $(T_0 - T_{补})$ 范围内时,则可用 $A_{补2}$ 来进行补偿。依此类推,直至"空位"尺寸接近 $A_{空\min}$ 时,则需选用最小尺寸级别的补偿件(图中为 $A_{补5}$)来进行补偿。

最后讨论一下补偿件各尺寸 $A_{补i}$ 的确定。确定 $A_{补i}$ 有两种办法:一种是首先确定最大尺寸级别的 $A_{补i}$,然后根据它依次推算出各较小级别的尺寸 $A_{补i}$;另一种是首先确定最小级别的尺寸,进而推算出各较大级别的补偿件尺寸。两种办法的道理相同。下面用第一种办法计算 $A_{补i}$。

由图 6-11 可看出,$A_{补1}$ 尺寸可简便地由其最小尺寸 $A_{补1\min}$ 和 $A_{0\max}$ 按下列尺寸链关系式求出:

$$A_{0\max} = \sum_{\substack{i=1 \\ \xi_i = 1}}^{m-1} A_{i\max} - \left(\sum_{\substack{i=1 \\ \xi_i = -1}}^{m-1} A_{i\min} + A_{补1\min} \right)$$

$$= A_{1\max} - (A_{2\min} + A_{3\min} + A_{4\min}) - A_{补1\min} = A_{空\max} - A_{补1\min}$$

$$A_{补1\min} = A_{1\max} - (A_{2\min} + A_{3\min} + A_{4\min}) - A_{0\max}$$

$$= [23.32 - (9.9 + 10 + 0.92) - 0.3]\,\text{mm} = 2.2\,\text{mm}$$

由于已求得级差为 0.08mm,故可确定补偿件分级尺寸如下:

$$A_{补1} = 2.22_{-0.02}^{0}\,\text{mm}$$
$$A_{补2} = 2.14_{-0.02}^{0}\,\text{mm}$$
$$A_{补3} = 2.06_{-0.02}^{0}\,\text{mm}$$
$$A_{补4} = 1.98_{-0.02}^{0}\,\text{mm}$$
$$A_{补5} = 1.90_{-0.02}^{0}\,\text{mm}$$

以上结果列表如下：

分组号	"空位"尺寸范围/mm	调整尺寸及偏差/mm	装配后的间隙/mm
I	2.42~2.50	$2.22_{-0.02}^{0}$	0.2~0.3
II	2.34~2.42	$2.14_{-0.02}^{0}$	0.2~0.3
III	2.26~2.34	$2.06_{-0.02}^{0}$	0.2~0.3
IV	2.18~2.26	$1.98_{-0.02}^{0}$	0.2~0.3
V	2.10~2.18	$1.90_{-0.02}^{0}$	0.2~0.3

6.3 装配尺寸链的建立

正确建立装配尺寸链是保证装配精度及装配尺寸链计算的基础，对于产品或部件，只有根据其性能要求，正确地、完全地建立装配尺寸链，才能使产品达到性能要求。装配尺寸链的建立归纳起来有以下几个方面：

1) 熟悉产品或部件、总成装配图。

2) 确定封闭环。如前所述，装配精度为封闭环。要正确地确定封闭环，必须深入了解产品的性能要求及各部件的作用，以及设计人员所提出的装配技术要求等。

3) 确定组成环。装配尺寸链的组成环是对产品或部件装配精度直接影响的环节。一般查找方法是取封闭环两端为起点，以装配基准为联系线索，在装配精度方向沿着相邻零件由近及远地查找影响封闭环的有关零件，直至找到同一个基准零件的两个装配基准或同基准表面为止，查找到的所有有关零件的尺寸就是装配尺寸链的全部组成环。当封闭环精度较高，而采用独立原则时，则尺寸公差与几何公差是分别控制的，几何公差应作为组成环进入尺寸链。

4) 画出尺寸链图，进行增、减环判定。

5) 满足尺寸链最短路线原则。

6) 列出尺寸链方程。

必须指出，每一个部件或总成中有许多装配精度要求，建立装配尺寸链时，必须依据装配精度，逐一建立装配尺寸链，形成装配尺寸链系统。由于有多个装配尺寸链存在，那么，同一零件尺寸可能会同时在几个装配尺寸链中出现，这就是前面叙述过的并联尺寸链。

下面以实例说明装配尺寸链的建立。

【例6-3】 图6-12a所示为汽车主减速器主动锥齿轮轴承座总成装配图，图6-12c所示为汽车主减速器主动锥齿轮轴承座总成立体图。主动锥齿轮2装在前、后圆锥滚子轴承上。产品设计要求：利用紧固螺母9，推动凸缘8和垫片7，使圆锥滚子轴承内圈6向右移动，使圆锥滚子轴承3和内圈6产生预紧位移量。左、右两个圆锥滚子轴承的预紧位移量以左端轴承的内圈6、外圈5两者右端面间的尺寸A_0表示。建立以A_0为封闭环的装配尺寸链时，应以封闭环两端的零件为起点，沿封闭环尺寸方向，分别依次向两个方向查找相邻零件的装配基准。如果先从封闭环左端开始查找，则查找的第一个零件是调整垫片1

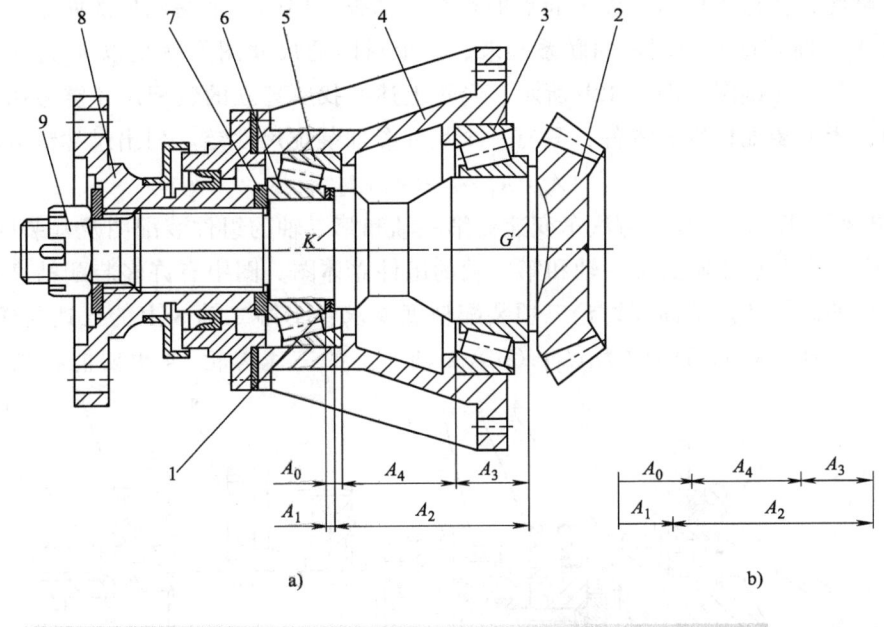

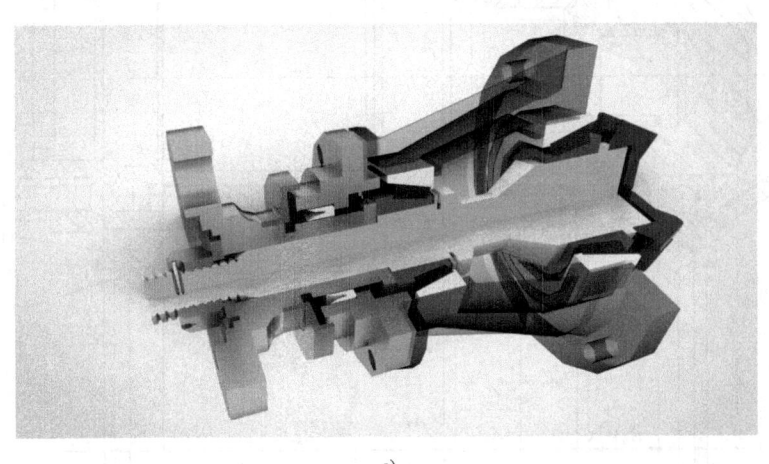

图 6-12 汽车主减速器中主动锥齿轮轴承座的装配图及其装配尺寸链
1—调整垫片 2—主动锥齿轮 3—圆锥滚子轴承 4—轴承座 5—圆锥滚子轴承外圈
6—圆锥滚子轴承内圈 7—垫片 8—凸缘 9—紧固螺母

(多个薄垫片当作一个零件),它的装配基准为其与主动锥齿轮 2 的轴肩端面 K 接触的平面,垫片的厚度尺寸 A_1 是直接影响装配精度的组成环。依次查找的第二个零件是主动锥齿轮 2,它的轴向装配基准为与圆锥滚子轴承 3 内圈接触的轴肩面 G,主动锥齿轮 2 的尺寸 A_2 是直接影响装配精度的组成环。再依次查找到圆锥滚子轴承 3。圆锥滚子轴承虽然由外圈、滚子和内圈组成,但它是由轴承制造企业以一套组件供应给汽车制造企业的,可以把轴承组件作为一个零件看待,查找它的装配基准。圆锥滚子轴承 3 的轴向装配基准为外圈左端面,轴承全宽度尺寸 A_3 是直接影响装配精度的组成环。下一零件是轴承座 4。轴承座 4 是基础件,从封闭环左端开始的查找暂告一段落。然后再从封闭环右端开始查找。封闭环右端为圆锥滚子轴承外圈 5 的右端面,这个端面的右侧零件也是基础件——轴承座 4

的表面。至此,从封闭环两端面为起点的查找,都查找到同一个基础件的两个表面,最后用一个尺 A_4 寸将基础件两端表面联系起来。这个封闭的尺寸图形就是以 A_0 为封闭环的装配尺寸链,其尺寸链图如图 6-12b 所示。经过上述查找所建立的装配尺寸链遵循了尺寸链最短原则,影响装配精度的零件,只有一个尺寸参加装配尺寸链。列出尺寸链方程式为

$$A_0 = A_1 + A_2 - (A_3 + A_4)$$

【例 6-4】 图 6-13 所示为汽车变速器第一轴和第二轴的组件装配图及其装配尺寸链。图 6-13c 所示为汽车变速器第一轴和第二轴的组件立体图。图中有许多装配精度要求,即装配尺寸链的封闭环。下面仅讨论三项装配精度要求:①第二轴 8 上的五速齿轮 15 要能在轴上自由转动,其端面间隙为 C_0;②第二轴 8 上的三速齿轮 14 也要能在轴上自由转

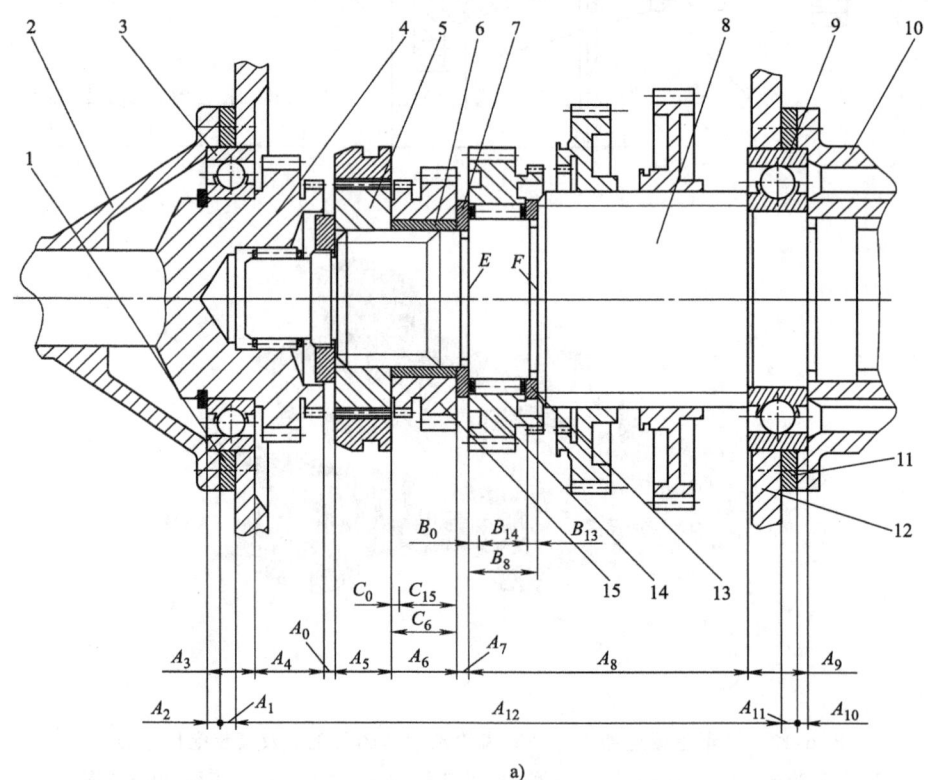

a)

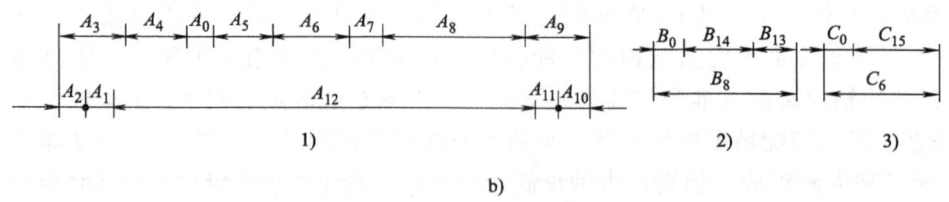

b)

图 6-13 汽车变速器第一轴和第二轴的组件装配图及其装配尺寸链
1—前纸垫 2—前盖 3—前轴承 4—第一轴 5—四、五速固定齿座 6—衬套
7—五速齿轮止推环 8—第二轴 9—后轴承 10—后盖 11—后纸垫
12—变速器壳体 13—三速齿轮止推环 14—三速齿轮 15—五速齿轮

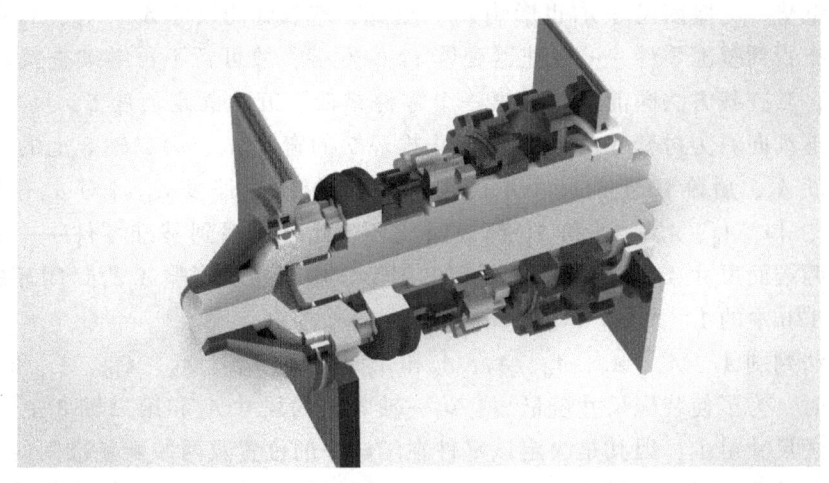

c)

图 6-13 汽车变速器第一轴和第二轴的组件装配图及其装配尺寸链（续）

动，其端面间隙为 B_0；③第一轴 4 的右端面和第二轴上四、五速固定齿座 5 的左端面间要求有一定的轴向间隙 A_0（当前轴承 3、后轴承 9 的外圈端面紧靠在前、后盖止口端面上时）。按上述三项要求，分别建立装配尺寸链。

先分析前两个装配精度要求 C_0 和 B_0。它们分别是五速齿轮 15 和三速齿轮 14 装在第二轴 8 上以后间接形成的，C_0 是一个三环装配尺寸链的封闭环。尺寸链图如图 6-13b 中的 3) 所示，尺寸链方程式为

$$C_0 = C_6 - C_{15}$$

式中　C_6——衬套 6 的宽度；

　　　C_{15}——五速齿轮 15 的宽度。

B_0 是一个四环装配尺寸链的封闭环。尺寸链图如图 6-13b 中的 2) 所示，尺寸链方程式为

$$B_0 = B_8 - B_{13} - B_{14}$$

式中　B_8——第二轴 8 上 E、F 两端面间的距离；

　　　B_{13}——三速齿轮止推环 13 的宽度；

　　　B_{14}——三速齿轮 14 的轮毂宽度。

在第二轴 8 上，三速齿轮 14 在止推环 7 和止推环 13 之间相对转动，止推环 7 压紧在第二轴 8 的 E 端面上，所以止推环 7 的右端面和第二轴 8 的 E 端面是重合的。

前两个装配尺寸链比较简单，很容易从装配图上确定。第三个装配尺寸链比较复杂。A_0 是在第一轴组件和第二轴组件装入变速器壳体后最后形成的，所以 A_0 是一个封闭环。

查找以 A_0 为封闭环的装配尺寸链时，首先以 A_0 两端的两个零件为起点，然后沿封闭环尺寸方向从任意一边开始，查找影响 A_0 的组成环。先从 A_0 的左边开始，第一个零件是第一轴 4，第一轴右端面到装配基准间的尺寸 A_4 对 A_0 有影响，A_4 是尺寸链的组成环。A_4 的左边为前轴承 3，其两端面（装配基准）间的宽度尺寸 A_3 也影响 A_0。轴承左端面与前盖止口平面接触，前盖 2 上的尺寸 A_2 也影响 A_0。前盖通过前纸垫 1 和变速器壳体 12 相接

触,所以前纸垫1的厚度尺寸A_1也影响A_0。至此,查找到的尺寸A_4、A_3、A_2和A_1都是组成环。由于查找到基准零件——变速器壳体12的左端,故可暂不再继续查找。然后从A_0的右端查找,其查找方法同前。向右第一个零件是四、五速固定齿座5,尺寸A_5对A_0有影响。依次继续向右为衬套6的宽度A_6、止推环7的宽度A_7、第二轴8上的尺寸A_8、后轴承9的宽度A_9,后盖10上的尺寸A_{10},以及后纸垫11的厚度A_{11}都对A_0有影响,所以尺寸A_5、A_6、A_7、A_8、A_9、A_{10}和A_{11}都是组成环。此时也遇到基准零件——变速器壳体12,用壳体两端面尺寸A_{12}把尺寸连成封闭的图形,这就是以间隙A_0为封闭环的装配尺寸链,如图6-13b中的1)所示。

用回路法判别A_3、A_4、A_5、A_6、A_7、A_8和A_9是减环,A_1、A_2、A_{10}、A_{11}和A_{12}是增环。

在查找时,为了使装配尺寸链最短,第一轴4上的尺寸A_4和第二轴8上的尺寸A_8要直接加入上述尺寸链中,因其是决定该零件在结构中的位置及两装配基准间的尺寸,不希望用该零件上的几个尺寸来代替这些尺寸。换句话说,就是在标注这些零件的尺寸时,应该把A_4和A_8直接标注在相应的零件图上。

最后,按封闭环公称尺寸计算公式列出这个装配尺寸链的方程式为

$$A_0 = A_1 + A_2 + A_{10} + A_{11} + A_{12} - (A_3 + A_4 + A_5 + A_6 + A_7 + A_8 + A_9)$$

上述几个尺寸链均未考虑几何公差对轴向间隙的影响。实际上,采用独立原则时,几何公差也影响轴向间隙,因而也是组成环,如零件端面的平行度和垂直度等几何公差就会影响轴向间隙的大小。在装配精度要求较低的尺寸链中,如采用包容原则时,几何公差控制在尺寸公差范围内,因此,它们不作为尺寸链的组成环,而只考虑尺寸公差。

6.4 装配工艺规程的制订

规定产品的装配工艺过程和装配方法的工艺文件,称为装配工艺规程。它对于保证装配质量、提高装配生产效率、减轻工人劳动强度以及降低生产成本等都有重要的作用。

6.4.1 装配工艺规程的内容

装配工艺规程包括以下内容:
1) 制订出经济合理的装配顺序,并根据所设计的结构特点和要求,确定机械各部分的装配方法。
2) 选择和设计装配中需用的工艺装备,并根据产品的生产批量确定其复杂程度。
3) 规定部件装配技术要求,使之达到整机的技术要求和使用性能。
4) 规定产品的部件装配和总装配的质量检验方法及使用工具。
5) 确定装配中的工时定额。
6) 其他需要提出的注意事项及要求。

6.4.2 制订装配工艺规程所需的原始资料

制订装配工艺规程前,必须事先获得一定的原始资料,才能着手这方面的工作。制订

装配工艺规程所需的原始资料主要有：

1) 产品的总装图和部件装配图，必要时还应有重要零件的零件图。从产品图样可以了解产品的全部结构和尺寸、配合性质、精度、材料和重量以及技术性能要求等，从而合理地安排装配顺序、恰当地选择装配方法和检验项目、合理地设计装配工具和准备装配设备。

2) 产品的验收技术标准。它规定了产品性能检验、试验的方法和内容。

3) 产品的生产纲领。它决定装配的生产类型，是制订装配工艺和选择装配生产组织形式的重要依据。

4) 现有的生产和技术条件。它包括本厂现有的装配工艺设备、工人技术水平、装配车间面积等各方面的情况。考虑这些现有条件，可以使所制订的装配工艺更切合实际，符合生产要求。

6.4.3　装配工艺规程的制订步骤和方法

1. 产品分析

1) 研究产品图样和装配时应满足的技术要求。
2) 对产品结构进行分析，其中包括装配尺寸链的分析、计算和结构装配工艺分析。
3) 装配单元的划分。

对复杂的机械，为了组织装配工作的平行流水作业，在制订装配工艺时，划分装配单元是一项重要工作，装配单元一般分为零件、合件、组件、部件和机器五种等级。图6-14所示为装配单元系统示意图。

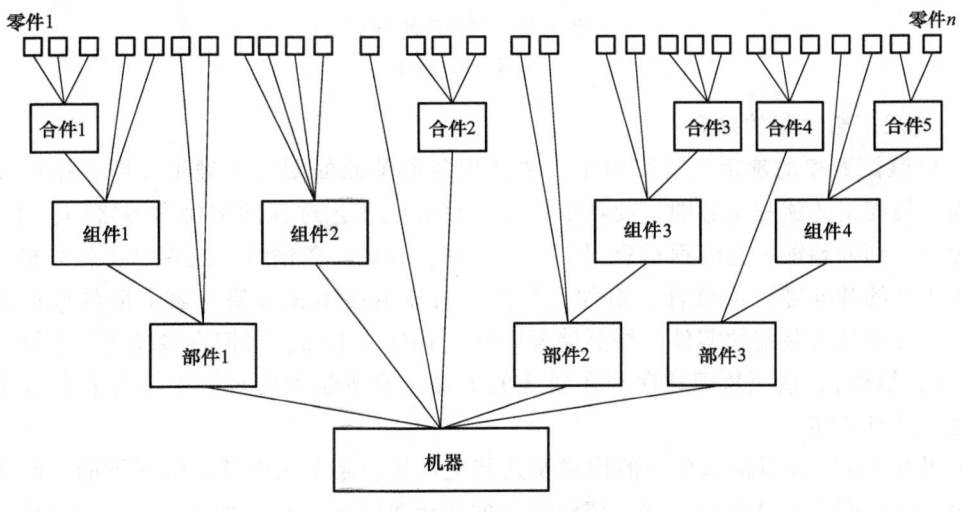

图6-14　装配单元系统示意图

零件——组成机器的基本单元。一般零件都是预先装成合件、组件或部件才进入总装，直接装入机器的零件不多。

合件——合件可以是若干零件永久连接（焊接、铆接等）或者是连接在一个"基准零件"上的少数零件的组合。合件组合后，有可能还要加工，前面提到的"合并加工法"中,如果组成零件数较少就属于合件。图6-15a所示即属于合件,其中锥齿轮属于"基准件"。

组件——组件是指一个或几个合件与几个零件的组合。图6-15b所示即属于组件,其中锥齿轮与圆柱齿轮的组合是事先装好的一个合件,阶梯轴即为"基准件"。

部件——一个或几个组件、合件和零件的组合。

机器——也称产品,它是由上述全部装配单元结合而成的整体。

2. 装配组织形式的确定

装配组织形式一般分为固定式和移动式两种。固定式装配可直接在地面上进行和在装配台架上分工进行。移动式装配又分为连续移动式和间歇移动式,可在小车上或输送带上进行。装配形式的选择,主要取决于产品结构特点(尺寸或重量)和生产批量。

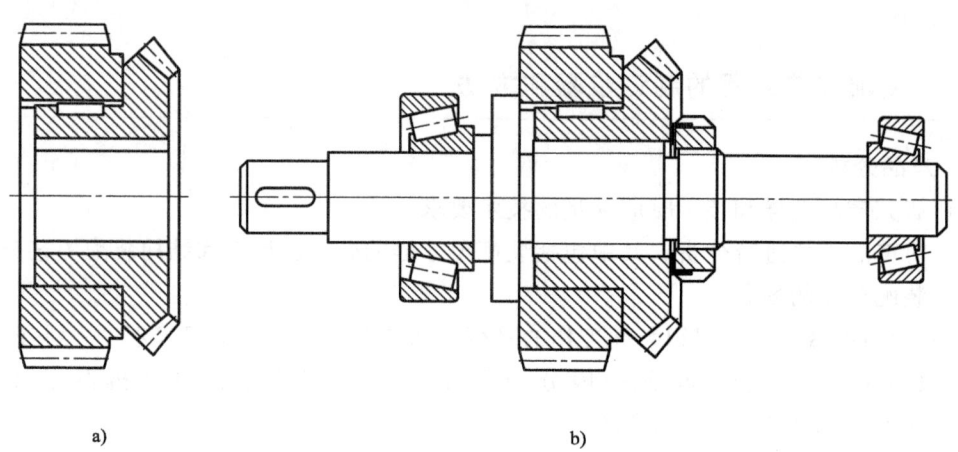

图 6-15 合件与组件
a) 合件 b) 组件

3. 装配工艺过程的确定

(1) **装配顺序的确定** 装配顺序主要根据装配单元的划分来确定。即根据单元系统图,画出装配工艺流程示意图,此项工作是制订装配工艺过程的重要内容之一。图6-16a所示为一个部件装配工艺流程示意图。在绘制时,先画一条横线,左端绘出长方格,表示所装配产品的基准零件或合件、组件、部件,右端也绘出长方格,表示部件或产品。然后,将能直接进入装配的零件,按照装配顺序画在横线上面,再把直接能进行装配的部件(或合件、组件),按照装配顺序画在横线的下面,使所装配的每一个零件和部件都能表示清楚,没有遗漏。

由图6-16a可以看出该部件的构成及其装配过程。装配是由基准件开始的,沿水平线自左向右到装配成部件为止。进入部件装配的各级单元依次是一个零件、一个组件、三个零件、一个合件、一个零件。在过程中有两次检验工序。其中组件的构成及其装配过程也可从图上看出,它是以基准件开始由一条向上的垂直线一直引到装成组件为止,然后由组件再引垂线向上与部件装配水平线衔接。进入该组件装配的有一个合件、两个零件,在装配过程中有钻孔和攻螺纹的工作。至于两个合件的组成及其装配过程也可从图上明显地看出。

图上每一个方框中都需填写零件或装配单元的名称、代号和件数。其格式如图 6-16b 所示，或按实际需要自定。

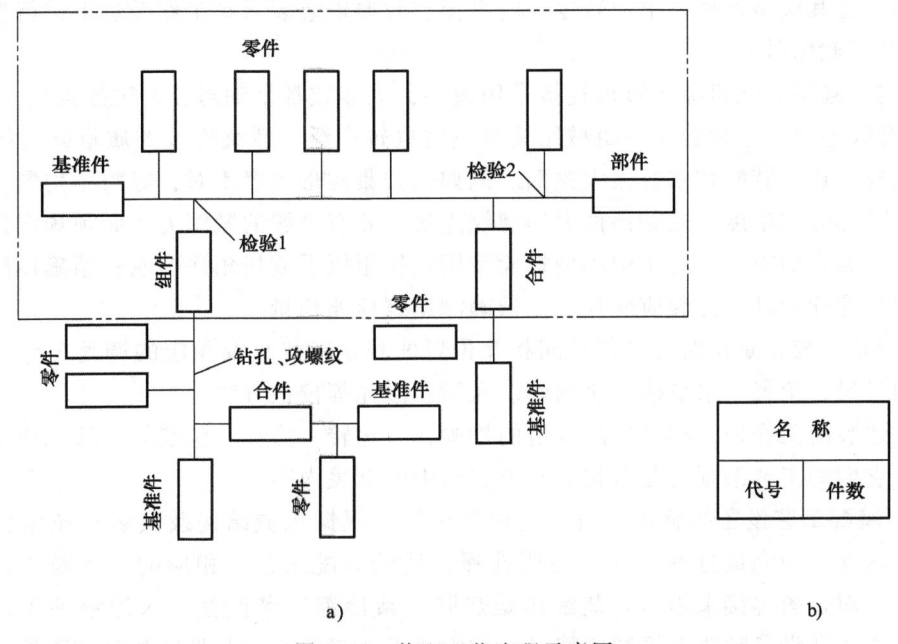

图 6-16 装配工艺流程示意图

如果实际产品（或部件）包含的零件和装配单元较多，将它们画在一张图中，会造成装配工艺流程图十分庞大复杂，因此在实际应用时可分别绘制各级装配单元的流程图和一张总流程图。如图 6-16 中双点画线框内为部件装配（部装）总流程图，其中进入部装的一个组件和一个合件已另有它们各自的装配流程图，故在部装流程图上无需再画，只画上该组件及合件的方框即可。这样做既可简化总流程图，又便于组织平行、流水装配作业。

不论哪一等级的装配单元的装配，都要选定某一零件或比它低一级以下的装配单元作为基准件，首先进入装配工作；然后根据结构具体情况和装配技术要求考虑其他零件或装配单元装入的先后次序。总之，要有利于保证装配精度以及使装配连接、校正等工作能顺利进行。一般次序是：先下后上，先内后外，先难后易，先重大后轻小，先精密后一般。

（2）装配工作基本内容的确定

1）清洗。进入装配的零件必须进行清洗，清洗工作对保证和提高机器装配质量，延长产品使用寿命有着重要意义。特别是对于机器的关键部分，如轴承、密封、润滑系统、精密偶件等更为重要。清洗工艺的要点，主要是清洗液、清洗方法及其工艺参数等，在制订清洗工艺时可参考相关参考文献中的有关内容。

2）刮削。用刮削（刮研）方法可以提高工件的尺寸精度和形状精度，减小表面粗糙度值，提高接触刚度。装饰性刮削的刀花可美化外观。因刮削劳动量大，故多用于中小批量生产中，目前广泛采用机械加工来代替刮削。但是刮削具有工艺简单，不受工件形状、位置及设备条件限制等优点，便于灵活应用，所以在机器装配或修理中，仍是一种重要的工艺方法。

3）平衡。旋转体的平衡是装配过程中一项重要工作。对于转速高且运转平稳性要求高的机械，尤其应该严格要求回转零件的平衡，并要求总装后在工作转速下进行整机平衡（如曲轴和飞轮组件）。

4）过盈连接。在机器中过盈连接采用较多，大多数都是轴与孔的过盈连接。

5）螺纹连接。这种连接在机械结构中应用也较广泛。螺纹连接的质量除与螺纹加工精度有关外，还与装配技术有很大关系。例如，拧紧螺母次序不对，施力不均匀，将使工件变形，降低装配精度。运动部件上的螺纹连接，要有足够的紧固力，必须规定预紧力大小。控制预紧力的方法：对于中小型螺栓常用定扭矩扳手或扭角法控制；精确控制则采用千分尺或在螺栓光杆部位装应变片，以精确测量螺栓伸长量。

6）校正。校正是指对各零部件间相互位置的找正、找平及相应的调整工作。在校正时常采用平尺、角尺、水平仪、拉钢丝、光学、激光等校正方法。

除上述装配工作外，部件或总装后的检验、试运转、涂装、包装等一般也属于装配工作。对于它们的工艺编制可参考相关参考文献中的有关内容。

（3）**装配工艺设备的确定** 由上述内容可知，根据机械结构及其装配技术要求便可确定工作内容。为完成这些工作，需要选择合适的装配工艺、相应的设备及工、夹、量具。例如，对过盈连接采用压入装配还是热胀（或冷缩）装配法，采用哪种压入工具或哪种加热方法及设备都要根据结构特点、技术要求、工厂经验及具体条件来确定。

有必要使用专用工具或设备时，则需提出设计任务书。

6.4.4 发动机装配工艺制订实例

发动机总成的装配，共需完成近1000件的加工件、标准件、外协件的装配工作，其装配质量直接影响发动机的使用性能，进而影响整车的使用性能。

1. 发动机装配的基本要求

（1）**严格控制零部件的质量** 各专业厂或机械加工车间加工的零件，除了加强最终检验来控制零件质量外，在储存、运输过程中，必须保证合理的储存器具和密封措施，保证零部件不受磕碰，加工精度不被破坏，清洁度不受影响。发动机上不少零件的配合精度要求很高，清洁度对质量的影响很明显，有些重要零件除了要求在工序中反复清洗外，在进入装配时也要严格清洗。

（2）**保证拧紧质量** 发动机装配中，螺纹连接占有很大比例，其中一些关键连接处的连接质量会直接影响产品的质量。若拧紧扭矩达不到要求，势必引起螺栓和螺母在工作中松动，从而造成事故；若拧紧力矩不均匀，将使被连接件产生不均匀变形，在结合部位出现间隙，使得发动机漏水、漏油、漏气。所以为确保装配质量，螺纹连接要求如下：

1）螺纹连接处的拧紧力矩要达到设计要求。

2）同一连接面上的螺栓、螺母、螺钉，其拧紧力矩要均匀，扭矩差控制在一定范围。

3）保证运动部位各零件相对位置的准确性和运动间隙符合产品的设计要求。

4）设置必要的检测工位。

5)科学管理装配过程,严格按照各种技术文件的要求进行装配工作。

2. 发动机装配的工艺路线

由于各种发动机产品结构相似,其装配顺序也大致相同。发动机装配以气缸体为装配主体,在按一定节拍向前移动的流水装配线上进行总装,大多数装配线都分为以下两段。

1)前段为装配缸体内部的零部件,包括松开和取下主轴承盖,安装曲轴部件,重新上紧主轴承盖,安装凸轮轴总成、活塞连杆总成、正时齿轮总成、机油泵总成等,最后装上油底壳。在这一段装配过程中,缸体要根据装配的需要转换方向和位置,装配夹具要适应这种需要。

2)后段为装配缸体顶部、两侧及前后两端的零部件,包括缸盖总成、配气机构、缸盖罩、机油滤清器、燃油滤清器、燃油泵和喷油器(或化油器和分电器)、起动机、发电机、进气歧管、排气歧管、风扇传动带、进水管、出水管及各种管路、电线等外部零件和变速器总成,装配后的发动机要进行试运转。

图 6-17 所示为某发动机总成装配路线图,装配线采用金属间封闭,内设一条主干线,主干线分成两部分:前部(图中 1~9)称为装配一线,采用非强制流水装配,即装配主体在辊道线上由人力推动,向前运行;后部(图中 10~17)称为装配二线,采用强制性流水装配,即相互间隔定距离的小车,按一定节拍强制拖动向前运行输送装配主体。主干线两侧设有分装线,采用小车将组装完毕的分总成运往主干线上的装配工位。对装配完毕的发动机总成进行最终检查,认定合格后,打上标记,用输送链运往总成试验车间。

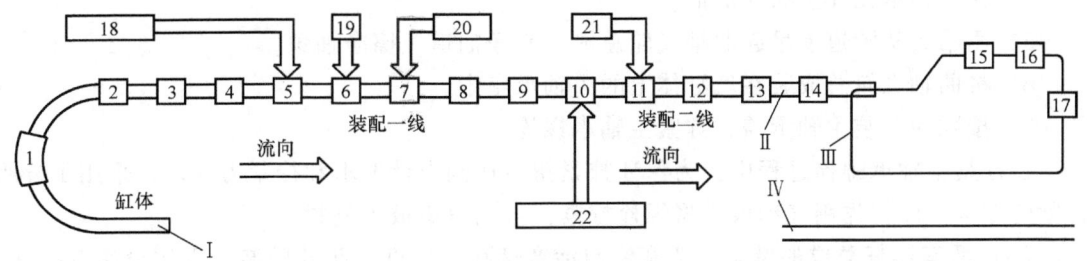

图 6-17 某发动机总成装配路线图

1—选配活塞 2—翻转缸体 3—拆主轴轴承螺栓 4—装曲轴总成 5—装活塞连杆总成
6—装凸轮轴及正时齿轮总成 7—装机油泵和传动齿轮总成 8—装油底壳总成 9—翻转夹具
10—装气缸盖与进、排气管合件 11—装挺杆导向体合件 12—调整气门间隙 13—装机油滤清器总成
14—装变速器总成 15—喷漆烘干 16—装化油器、汽油泵、发电机等 17—最终检查
18—活塞连杆总成分装线 19—凸轮轴及正时齿轮分装线 20—机油泵传动齿轮分装线 21—挺杆、导向体分装线
22—气缸盖及进、排气管分装线 Ⅰ—辊道 Ⅱ—装配小车 Ⅲ—悬链 Ⅳ—总成输送链

3. 发动机的主要装配工艺

以某六缸发动机为例,其主要装配工艺如下所述。

(1) 活塞的选配

1)装配要求。装配后,活塞和气缸孔的间隙为 0.015~0.035mm,为保证配合精度,采用选择装配法。

2)六缸发动机活塞的选配工作。加工合格的活塞和气缸孔,按尺寸由小至大,分成

4个尺寸级别，并分别用 A、B、C、D 标记。每个尺寸级别的活塞又按重量大小，分成 4 个重量级别，并分别用 1、2、3、4 标记。装配时，活塞和气缸孔的尺寸级别应相同，当同一尺寸级别的气缸孔和活塞选配有困难时，允许对相邻级别进行选配，但每台发动机上的 6 个活塞重量级别必须相同。

选配活塞示意图如图 6-18 所示，装配前必须将活塞和气缸孔擦净，将一厚度为 0.05mm 的塞尺 3 连接在弹簧秤 4 上，将塞尺沿与气缸孔轴线平行的方向放入并紧贴气缸壁，把活塞倒置全部放进气缸孔内，活塞裙部低于气缸孔顶面 10~15mm，并使活塞销孔轴线方向与塞尺垂直，匀速用弹簧秤拉出塞尺，拉力应在 35~49N 之间，如果拉力不在该范围内，则要更换活塞，按上述方法重新选配，直至合格。

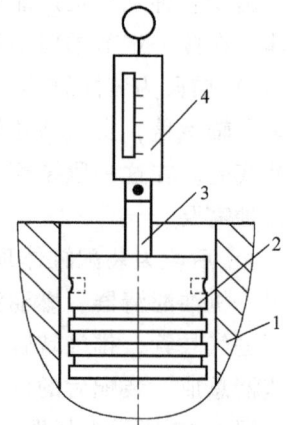

图 6-18　选配活塞示意图
1—气缸体　2—活塞
3—塞尺　4—弹簧秤

（2）曲轴的装配　加工车间将曲轴、飞轮和离合器等组装成曲轴飞轮总成，经平衡后，用滑道运往装配车间进行装配。曲轴的装配工艺过程如下：

1）用主轴承螺栓拆卸机拆下主轴承螺栓，取下主轴承盖，并按顺序摆放在专用的随行托盘上。

2）用压缩空气吹净油道、主轴承瓦片，擦净主轴承盖和主轴承座的接合面。

3）安装主轴承瓦片。

4）在主轴承瓦片上涂润滑油。

5）用吊具从滑道上吊起曲轴飞轮总成，吹净油道，擦净轴颈。

6）将曲轴飞轮总成装在气缸体上的主轴承座中。

7）按顺序安装主轴承盖，拧紧主轴承螺栓。

在拧紧主轴承螺栓过程中，为保证拧紧扭矩达到设计要求和拧紧力均匀，采用了分级拧紧的方法，即首先用气动扳手将螺栓拧紧，再用扭矩扳手复紧。

（3）活塞连杆总成的装配　活塞销与活塞销孔、连杆小头孔的装配采用分组互换法，即三者的直径尺寸按由大至小均分成 6 个尺寸级别，并分别用粉、绿、蓝、红、白、黑 6 种颜色标记，同一种颜色为一个尺寸组别。装配时，同一尺寸组别的零件按互换装配法装在一起。需要注意的是，在同一台发动机中活塞连杆总成的重量级别也必须相同。

在活塞销与活塞销孔、连杆小头孔的装配过程中，要对活塞加热，然后用一专用夹具将活塞、活塞销、连杆组装在一起。

一般发动机均采用三道气环、一道油环。装活塞环的夹具如图 6-19 所示，其由带锥度的外圆直径略大于活塞直径的心轴 1，以及轴向可移动的夹片 4 和夹具体 3 构成。装配时，把活塞环放入夹片中，用心轴撑开活塞环，夹片夹住活塞环保持撑开状态，然后退出心轴，装入活塞，松开夹片，活塞环即落入活塞环槽中。

装好活塞环的活塞，在向气缸孔内装配时，由于活塞环在自由状态时其外圆尺寸比气缸孔直径大，因此需要导向夹具，如图 6-20 所示。装配时，将带有锥度的导向夹具与气缸体顶面贴紧，孔对正，将活塞连杆总成放入气缸孔中，调整活塞环的开口位置，使相邻两活塞环开口的间隔为 90°角，用木棒对准活塞顶中心处施力，推入活塞连杆总成。

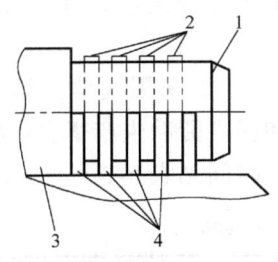 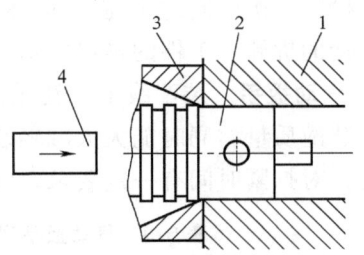

图 6-19　活塞环装配过程示意图　　　　　　　　图 6-20　活塞连杆总成装配示意图
1—心轴　2—活塞环　3—夹具体　4—夹片　　　1—气缸体　2—活塞杆总成　3—导向夹具　4—木棒

活塞连杆组的装配工艺过程如下：

1）将活塞、连杆、活塞销、活塞环、锁环组装成活塞连杆总成。
2）拆下连杆盖。
3）安装连杆轴瓦。
4）向气缸体中装活塞连杆总成。
5）拧紧连杆螺母。

拧紧连杆螺母时，连杆螺母要涂胶，然后先后用气动扳手和扭矩扳手进行二次拧紧。

4．发动机试验

对装配好的发动机进行试验，实质是对发动机进行检查和检验，消除装配中的缺陷，调整各机构，以达到鉴定质量的目的。同时，通过发动机的初期运转，可消除配合零件表面的微观不平，提高表面质量，延长发动机使用寿命。

发动机试验一般分为冷拖和热磨两个试验。

（1）**冷拖试验**　所谓冷拖是指采用外部的动力带动发动机运转，发动机本身并不工作。其目的是消除配合零件表面的缺陷，提高配合质量，保证配合零件表面能够承受和传递正常工作载荷。

冷拖试验是提高发动机寿命的必要措施。

（2）**热磨试验**　所谓热磨是指发动机自身工作过程中的磨合。其目的是对发动机进行进一步磨合，同时，对发动机油路、电路进行检验和调整。

发动机热磨又分为无负荷热磨和有负荷热磨，试验中先进行无负荷热磨，然后进行有负荷热磨。

某发动机试验进行情况如下所述：

1）冷拖：用作热磨试验的发动机带动，转速为 11.7r/s，运转 20min。
2）无负荷热磨：以煤气作为燃料，转速为 16.7r/s，空转 15min。
3）有负荷热磨：以另一台做冷拖试验的发动机作为负荷，转速为 23.3r/s，磨合 20min。

在试验中，应检查发动机各部件的工作情况，同时消除漏油、漏气、漏水和异常敲击声等缺陷。在运转中，应检查机油压力，在转速为 8.3~10r/s 时，压力不得低于 $1.96×10^5$Pa；在 40r/s 时，压力不得高于 $3.92×10^5$Pa。

5．主要装配设备和工艺装备

（1）**主轴承螺栓拆卸机**　主轴承螺栓拆卸机有 18 个扳手头，用于在安装曲轴前拆下主轴承螺栓,一次可同时将主轴承18个螺栓全部拆下。整个操作过程,如工件的推入、定位、螺栓的拆卸、工件的推出等均为自动控制。

（2）**气动扳手** 装配线上广泛采用气动工具,如气动扳手。采用气动工具不仅能有效地保证装配质量,同时能大大减轻装配工人的劳动强度和提高劳动生产率。现场使用气动扳手时,对拧紧时间有一定要求。气动扳手现场使用拧紧时间见表6-3。

表6-3 气动扳手现场使用拧紧时间（气压为490MPa）

气动扳手型号	螺纹规格	拧紧时间/s
B6	M6	1.5~2.5
B10	M10	2.0~3.0
B16	M16	2.5~3.5
B20	M20	3.5~5.0
B30	M30	4.0~6.0

（3）**扭力扳手** 为保证螺纹连接的拧紧扭矩达到技术要求所规定的数值,常使用扭力扳手,如图6-21所示。在拧紧螺母时,扭力扳手上的指示针在读数板上指示出达到的扭矩值。

图6-21 开口扭力扳手

6. 发动机装配工艺过程

某直列六缸汽油发动机的装配工艺过程如下:

1) 装主油道油堵。
2) 编号。
3) 擦净气缸孔、活塞。
4) 选配活塞。
5) 复检配缸拉力并写号。
6) 检查。
7) 装机油调节阀。
8) 翻转气缸体。
9) 装曲轴后油封挡片。
10) 拆主轴承盖。
11) 吹擦瓦片。
12) 装主轴承瓦片。
13) 擦净轴瓦。
14) 装曲轴。
15) 拧紧主轴承盖螺栓。
16) 装填木条。
17) 复紧主轴承盖螺栓。
18) 检查。
19) 装飞轮壳。
20) 装传动销。
21) 装飞轮。
22) 扩铰定位销孔。
23) 吹净。
24) 拧紧飞轮紧固螺栓。
25) 装锁片。
26) 装轴承。
27) 装从动盘总成。
28) 装离合器盖总成。
29) 初调分离杠杆高度。
30) 初调主动盘与压盘间隙。
31) 压分离杠杆。
32) 复调主动盘与压盘间隙。
33) 复调分离杠杆高度。
34) 装开口销。
35) 气缸体复位。
36) 整机平衡。
37) 装连杆轴瓦。
38) 装活塞连杆总成。
39) 装横油道油堵。
40) 拧紧连杆螺母。

41）装止推垫圈。
42）加热曲轴正时齿轮。
43）装隔圈。
44）装半圆键。
45）装曲轴正时齿轮。
46）复紧连杆螺母。
47）向止推垫圈点注油。
48）安装工艺起动爪。
49）检查。
50）装油道前油堵。
51）装垫板。
52）擦净凸轮轴及正时齿轮总成。
53）装凸轮轴。
54）装挡油盘与键。
55）涂胶。
56）装检查孔盖板。
57）装机油泵总成。
58）装连接板。
59）装出油管总成。
60）装机油集滤器总成。
61）装夹子。
62）检查。
63）中间修理。
64）涂润滑油。
65）装正时齿轮盖总成。
66）检查。
67）吹净曲轴箱。
68）装油底壳总成。
69）复紧油底壳螺栓。
70）检查。
71）拧紧横油道油堵。
72）涂胶。
73）装放水龙头和管接头。
74）翻转气缸体。
75）拆工艺盖板。
76）装气缸盖与进、排气管合件。
77）装前悬支架。
78）装暖风开关。
79）装冷却液温度传感器。
80）装爆燃传感器。

81）装水泵总成。
82）复紧缸盖螺栓。
83）确定正时标记。
84）装飞轮壳盖板。
85）装挺杆导向体及挺杆。
86）装传动轴总成。
87）装衬套。
88）装推杆总成。
89）装摇臂轴、摇臂总成。
90）装挺杆室盖板。
91）调整气门间隙。
92）装气缸盖罩盖。
93）装分电器总成。
94）点火正时调整。
95）更换机油细滤器弹簧。
96）装机油标尺管总成。
97）装火花塞。
98）装离心式机油滤清器总成。
99）转动小车。
100）拧紧火花塞。
101）装出水管节温器合件。
102）装连接软管。
103）装机油粗滤器总成。
104）装空气压缩机支架。
105）装空气压缩机。
106）装空气压缩机传动带。
107）转动小车。
108）装发动机支架。
109）装机油尺总成。
110）装带轮减振器总成。
111）装起动爪。
112）装变速器总成。
113）转动小车。
114）装汽油泵垫板、垫片。
115）装分离叉拉臂总成。
116）装放水开关附件。
117）装化油器操纵机构。
118）装吊杆。
119）检查。
120）喷漆。

121）烘干。
122）补漆。
123）装进油管总成。
124）装出油管总成。
125）贴标志牌。
126）装搭铁线。
127）装化油器总成。
128）装汽油泵总成。
129）装燃油管总成。
130）打字。
131）装离合器通风孔盖板。
132）装曲轴箱通风装置。
133）装起动机总成。
134）装化油器操纵装置总成。
135）装连通管总成。
136）装发电机总成。
137）装油压感应器。
138）装油压警报器开关。
139）最后检查。
140）放挂发动机。

本 章 小 结

1）保证机器装配精度的工艺方法有四种，分别是互换法、选配法、修配法和调整法。选择何种装配方法应根据生产类型及装配精度而定。

2）装配尺寸链的建立与计算原理和零件加工工艺尺寸链相同。

3）装配工艺规程的制订必须符合高质量、高效率和低消耗的原则。

4）装配工艺规程制订内容包含装配方法的确定、装配组织形式的制订、装配顺序的确定及装配工艺文件的整理与编写等。

思考题与习题

6-1 什么叫装配？装配的基本内容有哪些？

6-2 装配的组织形式有哪几种？各有何特点？

6-3 简述装配精度的概念及其与加工精度的关系。

6-4 保证装配精度的工艺方法有哪些？各有何特点？

6-5 装配尺寸链共有哪几种？各有何特点？

6-6 装配尺寸链的建立通常分为几步？各需注意哪些问题？

6-7 装配工艺规程的制订大致有哪几个步骤？各有何要求？

6-8 图 6-22 所示为键与键槽的装配关系，$A_1 = A_2 = 16$mm，$C = 0 \sim 0.05$mm，试确定其装配方法，并计算各组成环的偏差。

6-9 查明图 6-23 所示立式铣床总装时，保证主轴回转轴线与工作台台面之间垂直度精度的装配尺寸链，并绘出装配尺寸链图。

6-10 如图 6-24 所示，溜板与床身装配前有关组成零件的尺寸分别为 $A_1 = 46_{-0.04}^{0}$mm，$A_2 = 30_{0}^{+0.03}$mm，$A_3 = 16_{+0.03}^{+0.06}$mm。试计算装配后，溜板压板与床身下平面之间的间隙 A_0 的大小。试分析当间隙在使用过程中因导轨磨损而增大后如何解决。

6-11 如图 6-25 所示的齿轮轴部件，为保证弹性挡圈能顺利装入，要求保持轴向间隙为 $0.2 \sim 0.3$mm。已知 $A_1 = 32.5$mm，$A_2 = 35$mm，$A_3 = 2.5$mm。试求各组成零件尺寸的

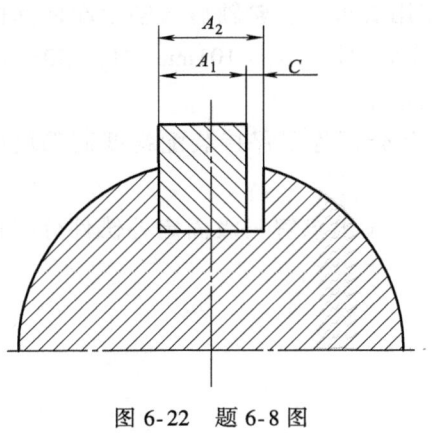

图 6-22 题 6-8 图

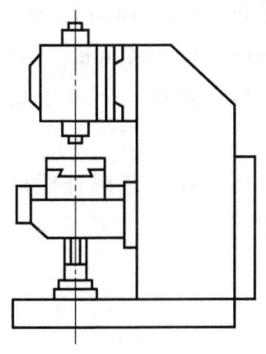

图 6-23 题 6-9 图

上、下极限偏差。

6-12 如图 6-26 所示的蜗轮减速器，装配后要求蜗轮中心平面与蜗杆轴线偏移误差为 ±0.065mm。试按采用调整法标注有关组成零件的公差，并计算加入调整垫片的组数及各组垫片的极限尺寸。（提示：在轴承端盖和箱体端面间加入调整垫片，如图中 $A_{补}$ 环，其最小尺寸为 2mm。）

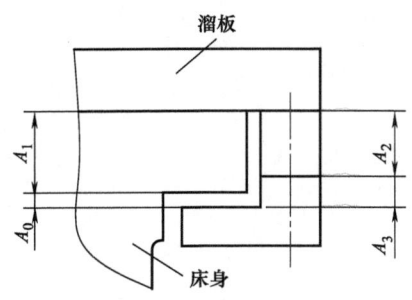

图 6-24 题 6-10 图

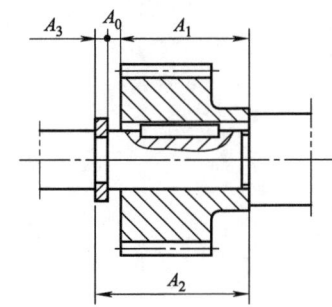

图 6-25 题 6-11 图

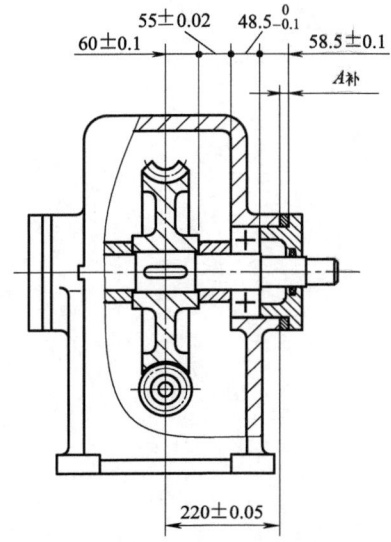

图 6-26 题 6-12 图

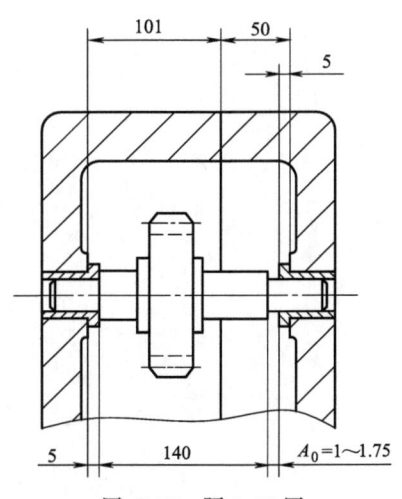

图 6-27 题 6-13 图

6-13 如图 6-27 所示的齿轮箱部件,根据使用要求,齿轮轴肩与轴承端面间的轴向间隙应在 1~1.75mm 范围内。若已知各零件的公称尺寸为 $A_1 = 101$mm,$A_2 = 50$mm,$A_3 = A_5 = 5$mm,$A_4 = 140$mm,试确定这些尺寸的公差及偏差。

6-14 简述自行车中采用的调整装配方法,并分析为了保持装配精度而采用的结构措施。

6-15 在不考虑补偿件本身公差 $T_{补}$ 的情况下,画出求解三级固定补偿件分级尺寸的图解图。

第7章

汽车先进制造技术简介

本章提要

现代科学技术的发展与交叉融合,不仅给汽车制造技术提出了新的要求,也给汽车制造技术提供了强大支持。因此,近年来涌现出了许多新的汽车制造技术。根据现代汽车制造技术的发展趋势,本章将主要介绍特种加工技术和快速成形制造技术的基本原理、方法和特点,以及先进制造生产模式的基本概念、组成和特点。

7.1 特种加工技术

特种加工的原理是利用诸如化学的、物理的(电、声、光、热、磁)、电化学的方法对材料进行加工的。与传统的机械加工方法相比,它具有一系列的优点,能解决大量传统机械加工方法难以解决甚至不能解决的问题,因而自其产生以来,得到了迅速发展,并显示出极大的潜力和应用前景。

特种加工的主要优点如下:

1) 加工范围不受材料物理力学性能的限制,具有"以柔克刚"的特点,可以加工任何硬、脆、耐热或高熔点的金属或非金属材料。

2) 特种加工可以很方便地完成常规切(磨)削加工很难,甚至无法完成的各种复杂型面、窄缝、小孔的加工,如汽轮机叶片曲面、各种模具的立体曲面型腔、喷丝头的小孔等。

3) 用特种加工方法获得的零件精度及表面质量有严格的、确定的规律性,充分利用这些规律性,可以有目的地解决一些工艺难题,满足零件表面质量方面的特殊要求。

4) 许多特种加工方法对工件无宏观作用力,因而适合于加工薄壁件、弹性件;某些特种加工方法则可以精确地控制能量,适于进行高精度和微细加工;还有一些特种加工方法则可在可控制的环境中工作,适于要求无污染的纯净材料的加工。

5) 不同的特种加工方法各有所长,它们之间合理的复合工艺,能扬长避短,形成有效的新加工技术,从而为新产品结构设计、材料选择、性能指标拟订提供了便利条件。

特种加工方法种类较多,主要的有化学加工(CHM)、电化学加工(ECM)、电化学机械加工(ECMM)、电火花加工(EDM)、电火花线切割加工(WEDM)、超声加工(USM)、激光束加工(LBM)、离子束加工(IBM)、电子束加工(EBM)、等离子束加工(PAM)、磨料流加工(AFM)、磨料喷射加工(AJM)、液体喷射加工(HDM)、磁性磨粒光整加工(MAF)及各类复合加工等。本节主要介绍汽车制造中常用的特种加工技术。

7.1.1 电火花加工

电火花加工又称放电加工（Electrical Discharge Machining，EDM），自20世纪40年代开始出现并逐步应用于生产。它是在加工过程中，使工具和工件之间不断产生脉冲性的火花放电，靠放电时局部、瞬时产生的高温把金属蚀除下来。因放电过程中可见到火花，故称之为电火花加工。

1. 电火花加工的基本原理

电火花加工的原理是基于工具和工件（正、负电极）之间脉冲性火花放电时的电腐蚀现象来蚀除多余的金属，以达到对零件的尺寸、形状及表面质量预定的加工要求。电火花加工原理如图7-1所示。工件1与工具4一般都浸在工作液中（常用煤油、机油等作为工作液），并分别与脉冲电源2的两输出端相连接。自动进给调节装置3（此处为电动机及丝杠螺母机构）使工具和工件间经常保持一个很小的放电间隙，当脉冲电压加到两极之间，便在当时条件下相对某一间隙最小处或绝缘强度最低处击穿介质，在该局部产生火花放电，瞬时高温使工具和工件表面都蚀除掉一小部分金属，各自形成一个小凹坑，如图7-2所示。脉冲放电结束后，经过一段间隔时间，工作液恢复绝缘。随着连续高频重复放电，工具电极不断地向工件进给，就可将工具的形状复制在工件上，加工出所需要的零件，整个加工表面将由无数个小凹坑所组成。

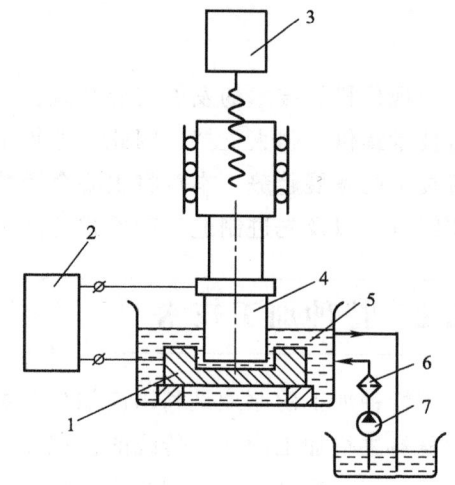

图7-1 电火花加工原理
1—工件 2—脉冲电源 3—自动进给调节装置
4—工具 5—工作液 6—过滤器 7—工作液泵

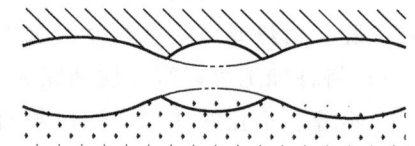

图7-2 电火花加工表面局部放大图

2. 实现电火花加工的条件

1）必须使工具电极和工件被加工表面之间保持一定的放电间隙，这个间隙随加工条件而定，通常为几微米至几百微米。如果间隙过大，则极间电压不能击穿极间介质，因而不会产生火花放电；如果间隙过小，则很容易形成短路接触，同样也不能产生火花放电。为此，在电火花加工过程中必须具有工具电极的自动进给和调节装置，使其与工件保持合理的放电间隙。

2）火花放电必须是瞬时的脉冲性放电，放电延续一段时间后，需停歇一段时间，放电延续时间一般为 $1\sim1000\mu s$。这样才能使放电所产生的热量来不及传导扩散到其余部分，把每一次的放电蚀除点局限在很小的范围内；否则，像持续电弧放电那样，会使工作表面烧伤而无法用作尺寸加工。为此，电火花加工必须采用脉冲电源。图7-3所示为脉冲电源的空载电压波形，图中 t_i 为脉冲宽度，t_0 为脉冲间隔，t_p 为脉冲周期，$\hat{u}_i$ 为脉冲峰值电压或空载电压。

3）火花放电必须在有一定绝缘性能的液体介质中进行，例如煤油、皂化液或去离子水等。液体介质又称工作液，必须具有较高的绝缘强度（$10^3 \sim 10^7 \Omega \cdot cm$），以有利于产生脉冲性的火花放电。同时，液体介质还能把电火花加工过程中产生的金属屑、炭黑等电蚀产物从放电间隙中排除出去，并且对电极和工件表面有较好的冷却作用。

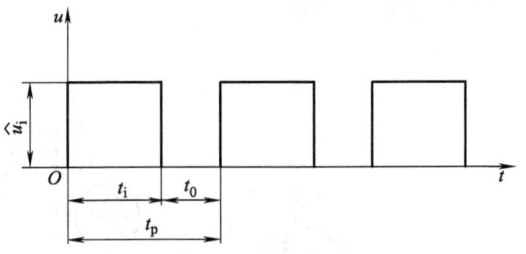

图 7-3 脉冲电源的空载电压波形

3. 电火花加工的特点及其应用

1）电火花加工适合于任何难切削材料的加工。由于加工材料的取出是靠放电时的电热作用实现的，材料的可加工性主要取决于材料的导电性及其热学特征，如熔点、沸点、比热容、热导率、电阻率等，而几乎与其力学性能（硬度、强度等）无关。这样可以突破传统切削加工对刀具的限制，实现用软的工具加工硬韧的工件，甚至可以加工像聚晶金刚石、立方氮化硼一类的超硬材料。目前电极材料多采用纯铜或石墨，因此工具电极较容易加工。

2）电火花加工可以加工特殊及复杂形状的表面和零件。由于加工中工具电极和工件不直接接触，没有机械加工的切削力，因此适宜加工低刚度工件及做微细加工。由于可以简单地将工具电极的形状复制到工件上，因此特别适用于复杂表面形状工件的加工，如复杂型腔模具加工等。数控技术的采用使得用简单的电极加工复杂形状零件也成为可能。

3）电火花加工主要用于加工金属等导电材料，但在一定条件下也可以加工半导体和非导体材料。由于电火花加工具有许多传统切削加工所无法比拟的优点，因此其应用领域日益扩大，目前已广泛应用于汽车、拖拉机、机械（特别是模具制造）、航天、航空、电子、电机电器、精密机械、仪器仪表、轻工等行业，以解决难加工材料及复杂形状零件的加工问题。其加工范围已达到小至几微米的轴、孔、缝，大到几米的超大型模具和零件。

7.1.2 电火花线切割加工

电火花线切割加工（Wire Cut EDM，WEDM）与电火花穿孔成形加工的基本原理一样，都是基于电极间脉冲放电时的电火花腐蚀原理，实现对工件的加工。但电火花线切割加工不需要制造复杂的成形电极，而是利用移动的细金属丝（钼丝或铜丝）作为工具电极，工件按照预定的轨迹运动，"切割"出所需的各种尺寸和形状。图7-4所示为电火花线切割加工原理，被切割的工件作为工件电极，电极丝作为工具电极。当产生电脉冲时，在电极丝和工件之间就可能出现一次火花放电，在放电通道中瞬时温度可达5000℃以上，从而使工件局部金属熔化，甚至有少量汽化，高温也使电极和工件之间的工作液部分产生汽化，这些汽化后的工作液和金属蒸气瞬间迅速膨胀，并具有爆炸特性。靠这种热膨胀和局部微爆炸，抛出熔化和汽化了的金属材料从而实现对工件材料进行电蚀切割加工。

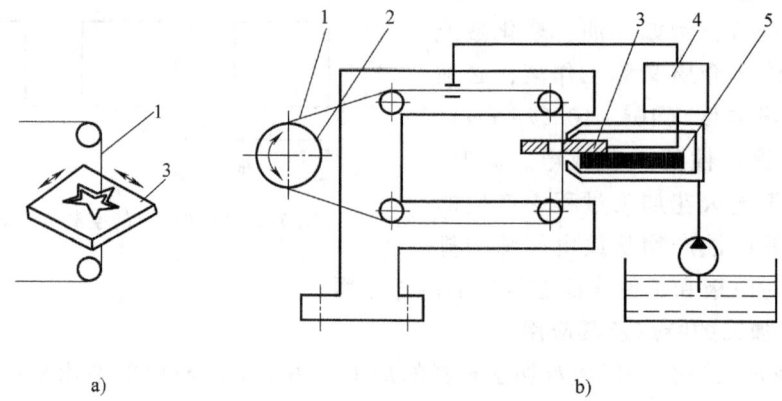

图 7-4　电火花线切割加工原理
1—电极丝　2—储丝筒　3—工件　4—脉冲电源　5—绝缘底板

电火花线切割加工过程的工艺和机理，与电火花加工既有共性，又有不同特点。

1. 电火花线切割加工与电火花加工的共性表现

1) 线切割加工的电压、电流波形与电火花加工的基本相似。

2) 线切割加工的加工机理、生产率、表面粗糙度等工艺规律，材料的可加工性等也都与电火花加工的基本相似。

2. 电火花线切割加工相比于电火花加工的不同特点

1) 由于电极工具是直径较小的细丝，故脉冲宽度、平均电流等不能太大，加工工艺参数的范围较小，属中、精正极性电火花加工，工件常接脉冲电源正极。

2) 采用水或水基工作液，不会引燃起火，容易实现安全无人运转，但由于工作液的电阻率远小于煤油，因而在开路状态下，仍有明显的电解电流。

3) 一般没有稳定电弧放电状态。因为电极丝与工件始终有相对运动，尤其是高速走丝电火花线切割加工。因此，线切割加工的间隙状态可以认为是由正常火花放电、开路和短路这三种状态组成的，但往往在单个脉冲内有多种放电状态，有"微开路"和"微短路"现象。

4) 电极与工件之间存在着"疏松接触"式轻压放电现象。研究结果表明，当柔性电极丝与工件接近到通常认为的放电间隙时，并不发生火花放电，甚至当电极丝已经接触到工件，从显微镜中看不到间隙时，也常常看不到火花，只有当工件将电极丝顶弯，偏移一定距离（几微米到几十微米）时，才发生正常的火花放电。

5) 省掉了成形的工具电极，大大降低了成形工具电极的设计和制造费用，缩短了生产周期。

6) 电极丝比较细，可以加工微细异形孔、窄缝和复杂形状的工件。

7) 由于采用移动的长电极丝进行加工，使单位长度电极丝的损耗较少，对加工精度的影响比较小，特别是在低速走丝线切割加工时，电极丝一次性使用，电极丝损耗对加工精度的影响更小。

7.1.3 电解加工

电解加工（Electrochemical Machining, ECM）是利用金属在电解液中的电化学"阳极溶解"作用使工件加工成形的，其原理如图7-5所示。工件接直流电源的正极，工具接负极，两极间保持较小的间隙（0.1~1mm），电解液以一定的压力（0.5~2MPa）和速度（5~50m/s）从间隙流过。当接通直流电源时（电压为5~25V，电流密度为10~100A/cm^2），工件与阴极接近的表面金属开始电解，工具以一定的速度（0.5~3mm/min）向工件进给，逐渐使工具的形状复映到工件上，得到所需要的加工形状。电解加工中电解液的成分、浓度及温度对各项工艺指标有很大影响，生产中应用最广的是NaCl电解液，此外还有$NaNO_3$电解液和$NaClO_3$电解液等。

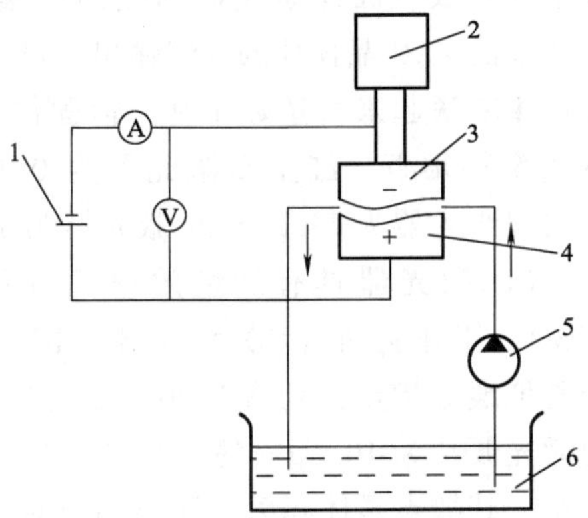

图7-5 电解加工原理
1—直流电源 2—进给机构 3—工具
4—工件 5—电解液泵 6—电解液

电解加工不受材料的硬度、强度和韧性的限制，可加工硬质合金、淬硬钢、不锈钢、耐热合金等材料构成的零件，并可在一个工序中加工出复杂的形面来，效率比电火花加工高5~10倍。电解过程中，作为阴极的工具理论上没有损耗，故加工重复精度可达0.1mm。加工中没有切削力，因此不会产生残余应力和飞边毛刺，可以加工薄壁、深孔零件，加工后的表面粗糙度值也较小。电解加工的主要缺点：设备投资较大，耗电量大，此外电解液有腐蚀性，对设备及夹具需采取防护措施，对电解产物也需要妥善处理，避免污染环境。

电解加工在汽车、兵器、航空、航天、拖拉机、农机及模具等机械制造行业中已广泛应用，例如，用于加工喷气发动机叶片、汽轮机叶片、花键孔、深孔、内齿轮、拉丝模及各种金属模具的型腔等，此外还可用来进行电解抛光、电解倒棱、去毛刺等。

7.1.4 激光加工

激光与其他光源相比具有很好的相干性、单色性和方向性，通过光学系统可以使它聚焦成一个极小的光斑（光斑直径仅为几微米到几十微米），从而获得极高的能量密度。当能量密度极高的激光束照射在被加工表面上时，光能被加工面吸收，并转换成热能，使照射斑点的局部区域材料在千分之几秒甚至更短的时间内迅速被熔化甚至汽化，从而达到材料去除的目的。为了帮助去除物的排除，还需对加工区吹气或吸气，吹氧（加工金属时）或吹保护性气体（CO_2、N_2）等。

激光加工的基本设备包括激光器、电源、光学系统及机械系统四部分，如图7-6所示。其中，激光器是最主要的器件，激光器按照所用的工作物质种类可分为固体激光器、气体激光器、液体激光器和半导体激光器。激光加工中广泛应用固体激光器（工作物质有红宝石、钕玻璃及掺钕钇铝石榴石YAG）和气体激光器（工作物质为CO_2分子）。

固体激光器具有输出能量较大、峰值功率高、结构紧凑、牢固耐用、噪声小等优点，因而应用较广，如切割、打孔、焊接、刻线等。随着激光技术的发展，固体激光器的输出能量逐步增大，目前单根 YAG 晶体棒的连续输出能量已达数百瓦，几根棒串联起来可达数千瓦。但固体激光器的能量效率都很低，红宝石激光器为 0.1%～0.3%，钕玻璃激光器为 1%，YAG 激光器为 1%～2%。

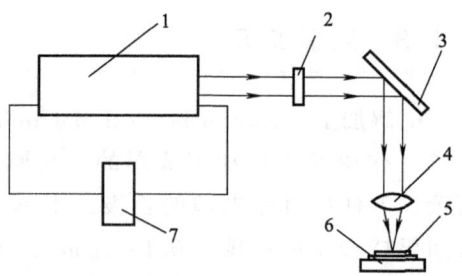

图 7-6 激光加工的基本设备
1—激光器 2—光圈 3—反射镜
4—聚焦镜 5—工件 6—工作台 7—电源

CO_2 激光器具有能量效率高（可达 20%～25%），工作物质（CO_2）来源丰富、结构简单、造价低廉等优点，且输出功率大，从数瓦到数万瓦，既能连续工作又能脉冲工作。所输出的激光波长为 10.6μm 的红外光，是 YAG 激光器波长的 10 倍，对眼睛的危害比 YAG 激光小。其缺点是体积大，输出的瞬时功率不高，噪声较大。CO_2 激光器现已广泛用于金属热处理、钢板切割、焊接、金属表面合金化、难加工材料的加工等方面。

激光加工具有以下几个特点：

1）不需要加工工具，故不存在工具磨损问题，同时也不存在断屑、排屑问题，这对高度自动化生产系统非常有利，国外已在柔性制造系统中采用激光加工机床。

2）激光束的功率密度很高，几乎对任何难加工材料（金属和非金属）都可以加工。

3）激光加工是非接触加工，加工中的热变形、热影响区都很小，适用于微细加工。

4）通用性强。同一台激光加工装置可用作多种加工，如打孔、切割、焊接等都可以在同一台机床上进行。这一新兴的加工技术正在改变着过去的生产方式，使生产效率大大提高。随着与计算机数控技术的密切结合，激光加工技术的应用将会得到更快、更广泛的发展，将在生产加工技术中占有越来越重要的地位。

当前激光加工存在的问题：设备价格高，一次性投资大，更大功率的激光器尚在试验研究阶段，无论是激光器本身的性能质量，还是使用者的操作技术水平都有待进一步的提高。

7.1.5 电子束加工与离子束加工

电子束加工和离子束加工是利用高能粒子束进行精密微细加工的先进技术，尤其在微电子学领域内已成为半导体（特别是超大规模集成电路制作）加工的重要工艺手段。电子束加工主要用于打孔、切槽、焊接及电子束光刻；离子束加工则主要用于离子刻蚀、离子镀膜、离子注入等。目前进行的纳米加工技术的研究，实现以原子、分子为加工单位的超微细加工，采用的就是这种高能粒子束加工技术。

1. 电子束加工

(1) 电子束加工的原理和特点

1）电子束加工的原理。在真空条件下，利用聚焦后能量密度极高（10^6～10^9W/cm^2）的电子束，以极高的速度冲击到工件表面极小的面积上，在极短的时间（几分之一微秒）内，其能量的大部分转变为热能，使被冲击部分的工件材料达到几千摄氏度以上的高温，从而引起材料的局部熔化和汽化,被真空系统抽走,以达到加工目的。其原理如图 7-7 所示。

2)电子束加工的特点。

① 由于在极小的面积上具有高能量,故可加工微孔、窄缝等,其生产率比电火花加工高数十倍至数百倍。此外,还可利用电子束焊接高熔点金属和用其他方法难以焊接的金属以及用电子束炉生产高熔点、高质量的合金及金属。

② 加工中电子束的压力很微小,主要是靠瞬时蒸发,所以工件产生的应力及应变均甚小。

③ 电子束加工是在真空度为 $1.33×10^{-2} \sim 1.33×10^{-4}$ Pa 的真空加工室中进行的,加工表面无杂质渗入,不氧化,加工材料范围广泛,特别是适宜加工易氧化的金属和合金材料以及纯度要求高的半导体材料。

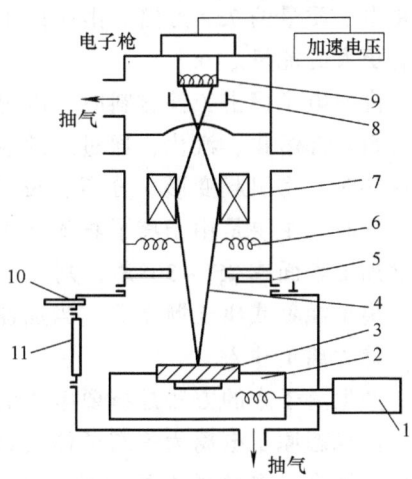

图 7-7 电子束加工原理
1—电动机 2—工作台 3—工件
4—电子束 5—更换工件用截止阀
6—偏转器 7—束流聚集控制 8—控制栅极
9—发射阴极 10—观察孔 11—换件盖

④ 电子束的强度和位置比较容易用电、磁的方法实现控制,加工过程易实现自动化,可进行程序控制和仿形加工。

电子束加工也有一定的局限性,一般只用于加工微孔、窄缝及微小的特形表面,而且因为它需要有真空设施及数万伏的高压系统,设备价格较贵。

(2) **电子束加工装置** 电子束加工装置的基本结构由电子枪、真空系统、控制系统和电源等部分组成。

1)电子枪。电子枪是获得电子束的核心部件,由电子发射阴极、控制栅极和加速阳极等组成。发射阴极用钨或钽制成,在加热状态下可发射大量电子;控制栅极为一个中间有孔的圆筒件,其上加以较阴极为负的偏压,其作用既能控制电子束的强度,又具有初步聚焦作用;加速阳极通常接地,为了使电子流得到更大的加速运动,常在阴极上施加很高的负电压。

2)真空系统。只有在高真空室内才能实现电子的高速运动,为防止发射阴极及工件表面被氧化,需要真空系统保证电子束加工系统的高真空度要求。

3)控制系统。其主要作用是控制电子束聚焦直径、束流强度、束流位置和工作台位置。电子束经过聚焦而成为很细的束斑,它决定着加工点的孔径或缝宽大小。聚焦方法有利用高压静电场聚焦和"电磁透镜"聚焦两种方法。束流位置控制可采用磁偏转和静电偏转,但偏转距离只能在数毫米范围内,所以在加工大面积工件时,还需要控制工作台精密位移,与电子束偏转运动相配合来实现加工位置控制。

2. 离子束加工

(1) **离子束加工的原理** 离子束加工的原理与电子束加工类似,也是在真空条件下,把氩(Ar)、氪(Kr)、氙(Xr)等惰性气体,通过离子源产生离子束并经过加速、集束、聚焦后,投射到工件表面的加工部位,以实现去除加工。所不同的是离子的质量比电子的质量大千倍甚至万倍,如最小的氢离子,其质量是电子质量的 1840 倍,氩离子的质量是电子质量的 7.2 万倍。由于离子的质量大，故离子束加速轰击工件表面，将比电子束具有更大的能量。

高速电子撞击工件材料时，因电子质量小、速度大，动能几乎全部转化为热能，使工件材料局部熔化、汽化，通过热效应进行加工；而离子本身质量较大，速度较低，撞击工件材料时，将引起变形、分离、破坏等机械作用。例如，离子被加速到几十电子伏到几千电子伏时，主要是用于离子溅射加工；如果加速到一万到几万电子伏时，且离子入射方向与被加工表面成 25°～30°角，则离子可将工件表面的原子或分子撞击出去，以实现离子铣削、离子蚀刻或离子抛光等；当加速到几十万电子伏或更高时，离子可穿入被加工材料内部，称为离子注入。

产生离子束的方法是将要电离的气态元素注入电离室，利用电弧放电或电子轰击等方法，使气态原子电离为等离子体（即正离子数和负离子数相等的混合体）。用一个相对于等离子体为负电位的电极（吸极），从等离子体中吸出离子束流，再通过磁场作用或聚焦，形成密度很高的离子束去轰击工件表面。

（2）离子束加工的特点

1）易于精确控制。由于离子束可以通过离子光学系统进行扫描，微离子束可以聚焦到光斑直径 1μm 以内进行加工，同时离子束流密度和离子的能量可以精确控制，因此能精确控制加工效果，如控制注入深度和浓度。抛光时可以一层层地把工件表面的原子清除，从而加工出没有缺陷的光整表面。此外，借助于掩膜技术可以在半导体上刻出 1μm 宽的沟槽。

2）加工所产生的污染少。因加工是在较高真空的环境中进行的，离子的纯度比较高，因此特别适合于加工易氧化的金属、合金和半导体材料等。

3）加工应力变形小。离子束加工是靠离子撞击工件表面的原子而实现的。这是一种微观作用，宏观作用很小，所以对脆性、半导体、高分子等材料都可以加工。

7.1.6 超声加工

超声加工是利用工具端面做超声振动，通过磨料悬浮液加工脆硬材料的一种成形方法。其加工原理如图 7-8 所示，加工时，在工具 1 和工件 2 之间加入液体（水或煤油等）和磨料混合的悬浮液 3，并使工具以很小的力 F 轻轻压在工件上。超声换能器 6 产生 16000Hz 以上的超声频纵向振动，并借助于变幅杆把振幅放大到 0.05～0.1mm，驱动工具端面做超声振动，迫使工作液中悬浮的磨粒以很大的速度和加速度不断地撞击、抛磨被加工表面，把被加工表面的材料粉碎成很细的微粒，从工件上打击下来。虽然每次打击下来的材料很少，但

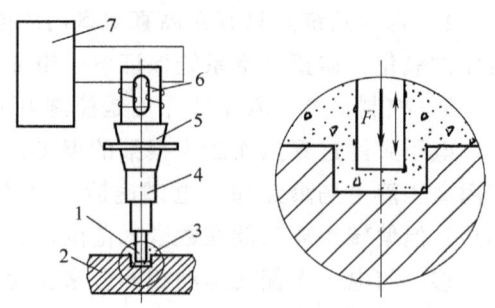

图 7-8 超声加工原理
1—工具 2—工件 3—悬浮液 4、5—变幅杆
6—超声换能器 7—超声波发生器

由于每秒钟打击的次数多达 16000 次以上，因此仍有一定的加工速度。与此同时，工作液受工具端面超声振动作用而产生的高频、交变的液压正负冲击波产生的"空化"作用，

促使工作液钻入被加工材料的微裂纹处，加剧了机械破坏作用。所谓空化作用，是指当工具端面以很大的加速度离开工件表面时，加工间隙内形成负压和局部真空，在工作液体内形成很多微空腔；当工具端面以很大的加速度接近工件表面时，空泡闭合，引起极强的液压冲击波，可以强化加工过程。此外，正负交变的液压冲击也使磨料悬浮工作液在加工间隙中强迫循环，使变钝了的磨粒及时得到更新。

超声加工具有以下特点：

1) 超声加工适合于加工各种脆硬材料，特别是不导电的非金属材料，例如玻璃、陶瓷（氧化铝、氮化硅等）、石英、锗、硅、玛瑙、宝石、金刚石等；对于导电的硬质金属材料，如淬火钢、硬质合金等，也能进行加工，但加工生产率较低。

2) 由于工具可用较软的材料做成较复杂的形状，故不需要使工具和工件做比较复杂的相对运动，因此超声加工机床的结构比较简单，只需一个方向轻压进给，操作和维修方便。

3) 由于去除加工材料是靠微小磨料瞬时局部的撞击作用，故工件表面的宏观切削力很小，切削应力、切削热很小，不会引起变形及烧伤，表面精度也较高，可达 $0.1 \sim 1 \mu m$，加工精度可达 $0.01 \sim 0.02 mm$，而且可以加工薄壁、窄缝、低刚度零件。

7.1.7 磨料流加工

磨料流加工（Abrasive Flow Machining，AFM）在我国又称挤压珩磨，是利用一种含磨料的半流动状态的黏弹性磨料介质，在一定压力下强迫其在被加工表面上流过，由磨料颗粒的刮削作用去除工作表面微观不平材料的工艺方法。其加工原理如图 7-9 所示，工件被安装并压紧在夹具中，夹具与上、下磨料室相连，磨料室内充以黏弹性磨料，由活塞在往复运动过程中通过黏弹性磨料对所有表面施加压力，使黏弹性磨料在一定的压力作用下反复在工件待加工表面上滑移通过，类似用砂布均匀地压在工件上慢速移动那样，从而达到表面抛光或去毛刺的目的。

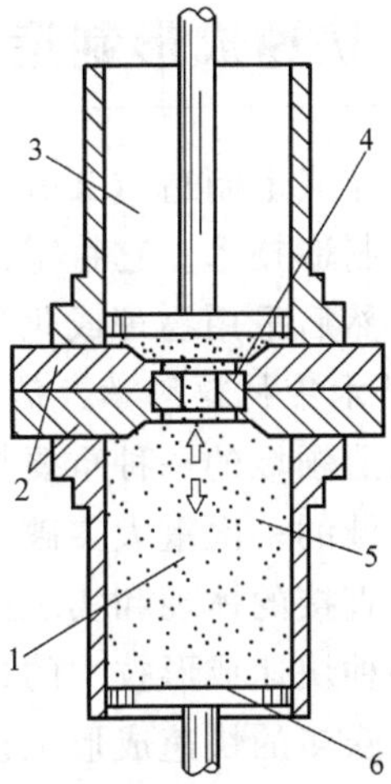

当下活塞对黏弹性磨料施压，推动磨料自下而上运动时，上活塞在向上运动的同时，也对磨料施压，以便在工件加工面的出口处造成背压。由于有背压的存在，混在黏弹性介质中的磨料才能在挤压珩磨过程中实现切削作用，否则工件加工区将会出现加工锥度等缺陷。

图 7-9 磨料流加工原理
1—黏弹性磨料　2—夹具
3—上部磨料室　4—工件
5—下部磨料室　6—液压操纵活塞

挤压珩磨介质是一种半流动状态的黏弹性材料，它可以适应对各种复杂表面的抛光和去毛刺，如各种型孔、型面，以及像齿轮、叶轮、交叉孔和各种模具的表面。

7.1.8 水射流切割

水射流切割（Water Jet Cutting，WJC）又称液体喷射加工（Liquid Jet Machining，

LJM)，是利用高压高速水流对工件的冲击作用来去除材料的，有时简称水切割，其原理如图 7-10 所示。采用水或带有添加剂的水，以 500~900m/s 的高速冲击工件进行加工或切割，水经水泵后通过增压器增压，储液蓄能器使脉动的液流平稳。水从孔径为 0.1~0.5mm 的人造蓝宝石喷嘴喷出，直接压射在工件加工部位上。加工深度取决于水流喷射的速度、压力以及压射距离。被水流冲刷下来的"切屑"随着液流排出，入口处束流的功率密度可达 $10^6 W/mm^2$。

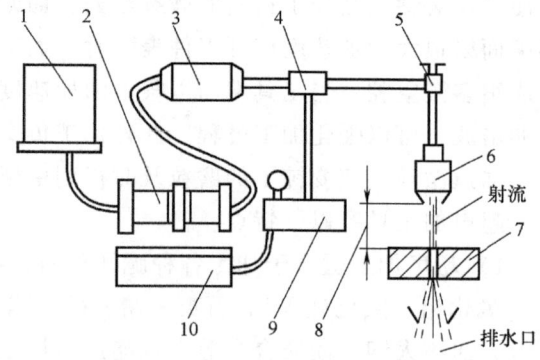

图 7-10 水射流切割原理
1—带有过滤器的水箱　2—水泵　3—储液蓄能器
4—控制器　5—阀　6—蓝宝石喷嘴　7—工件
8—压射距离　9—液压机构　10—增压器

水射流切割可以加工较薄、较软的金属和非金属材料，如铜、铝、铅、塑料、木材、橡胶、纸等材料和制品。水射流切割可以代替硬质合金切槽刀具，而且切口的质量很好，所加工的材料厚度少则几毫米，多则几百毫米。汽车工业中用水射流来切割石棉制动片、橡胶基地毯、复合材料板、玻璃纤维增强塑料等。航天工业用以切割高级复合材料、蜂窝状层板、钛合金元件和印制电路板等。

7.2 快速成形制造技术

快速成形制造（Rapid Prototyping Manufacturing, RPM）技术是一种基于离散和堆积原理的制造技术，它将零件的 CAD 模型按一定方式离散成可加工的离散面、离散线和离散点，然后采用物理或化学手段，将这些离散的面、线和点堆积而形成零件的整体形状。RPM 技术集材料科学、信息科学、控制技术、能量光电子等技术为一体，是快速产品开发和制造领域的一种重要技术，其主要技术特征是成形的快捷性，被认为是近 20 年制造技术领域的一次重大突破，其对制造业的影响可与数控技术的出现相比，是目前制造业信息化最直接的体现和实现信息化制造的典型代表。

各种快速成形技术的过程都包括 CAD 模型建立、前处理、原型制作和后处理四个步骤。在众多的快速成形工艺中，最具有代表性的工艺是光敏树脂液相固化成形、选择性激光粉末烧结成形、薄片分层叠加成形、熔丝堆积成形等，下面介绍这些典型工艺的原理及特点。

7.2.1 光敏树脂液相固化成形

光敏树脂液相固化成形是基于液态光敏树脂的光聚合原理工作的。这种液态材料在一定波长（$\lambda=325nm$）和功率（$P=30mW$）的紫外激光的照射下能迅速发生光聚合反应，分子量急剧增大，材料也就从液态转变成固态。光敏树脂液相固化成形原理如图 7-11 所示。树脂槽中盛满液态光敏树脂，激光束在偏转镜作用下，在液体表面上扫描，扫描的轨迹及激光的有无均由计算机控制，光点扫描到的地方，液体就固化。成形开始时，工作平台在液面下一个确定的深度,液面始终处于激光的焦点平面内,聚焦后的光斑在液面上按计算机的指令逐点扫描即逐点固化。当一层扫描完成后,未被照射的地方仍是液态树脂。然后升降台带动平台下降一层高度(约0.1mm),已成形的层面上又布满一层液态树脂,刮平器将黏度较大的树脂液面刮平,然后再进行下一层的扫描,新固化的一层牢固地黏在前一层上,如此重复,直到整个零件制造完毕,得到一个三维实体原型。

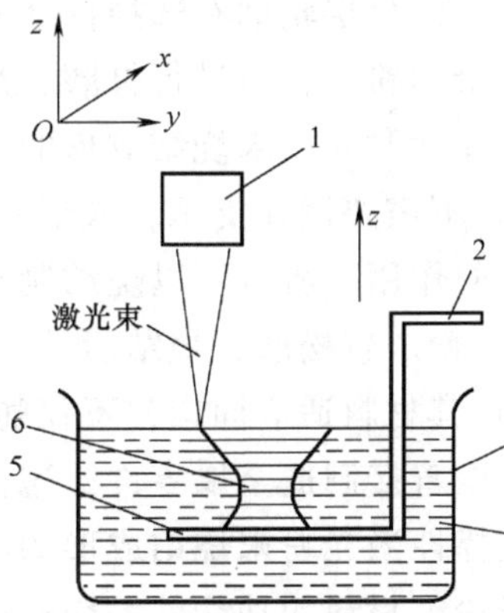

光敏树脂液相固化成形的主要特点如下:

1)制造精度高(±0.1mm),表面质量好,原材料利用率接近100%。

2)能制造形状特别复杂(如腔体等)及特别精细(如首饰、工艺品等)的零件(尤其适合壳体类零件制造)。

3)必须制作支承,材料固化中伴随一定的收缩导致零件变形。此外,光固化树脂有一定毒性。

光敏树脂液相固化成形的应用有很多方面,可直接制作各种树脂功能件,用作结构验证和功能测试;可制作比较精细和复杂的零件;可制造出有透明效果的制件;制造出来的原型件可快速翻制各种模具,如硅橡胶模、金属冷喷模、陶瓷模、合金模、电铸模、环氧树脂模和汽化模等。光敏树脂液相固化成形是目前世界上研究最深入、技术最成熟、应用最广泛的快速成形制造方法。

图7-11 光敏树脂液相固化成形原理
1—扫描镜 2—z轴升降台 3—树脂槽
4—光敏树脂 5—托盘 6—零件

7.2.2 选择性激光粉末烧结成形

选择性激光粉末烧结成形(Selected Laser Sintering,SLS)是利用粉末材料(金属粉末或非金属粉末)在激光照射下烧结的原理,在计算机控制下烧结材料层层堆积成形的。其原理如图7-12所示,此方法采用CO_2激光器作为能源,目前使用的造型材料多为各种粉末材料。在工作台上均匀铺上一层很薄(0.1~0.2mm)的粉末,激光束在计算机控制

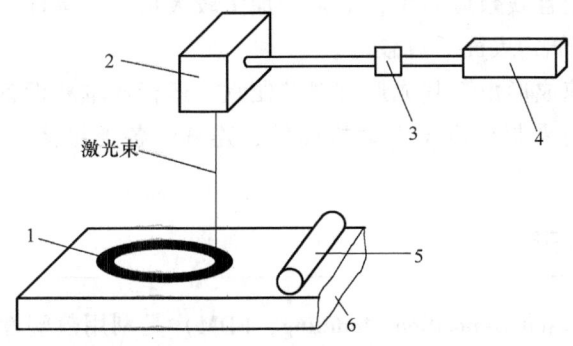

图7-12 选择性激光粉末烧结成形原理
1—零件 2—扫描镜 3—透镜 4—激光器 5—刮平辊子 6—z轴升降台

下按照零件分层轮廓有选择性地进行烧结，一层完成后再进行下一层烧结。全部烧结完后去掉多余的粉末，再进行打磨、烘干等处理便获得零件。

选择性激光粉末烧结成形的主要特点如下：

1) 不需要制作支承，成形零件的力学性能好，强度高。因为没有被烧结的粉末起到了支承的作用，所以可以烧结制造空心、多层镂空的复杂零件。

2) 粉末较松散，烧结后精度不高，z 轴精度难以控制。

3) 其材料适应面广，不仅能制造塑料零件，还能制造陶瓷、石蜡等材料的零件，特别是可以直接制造金属零件，这使该工艺颇具吸引力。

选择性激光粉末烧结成形的应用范围与光敏树脂液相固化成形类似，可直接制作各种高分子粉末材料的功能件，用作结构验证和功能测试，并可用于装配样机。制件可直接用作精密铸造用的蜡模和砂型、型芯，制作出来的原型件可快速翻制各种模具，如硅橡胶模、金属冷喷模、陶瓷模、合金模、电铸模、环氧树脂模和汽化模等。

7.2.3 薄片分层叠加成形

薄片分层叠加成形（Laminated Object Manufacturing，LOM）采用薄片材料（如纸、塑料薄膜等）为原材料，片材表面事先涂覆上一层热熔胶。其原理如图 7-13 所示，在成形过程中首先在基板上铺上一层薄片材料（如箔纸），再用一定功率的 CO_2 激光器在计算机控制下按分层信息切出轮廓，同时将非零件的多余部分按一定网络形状切成碎片去除掉。加工完上一层后，重新铺上一层箔材，用热辊碾压加热，使新铺上的一层箔材在黏结剂作用下黏结在已成形体上，再用激光器切割该层的形状。重复上述过程，直到加工完毕。最后去除切碎的多余部分即可得到完整的原型零件。

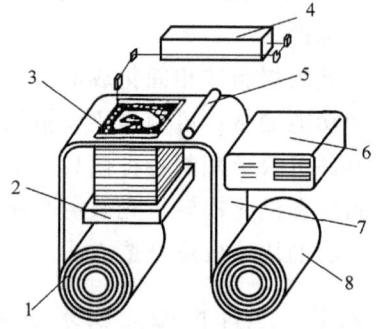

图 7-13 薄片分层叠加成形原理
1—收料轴 2—升降台 3—加工平面
4—CO_2 激光器 5—热压辊
6—计算机 7—料带 8—供料轴

薄片分层叠加成形的主要特点如下：

1) 不需要制作支承；激光只做轮廓扫描，而不需填充扫描，成形效率高；运行成本低；成形过程中无相变且残余应力小，适合于加工较大尺寸的零件。

2) 材料利用率较低，表面质量较差。

薄片分层叠加快速成形由于其成形材料较便宜，运行成本和设备投资较低，故获得了一定的应用。它可以用来制作汽车发动机曲轴、连杆、各类箱体、盖板等零部件的原型样件。

7.2.4 熔丝堆积成形

熔丝堆积成形（Fused Deposition Modeling，FDM）是利用热塑性材料的热熔性、黏结性，使其在计算机控制下层层堆积成形。其原理如图 7-14 所示。材料先抽成丝状，通过送丝机构送进喷头，在喷头内被加热熔化，喷头沿零件截面轮廓和填充轨迹运动，同时将熔化的材料挤出，材料迅速固化，并与周围的材料黏结，层层堆积成形。

熔丝堆积成形的主要特点如下：

1) 成形零件的力学性能好、强度高；成形材料的来源广、成本低，可采用多个喷头同时工作。

2) 不用激光器，而是由熔丝喷头喷出加热熔融的材料，因此使用维护简单，成本低。

3) 原材料利用率较高，用蜡成形的零件原型，可直接用于熔模（失蜡）铸造。

4) 成形精度不高，不适合制作复杂精细结构的零件，主要用于产品的设计测试与评价。

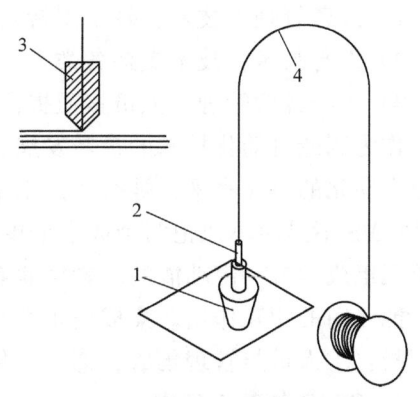

图 7-14 熔丝堆积成形原理
1—成形工件 2、3—加热喷头 4—料丝

7.3 先进制造生产模式

先进制造生产模式和制造系统是面向企业生产过程，体现了将现代信息技术与生产技术结合的一种新思想、新哲理，其功能覆盖企业的预测、产品设计、加工制造、信息与资源管理直至产品销售和售后服务等各项活动，是制造业综合自动化的新模式。先进制造生产模式包括计算机集成制造、并行工程、精益生产、敏捷制造、虚拟制造等先进的生产组织管理控制方法。本节主要围绕上述先进制造生产模式的内涵、组成及特点等展开介绍。

7.3.1 计算机集成制造系统

1. 计算机集成制造系统概述

随着电子信息技术和自动化技术的发展，以及各种先进制造技术的进步，制造系统中许多以自动化为特征的单元技术得到了广泛的应用，如计算机辅助设计（Computer Aided Design，CAD）、计算机辅助制造（Computer Aided Manufacturing，CAM）、计算机辅助工艺设计（Computer Aided Process Planning，CAPP）、计算机辅助工程（Computer Aided Engineering，CAE）、计算机辅助生产管理（Computer Aided Production Management，CAPM）、柔性制造系统（Flexible Manufacturing System，FMS）、柔性制造单元（Flexible Manufacturing Cell，FMC）等，为企业带来了显著的效益。但是，如果孤立地发展这些技术，必将会产生"自动化孤岛"现象，使其产生封闭性，相互之间不能很好地实现信息的传递与共享，必将会降低整体系统的工作效率。计算机集成制造系统（Computer Integrated Manufacturing System，CIMS）正是为了解决这样的问题而提出来的。

CIMS 是通过计算机软硬件，并综合运用了现代管理技术、制造技术、信息技术、自动化技术和系统工程技术，将企业生产过程中有关的人、技术、经营管理三要素及其信息与物流体系有机集成并优化运行的复杂的大系统。CIMS 是基于 CIM 理念的一种工程集成系统，是一种新型制造模式。其核心是将企业内有关人、经营管理和技术三要素进行集成，以保证企业内的工作流、物质流和信息流畅通无阻。CIMS 三要素之间的关系：

1) 经营管理与技术：技术支持企业达到预期的经营目标。
2) 人与技术：技术支持各类人员互相配合、协调一致地工作。
3) 人与经营管理：人员素质提高支持企业的经营管理。

作为制造自动化技术的最新发展、工业自动化的革命性成果，CIMS代表了当今工厂综合自动化的最高水平，被誉为是未来的工厂。

CIMS不是简单地把两个或多个单元连接在一起，它是将原来没有联系或联系不紧密的单元组成为有一定功能的、紧密联系的新系统。两种或多种功能的集成包含着两种或多种功能之间的相互作用。集成属于系统工程中的系统综合、系统优化范畴。CIMS的集成主要指：①人员与管理集成；②信息集成；③技术集成；④过程集成；⑤企业集成。

2. CIMS的基本组成

CIMS由四个功能分系统和两个支撑分系统构成，如图7-15所示。

(1) **经营管理信息分系统** 经营管理信息分系统是CIMS的神经中枢，包括了产、供、销、人、财、物。其作用为信息处理（包括信息的搜集、传输、加工和查询）；事务管理（包括计划管理、生产管理、财务管理、人力资源管理等）；辅助决策（根据现有信息，利用数学分析手段预测未来，提供企业经营管理决策）。该系统的核心工具是制造资源计划，该分系统将企业内各个管理环节进行集成，缩短生产周期，减少库存，降低成本，提高企业市场应变能力。

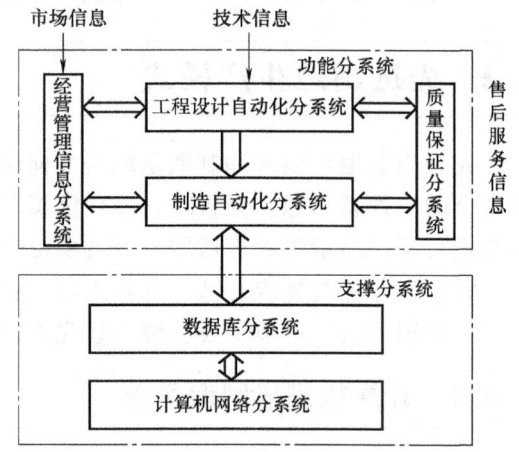

图7-15 CIMS的基本组成

(2) **工程设计自动化分系统** 工程设计自动化分系统在产品设计开发过程中引用计算机技术，进行产品概念设计、工程结构分析、详细设计、工艺设计，以及数控编程等产品设计和制造准备阶段的系列工作，包括CAD/CAM/CAPP系统。

(3) **制造自动化分系统** 制造自动化分系统是在计算机的控制与调度下，按照数控代码加工零件并将其装配成部件，完成设计和管理部门下达的任务，并将制造现场的各种信息实时地或经过初步处理后反馈到相应部门，以便及时地进行调度和控制的系统。制造自动化分系统位于企业底层，是企业信息流和物料流的结合点，是最终产生效益的聚集地。制造自动化分系统包括：机械加工系统（包括数控机床、加工中心、FMC、FMS加工设备）；物流系统（包括对工件和工具进行存储、搬运、装卸等）；控制系统（包括实现对加工设备和物流系统的控制）。

(4) **质量保证分系统** 质量保证分系统通过质量保证规划、工况监控采集、质量分析评价和控制，以保证产品达到预定的质量要求。质量保证分系统覆盖了产品生命周期的各个阶段。

1) 质量计划子系统：包括建立质量标准和技术标准，计划可能达到的途径和预计可能达到的改进效果，并根据生产计划及质量要求制订检测计划及检测规程和规范。

2) 质量检测管理子系统：包括建立成品出厂档案，改善售后服务工作质量；管理进厂材料、外购件和外协件的质量检验数据；管理生产过程中影响成品质量的数据；建立设计质量模块，做好项目决策方案设计、结构设计、工艺设计的质量管理。

3) 质量分析评价子系统：包括对产品设计质量、外购件和外协件质量、供货商能力、质量成本等进行分析，评价各种因素对造成质量问题的影响，查明主要原因。

4) 质量信息综合管理和反馈控制子系统：包括质量报表生成、质量综合查询、产品使用过程质量综合管理，以及针对各类质量问题所采取的各种措施及信息反馈。

(5) **数据库分系统** 数据库分系统对各类数据进行存储和调用，满足各分系统信息的交换和共享，其数据主要有经营管理数据、工程技术数据、制造控制和质量保证数据。

(6) **计算机网络分系统** 计算机网络分系统由多台计算机、终端设备、数据传输设备以及通信控制处理设备等组成，在统一的通信协议的控制下完成数据共享。计算机网络分系统的目标是实现CIMS的数据传递和系统通信功能，完成动态控制和管理。

3. CIMS 五层递阶控制结构

CIMS采用递阶控制的方式，把控制系统按功能分为若干层，各层独立控制，层与层保持信息联系，上层对下层发出命令，下层向上层反馈命令执行结果。美国国家标准局提出了著名的五级递阶控制模型，这五级分别是工厂层、车间层、单元层、工作站层和设备层，如图7-16所示。

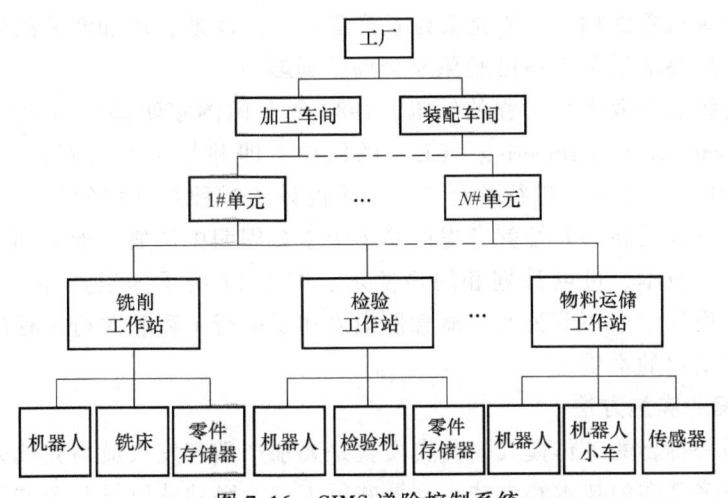

图 7-16　CIMS 递阶控制系统

(1) **工厂层控制系统** 工厂层为最高一级控制，履行"厂部"职能。其完成的功能包括市场预测、制订生产计划、确定生产资源需求、制订资源规划、制订产品开发及工艺过程规划、厂级经营管理。规划周期一般从几个月到几年。

(2) **车间层控制系统** 根据工厂层生产计划，车间层控制系统负责协调车间的生产工作以及资源配置，决策周期为几周到几个月。车间层控制主要有两个模块：①作业管理，包括作业订单的制订、发放和管理，安排加工设备、刀具、夹具、机器人、物料运输设备的预防性维修工作；②资源分配，包括将设备、托盘、刀具、夹具等根据作业计划分配给相应的工作站。

（3）**单元层控制系统** 单元层控制系统负责完成本单元的作业调度，包括零件在各工作站的作业顺序、作业指令的发放和管理、协调工作站间的物料运输、进行机床和操作者的任务分配和调度。规划时间一般从几小时到几周。

（4）**工作站层控制系统** 工作站层控制系统负责协调一个设备小组的活动，规划时间为几分钟到几小时。一个加工工作站由一台机器人、一台机床、一个物料储运器和一台控制计算机组成。它负责处理由物料储运系统送来的零件托盘，完成加工工件的夹紧、切削加工、加工检验、拆卸以及清理工作等顺序的控制、协调与监控任务。

（5）**设备层控制系统** 设备层控制系统的响应时间为几毫秒到几分钟，其负责控制各种设备（机床机器人、坐标测量机等）执行上层的控制命令，完成加工、测量、运输等任务。

7.3.2 并行工程

1. 并行工程的含义

并行工程产生之前，产品功能设计、生产工艺设计、生产准备等步骤以串行生产方式进行（即初始方案→详细设计→工艺规划→加工制造→实践验证→补充改进），这种生产方式的缺陷在于后面的工序是在前一道工序结束后才参与到生产链中来，它对前一道工序的反馈信息具有滞后性。一旦发现前面的工作中含有较大的失误，就需要对设计进行重新修改，对半成品进行重新加工，于是会延长产品的生产周期，增加产品的生产成本，造成不必要的浪费，产品的质量也不可避免地会场受到影响。

为了解决传统制造业串行工程的缺陷，1988年美国国家防御分析研究所完整地提出了并行工程（Concurrent Engineering，CE）的概念，即并行工程是对产品及其相关过程（包括制造过程和支持过程）进行并行、一体化设计的一种系统化的工作模式。这种工作模式要求产品开发人员在一开始就考虑产品整个生命周期中从概念形成到产品报废的所有因素，包括质量、成本、进度计划和用户要求。图7-17所示为以产品开发的需求分析、产品设计和工艺设计三个环节为例，概念性地表述了串行工程和并行工程的差别，从而直观地显示了并行工程的本质。

2. 并行工程的实施方法

并行工程是一种新的工作模式，其实质就是要求产品开发人员与其他人员一起协同工作，需要用到许多现在的技术和方法。开展并行工程，必须从以下几个方面来努力。

（1）**团队工作方式** 并行工程在设计一开始，就应该把产品整个生命周期所涉及的人员都集中起来，确定产品性能，对产品的设计方案进行全面的评估，集中众人的智慧，得到一个优化的结果。这种方式使各方面的专业人才，甚至包括潜在的用户都汇集在一个专门小组里，协同工作，以便从一开始就能够设计出便于加工、装配、维修、回收、使用的产品。并行工程需要成员具备团队精神，这样不同专业的人员才能在一起协同工作。这样的工作方式在相当大的程度上克服了原来串行生产模式的弊病。

（2）**技术平台** 实施并行工程，必须有相应的技术支持，才能完成基于计算机网络的并行工程。所需的技术平台包括：

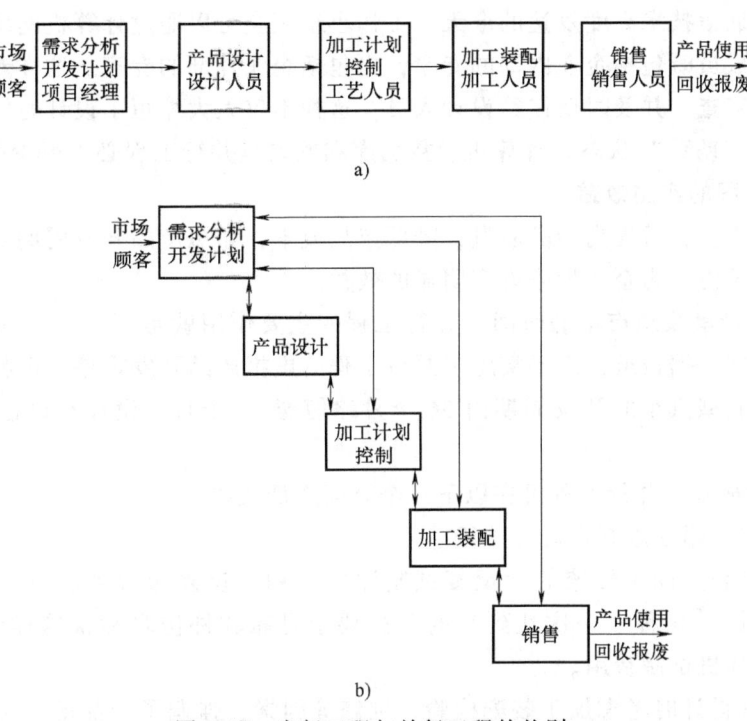

图 7-17 串行工程与并行工程的差别
a) 串行工程 b) 并行工程

1) 一个完整的公共数据库，它必须集成并行设计所需要的诸方面的知识、信息和数据，并且以统一的形式加以表达。

2) 一个支持各方面人员并行工作，甚至异地工作的计算机网络系统，它可以实时、在线地在各个设计人员之间沟通信息，发现并调解冲突。

3) 一套切合实际的计算机仿真模型和软件，它可以由一个设计方案预测、推断产品的制造及使用过程，发现所隐藏的阻碍并行工程实施的问题。

（3）对设计过程进行并行管理　并行工程是基于专家协作的并行开发，但是并不是说有了专家和技术平台，就自然而然地产生效益，还要对这个并行过程进行有效地管理。由于每个专业的人士受其专业知识的限制，往往对产品的某一个方面的因素考虑得较多，而忽视了产品的整体指标，因此要确定一个全面的设计方案，需要各专家多次的交流、沟通和协商。在设计过程中，团队领导要定期或者不定期地组织讨论，团队成员可以随时对设计出的产品和零件从各个方面进行审查，力求使设计出的产品不仅美观、成本低、便于使用，而且便于加工、装配、维修和运送，在产品的综合指标方面达到一个满意值。

（4）强调设计过程的系统性　并行设计将设计制造、管理等过程纳入一个整体的系统来考虑，设计过程不仅完成图样和其他设计资料，还要进行质量控制、成本核算，也要产生进度计划等。比如在设计阶段就可同时进行工艺（包括加工工艺、装配工艺和检验工艺）过程设计，并对工艺设计的结果进行计算机仿真，直至用快速原型法生产出产品的样件。

（5）基于网络进行快速反馈　并行工程往往采用团队工作方式，包括虚拟团队。在计算机及网络通信技术高度发达的今天，工作小组完全可以通过计算机网络向各方面的专家咨询，专家成员既包括企业内部的专家，也包括企业外部的专家。这样专家可以对设计结果及时进行审查，并及时反馈给设计人员。这样不仅大大缩短了设计时间，还可以保证将错误消灭在"萌芽"状态。计算机、数据库和网络是并行工程必不可少的支撑环境。

3. 并行工程的实施效益

实施并行工程，可提高产品质量，降低产品成本，缩短产品开发周期和上市时间，从而增强企业竞争力，为企业带来许多明显的效益。

(1) **缩短产品投放市场的时间** 并行工程的主要作用就是可以大大缩短产品的开发和生产准备时间。据报道，由于实施了并行工程的虚报产品开发策略，福特公司和克莱斯勒公司将他们新型汽车的开发周期由36个月缩短至24个月，设计和试制周期仅为原来的50%。

(2) **降低成本** 并行工程可在以下三个方面降低成本：

1) 它可以将错误限制在设计阶段。

2) 并行工程不同于传统的"反复试制样机"和"反复做直到满意"的做法，强调"一次达到目的"。这种"一次达到目的"的要求是靠软件仿真和快速样件生成实现的，省去了昂贵的样机试制费用。

3) 由于在设计时考虑加工装配检验、维修等因素，强调了产品的整体成本优化，因此产品的全生命周期成本就降低了，既有利于顾客，也有利于制造者。

(3) **提高质量** 并行工程尽可能将所有质量问题消灭在设计阶段，使所设计的产品便于制造和易于维护。这就为质量的"零缺陷"提供了基础，使得制造出来的产品甚至不用检验就可上市。事实上，根据现代质量控制理论，质量首先是设计出来的，其次才是制造出来的，并不是检验出来的。检验只能去除废品，而不能提高质量。并行工程主要是从根本上保证了质量的提高。例如，福特公司和克莱斯勒公司将与IBM合作开发的虚拟制造环境用于其新型车的研制。在样车生产之前，就发现了其定位系统的控制及其他许多设计缺陷，避免了公司的损失。

(4) **增强功能的实用性** 由于并行工程在设计过程中，同时有销售人员参加，有时甚至还包括顾客，这样的设计方法紧贴市场趋势，反映了顾客的需求，从而保证去除顾客不需要的冗余功能，降低了设备的复杂性，提高了产品的可靠性和实用性。另外，并行工程增强了企业的市场竞争能力。由于并行工程可以较快地推出适销对路的产品并投放市场，而且合理的设计模型降低了生产制造成本，同时保证了产品质量，因而，企业的市场竞争能力将会得到加强。

4. 并行工程的应用

目前，并行工程广泛地应用在汽车、飞机、电子、机械制造等行业，产品从简单零件的开发到诸如飞机、计算机等复杂系统的开发，从单件产品（如车载导弹装置）发展到批量产品（如汽车）。美国波音飞机制造公司投资40多亿美元，研制波音777型喷气客机，采用庞大的计算机网络来支持并行设计和网络制造。从1990年10月开始设计到1994年6月仅花了3年零8个月就试制成功，试飞一次成功，即很快投入运营。在实物总装后，测量偏差时，飞机全长63.7m，从机舱前端到后端50m，最大偏差仅为0.9mm。波音

777的整机设计、部件测试、整机装配以及各种环境下的试飞均是在计算机上完成的，使其开发周期从过去8年缩短到3年多，甚至在一架样机未生产的情况下就获得了订单。如果没有并行工程技术的应用，要想在这么短的时间内设计如此庞大的设备，并达到这样高的精度，几乎是不可能的。

7.3.3 精益生产

1. 精益生产的内涵

（1）**精益生产的基本概念** 精益生产（Lean Production，LP），原意是"瘦型"生产方式。精益生产就是运用多种现代管理方法和手段，以社会需求为依托，以充分发挥人的作用为根本，有效配置和合理使用企业资源，为企业谋求经济效益的一种新型企业生产方式。

精益生产是通过系统结构、人员组织、运行方式和市场供求等方面的变革，使生产系统能很快适应用户需求的不断变化，并能使生产过程中一切无用、多余的东西被精简，最终达到包括市场供销在内的生产的各方面最好的结果。

精益生产方式的资源配置原则，是以彻底消除无效劳动和浪费为目标。精益的"精"就是精干（瘦型），"益"就是效益，合起来就是少投入、多产出，把成果最终落实到经济效益上，追求单位投入产出量。可见，实施精益生产方式要以去除"肥肋"为先导，改进原有的组织机构臃肿、存在大量的非生产人员、厂房利用率低、库存储备超量等状况。

（2）**精益生产方式的思维特点**

1）逆向思维方式。精益生产的思维方式大多是逆向思维、风险思维，很多问题都是倒过来看，也是倒过来干的。例如，与传统将销售作为生产经营的终点不同，精益生产把销售看作起点，根据销售来确定生产什么及生产多少。

2）逆境中的拼搏精神。精益生产是市场竞争的产物，来源于逆境中的拼搏精神。

3）无止境尽善尽美的追求。在思维方法上，精益生产与以往生产经营方式的根本差别在于追求尽善尽美，其目标是低成本、无废品、零库存和产品多种多样，而且追求永无止境。

2. 精益生产方式的特征

精益生产集合了单件生产高柔性和大量生产高效率的优点，同时避免了前者的高成本和后者的品种单一僵化的弱点，在内容和应用上具有如下特征：

1）以销售部门作为企业生产过程的起点，产品的开发与生产均以销售为起点，按订货合同组织多品种小批量生产。

2）产品开发采用并行工程方法和主查制，确保高质量、低成本，缩短产品开发周期，满足用户要求。

3）在生产制造过程中实行"拉动式"的准时化生产，把上道工序推动下道工序生产变为下道工序要求拉动上道工序生产，杜绝一切超前、超量生产。

4）以"人"为中心，充分调动人的潜能和积极性，普遍推行多机器操作和多工序管理，并把工人组成作业小组，工人不仅完成生产任务，而且参与企业管理，从事各种革新活动，提高劳动生产率。

5）追求无废品、零库存、零故障等目标，降低产品成本，保证产品多样化。

6）消除一切影响工作的"松弛点"，追求以最佳的工作环境、条件和工作态度从事最佳工作，从而全面追求尽善尽美，适应市场多元化要求，用户需要什么则生产什么，需要多少就生产多少，以尽可能少的投入获取尽可能多的产出。

7）把主机厂与协作厂之间存在的单纯买卖关系变成利益共同的"共存共荣"的"血缘关系"，把70%左右零部件的设计、制造委托给协作厂进行，主机厂只完成约30%左右的设计、制造任务。

3. 精益生产的体系结构

如果将精益生产体系看成一幢大厦，如图7-18所示，大厦的基础就是在计算机信息网络支持下的群体小组工作方式和并行工程，大厦的支柱就是及时生产、成组技术和全面质量管理，精益生产是大厦的屋顶。三根支柱代表着三个本质方面，缺一不可，它们之间还须相互配合。

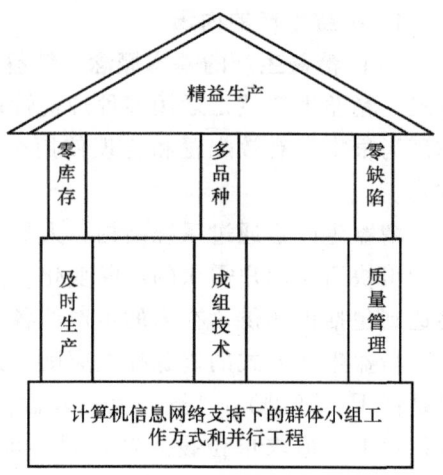

图7-18 精益生产

(1) 及时生产 及时生产是缩短生产周期、加快资金周转和降低生产成本的主要方法，缺了它就谈不上速度，也谈不上最小浪费。

(2) 成组技术 成组技术是实现多品种、小批量、低成本、高柔性、按顾客订单组织生产的技术基础，少了它就实现不了灵活生产，也不可能组织混流生产。

(3) 全面质量管理 全面质量管理是保证产品质量、树立企业形象和达到零缺陷的主要措施，缺了它就等于批量生产的产品质量无保证，更谈不上优质和可靠性。

7.3.4 敏捷制造

1. 敏捷制造的内涵

(1) 敏捷制造的概念 敏捷制造是指企业快速调整自己，以适应市场持续多变的能力；以任何方式来高速、低耗地完成它所需要的任何调整，依靠不断开拓创新来引导市场，赢得竞争。敏捷制造的实质是在先进的柔性制造技术的基础上，通过企业内部的多功能项目组和企业外部的多功能项目组，组建虚拟公司。敏捷制造的目标是快速响应市场的变化，在尽可能短的时间内向市场提供适销对路的环保型产品。

(2) 敏捷性的表现

1）敏捷制造的战略着眼点在于快速响应市场/用户的需求。

2）敏捷制造企业的关键因素是企业的应变能力。

3）敏捷制造强调"竞争与合作"，采用灵活多变的动态组织结构。

(3) 影响敏捷制造的关键因素 ①敏捷制造支持环境——企业信息网的建立和管理；②面向产品经营过程的一种动态组织结构和企业群体集成方式——虚拟公司的形成；③由物理基础结构、法律基础结构、社会基础结构及信息基础结构所构成的敏捷制造基础结构的完善。

2. 敏捷制造对制造业的影响

（1）**联合竞争**　不同行业和规模的企业将会联合起来构造敏捷制造环境。某些敏捷制造集团将会主导若干行业的技术和产品的发展主流。

（2）**技术和能力交叉**　敏捷制造策略将促进制造技术和管理模式的交流和发展，促进各类行业中生产技术的双重转换和多种利用。

（3）**环境意识加强**　企业将采用绿色设计和绿色制造技术，自觉地保护生态环境。

（4）**信息成为商品**　在构成敏捷制造支撑环境的计算机网络中，会出现信息中介服务、咨询服务及设计服务机构，这些机构在获得认可后加入敏捷制造环境，向企业提供相应的服务。

3. 敏捷制造相关的新概念和新技术

（1）**动态联盟**　多功能动态虚拟组织机构是由职能不同的企业组成，以资源集成为原则，靠电子手段联系在一起的联合公司。这个组织称为动态联盟、虚拟企业或虚拟公司（Agile Virtual Enterprise，AVE）。由于动态联盟是面向机遇产品的开发而临时组建的，因此它将随机遇产品的出现而出现，随机遇产品的消亡而消亡。动态联盟中企业之间的合作是以他们之间的共同利益和相互信任为基础的，它反映了一种组织上的创新和柔性，体现了企业的敏捷性。从广义上讲，它是面向产品经营过程的一种动态生产组织方式。

（2）**虚拟制造技术**　所谓的虚拟制造是利用计算机对产品从设计、制造到装配的全过程进行全面的仿真。

虚拟制造不仅可以仿真现有企业的全部生产活动，而且可以仿真未来企业的物流系统，因而可以对新产品设计、制造乃至生产设备引进，以及车间布局等各个方面进行模拟和仿真。在虚拟企业正式运行之前，必须分析这种组合是否最优，这样的组织能否正常地协调运行，并且还要对这种组合在产品投产后的效益及风险进行确实有效的评估。为了实现这种分析和评估，就必须把虚拟企业映射为一种虚拟制造系统。通过运行该系统，并对该系统进行仿真和试验，模拟产品设计、制造和装配的全过程。因此，虚拟制造是敏捷制造的一项关键技术，是实现敏捷制造的一个重要手段。虚拟制造提供了交互的产品开发、生产计划调度、产品制造和后勤等过程可视化工具，从范围来说覆盖了从车间到企业的各个方面。

7.3.5　虚拟制造

1. 虚拟制造概述

虚拟现实（Virtual Reality，VR）技术是使用感官组织仿真设备和真实或虚幻环境的动态模型，生成或创造出人能够感知的环境或现实，使人能够凭借直觉作用于计算机产生的三维仿真模拟的虚拟环境。基于虚拟现实技术的虚拟制造（Virtual Manufacturing，VM）技术是在一个统一模型之下对设计和制造等过程进行集成，它将与产品制造相关的各种过程与技术集成在三维的、动态的仿真真实过程的实体数字模型之上。其目的是在产品设计阶段，借助建模与仿真技术及时地、并行地模拟出产品未来制造过程乃至产品全生命周期的各种活动对产品设计的影响，预测、检测和评价产品性能和产品的可制造性等，从而更

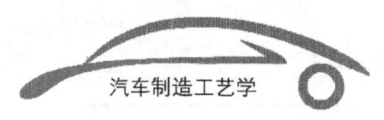

加有效、经济、柔性地组织生产,增强决策与控制水平,有力地减少由于前期的设计问题给后期制造带来的回溯更改,实现产品的开发周期最短化、成本最小化、设计质量最优化和生产效率最大化。

虚拟制造也可以对想象中的制造活动进行仿真,它不消耗现实资源和能量,所进行的过程是虚拟过程,所生产的产品也是虚拟的。虚拟制造技术的应用将会对未来制造业的发展产生深远影响,它的重大作用主要表现为:

1) 运用软件对制造系统中的五大要素(人、组织管理、物流、信息流、能量流)进行全面仿真,使之达到了前所未有的高度集成,为先进制造技术的进一步发展提供了更广大的空间,同时也推动了相关技术的不断发展和进步。

2) 可加深人们对生产过程和制造系统的认识和理解,有利于对其进行理论升华,更好地指导实际生产,即对生产过程、制造系统整体进行优化配置,推动生产力的巨大跃升。

3) 在虚拟制造与现实制造的相互影响和作用过程中,可以全面改进企业的组织管理工作,而且对正确做出决策有不可估量的影响。例如,虚拟制造可以对生产计划、交货期、生产产量等做出预测,及时发现问题并改进现实制造过程。

4) 虚拟制造技术的应用将加快企业人才的培养速度。如同模拟驾驶室对驾驶员、飞行员的培养起到了良好作用一样,虚拟制造也会产生类似的作用。例如,可以对生产人员进行操作训练、异常工艺的应急处理训练等。

2. 虚拟制造的研究内容与主要特征

(1) **研究内容**　虚拟制造的研究内容是极为广泛的,除了虚拟现实技术涉及的共同性技术外,虚拟制造领域本身的主要研究内容有:

1) 虚拟制造的理论体系。
2) 设计信息和生产过程的三维可视化。
3) 虚拟制造系统的开放式体系结构。
4) 虚拟产品的装配仿真。
5) 虚拟环境中及虚拟制造过程中的人机协同作业等。

一般来说,虚拟制造的研究都与特定的应用环境和对象相联系,由于应用的要求不同而存在不同的侧重点,因此出现了三个流派,即以设计为中心的虚拟制造、以生产为中心的虚拟制造和以控制为中心的虚拟制造。

(2) **主要特征**　虚拟制造表现出来的主要特征如下:

1) 产品与制造环境是虚拟模型,在计算机上对虚拟模型进行产品设计、制造、测试,甚至设计人员或用户可"进入"虚拟的制造环境检验产品的设计、加工、装配和操作,而不依赖于传统的对原型样机的反复修改;还可将已开发的产品部件数据存放在计算机里,不但能大大节省仓储费用,更能根据用户需求或市场变化快速改变设计,快速投入批量生产,从而能大幅度地压缩新产品的开发时间,提高质量,降低成本。

2) 可使分布在不同地点、部门的不同专业人员在同一个产品模型上同时工作,相互交流,信息共享,减少大量的文档生成及其传递的时间和可能随之出现的误差,从而使产品开发快捷、优质、低耗,以响应市场变化。

3. 虚拟制造的应用

（1）虚拟企业　为了快速响应市场的需求，有时需要围绕新产品开发，利用不同地域的现有资源、企业或工厂，重新组织一个新公司。该公司在运行之前，必须分析组合是否最优，能否协调运行，并对投产后的风险、利益分配等进行评估。这种联作公司称为虚拟公司，或者叫动态联盟，是一种虚拟企业，它具有集成性和实效性两大特点。在面对多变的市场需求时，虚拟企业具有加快新产品开发速度、提高产品质量、降低生产成本、快速响应用户需求、缩短产品生产周期等优点。因此，虚拟企业是快速响应市场需求的组织，能在商战中为企业把握机遇。

（2）虚拟产品设计　汽车、飞机的设计过程中，会遇到一系列问题，如其形状是否符合空气动力学原理，内部结构和布局是否合理等。在复杂管道系统设计中，采用虚拟技术，设计者可以"进入其中"进行管道布置，并可检查是否发生干涉。美国波音公司研制波音喷气式客机时，分散在世界各地的技术人员可以从客机数以万计的零部件中调出任何一种在计算机上观察、研究、讨论，所有零件均是三维实体模型。由此可见虚拟产品设计给企业带来的效益。

（3）虚拟产品制造　应用计算机仿真技术，对零件的加工方法、工序顺序、工装和工艺参数的选用，以及加工工艺性、装配工艺性等均可建模仿真，可以提前发现加工缺陷，提前发现装配时出现的问题，从而能优化制造过程，提高加工效率。

（4）虚拟生产过程　产品生产过程的合理制订，人力资源、制造资源、物料库存、生产调度、生产系统的规则设计等，均可通过计算机仿真进行优化，同时还可对生产系统进行可靠性分析，对生产过程的资金和产品市场进行分析预测，从而对人力资源、制造资源进行合理配置，对缩短产品生产周期、降低成本意义重大。

本 章 小 结

本章从加工工艺理论及方法、加工制造技术和制造业未来发展方向上，对特种加工方法的基本概念和主要类型、先进制造模式进行了介绍。通过本章的学习，读者可对汽车制造中常用的特种加工方法、加工新技术有一个基本的掌握，并进一步了解汽车制造技术的发展动态。

思考题与习题

7-1　特种加工方法的特点是什么？其应用范围如何？其种类有哪些？

7-2　简述快速成形技术的含义及其常用方法。

7-3　解释电火花加工、电解加工及激光加工的概念并说明其应用范围。

7-4　试比较电子束加工和离子束加工的原理、特点和应用范围。

7-5　CIMS 的构成要素是什么？从功能角度看，一般可以将 CIMS 分为哪些功能分系统？简述 CIMS 各功能分系统的作用。

7-6　何谓计算机集成制造？其体系结构和控制系统有何特点？

7-7　简述并行工程、精益生产、敏捷制造及虚拟制造的含义及意义。

第8章

汽车产品设计的结构工艺性

本章提要

在设计汽车产品时，除了应满足产品的使用性能要求外，还应满足制造工艺要求，不满足制造工艺要求的设计将影响产品及零部件制造时的生产效率和经济性，甚至无法制造。因此，汽车产品设计时考虑如何满足制造工艺要求是非常重要的，所设计的整车及其零部件都应具有良好的工艺性。本章主要内容有零件机械加工的结构工艺性、产品结构的装配工艺性。

工艺性是所设计的产品、零部件在满足使用要求的前提下，制造、维修的可行性和经济性。即所设计的产品、零部件，在一定的生产条件和保证使用性能的前提下，能以高生产率、最少的劳动量及材料消耗、最低的成本制造出来。

产品及零部件设计的工艺性是一个广义的概念，它包括毛坯制造、热处理、机械加工、装配和修理的结构工艺性，还与原材料及毛坯的选择、制造方法、质量和技术要求、标准化、生产类型和批量等诸多方面有关。

8.1 零件机械加工的结构工艺性

零件结构工艺性的优劣对产品的设计、制造具有至关重要的影响。作为一名机械设计师，必须掌握制造工艺的理论和知识，做到对设计方案全面考虑和综合分析，使所设计的产品能符合制造、使用、维护等方面的要求。

评价零件机械加工的结构工艺性优劣的条件很多，对具体的零件结构而言主要有加工精度和表面质量、标准化、加工效率等。在零件设计之初，设计人员要充分重视结构的优化，在满足零件使用要求的前提下，零件的结构设计应做到：①有利于零件达到加工质量的要求；②有利于使用高效机床，并与先进的加工工艺相适应；③有利于减少零件加工的机动工时；④有利于减少加工过程中的辅助工时；⑤有利于使用标准刀具和量具。

评价零件结构工艺性，主要从以下几个方面进行。

1. 提高零件的标准化程度

标准化是组织现代化生产的重要手段之一。零件结构要素的标准化程度高，既可以简化零件的设计工作，又可以减少零件生产准备工作量，使零件的生产准备周期大大缩短，降低零件的生产成本。零件结构要素的标准化主要包括螺纹、花键、中心孔、孔、螺纹的退刀槽、插齿空刀槽、砂轮越程槽、锥度与锥角、莫氏锥度、零件倒圆与倒角、球面半径、T型槽、锯缝尺寸等，这些结构设计和尺寸标注应符合国家标准和行业标准。

2. 尽量采用标准件和通用件

汽车产品是由大量零件构成的。设计产品时,应尽量采用标准件和通用件。所谓标准件,是指一个企业按照国家、行业、企业标准制造的零件。所谓通用件,是指在同一类型不同规格的或者不同类型的产品中,部分相同可以互换通用的零件。上述两类零件在产品中所占的比例,是评定一个产品标准化程度的一项重要指标。一个产品中,标准件和通用件所占的比例大,不仅可以简化设计,避免重复设计工作,而且也减少了产品中的零件种类,扩大了零件制造批量,这就可以采用高效设备和工艺装备,同时也减少了工艺装备数量,有利于降低制造成本。

3. 结构设计应方便零件加工和检测

(1) 结构设计应方便零件加工　零件的结构设计应方便零件加工,几种常见的便于加工的零件结构设计如下:

1) 钻孔的入端和出端应避免斜面(图8-1a)。
2) 应避免深孔加工(图8-1b)。
3) 被加工孔的轴线应避免倾斜(图8-1c)。
4) 被加工孔不能距离壁太近(图8-1d)。
5) 加工螺纹和齿轮时应有退刀槽(图8-1e)。
6) 零件沟槽表面不应与其他加工表面重合(图8-1f)。
7) 避免不通的花键孔、键槽孔(图8-1g)。

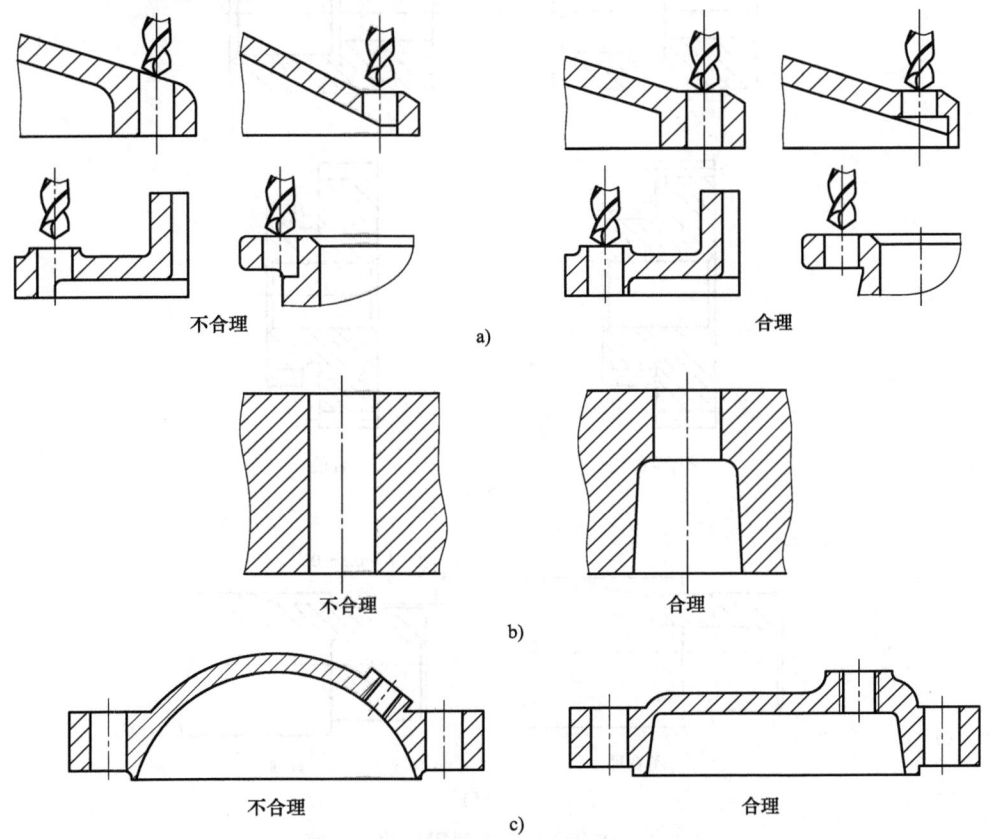

图8-1　结构设计应方便零件加工

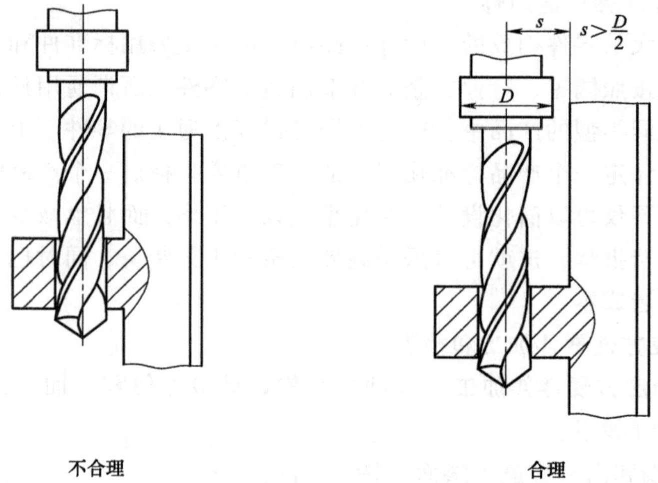

图 8-1 结构设计应方便零件加工（续）

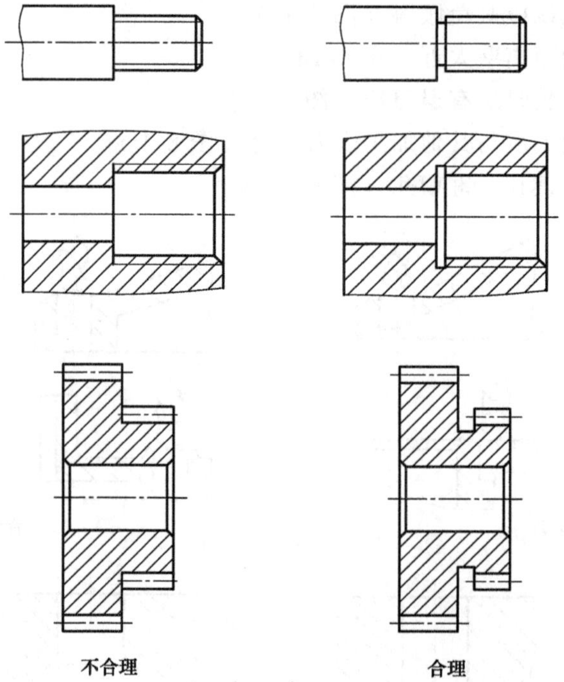

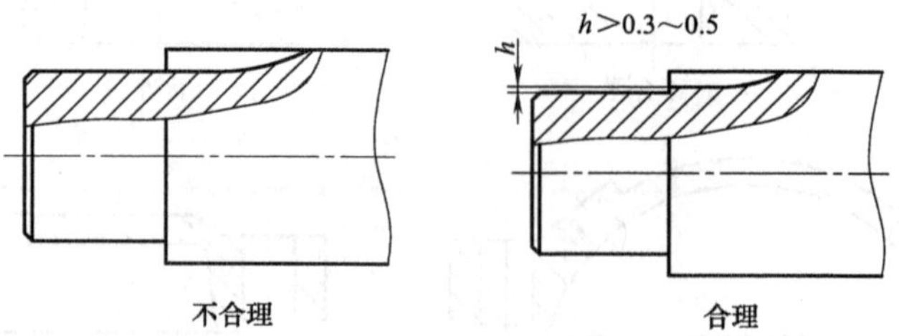

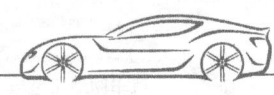

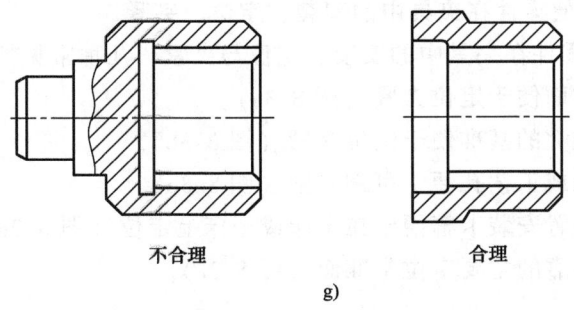

不合理　　　　　合理

g)

图 8-1　结构设计应方便零件加工（续）

（2）结构设计应方便零件检测　结构设计应方便零件检测，几种常见情况如下：

1）零件的尺寸标注应便于加工和测量（图 8-2a）。

2）结构应便于锥度的加工和测量（图 8-2b）。

3）应多用实际的表面作为测量基准而不用或尽量少用虚基准（图 8-2c）。

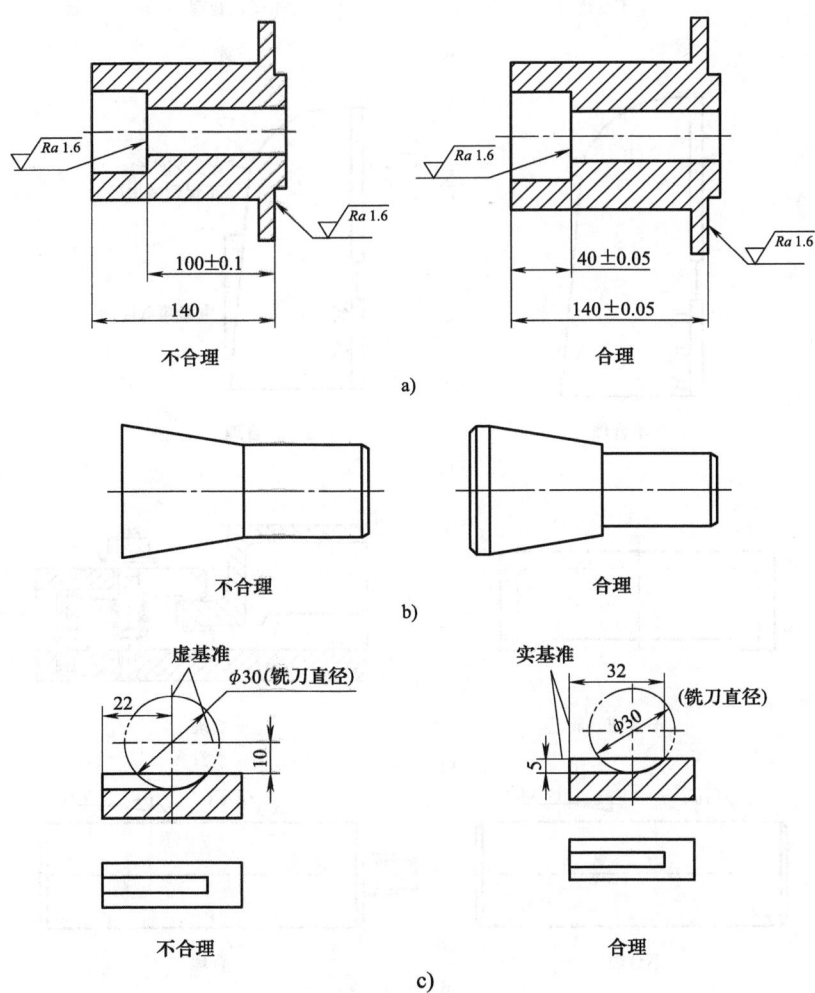

图 8-2　结构设计应便于零件的检测

4. 结构设计应方便零件在夹具中的安装、定位、夹紧

结构设计应方便零件在夹具中的安装、定位与夹紧，几种常见情况如下：

1) 圆柱面比圆锥面便于定位夹紧（图 8-3a）。
2) 加工面应有较大的基准便于定位夹紧（图 8-3b）。
3) 增加夹紧边缘或工艺孔便于可靠夹紧（图 8-3c）。
4) 锥心轴上应设置安装卡箍便于在车床或磨床上定位（图 8-3d）。
5) 应使零件有可靠的主要定位基准面（图 8-3e）。

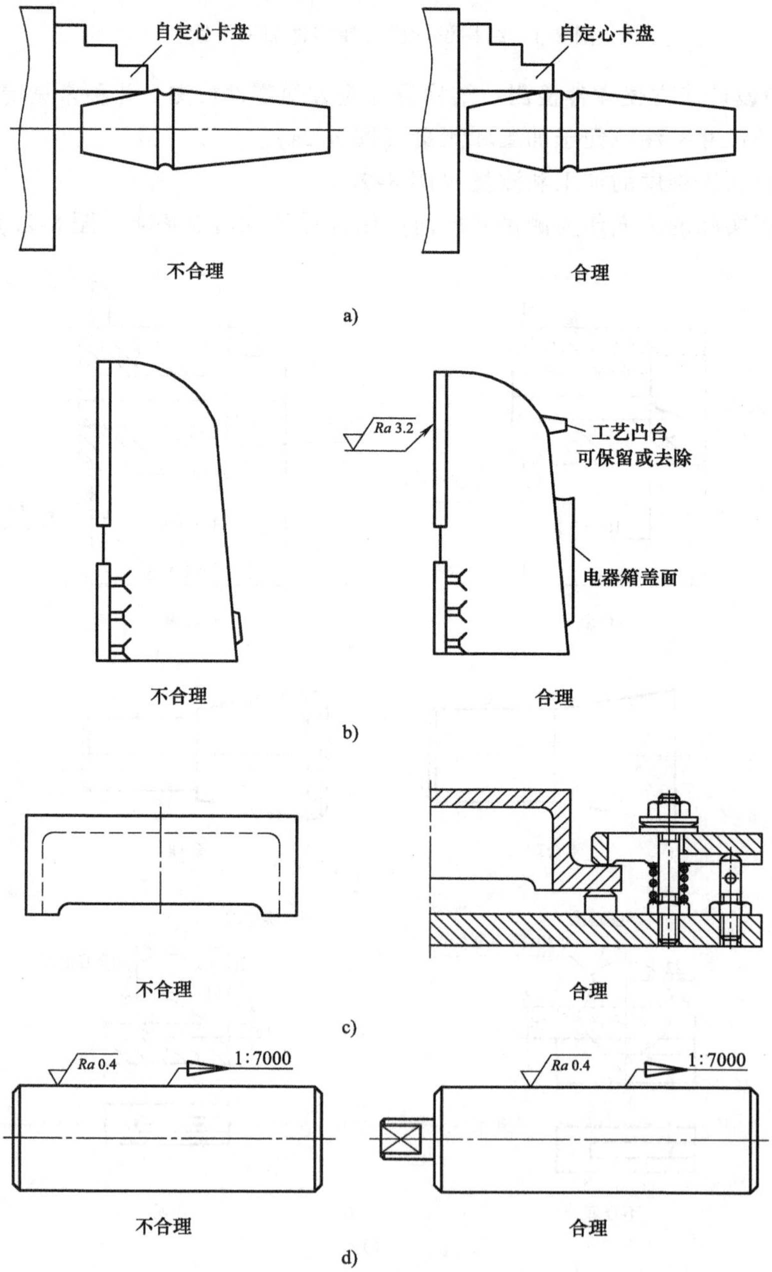

图 8-3 结构设计应方便零件在夹具中的安装、定位、夹紧

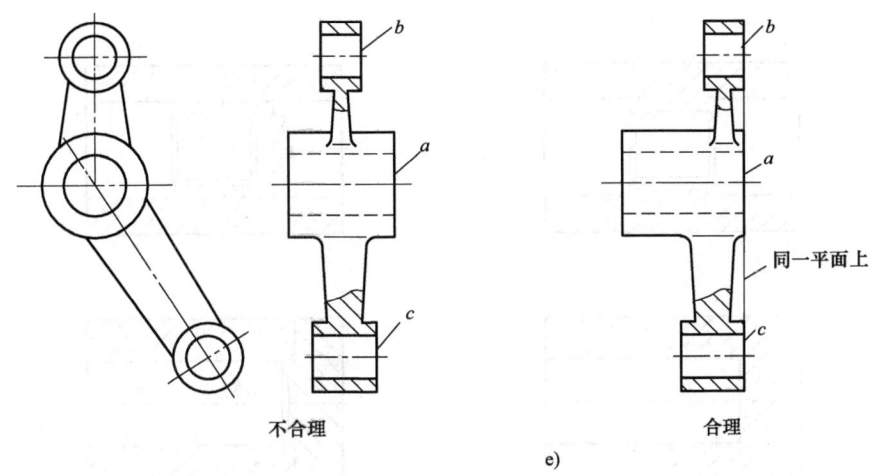

图 8-3 结构设计应方便零件在夹具中的安装、定位、夹紧（续）

5. 提高生产效率、保证产品质量

（1）尽量减少零件的装夹和机床的调整次数　结构设计应尽量减少零件的装夹和机床的调整次数，几种常见情况如下：

1）同一零件上的同一种结构要素应尽量使其一致（图 8-4a）。

2）应尽可能使同一轴上的键槽宽度一致并处于同一侧（图 8-4b）。

3）零件在同一方向的加工面高度尺寸相差不大时应尽可能使其等高（图 8-4c）。

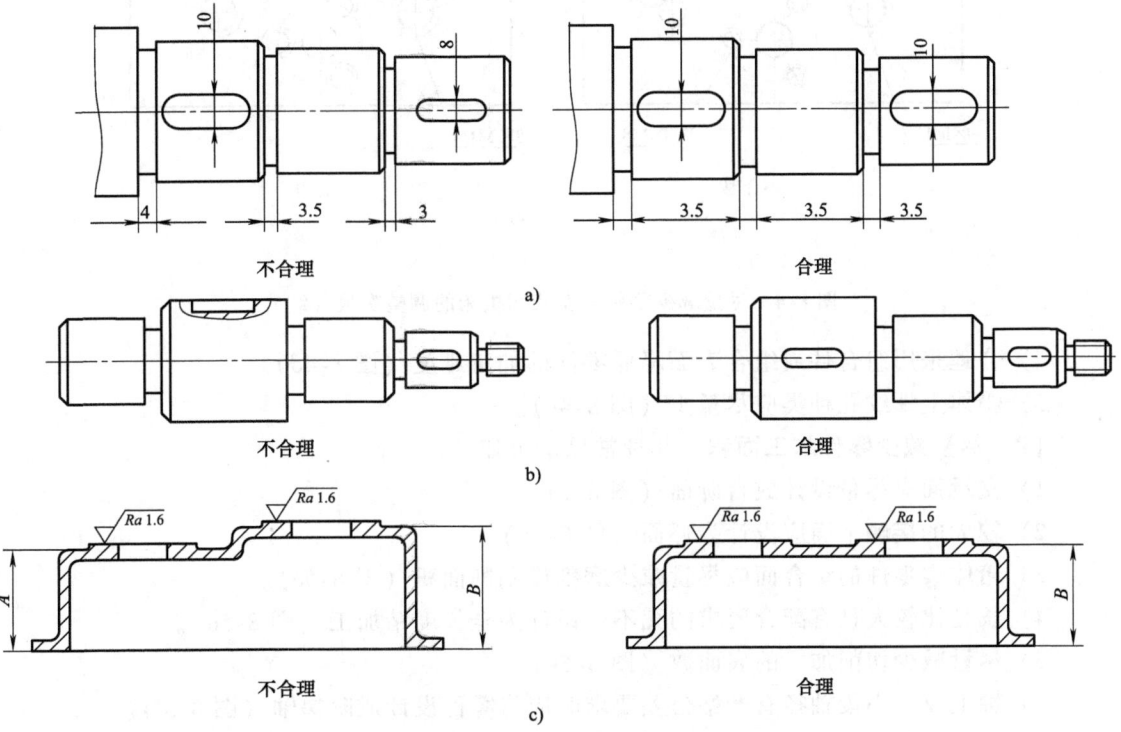

图 8-4　尽量减少零件的安装和机床的调整次数

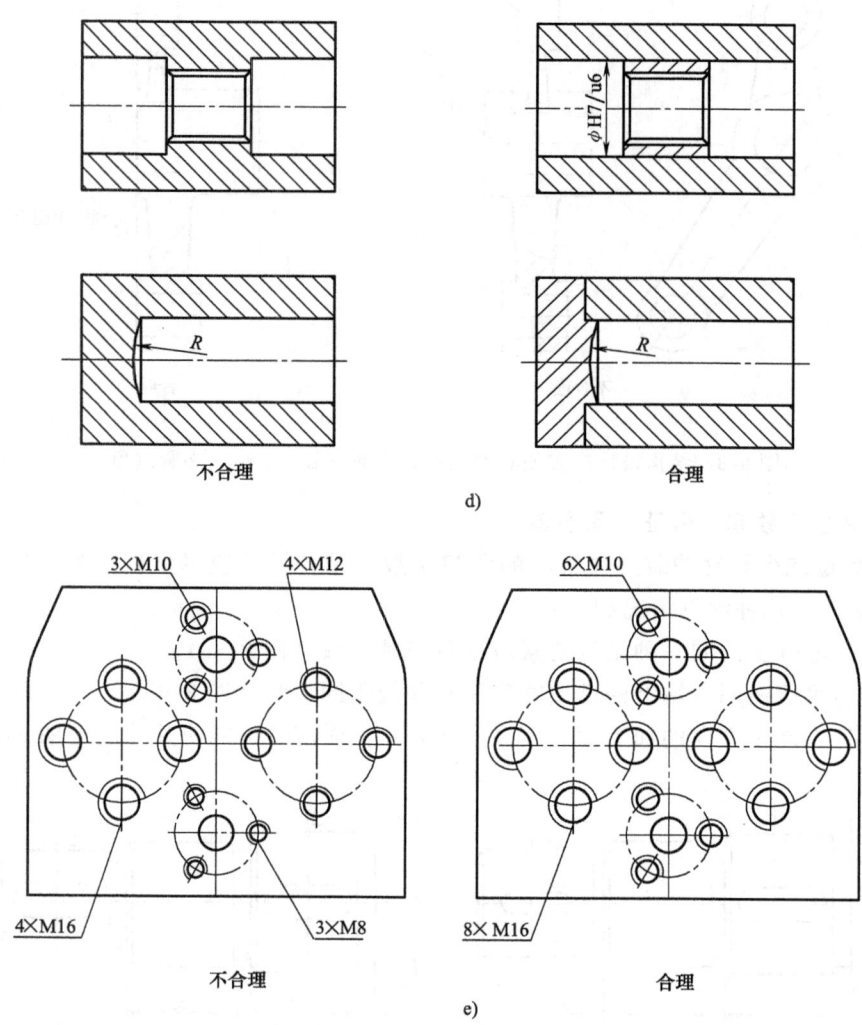

图 8-4 尽量减少零件的安装和机床的调整次数（续）

4) 合理采用组合件或组合表面降低零件的加工难度（图 8-4d）。

5) 箱体上螺纹孔种类应尽量少（图 8-4e）。

(2) 尽量减少零件加工面积 几种常见情况如下：

1) 支承面应尽量设计成台阶面（图 8-5a）。
2) 较大的接触平面应设计为环面（图 8-5b）。
3) 箱体类零件的结合面应尽量减少磨削或刮削面积（图 8-5c）。
4) 长径比较大且有配合要求的孔不应设计为全长度精加工（图 8-5d）。
5) 尽量减少切削加工的表面数（图 8-5e）。
6) 轴上仅一小段轴径有严格公差要求时应将零件设计成阶梯轴（图 8-5f）。
7) 工件结构设计应有利于实现多件加工（图 8-5g）。

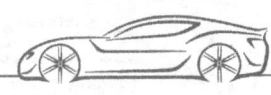

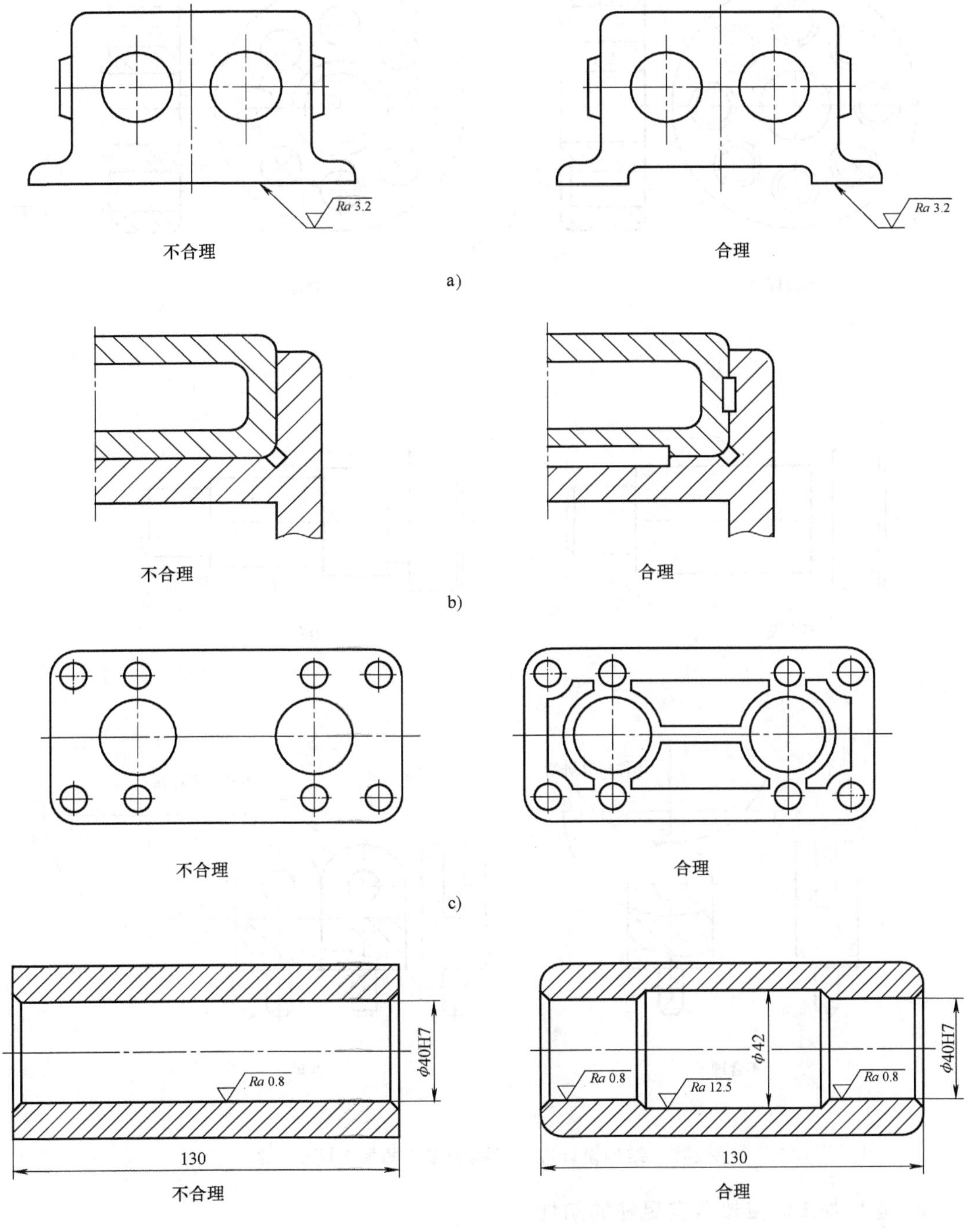

不合理　　　　　　　　　　　　合理

a)

不合理　　　　　　　　　　　　合理

b)

不合理　　　　　　　　　　　　合理

c)

不合理　　　　　　　　　　　　合理

d)

图 8-5　结构设计应尽量减少零件的加工面积

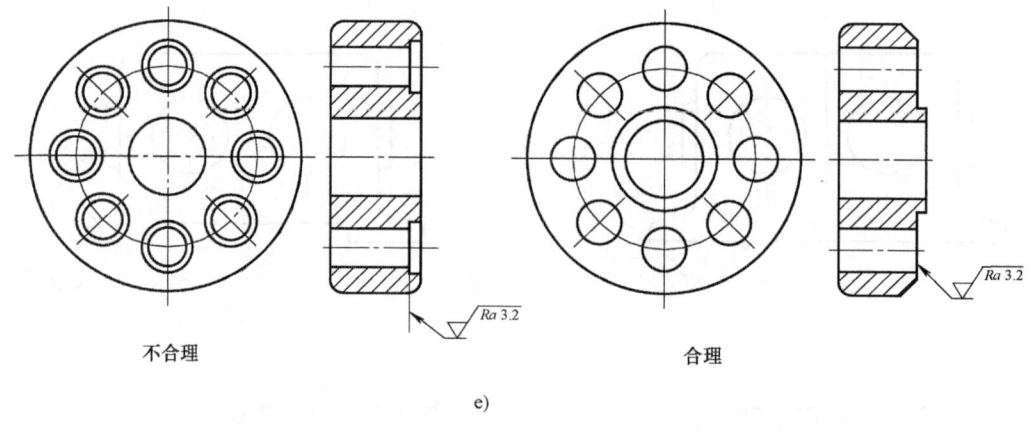

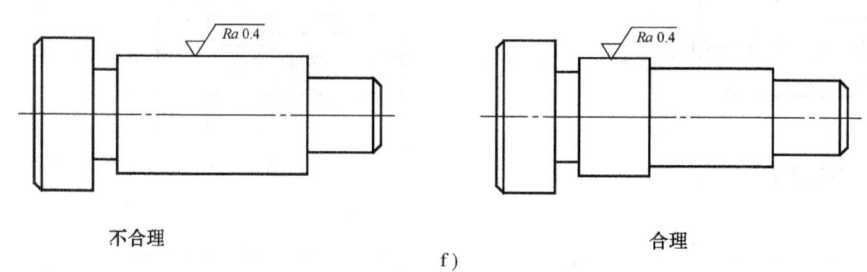

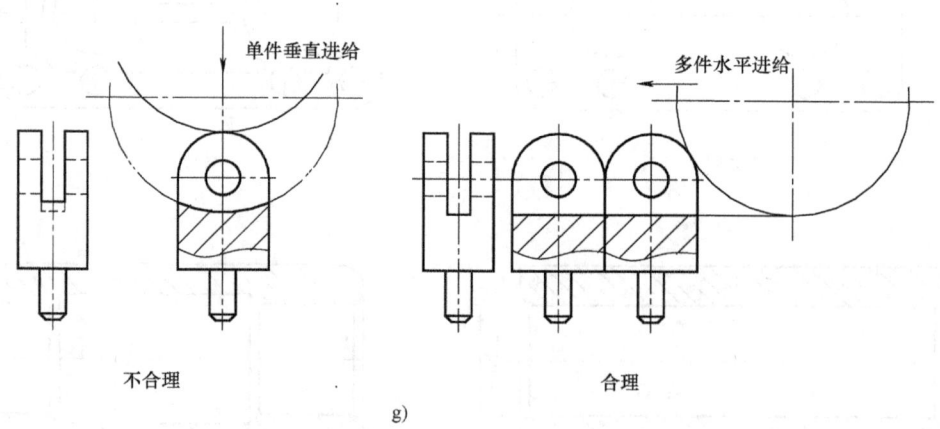

图 8-5 结构设计应尽量减少零件的加工面积（续）

6. 零件加工时应该具有足够的刚性

零件结构具有足够的刚性不仅是产品零件结构设计的要求，也是零件制造过程中的要求。零件切削加工时，由于受到切削力和夹紧力的作用，可能会产生较大的变形，若刚性不足，对加工质量和生产率都会产生影响。几种常见情况如下：

1）在拨叉辐板上设计加强肋满足使用和加工要求（图 8-6a）。
2）在两凸缘间设计加强肋避免工件加工时产生变形（图 8-6b）。

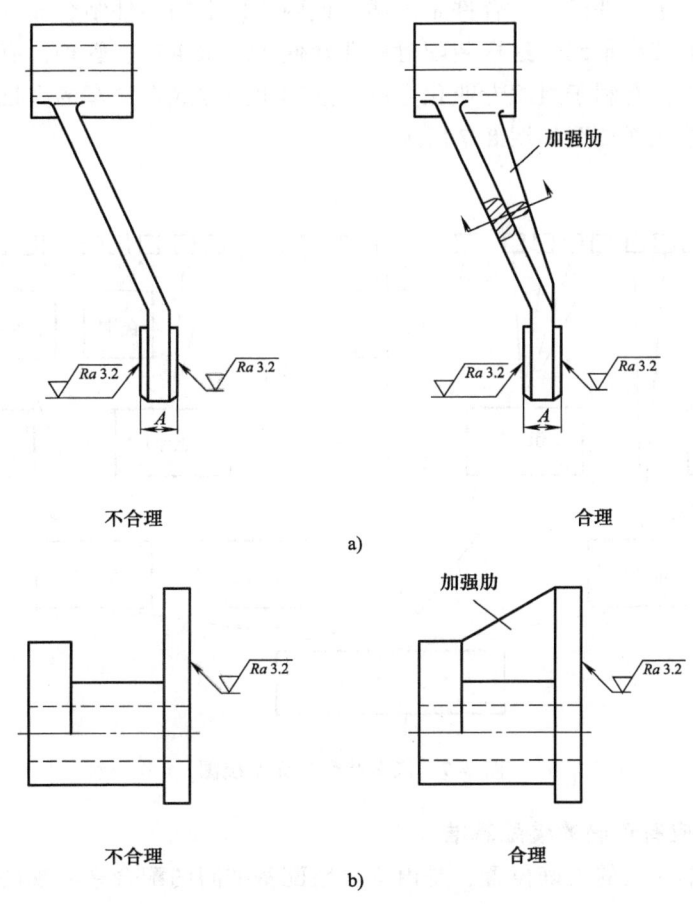

图 8-6 零件加工时应该具有足够的刚性

8.2 产品结构的装配工艺性

设计人员在产品设计时，必须充分地考虑其装配工艺性。产品装配时，不仅要保证装配精度要求，还要便于装配、减少装配工作量、缩短装配周期、降低装配成本等。

产品结构的装配工艺性主要从以下几个方面进行考虑。

1. 产品能方便分解成独立装配的装配单元

汽车是由许多零件组成的，零件是汽车的最小单元。为了有效地组织装配工作，在汽车的生产过程中，常常将汽车划分为若干个独立的装配单位，以便组织平行的流水线装配，缩短装配周期。因此，产品能否合理地划分为若干个独立的装配单元是评价产品结构装配工艺性最重要的指标之一。

一般可以将产品的装配单元划分为五级，即零件、合件、组件、部件和产品。将能进行独立装配的部分叫作装配单元。任何机器都是由若干个装配单元组成的。如汽车可以分为前桥、后桥、发动机、变速器、车身等部件。

每个部件作为一个独立的装配单元。部件由许多组件组成，而每个组件也是独立的装配单元，它又由若干合件组成。合件是由两个或两个以上的零件结合成的不可拆卸的整体件，它也是独立的装配单元。这样装配时就非常便于组织生产、管理，有利于企业之间的协作和产品的配套，有利于组织专业化生产，这种生产方式在汽车的大批量生产中被广泛采用。汽车装配单元系统图如图 8-7 所示。

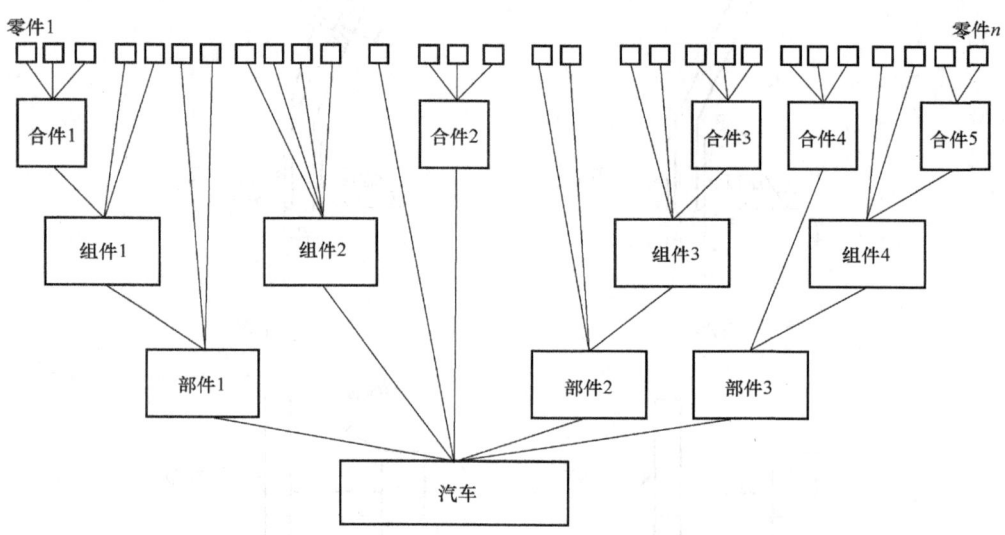

图 8-7　汽车装配单元系统图

2. 结构设计应有正确的装配基准

零件在装配单元上的正确位置，是由零件装配基准间的配合来实现的。为了使零件能正确地定位，必须有正确合理的装配基准，零件在装配时同样应符合六点定位原则，不允许出现过定位或欠定位现象。几种常见的情况如下：

1) 有同轴度要求的两零件连接时应有正确的装配基准（图 8-8a）。
2) 不应用螺纹连接作为装配基准（图 8-8b）。
3) 零件在装配时应符合六点定位原则（图 8-8c）。

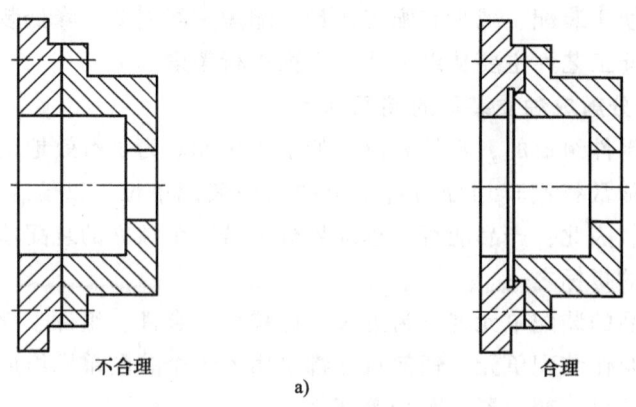

a)

图 8-8　结构设计应有正确的装配基准

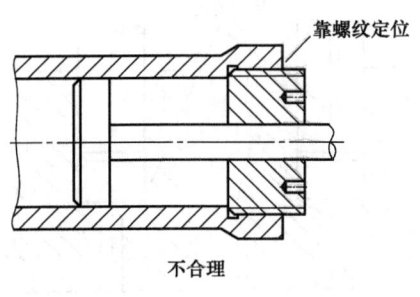
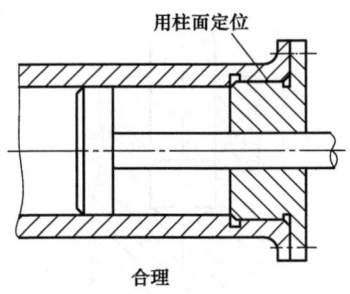

b)

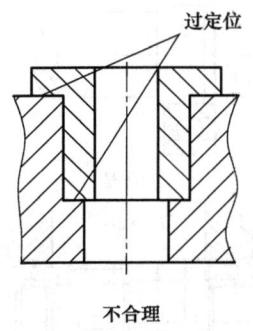
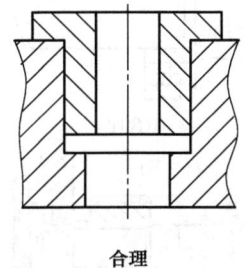

c)

图 8-8 结构设计应有正确的装配基准（续）

3. 结构设计应便于装配

为使装配工作顺利进行，首先应将零件顺利地装成合件、部件，最后装配成产品，然后进行调整、检验和试车。结构设计应便于装配的几种常见情况如下：

1) 有配合要求的零件端部应有倒角（图 8-9a）。
2) 装配时形成密封腔处应有排气通道（图 8-9b）。
3) 与轴承孔配合的轴径不要太长以减小装配难度（图 8-9c）。
4) 应尽可能组成独立的装配单元避免箱体内装配（图 8-9d）。
5) 紧固件应尽量布置在易于拆装的位置（图 8-9e）。
6) 应有足够放置螺钉的高度和供扳手活动的空间（图 8-9f）。
7) 在大底座上安装机体时应使螺纹连接，方便装配（图 8-9g）。

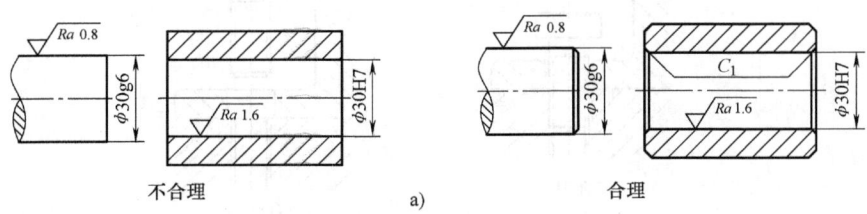

a)

图 8-9 结构设计应便于装配

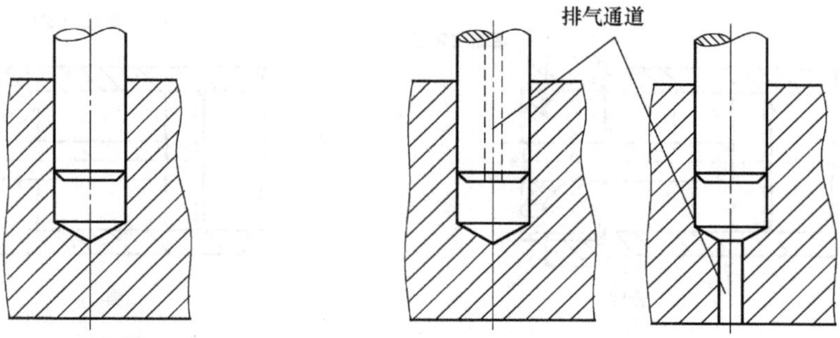

图 8-9 结构设计应便于装配（续）

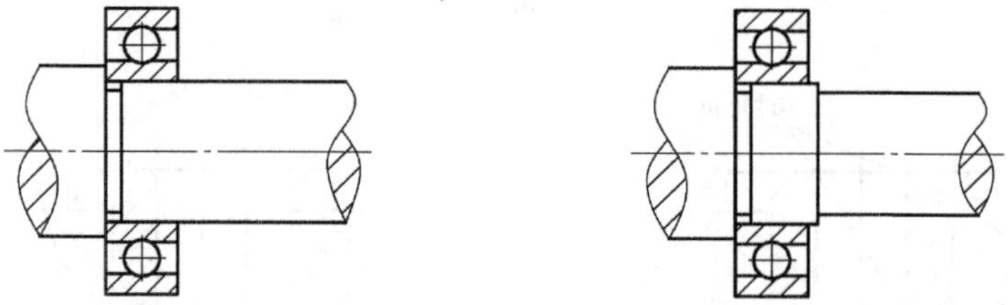

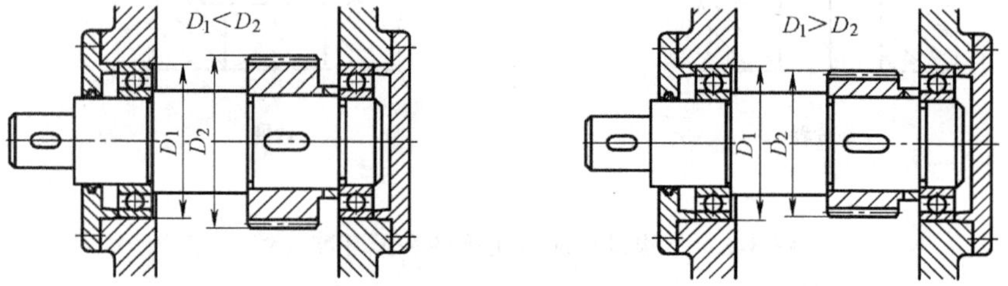

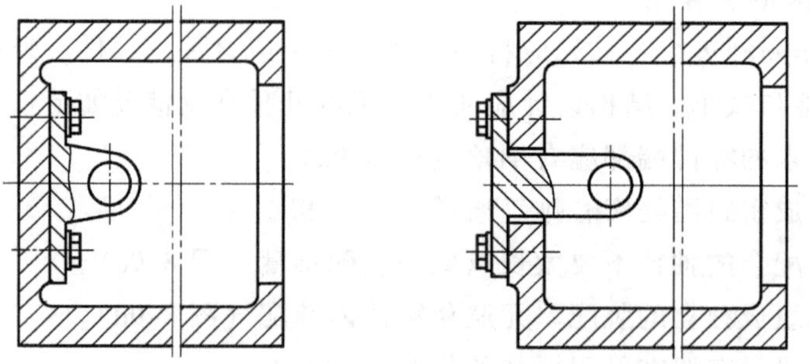

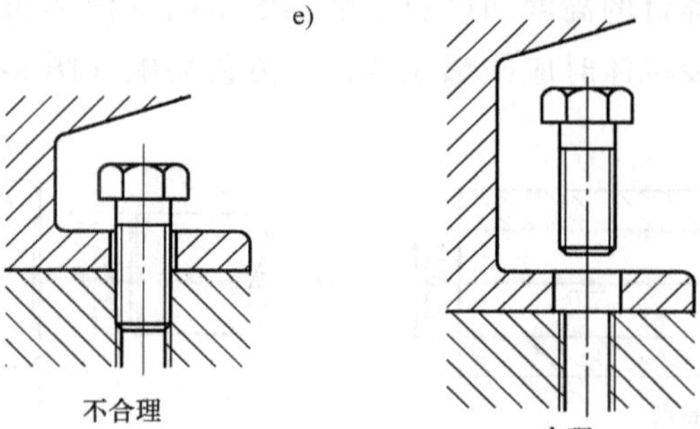

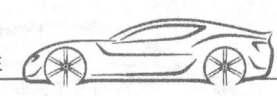

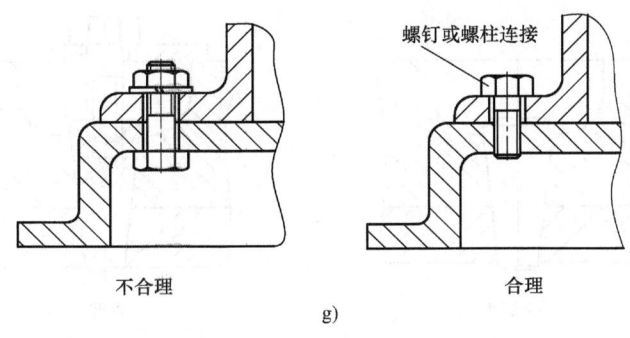

图 8-9 结构设计应便于装配（续）

4. 结构设计应方便易损零件的拆除和维修

产品在设计时，既要考虑零件便于装配，又要考虑组件、合件的拆卸，以满足产品调试和维修需要，几种常见情况如下：

1）结构设计应有利于轴承内外圈的拆卸（图 8-10a）。

2）轴承盖上设计顶针孔便于拆卸（图 8-10b）。

3）采用具有拆卸功能的锥销（图 8-10c）。

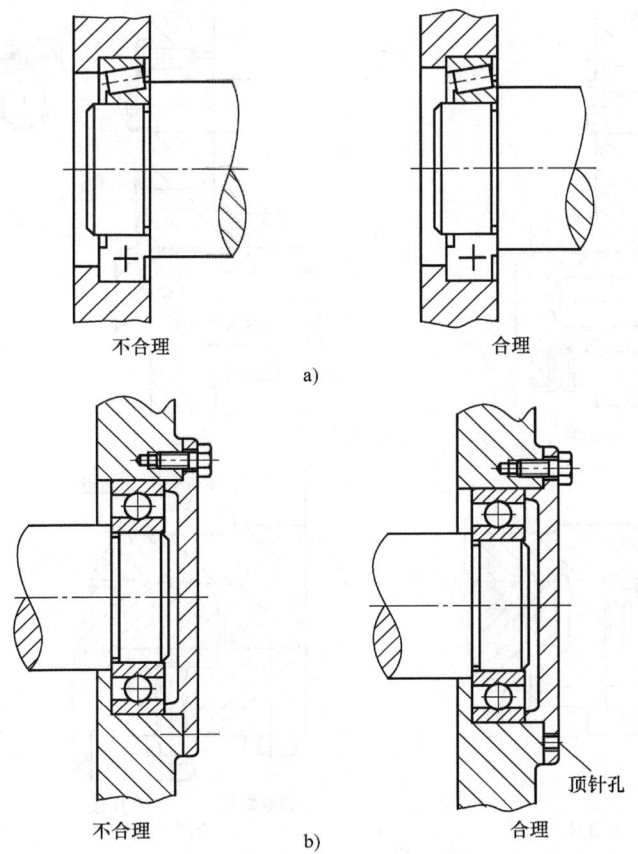

图 8-10 结构设计应方便易损零件的拆除和维修

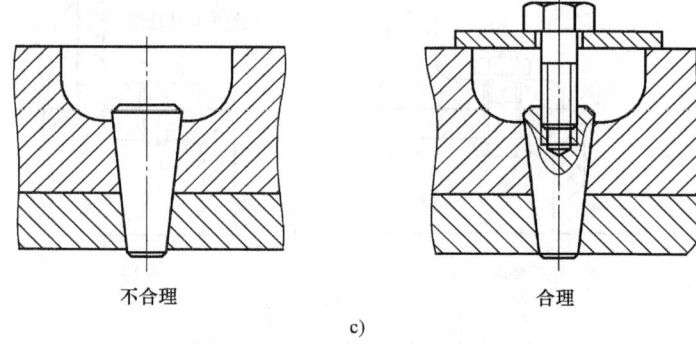

c)

图 8-10 结构设计应方便易损零件的拆除和维修（续）

5. 结构设计应减少装配时的机械加工和修配工作

为了加速装配的进程，结构设计应尽量减少在装配时的机械加工和修配工作，几种常见情况如下：

1) 结构设计应尽量避免装配时钻孔和攻螺纹（图 8-11a）。

2) 结构设计应尽量避免采用修配法（图 8-11b）。

3) 结构设计应尽量避免装配时在活塞上配钻小孔（图 8-11c）。

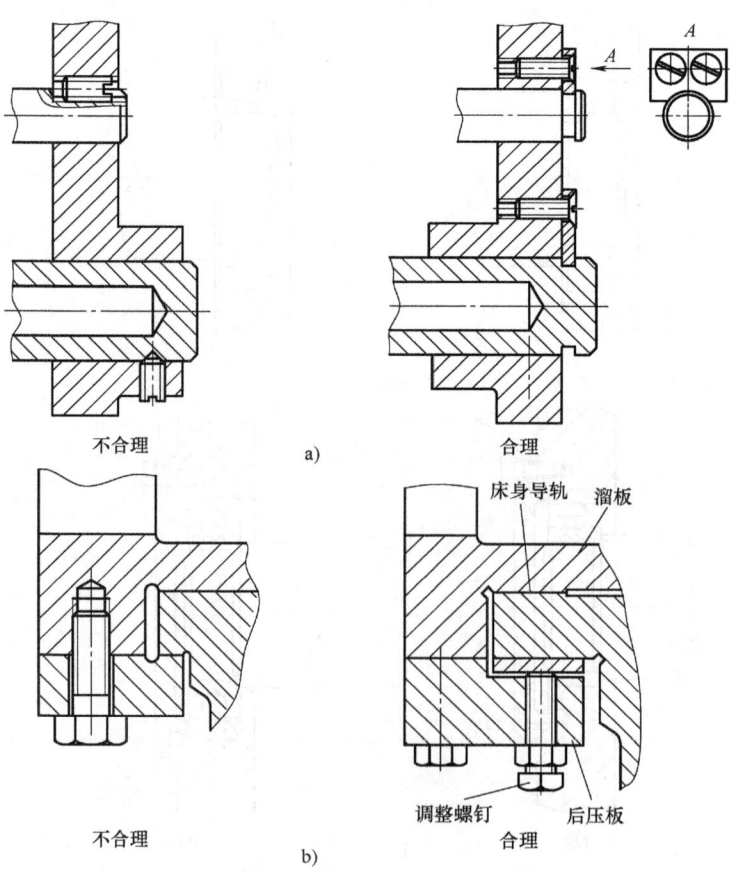

图 8-11 结构设计应减少装配时的机械加工和修配工作

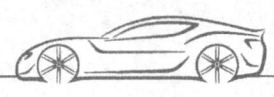

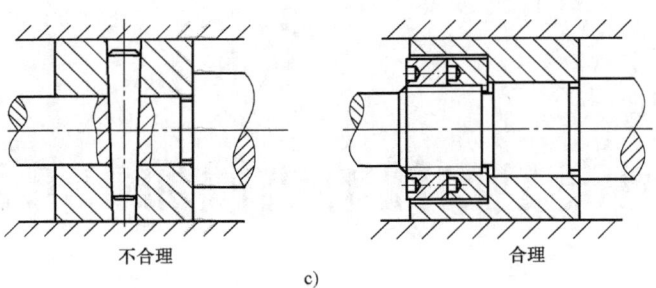

图 8-11 结构设计应减少装配时的机械加工和修配工作（续）

6. 正确选择装配方法

为保证产品的质量，应根据产品的技术要求、结构特点、生产类型和生产条件等，采用不同的装配方法。生产中常用的方法有互换装配法、选择装配法、修配装配法和调整装配法等，具体内容，请参见第 6 章中的相关内容。

本 章 小 结

本章介绍了汽车产品设计结构工艺性的基本概念，并以实例为主线讲述了评价零件和装配结构工艺性应从哪几个方面进行考虑。通过本章学习可以了解零件和装配结构工艺性的相关知识，并可运用到零件设计、加工等方面。

思考题与习题

8-1 评价零件结构工艺性主要从哪几个方面进行考虑？

8-2 产品结构的装配工艺性主要从哪几个方面进行考虑？

8-3 试指出图 8-12 所示的零件在结构工艺性方面存在的问题，并提出改进意见。

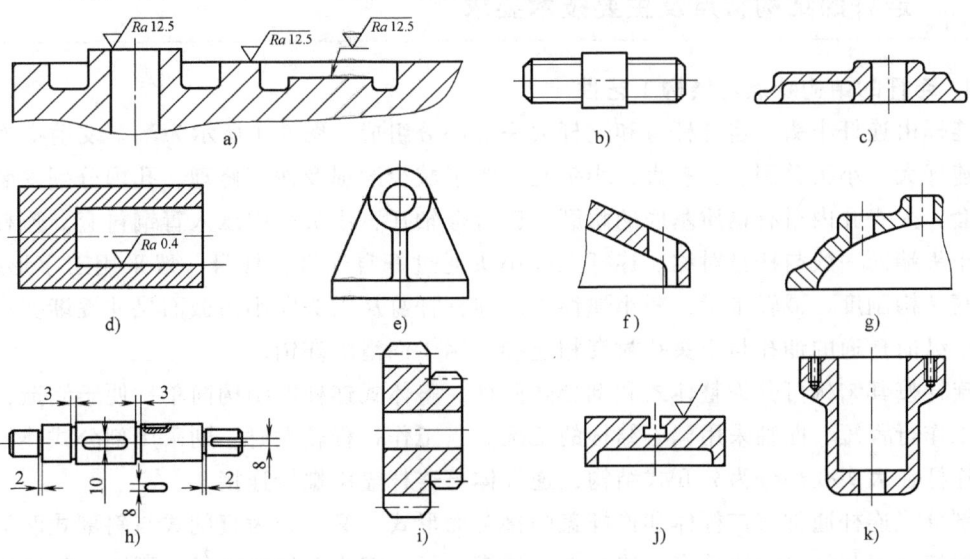

图 8-12 题 8-3 图

第9章

典型汽车零件的机械加工工艺

本章提要

本章以连杆、曲轴和箱体三种零件为例,讲述典型汽车零件的机械加工工艺。从零件结构与技术要求出发,分析零件的材料、毛坯、结构工艺等特点,在此基础上进行定位基准选择,编制机械加工工艺过程,选择加工方法,确定质量检验等。

学习本章内容要求熟悉连杆、曲轴和箱体三种典型汽车零件的结构特点,了解其产品材料、性能要求、毛坯制造方法与来源,重点掌握其机械加工中的定位、工艺过程、加工方法、质量控制及热处理工艺的应用等。

9.1 连杆加工工艺

连杆是汽车发动机的主要传动部件,连杆大头孔与曲轴连接,小头孔通过活塞销与活塞连接,与曲轴、活塞构成发动机的曲柄连杆机构,其功用是将活塞的往复运动转换为曲轴的旋转运动,对外输出动力。连杆工作时,承受活塞顶部气体压力和自身惯性力的作用,而这些力的大小和方向都是周期性变化的。在工作过程中连杆承受剧烈的压缩、拉伸和弯曲等交变变动载荷,因此,要求连杆材料要强度高、刚度大、密度小,同时要求其要有高加工精度,以降低发动机的能耗和噪声。

9.1.1 连杆的结构特点及主要技术要求

1. 连杆的结构特点与结构工艺性

连杆由连杆小头、连杆杆身和连杆大头三部分组成。图9-1所示为汽车发动机连杆总成。连杆大、小头分别加工有大、小头孔,为了减少磨损及便于修理,孔内分别安装轴瓦和衬套,大头孔内衬有钢质基底的耐磨巴氏合金轴瓦,小头孔中压入青铜衬套。连杆的大头和小头端面一般与杆身对称。连杆大、小头通过杆身连接,杆身一般采用工字形截面,以提高结构刚度,减轻重量,减小惯性力。连杆杆身从大头向小头截面尺寸逐渐变小,并有一个纵向贯通的油孔与小头孔衬套相连接,用于润滑活塞销。

连杆按其结构可分为整体式和剖分式两种。整体式连杆的结构简单,便于制造,但只用于工作行程短、曲轴采用偏心结构的工况。当工作行程较大时,则采用剖分式连杆。剖分式连杆在大头孔部分为分开式结构,连杆体与连杆盖用螺栓连接。

剖分式连杆通常按连杆体和连杆盖的接合面形式,又可分为直剖式与斜剖式两类。直剖式的接合面与杆身轴线垂直,连杆大头的横向尺寸都小于气缸直径,可以方便地通过气

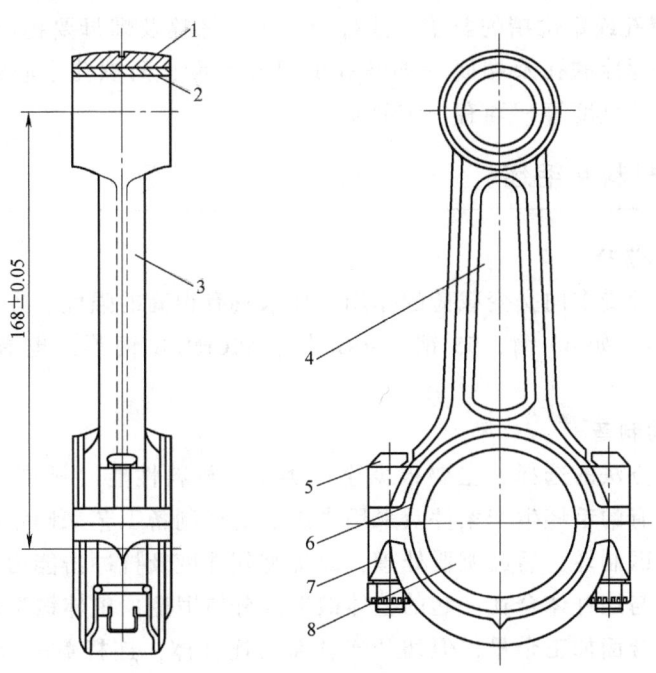

图 9-1 汽车发动机连杆总成

1—连杆小头 2—铜套 3—杆身 4—连杆体 5—连杆螺栓
6—连杆轴承衬瓦 7—连杆盖 8—连杆大头

缸进行拆装,多用于汽油机。斜剖式的接合面与连杆杆身轴线成 30°~60°的夹角,最常见的是 45°夹角。做成斜剖式,主要考虑连杆大头尺寸较大,为了使连杆大头能通过气缸,便于拆装。但斜剖后会使连杆螺栓产生切应力,故斜剖式通常用于柴油机。

连杆盖与连杆体靠螺栓定位。在结构上有些连杆规定有工艺凸台等机械加工时的辅助基准。为保证发动机运转平衡,分别在大、小头设置了去不平衡质量的凸块,以便检测后切除不平衡质量。

2. 连杆的主要技术要求

连杆的加工精度直接影响产品的性能,其主要加工表面是大、小头孔及端面,接合面,定位孔及螺孔等。不同类型的连杆技术要求基本相似,仅在数值上有差异,反映连杆精度的参数主要有如下五个。

(1) **大、小头孔的精度** 为了使大头孔与轴瓦及曲轴、小头孔与活塞销配合良好,小头孔尺寸公差等级为 IT7~IT8,表面粗糙度 $Ra \leq 3.2 \mu m$,大头孔尺寸公差等级为 IT6~IT7,表面粗糙度 $Ra \leq 0.4 \mu m$,并严格规定了孔的圆度及圆柱度公差为 0.004~0.008mm。

(2) **两孔中心距** 大、小头孔的中心距影响气缸的压缩比,从而影响发动机效率,因此规定了较高的要求。

(3) **两孔中心线的平行度** 两孔中心线的平行度误差会使活塞在气缸中倾斜,导致气缸壁磨损不均匀,其公差等级不低于 IT7。

(4) **大头孔两端面对孔中心线的垂直度** 该项误差会使曲轴轴径边缘产生磨损,因此也要有一定要求,一般该项公差等级不低于 IT9,表面粗糙度 $Ra \leq 0.8 \mu m$。

（5）**有关两螺孔或定位销的要求**　连杆上除了对螺栓及螺母要提出高的技术要求外，对安装这两个动力螺栓的孔及端面（如螺孔的尺寸精度、两螺孔中心线的平行度、螺孔中心线与接合面的垂直度等）均有一定要求。

9.1.2　连杆的材料和毛坯

1. 连杆的材料选择

连杆在工作中承受多向交变载荷的作用，要求具有很高的强度。连杆材料一般采用高强度碳钢与合金钢，如 45 钢、55 钢、40Cr 钢、40CrMnB 钢等，也有采用球墨铸铁制造的。

2. 连杆毛坯的制备

连杆毛坯制造方法的选择，主要根据生产类型、材料性能（延展性）及零件的尺寸形状等，并考虑现有的毛坯生产条件及采用先进的毛坯制备工艺来确定毛坯的制造方法。

钢制连杆用模锻制坯，后经调质处理，以提高其强度及抗冲击能力。连杆毛坯的锻造工艺方案有连杆盖与连杆体合在一起的整体锻造或分体锻造。整体锻造的连杆提高了材料利用率，减少了接合面加工余量，但切开连杆盖与连杆体，连杆盖的金属纤维是断裂的，削弱了连杆的整体强度，同时为保证切开后粗镗孔余量的均匀，一般将整体连杆大头孔锻成椭圆形。分体锻造的连杆，其金属纤维是连续的，在强度方面优于整体锻造的连杆。但由于整体锻造的连杆毛坯具有材料损耗少、锻造工时少、模具少等优点，应用得越来越多，成为连杆毛坯的一种主要形式。因此，毛坯制造方法的选择，应使零件性能提高，而总成本降低。

近年来也有采用粉末冶金锻造工艺制造连杆毛坯的，粉末冶金制成的连杆的密度和强度大为提高，其尺寸精度高，材料损耗少，成本也低。粉末冶金技术制造连杆是一个很有发展前途的方法。

9.1.3　连杆的机械加工工艺过程分析

对连杆的尺寸精度、形状精度以及位置精度的要求都很高，但是连杆的刚性比较差，容易产生变形，这就给连杆的机械加工带来了很多困难，必须充分重视。

1. 连杆加工的定位基准及装夹方式的选择

（1）**定位基准的选择**　定位基准的正确选择，对于保证加工精度十分重要。连杆本身外形不规则，难以定位，因此要选择支承面积大、精度高、定位准确，又能减少夹紧变形的表面作为定位基准。

连杆的定位基准面一般选择大、小头孔端面，小头孔外侧圆弧或外侧工艺凸台，大头孔外侧圆弧或外侧工艺凸台。

连杆加工工艺过程的大部分工序选用统一的定位基准，即一个指定的端面、小头孔及大头外侧工艺凸台作为主要基准。定位端面的面积大，定位较稳定，小头孔定位可保证大、小头孔的中心距。多工序选择该定位基准，符合基准统一原则，易于保证表面间的相互位置精度，减少定位误差。为区分作为定位基准的端面，在非定位基准端面的杆身和连杆盖上做有标记（小凸台）。这种定位方式不仅用于加工时的定位，也便于在自动化生产中作为输送基面。

连杆加工时粗基准的选择：以大、小头一端面为粗基准加工另一端平面，加工好的端面作为后续加工的主要定位精基准。小头孔是后续加工的主要基准之一，其粗加工是以已加工的大、小头端面为精基准，以大头孔及小头处外表面为粗基准的。

连杆加工时精基准的选择：考虑要保证零件的加工精度和装夹的准确方便，依据基准重合原则和基准统一原则，以粗加工后的连杆端面和小头孔为主要的定位精基准，以大头孔外侧工艺凸台为辅助基准。

（2）**合理的夹紧方式** 连杆杆身细长，刚性较差，在不合理的夹紧力作用下极易变形。如图9-2所示，夹紧力作用在杆身刚度薄弱方向上的夹紧不正确，这样加工的孔与端面不垂直，大、小头孔的轴线不平行。因此，选择夹紧力的大小、方向及作用点时，应避免工件因受夹紧力的作用而产生变形，影响加工精度。

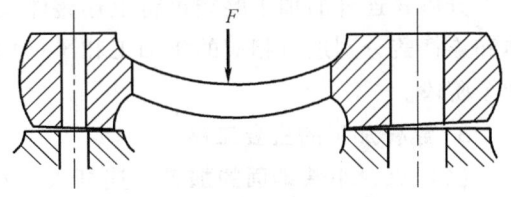

图9-2 连杆的夹紧变形

夹紧力的方向可选择与连杆端面平行或垂直作用于大头端面的方向。如在粗铣两端面时，夹紧力主方向与端面平行。利用大、小头端部刚性大、变形小的特点，同时变形的方向平行于端面，从而减小对端面加工精度的影响。而在加工大、小头孔工序中，主要夹紧力垂直作用于大头端面上，并由定位元件承受，以保证所加工孔的形状精度。

2. 连杆加工的工艺路线

（1）**加工阶段的划分** 由于连杆本身的刚度低，模锻件毛坯的加工余量大，加工中产生的切削力及所需的夹紧力都大，在外力的作用下连杆容易变形，且切削时将产生较大的残余内应力，并引起内应力重新分布。因此，在安排工艺进程时，就要将各主要表面的粗、精加工工序分开，即粗加工在前、精加工在后。其原因是粗加工时切削余量大、切削力大、夹紧力大，加工后易产生变形。粗、精加工分开后，粗加工产生的变形在后续的精加工中，随着加工余量的逐步减少，外力及内应力的变形逐步得以修正，最终达到连杆主要表面的加工精度及表面粗糙度等技术要求。

（2）**加工路线的安排** 连杆的加工路线是围绕主要表面的加工来安排的。

连杆的主要加工表面为大、小头孔和两端面，较重要的加工表面为连杆体和连杆盖的接合面及连杆螺栓孔定位面，次要加工表面为轴瓦锁口槽、油孔、大头两侧面及连杆体和连杆盖上的螺栓座面等。连杆主要表面的粗、精加工可按如下选择：

大头孔：粗镗（或拉、扩），半精镗，精镗，珩磨。

小头孔：钻，粗镗，半精镗，压铜套后精镗。

两端面：粗铣，精铣（或拉），粗磨，精磨。

螺栓（定位）孔：钻，扩，铰，精镗。

连杆加工在工序安排上，首先将定位基准面加工好，如加工中先加工连杆大、小头的两端面，以作为后续加工中的精基准，其次加工主要表面，最后进行总成后大、小头孔及端面的加工及其他表面的加工。

连杆体、连杆盖合装前后成为粗、精加工划分的标志,合装之前的工艺路线属主要表面的粗加工阶段,合装之后的工艺路线则为主要表面的半精加工、精加工阶段。

连杆的加工路线,按整体式连杆可分为三个阶段:

第一阶段为连杆体和连杆盖切开之前的加工,主要是粗加工端面、小头孔和大头外侧面,作为其后续加工的精基准。

第二阶段为连杆体和连杆盖切开后的加工,加工除精基准以外的其他表面,包括大头孔的粗加工,为合装做准备的螺栓孔和接合面的粗加工,以及轴瓦锁口槽的加工等。

第三阶段为连杆体和连杆盖合装后的加工,主要是保证连杆各项最终技术要求,包括合装后大头孔的半精加工和端面的精加工及大、小头孔的精加工。

分体式连杆的加工路线可将上述整体式连杆加工路线的第一、第二阶段合并,对连杆体和连杆盖分别进行相应的粗加工和半精加工,合装后再进行精加工,整个加工过程分为两个阶段。

3. 连杆加工的主要工序

(1) 大、小头端面的加工 连杆大、小头端面是连杆机械加工中常用到的主要定位基准面,按基准面先行的原则,两端面加工在其余表面加工工序开始前进行。

在大批量生产时,为满足高效要求,两端面的加工多采用拉削和磨削。成批生产中,两端面的加工采用铣削和磨削。

铣削两端面,可采用专用双面铣床进行。若毛坯精度较高,可以两端面互为基准进行加工。

两端面的精加工采用磨削。粗磨一般用砂轮端面磨削,以提高生产率。精磨用周边磨削,以保证加工精度,并将精磨工序安排在精加工大、小头孔之前,以便提高定位基准的精度,保证孔的加工精度。

若连杆大、小头厚度不相等时,为了加工定位和夹紧的方便,先将大、小头两端加工成厚度相等,在其他表面加工结束后再将连杆小头加工至要求的尺寸。

(2) 连杆大、小头孔的加工 连杆大、小头孔的加工是连杆机械加工的重要工序,尤其大头孔的加工是连杆各部位加工中精度要求最高的。大、小头孔的加工精度对连杆质量有较大的影响。

连杆大、小头孔的加工可分为粗加工、半精加工、精加工和光整加工四个阶段。小头孔一般可用作定位基准面,应先加工,而后加工大头孔,合装后再同时精加工大、小头孔,最后光整加工大、小头孔。

小头孔直径小,锻坯上不预锻出孔,所以加工方案多为钻→粗镗→半精镗→压铜套后精镗。钻孔时以小头孔外形定位,这样可以保证加工后的孔与外圆的同轴度误差较小。小头孔在钻、粗镗后,半精镗小头衬套底孔和精镗衬套内孔一般在金刚镗床上进行。

大头孔经过粗镗、半精镗、精镗和珩磨,尺寸公差等级可达到IT6,表面粗糙度为$Ra0.4\mu m$。大头孔在铣开连杆盖与连杆体工序前安排粗镗,将两者合体后进行精镗大头孔的工序。由于铣开后产生的变形可以在后序精镗工序中得到修正,因此可以保证孔的形状精度。

在大、小头孔的精加工和光整加工中,精镗一般都在专用的双轴镗床上同时进行,多采用双面、双轴金刚镗床，有利于提高加工精度和生产率。大、小头孔的光整加工是保证孔的形状精度和表面粗糙度不可缺少的加工工序。一般有三种方案：珩磨、金刚镗以及脉冲式滚压。

（3）**螺栓**（定位）**孔的加工** 连杆螺栓孔一般分定位部分和紧固部分，定位部分为光孔，尺寸公差等级要求为 IT 6~IT8，其余表面粗糙度、位置精度（两孔轴线的平行度、轴线与接合面的垂直度等）要求都比较高，而紧固部分为螺栓孔或螺栓通过孔，加工要求较低。

对于整体锻造的连杆，螺栓孔的加工是在切开连杆盖并在接合面精磨之后进行的。连杆的螺栓孔要经过钻、扩、铰工序。为了使两螺栓孔在两个互相垂直方向的平行度保持在公差范围内，在扩和铰两个工步中用上下双导向套导向。

加工时以大头端面、小头孔及大头一侧面定位。为了加工定位部分，应先将两者分开进行粗加工和半精加工，然后将两者接合起来进行精加工，以保证两螺栓孔轴线的一致性。

（4）**连杆盖和连杆体接合面的加工** 对于剖分式整体连杆毛坯，连杆体与连杆盖铣开后，其接合面的尺寸精度和位置精度由夹具本身的制造精度及对刀精度来保证。为了保证铣开后接合面的平面度、与大头孔端面的垂直度，除对夹具本身的精度有要求外，对锯片铣刀的安装精度也有很高的要求。如果锯片铣刀的轴向圆跳动超过一定数值，则铣开的接合面可能超差。由于剖分面本身的平面度、表面粗糙度对连杆盖、连杆体装配后的接合强度有较大的影响。因此，在剖分面铣开以后应再经过磨削加工。对于剖分式分体连杆毛坯，接合面应分别加工。

（5）**连杆杆身上润滑油孔的加工** 连杆杆身中从大头向小头衬套钻有润滑油孔，润滑油在活塞销与连杆小头衬套孔之间进行润滑，部分发动机连杆采用压力润滑。连杆油孔一般为深孔，难以加工，为改善了工艺性，避免深孔加工，大多数发动机连杆以阶梯孔代替小直径通孔。

（6）**大头侧面的加工** 大头侧面加工时，以基面及小头孔定位，装夹工件铣两侧面至尺寸，保证作为工艺基准面的两平面对称。

9.1.4 连杆机械加工的工艺过程

在汽车发动机的制造中，连杆的加工多属于大批大量生产，广泛采用先进工艺和高生产率专用机床，实现机械加工、连杆盖和连杆体装配、称重、检验、清洗和包装等工序自动化。不同生产类型的连杆机械加工工艺过程见表 9-1。

表 9-1 不同生产类型的连杆机械加工工艺过程

序号	生产类型	大批大量	成批生产	单件、小批
1		粗、精铣两端面	粗铣端面	大、小头中心孔划线
2		磨两端面	精铣端面	钻大、小头顶部顶尖孔

(续)

序号 \ 生产类型	大批大量	成批生产	单件、小批
3	钻、扩、铰小头孔	粗磨端面	以顶尖孔车大头外形
4	粗、精铣工艺凸台	钻、扩小头孔	端面划线
5	铣开连杆体、连杆盖	半精镗小头孔	铣两端面
6	铣螺栓孔平面	车大头外圆侧面	磨两端面
7	粗镗大头孔	扩大头孔	螺栓孔划线
8	磨连杆体和连杆盖接合面	粗镗大头孔	钻、铰螺栓孔
9	钻、铰定位孔,攻螺孔	铣开连杆体、连杆盖	钻、扩小头孔
10	精镗定位孔	磨连杆体和连杆盖接合面	粗镗大、小头孔
11	钻杆身润滑油孔	铣螺栓孔平面	精镗大、小头孔
12	连杆体和连杆盖对号清洗装配	钻、扩、铰螺栓孔	接合面划线
13	精磨两端面	装配连杆体和连杆盖	铣开连杆体和连杆盖
14	半精镗大头孔	精磨端面	大头孔压入轴瓦
15	精镗大、小头孔	半精镗大头孔	精镗轴瓦孔
16	珩磨大头孔	精镗大、小头孔	小头孔压入铜套精镗
17	小头孔压铜套	珩磨大头孔	镗铜套孔
18	精镗铜套孔	小头孔压铜套	检验
19	拆开连杆体和连杆盖	精镗铜套孔	
20	铣大头轴瓦定位槽	拆开连杆体和连杆盖	
21	对号装配	铣大头轴瓦定位槽	
22	重量平衡	对号装配	
23	检验	重量平衡	
24		检验	

9.2　曲轴加工工艺

曲轴是发动机中的主要零件之一。

曲轴的作用有三个方面：①曲轴与连杆相连接,将活塞的往复运动转变为旋转运动；②曲轴与连杆配合,将作用在活塞上的气体压力转变为转矩并输出动力；③驱动配气机构和其他辅助装置,如冷却风扇、水泵及发电机等。

发动机工作时,曲轴承受极高的气体压力、惯性力及惯性力矩；而受连杆传来的周期性变化冲击力作用,曲轴由于扭振而产生附加应力；高转速的曲轴与其轴承间的相对滑动速度很大。发动机运转时,曲轴受力大且复杂,并伴有冲击作用,因此要求其具有足够的刚度和强度,并有良好的承受冲击载荷的能力,耐磨损且润滑良好,回转平衡性好。

9.2.1 曲轴的结构特点及主要技术要求

1. 曲轴的结构特点与结构工艺性

曲轴一般由主轴颈、连杆轴颈、主轴颈与连杆轴颈间的曲柄、平衡块、前端和后端等组成,主轴颈的数目由发动机的型式和用途决定,连杆轴颈的数目与气缸数相同。图 9-3 所示为 485 型柴油机曲轴简图。

曲轴整体结构细长,多曲拐,刚性差,要求精度高。为提高耐磨性和耐疲劳强度,轴颈表面经高频淬火或渗氮处理,并经精磨加工,以达到其尺寸精度和表面粗糙度的要求。

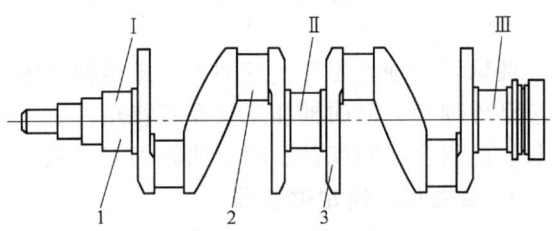

图 9-3　485 型柴油机曲轴简图
1—主轴颈　2—连杆轴颈　3—曲柄
Ⅰ—第Ⅰ主轴颈　Ⅱ—第Ⅱ主轴颈　Ⅲ—第Ⅲ主轴颈

2. 曲轴的主要技术要求

在曲轴加工过程中,除了要保证曲轴的公称尺寸外,更重要的是保证曲轴的加工精度,即尺寸精度和几何公差方面的要求,主要包括以下几个方面:

(1) **主轴颈、连杆轴颈相关的尺寸精度要求**　直径尺寸公差等级通常为 IT6~IT7;各轴颈长度尺寸公差等级为 IT9~IT10;曲拐半径极限偏差为 ±0.05mm;曲轴的轴向尺寸极限偏差为 ±(0.05~0.15)mm。

(2) **形状精度要求**　主轴颈、连杆轴颈相关的形状公差如圆度、圆柱度控制在尺寸公差的 1/2 之内。

(3) **位置精度要求**　主轴颈与连杆轴颈的平行度一般为 100mm 长度之内不大于 0.02mm;曲轴各主轴颈的同轴度为 0.03~0.08mm;各连杆轴颈的位置度不大于 ±30′。

(4) **表面质量要求**　连杆轴颈和主轴颈的表面粗糙度为 $Ra0.2~0.4\mu m$;连杆轴颈、主轴颈与曲柄连接处圆角的表面粗糙度为 $Ra0.4\mu m$。

(5) **热处理要求**　主轴颈、连杆轴颈应经过淬火或渗氮处理,其硬度为 52~62HRC。

除上述技术要求外,对表面强化、动平衡、检测等也有一定规定和要求。

9.2.2 曲轴的材料及毛坯

考虑曲轴工作时所承受弯曲、扭转、剪切、拉压等交变载荷,要求其具有较高的抗拉强度、疲劳强度、表面硬度、耐磨性及淬透性;其心部要具有一定的韧度;高温下能保持良好的蠕变强度。曲轴通常选用的材料有 40Cr、45、50Mn、35CrMo、42Mn2 钢或球墨铸铁 QT600-2 等材料。

根据材料的性质,曲轴毛坯的成形方法主要有铸造和模锻两种。

材料为中碳钢或中碳合金钢的曲轴,毛坯一般采用模锻。模锻毛坯的金属纤维分布合理,有利于提高曲轴强度。这类曲轴一般在锻造后需要采用调质(或正火)热处理来进一步提高其力学性能并改善其表面加工性能。

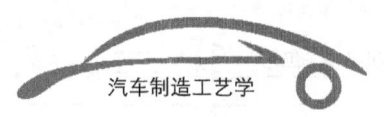

球墨铸铁曲轴通常采用铸造毛坯。球墨铸铁的强度高,并具有一定的塑性,其铸造性能好,具有较好的减振性及耐磨性,对于裂缝等小缺陷不敏感。若在球墨铸铁中加入微量元素,能够细化组织、稳定珠光体和提高基体强度,可直接进行曲轴的机械加工,无需对毛坯进行正火或退火处理工序。球墨铸铁曲轴已得到广泛应用。

9.2.3 曲轴的机械加工工艺过程分析

曲轴属于轴类零件,其加工也遵循轴类零件的加工原则,如车端面、钻中心孔、车外圆、磨外圆等,但曲轴加工又有其特点,由主轴颈、连杆轴颈、曲柄构成的曲轴,其结构细长、曲拐多、刚度差,因而曲轴加工工艺应采取相应的措施。

1. 曲轴加工的定位基准

在曲轴加工中,粗基准、精基准的选择通常如下:

(1) **粗基准的选择** 首道工序是加工曲轴毛坯的两端面及两端面的中心孔,它们是后续加工主轴颈的定位基准(精基准)。该基准也是曲轴的设计基准。曲轴加工中所有主轴颈及其他同轴线轴颈的粗、半精、精加工都用两端中心孔定位。加工连杆轴颈时一般采用两个主轴颈外圆表面作为定位基准,以提高支承刚性。

车(或铣)两端面及钻两端面的中心孔工序,是以两端主轴颈外圆作为粗基准的,这样可以保证中心孔与主轴毛坯外圆同轴。轴向选择中间主轴颈的两侧端面曲柄臂斜面为粗基准,以保证曲轴加工时径向和轴向余量均匀。

(2) **精基准的选择** 加工主轴颈时,以中心孔为精基准,有时也用两端主轴颈和中间主轴颈作为精基准。

加工连杆轴颈时,用磨过的最远距离的两个主轴颈和中间主轴颈的止推轴肩端面作为精基准,以保证连杆轴颈的半径尺寸精度,满足对主轴颈的平行度要求。

曲轴本身不需要精确的轴向定位,各主轴颈的轴向定位基准采用主轴颈的一个端面即可。在磨削加工工序中也可采用中心孔作为轴向定位基准。用定宽砂轮磨削加工轴颈侧端面,轴向尺寸精度取决于磨削前的加工精度和磨削中的自动测量系统。

(3) **周向定位基准的选择** 连杆轴颈间的方位角不同,其周向定位可通过采用在曲柄臂上加工出的工艺定位面,或选择轴端法兰盘端面的定位工艺孔来实现。粗加工时,采用曲柄臂上的工艺定位面,其定位简单、快捷,但定位精度低;精加工时,采用法兰盘上的工艺孔,其定位精度高,如进行磨削、抛光和动平衡等。

2. 曲轴加工阶段的划分

曲轴的主要加工表面是主轴颈和连杆轴颈,次要加工部位是油孔、法兰、曲柄、螺孔、键槽等。依据曲轴的结构特点,加工顺序的安排遵循先粗后精、先主后次、基面先行的原则,逐步提高加工精度。

(1) **加工阶段的划分** 其主要加工过程有定位基准面的加工,主轴颈和连杆轴颈的粗加工,润滑油道等次要表面的加工,主轴颈和连杆轴颈的精加工,键槽和轴承孔的加工,主轴颈和连杆轴颈的光整加工。

曲轴加工中,除上述加工之外,还有轴颈和连杆轴颈的表面中频淬火,曲轴的检测、动平衡、校直等。在加工过程中或加工完成后还应安排检验、清洗等工序。

曲轴的主轴颈和连杆轴颈的技术要求都很严格。各轴颈表面加工一般安排为粗车→精车→粗磨→精磨→超精加工。

粗加工时，一般都以中间主轴颈为辅助定位基准，且都是先粗加工和半精加工中间主轴颈，然后再加工其他主轴颈。

连杆轴颈的粗、精加工一般统一以曲轴两端主轴颈定位。连杆轴颈的粗、精加工都安排在主轴颈加工之后进行。

(2) 曲轴加工中应注意的问题 由于曲轴形状复杂（有多个曲拐）、刚性差（长径比 $L/D=10\sim15$）、技术要求高，因此加工过程中，应注意以下问题。

1）刚性问题。由于曲轴刚性差，因而受到外力（切削力、夹紧力及重力）和切削热的作用时，易产生扭转及弯曲变形。因此，加工过程中应确保机床、夹具具有足够的刚度，粗加工时尤其需要注意。

针对这个问题，可从工艺方面或机床方面采取措施。在加工中采用前、后刀架同时切削，以使得两个切削力相互抵消；在产生变形的工序后设置校直工序；也可以选用高刚度的机床，如采用两边传动或中间传动方式的机床进行加工，或者设置中间托架来增加刚度。

2）加工中的不平衡问题。连杆轴颈的加工中，通常设置偏心夹具，以便迅速找正，使连杆轴线与机床主轴轴线重合，这样就会产生回转不平衡。

为了消除加工中的不平衡问题，应设置平衡重。对于大型曲轴，不平衡更加明显，可改变加工中运动方式，使曲轴不回转，而刀具绕曲轴回转，以避免切削时的不平衡。还可以在曲柄臂上加工出两个工艺平面作为辅助基准，以确定连杆轴颈的周向位置。

3）检查与校直问题。曲轴在最后检查时，以两端主轴颈为基准，检测其他轴颈的径向圆跳动。主轴颈的径向圆跳动超差，可以通过校直进行纠正。校直对曲轴的疲劳强度有不利的影响，故应尽量减少校直的次数。为保证余量均匀、减少变形的影响，在关键工序上仍需安排校直，如中间主轴颈加工前、淬火后和动平衡去重后。

4）生产率问题。曲轴技术要求高，形状复杂，加工面多，工艺路线长，磨削工序占比大，生产率低。因此，要高效加工曲轴，应提高其工艺自动化程度。

9.2.4 曲轴机械加工的工艺过程

曲轴机械加工的工艺过程随着生产类型的不同而不同。在大量生产中，采用高效、专用设备和工装组成流水线或自动线；而在成批生产中，多采用通用设备为主，高效、专用设备为辅，组成流水线。

成批生产485型柴油机曲轴机械加工的工艺过程见表9-2。曲轴的材料为45钢，采用锻造毛坯。

表 9-2 成批生产 485 型柴油机曲轴机械加工的工艺过程

序号	工 序 内 容	定 位 基 准
1	铣两端平面，车削大端外圆，钻中心孔	两端主轴颈及一个侧面
2	粗车中间主轴颈及其两侧平面	顶尖孔，并以大端为支承面

(续)

序号	工序内容	定位基准
3	半精车中间主轴颈	顶尖孔,并以大端为支承面
4	粗磨中间主轴颈	顶尖孔
5	粗车Ⅰ、Ⅲ主轴颈及其两侧面,并车两端外圆	顶尖孔和中间主轴颈
6	粗磨Ⅰ、Ⅲ主轴颈	顶尖孔
7	在曲柄上铣定位面	两端主轴颈和一个连杆轴颈
8	粗车连杆轴颈和曲柄端面	两端主轴颈和曲柄定位面
9	热处理:调质 27~31HRC	—
10	车曲柄外径	顶尖孔
11	半精车三道主轴颈宽度尺寸和飞轮端平面	顶尖孔
12	精车飞轮端外圆和斜形槽	顶尖孔
13	精车三道主轴颈及其过渡圆角	顶尖孔
14	精车小端三道小轴颈和凸肩	顶尖孔
15	钻大端中心孔,精车60°锥面	飞轮端外圆和第Ⅰ主轴颈
16	钻小端中心孔,精车60°锥面和端面	飞轮端外圆和第Ⅰ主轴颈
17	粗磨飞轮端外圆	顶尖孔
18	粗磨三道主轴颈及其过渡圆角	顶尖孔
19	精车四道连杆轴颈及曲柄平面	主轴颈和曲柄定位面
20	各主轴颈和连杆轴颈钻斜油孔并铰锥孔	主轴颈和曲柄定位面
21	各连杆轴颈钻直油孔	主轴颈和曲柄定位面
22	各油孔倒圆弧	—
23	攻各油堵螺纹	主轴颈和曲柄定位面
24	各油孔去锐变毛刺	—
25	连杆轴颈各直油孔压铜堵	—
26	清洗各油孔及螺孔	—
27	热处理:高频淬火 54~60HRC	—
28	修大端中心孔及60°锥面	飞轮端外圆和第Ⅰ主轴颈
29	小端扩中心孔并修正60°锥面	飞轮端外圆和第Ⅰ主轴颈
30	半精磨各主轴颈,并精磨各主轴颈宽度尺寸	顶尖孔
31	连杆轴颈各直油孔拆去铜堵	—
32	精磨小端三道小轴颈	顶尖孔
33	精磨三道主轴颈及过渡圆角	顶尖孔
34	精磨飞轮端外圆	顶尖孔
35	精磨各连杆轴颈及过渡圆角	—
36	精车大端面	顶尖孔
37	小端中心孔攻螺纹	顶尖孔,中心架托小端轴颈
38	大端面钻六个孔	主轴颈及一个连杆轴颈

(续)

序号	工 序 内 容	定 位 基 准
39	大端面钻铰一个定位孔	主轴颈及一个连杆轴颈
40	大端面六孔攻螺纹	第Ⅰ、Ⅲ主轴颈
41	铣键槽	第Ⅰ、Ⅲ主轴颈
42	动平衡并去除不平衡重量	第Ⅰ、Ⅲ主轴颈
43	研磨各主轴颈和连杆轴颈	—
44	清洗	—
45	检验	—
46	磁力检测并退磁	—

9.3 箱体加工工艺

箱体是各类机械或部件装配的基础零件，机械零部件中的轴、套、齿轮、轴承、离合器等，通过箱体安装成一个整体，并保持正确的相对位置，按照一定的相对运动关系，彼此协调工作。因此，箱体的加工质量，对机械产品的性能、精度和寿命都将产生直接的影响。

9.3.1 箱体的结构特点及主要技术要求

1. 箱体的结构特点与结构工艺性

汽车上的箱体依据其用途主要有气缸体、变速器箱体、后桥壳等。从其结构形状来看，一类是属于回转型壳体零件，如水泵壳体、差速器壳体，另一类是平面型箱体零件，如气缸体、变速器箱体等。

作为装配基础的箱体，其结构一般比较复杂，内部有空腔，带有加强筋板，箱壁较薄，且壁厚不均匀，轮廓尺寸和重量都较大。箱体的主要表面是平面和内孔，其中的安装基面和轴承孔是总装或部装的装配基准。既有一个或数个高精度的基准面及一些支承面，又有若干精度要求较高的孔系，而平面和孔的加工精度与位置精度要求较高，还有许多供连接用的螺纹孔。

箱体加工主要集中于平面与孔系，其结构工艺性分析如下：

（1）**平面加工的结构工艺性**　箱体上的平面面积较大，且有较高的位置精度和较小的表面粗糙度值要求，不可能通过一次加工来完成，应当划分成几个加工阶段。比如，首先要从大平面上切去多余的加工层，以保证精加工后有小的变形量；平面加工需要安排在孔加工之前，对于容易发现零件内部缺陷的工序应安排在前头；对于斜面加工要采用比较特殊的安装方法或采用专用的设备来进行。

（2）**孔系加工的结构工艺性**　箱体上孔系的位置精度要求较高，宜采用工序集中方法进行加工，需要多工位的高效专用机床。对孔系尺寸精度要求较高的部分孔，必须经过精密加工，并需要安排成多道工序来组织生产。由于箱体各个表面孔的数量多，一般应用多面组合的组合钻床和组合攻螺纹机床来完成加工。为避免出现排屑困难、刀具容易折断等问题，在加工深孔和斜孔时，应对孔采取分段加工，对交叉孔加工应先大后小。

2. 箱体的主要技术要求

汽车箱体的技术要求，除了对毛坯规定的一些技术要求外，对于一些主要孔与平面均有较高的技术要求，归纳起来有：主要孔的尺寸和几何公差、表面粗糙度；孔与孔之间、孔与平面之间的位置公差；主要平面的尺寸公差、平面度和表面粗糙度。

以图 9-4 所示的某汽车变速器箱体为例，其主要技术要求如下：

1) 主要孔（轴承座孔）的尺寸公差等级不低于 IT7。

2) 孔与孔、孔与平面的位置公差：前、后端面 A 和 B 相对于 $L—L$ 轴线的跳动量，在 100mm 长度上分别不大于 0.08mm 和 0.12mm；轴线 $L—L$ 和轴线 $M—M$ 在同一平面内的平行度，在变速器箱体整个长度 365mm 上不大于 0.07mm；端面 C 相对于轴线 $N—N$ 的跳动量，在半径为 18mm 的长度上不大于 0.15mm；主要孔的中心距极限偏差为 ±0.05mm；主要孔的表面粗糙度 Ra 值为 1.6μm；前、后端面和两侧面表面粗糙度 Ra 值为 6.3μm。

9.3.2 箱体的材料及毛坯

箱体的形状较为复杂，通常用灰铸铁作为毛坯材料。灰铸铁具有容易成形、可加工性好、吸振性和耐磨性好、成本低等优点，其材料牌号可选用 HT150~HT300，热处理硬度为 163~229HBW。近年来，随着轻量化技术的成熟，轿车上的一些箱体件及变速器箱体已采用铝合金压铸，如采用 ZL104、ZL105 等。

箱体毛坯的制备方法选择铸造，由于铸造的内应力较大，一般需进行自然时效或人工时效处理。

9.3.3 箱体的机械加工工艺过程分析

1. 箱体加工的定位基准选择

箱体加工时，其定位基准的选择应符合粗基准与精基准的选择原则。保证各轴承座孔的加工余量应均匀，满足装入箱体内的轴与齿轮等相互位置要求，选择统一的基准，尽可能使基准重合，以减少定位误差，保证箱体的加工精度。

(1) **精基准的选择** 由于箱体上的孔与孔、孔与平面、平面与平面之间均有较高的相互位置要求，故应首先选择基准统一原则，这样可以避免基准转换产生的误差，有利于保证各表面间的相互位置精度。

精基准的选择最常见的有两种方案：一种是利用三个互相垂直的平面作为定位基准；另一种是利用一个平面和该平面上的两个工艺孔定位，即通常所说的一面两孔定位。大批大量生产时常采用第二种方案。如图 9-4 所示某汽车变速器箱体加工，即选用变速器箱体顶面及其上的两个工艺孔作为精基准。

(2) **粗基准的选择** 粗基准的选择主要考虑两个方面：一是保证各表面均有加工余量，主要表面加工余量均匀；二是保证加工表面与不加工表面正确的相对位置。一般粗基准选箱体的重要孔作为主要粗基准，以保证重要孔的加工余量均匀。次要基准可根据箱体

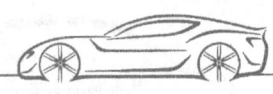

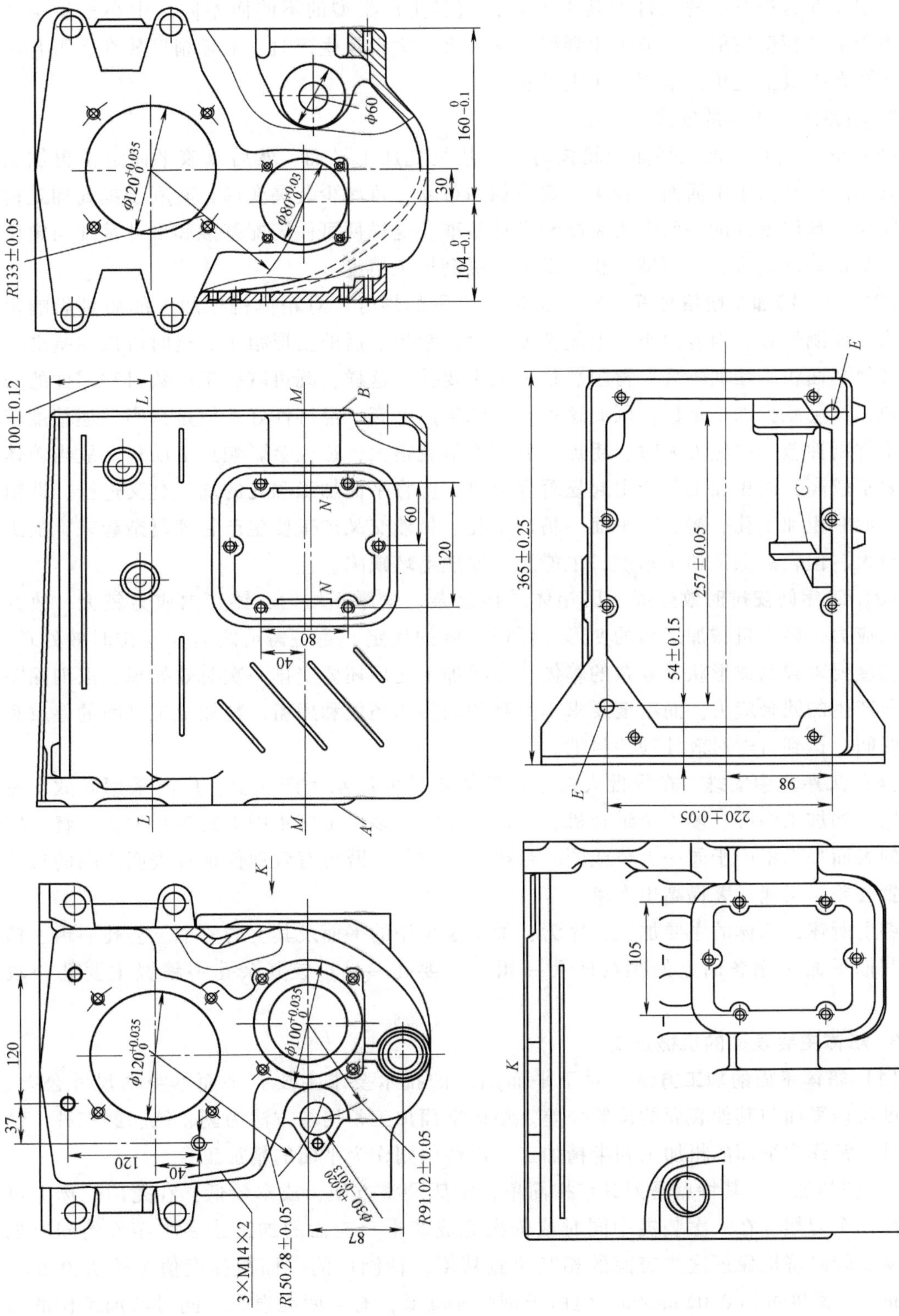

图 9-4 某汽车变速器箱体

结构灵活选择。

以主要孔为粗基准的工件的装夹方式，随着生产类型的不同而不同。中小批量生产时，由于毛坯精度较低，一般采用划线找正装夹；大批量生产时，毛坯精度较高，可直接以主要孔在夹具上定位，采用专用夹具装夹。

2. 箱体加工工序的安排

（1）**先面后孔** 加工平面型箱体时，一般是先加工平面，然后以该平面定位再加工其他表面。这是由于平面面积较大，定位稳固可靠，可减少装夹变形，有利于提高加工精度。同时，箱体零件的平面多为装配和设计基准，这样便可使装配基准和设计基准与定位基准、测量基准重合，从而减少积累误差，提高加工精度。

（2）**粗、精加工阶段分开** 粗、精加工阶段的划分，对箱体机械加工的质量影响很大。当工件刚性好、内应力小、毛坯精度高时，粗加工后的变形很小。这时可以在基准平面及其他平面粗、精加工后，再粗、精加工主要孔。这样，既可减少工序数目和零件的安装次数，又可减少加工余量。因此这种方案的生产率高、经济性好。但是，当毛坯精度较低且工件刚性差、内应力大时，粗加工后的变形就很大，往往会影响加工质量。故当箱体技术要求较高，而粗加工又会引起显著变形时，应将平面加工和孔的加工交叉进行，即粗加工平面→粗加工孔→精加工平面→精加工孔。虽然交叉加工使生产管理复杂起来，加工余量也大，但较易保证加工精度，也能及早发现毛坯缺陷。

（3）**工序间安排时效处理** 因箱体结构复杂、壁厚不均匀、铸造内应力较大，故为消除内应力，减少机械加工后的变形，保证精度的稳定，毛坯铸造之后应安排时效处理。对于精度要求较高或形状很复杂的箱体，在粗加工之后还要安排一次时效处理，以消除粗加工所产生的残余应力。而精度要求不太高的箱体，还能利用粗、精加工工序间的停放和运输时间，达到自然时效处理的目的。

（4）**工序集中安排** 在成批大量生产箱体零件的流水生产线上，广泛采用高效、专用机床，如加工中心、多工位组合机、专用镗床等，多以工序集中方式进行加工，将一些相关的表面加工集中于同一工位或同一台机床上进行。既可有效地保证各表面之间的尺寸和位置公差，又能显著提高生产率。

综上所述，箱体的主要加工工序为：加工定位用的平面及其上的两个工艺孔→粗、精加工其他平面→钻各面上的螺纹底孔→粗镗主要孔→钻、铰其余孔→精镗主要孔→攻螺纹。

3. 箱体主要表面的机械加工

（1）**箱体平面的加工方法** 对于平面加工的技术要求主要有平面本身的尺寸公差、平面度及该平面与其他表面的位置公差。箱体平面加工常用的方法为刨、铣、磨三种。刨削和铣削常作为平面的粗加工和半精加工，而磨削则作为平面的精加工。

1）刨削加工。其特点是刀具结构简单，机床调整方便，成本较低，在龙门刨床上可以利用几个刀架，在一次装夹中同时或依次完成若干个表面的加工或多个零件的同时加工，从而较经济地保证这些表面的相互位置精度。精刨后的表面粗糙度值可达 $Ra0.63\sim2.5\mu m$，平面度可达 $0.02mm/m$。但由于刨削速度低，有空回程损失，同时参加工作的刀具数目少，故其生产率低，只适于单件小批生产。

2）铣削加工。铣削的生产率高于刨削，故在汽车制造业中发动机机体和气缸盖的加工中，常采用多轴龙门铣床，用几把铣刀同时加工几个平面，如图9-5所示。这样既能保证平面间的位置精度，又能提高生产率。近年来，由于面铣刀在结构、刀具材料等方面都有了很大的改进，如不重磨刃面铣刀、密齿硬质合金可转位面铣刀等高速刀具获得了广泛的应用。其中，不重磨刃面铣刀每齿进给量可达数毫米，其生产率较普通精

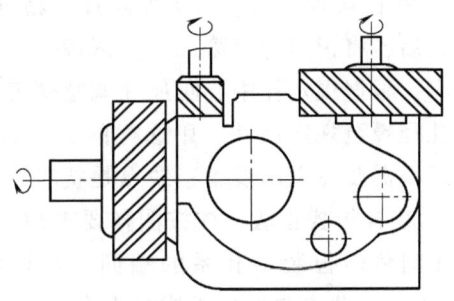

图9-5 多刀铣削箱体示意图

加工面铣刀高3~5倍，加工表面的表面粗糙度值可达$Ra1.25\mu m$，因此国内外制造行业普遍提倡以铣代刨。另外，在组合机床上，为了提高机床的工序集中程度，可用多个密齿硬质合金可转位铣刀，同时加工箱体的几个面，以提高加工质量和生产率。

（2）**箱体孔和孔系的加工** 孔系是指箱体上一系列有位置精度要求的孔的组合。孔系可分为平行孔系、同轴孔系和交叉孔系，如图9-6所示。

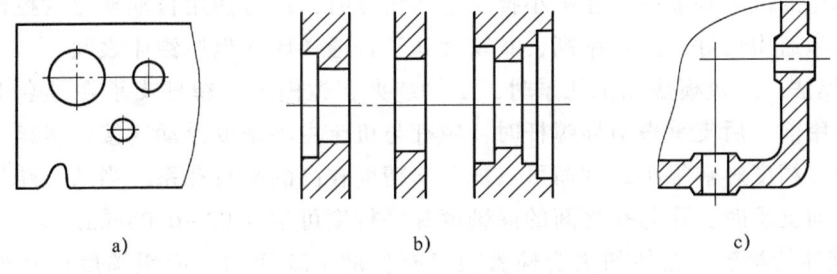

图9-6 孔系分类
a）平行孔系 b）同轴孔系 c）交叉孔系

孔系加工是箱体加工的关键。根据箱体生产批量的不同和孔系精度要求的不同，所用的加工方法也不同。汽车箱体上的孔，按其工作性质和加工精度的不同，可分为主要孔和次要孔。其中，主要孔的公差要求较严，一般为IT7~IT9，如差速器壳体、减速器壳体及变速器等零件上的轴承座孔。对于差速器壳体、水泵壳等回转体零件上的孔，因其一般都与端面有一定的垂直度要求，可在车床类机床（如卧式车床、转塔车床、立式车床、镗孔车端面组合机床）上加工，在一次安装中加工出孔及端面，以保证孔与端面的垂直度要求。而对于变速器等平面型箱体上的轴承座孔，则多在镗床类机床（如卧式镗床、组合镗床）上加工。次要孔（如螺纹底孔及油孔等）的公差较大，通常为IT12，可在立式钻床、摇臂钻床或多轴组合钻床上加工。

箱体孔系的加工，可在普通镗床或组合镗床上进行。获得孔系各孔之间的位置公差的方法，主要有以下几种。

1）找正法。

① 划线找正法是最简单的加工孔系方法。加工前在箱体毛坯上划出各孔的加工位置，然后按划出的线逐一找正进行加工。划线找正法费时且加工误差大，一般孔距误差为±0.2~±0.3mm。这种方法仅适用于单件小批生产。

② 试切找正法。为了提高找正精度，可采用试镗加工孔系，即按规定尺寸先镗第一个孔后，将镗刀调至第二个孔试镗一小段，并使第二个孔略小于规定直径，测量两孔间的距离，根据规定孔中心距尺寸调整镗刀，再次试镗，直至达到规定的孔中心距后，将第二孔孔径镗至规定尺寸。用这样的方法镗孔，孔距误差可达到±0.02mm。试切找正法的优点是不需要专门的设备；缺点是费时，对工人技术水平要求也较高。

③ 样板找正法。先按图样要求加工出相应孔系的样板，其精度为±0.01～±0.03mm。加工时将样板装于孔系的端面，按样板孔加工，最终加工出的孔距精度可达±0.08～±0.2mm。此方法适用于成批生产。

2）坐标法。坐标法镗孔是先把被加工孔系的距离尺寸转换为两个相互垂直的坐标尺寸，然后在机床上利用坐标尺寸的测量装置确定主轴与工件之间的相互位置，从而保证孔系的加工精度。坐标法镗孔的孔距精度取决于坐标的移动精度，也就是取决于坐标测量装置（精密刻线尺或光栅尺）的精度。采用坐标法加工孔系时，基准孔和镗孔顺序的选择将影响孔距精度。基准孔应尽量选择本身尺寸精度高、表面粗糙度值小的孔，以便加工过程中检验其坐标尺寸。

在现代化的汽车制造中，在中小批量生产箱体时，还可使用自动换刀数控镗铣加工中心。这类机床通用性好，生产率高，其精度介于普通镗床和坐标镗床之间。

3）镗模法。用镗模法加工孔系时，工件装夹在镗模上，镗杆支承在导套里，系统的刚性高。当用前、后支承来引导镗杆时，镗杆与机床主轴采取浮动连接，机床主轴回转误差对孔系加工精度影响很小，因而可以加工出精度较高的平行孔系。当从一端加工且镗杆两端均有导向支承时，孔与孔之间的同轴度和平行度可达0.02～0.03mm。

（3）箱体的检验　箱体的主要检验项目有各加工表面的表面粗糙度以及外观、孔距精度、孔与平面的尺寸精度及形状精度、孔系的位置精度（孔轴线的同轴度、平行度、垂直度、孔轴线与平面的平行度、垂直度）。

9.3.4　箱体机械加工的工艺过程

箱体机械加工的工艺过程，因生产类型、结构特点及所用设备不同而不同。变速器箱体在大量生产中的机械加工工艺过程见表9-3。

表9-3　变速器箱体在大量生产中的机械加工工艺过程

序号	工序内容	定位基准	设备
1	粗、精铣顶面	前后端三铸造孔	双轴转台铣床
2	顶面钻、铰两定位孔	顶面、箱体内壁	立式钻床
3	粗铣左、右两侧面	顶面及工艺孔	双轴组合铣床
4	粗铣前、后面	顶面及工艺孔	双轴组合铣床
5	钻孔（左、右、后面）	顶面及工艺孔	组合机床
6	钻孔（前、后面及倒车齿轮轴孔）	顶面及工艺孔	组合机床
7	粗、精镗孔，铣槽，钻油孔，攻螺纹	—	五工位自动生产线
8	精铣端面	顶面及工艺孔	组合铣床
9	精铣左、右两侧面	前端面及两主要孔	双轴组合铣床
10	攻螺纹（左、右、后面）	—	组合机床
11	清洗	—	清洗机
12	最终检验		

本 章 小 结

本章以汽车发动机中的连杆、曲轴及箱体为代表,从三种典型零件的结构特点及技术要求出发,分析三种零件的机械加工工艺,着重讲述了定位基准的选择、工件的装夹方式确定、加工工艺路线的选择及工艺规程的编制。这些范例,为掌握机械加工工艺设计知识,起到了良好的辅助作用,并以此作为拓展,为从事机械加工相关技术打下良好的基础。

思考题与习题

9-1 连杆加工的主要技术要求有哪些?其主要表面采用哪些加工方法?如何保证这些表面的加工要求?

9-2 连杆加工的精基准一般如何选择?加工阶段是如何划分的?加工中难点是什么?

9-3 曲轴的结构特点有哪些?其毛坯多采取何种制造方式?

9-4 如何确定曲轴主轴颈和连杆轴颈的机械加工工艺顺序?其加工时的定位基准如何选择?车、磨连杆轴颈时其装夹要考虑哪些问题?

9-5 箱体的机械加工表面主要有哪些?加工这些表面时,其相对应的基准是如何选择的?为什么?

9-6 箱体的机械加工顺序安排时有哪些原则?箱体孔系加工中要注意哪些问题?

9-7 图 9-7 所示为箱体内孔的加工方式,图 9-7a 所示为镗杆回转并进给,无支承,镗杆与主轴刚性连接;图 9-7b 所示为镗杆回转、工作台进给,无支承,镗杆与主轴刚性连接;图 9-7c 所示为镗杆回转、工作台进给,后支承,镗杆与主轴刚性连接;图 9-7d 所示为镗杆回转、工作台进给,前支承,镗杆与主轴刚性连接;图 9-7e 所示为镗杆回转、工作台进给,前、后双支承,镗杆与轴浮动连接。若只考虑镗杆的刚度,分析在图 9-7a、b、c、d 所示四种方式下箱体孔的加工误差。若该机床主轴存在回转误差,分析在图 9-7e 所示加工方式下,能否消除主轴回转误差的影响?为什么?

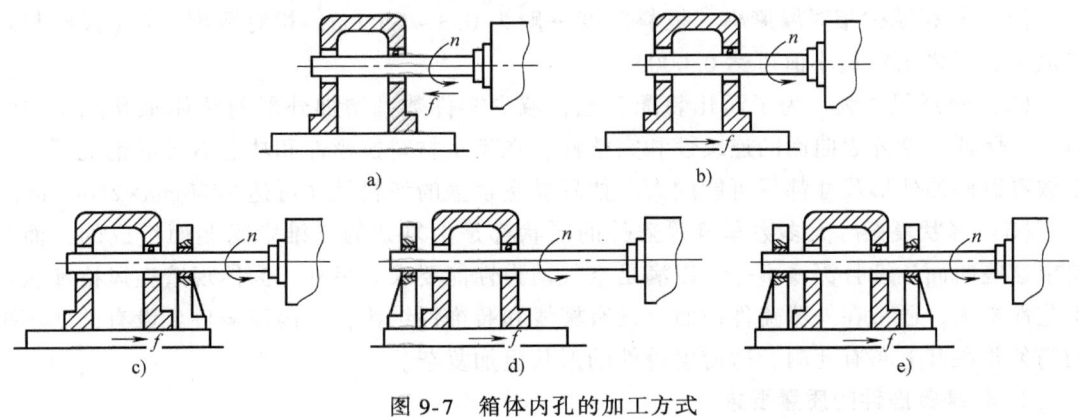

图 9-7 箱体内孔的加工方式

第10章

汽车车身制造工艺

本章提要

汽车车身是汽车驾驶人操纵汽车的乘坐室,也是承载货物和人员的载体。汽车车身是支承、连接汽车底盘和发动机,同时将底盘和发动机等部件进行覆盖的钣金件总称。汽车车身是一个形状复杂的空间薄壁壳体,其制造工艺是一类较为特殊的生产工艺,它是将薄钢板进行冲压成形,再使用焊接设备进行钣金件的焊接,从而获得满足碰撞法规要求的安全车身,然后使用涂装设备对覆盖件进行表面处理,进而获得耐用和美观的车身。因此,汽车车身制造工艺主要有冲压、焊接和涂装。

本章主要内容:汽车车身冲压材料、汽车车身覆盖件冲压工艺、汽车车身焊装工艺、汽车车身涂装工艺。

10.1 汽车车身冲压材料

汽车车身主要包括车身壳体、车门、车窗、车前钣制件、车身内外装饰件和车身附件、座椅,以及空气调节装置等。车身壳体是一切车身部件的安装基础,是一个刚性的空间结构,车门通过铰链安装在车身壳体上。汽车上采用冲压工艺的零件主要是车身覆盖件,车身覆盖件是指汽车车身内外表面的壳体钣金件。

10.1.1 汽车车身覆盖件的结构特点及质量要求

1. 车身覆盖件的结构特点

车身覆盖件的形状及尺寸具有以下特点:

(1) **材料薄,相对厚度小** 板料厚度一般为 0.3~1.0mm,相对厚度 t/L(板厚与坯料最大长度之比)最小值可达 0.0003。

(2) **外形尺寸大** 为了简化装配工艺,减少零件数,增加外形的整体感和减小空气阻力,保证车身外表曲面的连续性和完整性,在满足材料拉延性和功能需要的情况下,大多数覆盖件的外形尺寸都尽可能的大。如驾驶室顶盖的坯料尺寸可达 2800mm×2500mm。

(3) **形状复杂** 大多数车身覆盖件的形状都是由复杂的三维空间曲面组成的,而且要求这些曲面连续且深浅不一,以满足空气动力性能要求。另外,为体现造型风格和满足工艺性要求,通常在外覆盖件曲面上设有棱线和装饰性结构,在内覆盖件上设有凸凹不平的筋条并在其上布有孔洞,这使覆盖件的形状更加复杂。

2. 车身覆盖件的质量要求

(1) **优异的表面质量** 对于车身覆盖件,尤其是外覆盖件的可见表面,一般都有严格的外观装饰性要求，不允许有任何波纹、皱纹、凹痕、擦伤和边缘拉痕等有损表面完美的缺陷；覆盖件上的装饰棱线和装饰筋条，要求清晰、平整、光滑、左右对称并过渡均匀。两个覆盖件的衔接处要求吻合一致，不允许参差不齐。

(2) **较高的尺寸精度和形状精度** 车身覆盖件具有较高的轮廓尺寸、孔位尺寸、局部形状尺寸等精度要求，以保证焊装或组装时的准确性和互换性，便于实现车身冲压与焊接的自动化，保证车身外观形状的一致性和观赏性。

(3) **良好的结构工艺性** 车身覆盖件在零件形状与结构上要求具有良好的冲压成形性、焊接装配性、操作安全性和材料利用率等。覆盖件的冲压工艺性能的关键是拉深成形性能的好坏。

(4) **足够的刚度** 覆盖件刚度不够会使汽车行驶时车身产生振动与噪声，使覆盖件提前损坏，缩短车身使用寿命。由此必须通过塑性变形后的加工硬化和合理的结构设计来保证车身的足够刚度。

10.1.2 汽车车身冲压材料

汽车车身零件主要依靠冲压与焊接装配成形。为满足车身设计性能及加工工艺性，要求冲压材料强度高，塑性好，屈强比（材料屈服强度与抗拉强度之比）低，具有良好的冲压成形性能。钢板特别是薄钢板卷料的应用较为普遍，是汽车车身的主体材料。目前，车身材料发展趋势为采用质量小而强度高的低合金高强度钢，如 Q345、08Al 等，其焊接性能好，且为大批量生产，价格较低。对于 Q235 等普通碳素钢板，一般只适用于冲压形状简单的浅拉深件或弯曲件。

08Al 钢板为通过微量合金化的低碳高强度钢板，平均含碳量为 0.08% 左右。其中加入少量 Al 是为了细化晶粒，抑制三次渗碳体的析出，提高抗拉强度和塑性，其抗拉强度是普通低碳钢的 2~3 倍。08Al 钢板的拉深性能极好，可轧制成很薄的钢板，适宜于车身覆盖件冲压，一般呈薄钢板卷料的形式供货，是车身轻量化的重要材料。

Q345 钢板是一种应用非常广泛的低合金高强度钢板，主要用于冲制各种车身加强件与骨架件。

在汽车车身制造中，高强度钢板和薄钢板卷料主要以冷轧钢板或超低碳高强度超深冲压冷轧钢板、镀锌钢板、轻量化叠层钢板等产品类型供货。各类钢板根据其性能特点，具有不同的应用场合，以满足车身构件的不同作用与使用要求。

(1) **含磷高强度冷轧钢板** 含磷高强度冷轧钢板主要用于轿车蒙皮、车门、顶盖和行李舱外盖板，也用于货车驾驶室的冲压件。其特点是强度较高，比普通冷轧钢板高 15%~25%，且冲压中其塑性与应变硬化指数下降甚微，同时具有良好的耐蚀性与焊接性能。

(2) **烘烤硬化冷轧钢板（BH 钢）** 烘烤硬化冷轧钢板经过冲压、拉深变形及烘漆烘烤热处理，屈服强度得以提高。BH 钢板既薄又有足够的强度，是车身钢板轻量化的首选材料。

(3) **双相冷轧钢板（DP 钢）** 双相冷轧钢板组织中同时具有马氏体和铁素体两种晶体，具有连续屈服、屈强比低、加工硬化及高强度与高塑性的综合优点。DP 钢板经烘漆烘烤还可进一步提高强度，适用于形状复杂且要求强度高的车身材料，如车门加强板和金属保险杠等。

（4）**超低碳高强度超深冲压冷轧钢板**（IF 钢）　这种材料具有高强度与良好的成形性和贴模性能，主要用来冲压乘用车车身内、外覆盖件。IF 钢的供货品种有镀锌 IF 钢板、热镀锌 IF 钢板、高强度 IF 钢板和镀铝 IF 钢板等。现代轿车每辆车用 IF 钢板可达几百千克，占钢板总用量的 40%以上。

（5）**镀锌钢板**　镀锌钢板的特点在于钢板表面镀锌，既美观又具有良好的耐蚀性。从 20 世纪 70 年代到现在，轿车车身材料广泛采用镀锌薄钢板，主要用于车身内、外板，使车身的防腐蚀保质期长达十几年。如奥迪轿车的车身部件绝大部分采用镀锌钢板（部分用铝合金板）；上海帕萨特轿车车身的外覆盖件采用电镀锌工艺，内覆盖件内部采用热镀锌工艺。

（6）**轻量化叠层钢板**　叠层钢板是在两层薄钢板之间压入一层塑料的复合材料。表层钢板厚度为 0.2~0.3mm，塑料层的厚度占总厚度的 25%~65%。与单层等厚钢板相比，叠层钢板只有单层等厚钢板质量的 57%左右，而且隔热防振性能良好。这种复合钢板主要用于发动机罩、行李舱盖和车身地板等部件。

10.2　汽车车身覆盖件冲压工艺

10.2.1　冲压工艺的特点

1. 冲压的概念

冲压是一种金属加工方法，建立在金属塑性变形的基础上，利用模具和冲压设备对板料施加压力，使板料产生塑性变形或分离，从而获得具有一定形状、尺寸和性能的零件。冲压生产的三大要素是板料、模具和冲压设备。

2. 冲压工序的分类

按加工后板料分离与否，板料冲压工序可分为分离工序和成形工序两大类。分离工序是将冲压件与毛坯在冲压过程中沿设定的几何线分离，同时分离断面满足一定的断面质量要求。成形工序是在板料不分离的前提下使毛坯发生塑性变形，获得所需形状及尺寸的零件。

汽车覆盖件冲压生产中常用的基本分离工序包括落料、冲孔、剪切、切开、切口、修边，基本成形工序包括弯曲、拉深、内孔翻边、外缘翻边、压印及胀形、整形。汽车覆盖件生产中常用的冲压工序见表 10-1。

表 10-1　汽车覆盖件生产中常用的冲压工序

冲压工序	工序	工序性质
分离工序	落料	用落料模沿封闭轮廓曲线冲切,冲下部分是零件
	冲孔	用冲孔模沿封闭轮廓曲线冲切,冲下部分是废料
	剪切	用剪刀或模具切断板材,切断线不封闭

(续)

冲压工序	工序	工序性质
分离工序	切开	将半成品切分成两个或几个工件,常用于成双冲压
	切口	在板料上将板材部分切开,切口部分发生弯曲
	修边	将拉深或成形后的半成品边缘部分的多余材料切掉
成形工序	弯曲	把板料沿直线弯成各种形状
	拉深	将板料压制成开口空心零件
	内孔翻边	将板料上孔的边缘翻成竖立边缘
	外缘翻边	将工件的外缘翻成圆弧或曲线状的竖立边缘
	压印及胀形	在板料或工件上压出筋条、花纹或文字
	整形	把形状不太准确的工件校正成形

3. 车身覆盖件冲压基本工序

覆盖件形状复杂,轮廓尺寸大,容易出现回弹、起皱、拉裂、表面缺陷和平直度低等问题,不可能简单地经过一两道冲压工序就能制成。覆盖件冲压成形的基本工序有落料、拉深、翻边、整形、冲孔和修边等。根据实际需要和可能,可将落料—拉深、修边—冲孔、修边—翻边或翻边—冲孔等工序复合进行。所谓工序复合是指在压力机上滑块一次行程中在模具同一工位同时完成两道以上工序。

(1) **剪板和拉深**　覆盖件冲压成形一般先从剪板和拉深开始。剪板一般在开卷-剪板自动线上完成。拉深工序是汽车覆盖件冲压的基本成形工序。覆盖件的形状主要通过板料毛坯在拉深模中拉深成形。拉深件需进行整形和修边。

(2) **落料**　落料工序一般安排在拉深、翻边后再进行,要通过落料才知后续拉深工序所需坯料的形状和尺寸。因为在生产技术准备时,覆盖件形状复杂,不可能事先计算出其准确的坯料尺寸,所以必须在拉深工艺试冲成功后才能确定坯料的形状和尺寸。

(3) **整形**　整形工序主要是将拉深工序中尚未完全成形的覆盖件形状整形出来。其变形性质一般是胀形或局部成形,通常和修边或翻边工序一同复合完成。胀形或局部成形一般均保持覆盖件整体形状与尺寸不变,只是通过局部面积增大、壁厚减薄而成形局部,如压制加强筋和标牌字样等。

(4) **修边**　修边也叫切边,主要是切除拉深件上的工艺补充部分和四周边角余料。工艺补充部分仅为拉深工序所需要而增加的板料补充部位。凡是非拉深件结构本体部分,包括工艺补充面,都应在拉深成形后于修边模中切除。

(5) **翻边**　翻边主要是根据需要将覆盖件的边缘进行翻边,一般安排在修边之后。

(6) **冲孔**　冲孔用以加工覆盖件上的各种孔,一般安排在拉深或翻边之后进行。若先冲孔,会造成在拉深或翻边时孔的位置、尺寸、形状精度发生变化,影响以后覆盖件的安装与连接。

10.2.2 车身覆盖件冲压模具

车身覆盖件冲压模具主要有三种,即拉深模、修边模和翻边模。其中,拉深模直接影

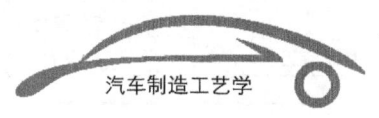

响汽车覆盖件成形质量和生产效率。冲压模具的设计、制造和调整是汽车覆盖件冲压生产中最重要的环节之一。

1. 汽车覆盖件冲压模具的特点

汽车覆盖件冲压模具与一般薄板冲压模具相比，具有如下特点：

（1）**模具形状和结构更复杂，质量更大** 由于汽车覆盖件轮廓尺寸大，因此模具也比较大，汽车覆盖件模具的轮廓尺寸（下模座的长度和宽度之和）一般大于2500mm，质量在十几吨以上。模具零件较多地采用铸件和镶块的结构。由于汽车生产的批量大、质量要求高，因此要求模具的功能完善，结构也就越复杂，普遍采用机构较复杂的斜楔结构设计制造修边模和翻边模。

（2）**模具制造难度更大，精度和表面粗糙度要求更高** 模具型面要求光整，棱线清晰，表面粗糙度不大于 $Ra0.40\mu m$。

（3）**一个汽车覆盖件需要数套模具配套，且各模具间的依赖关系大** 成套模具投入制造时，既不能同时加工，也不能按工序顺序加工验收，而是应综合考虑，合理制订整套模具的加工路线并采取统一合理的检测方法。

（4）**模具调试更加重要和复杂** 汽车制造厂对大型车身覆盖件成形模具的调试，一般至少需要1~2个月的时间。要使模具达到最佳工作状态，必须制订出合适的工艺参数（如压边时的最大与最小压边力），直至获得完全合格制件才能正式投入生产。

（5）**生产、技术准备工作繁重** 汽车覆盖件冲压模具的设计与制造是一项技术密集型的系统工程。往往需要经过几套模具的冲压，才能生产出一个合格的汽车覆盖件，而这些模具的型面都必须与同一个主模型相符合。在制造工艺上有互相依赖的关系，因而它们不能同时也不能按冲压工艺的先后顺序制造，各套模具的加工顺序需要在工艺编制时进行分析研究后才能确定。其中拉深模是所有模具中最关键的，必须最先投入制造。只有拉深模制造完毕后才能制造其他模具。对于落料模和修边模，由于通常都需要通过试验决定板料的毛坯尺寸，并要等拉深模、翻边模制造完并试验好展开尺寸后，才能投入制造。

（6）**覆盖件模具的成套性** 覆盖件模具的成套性包含全车模具的成套性和某个覆盖件所需模具套数的成套性两层含义。汽车车身由数百个冲压件构成，全车冲压模具高达1000套以上，例如，东风EQ1040汽车整车模具为2800套，其中大型模具为100套；丰田花冠乘用车整车模具为2500套，其中大型模具为155套。

2. 覆盖件拉深模

覆盖件拉深模与使用的压力机有密切关系。因为拉深使用的压力机目前有单动和双动两类，所以拉深模也相应有单动和双动之分。双动拉深模因具有压边力大、拉深深度深、卸料板为刚性等优点而应用较多。

拉深模主要由凸模、凹模、压料圈组成。凹模有两种结构，即闭口式凹模和通口式凹模，目前绝大多数采用闭口式凹模。

闭口式凹模的凹模底部是整体封闭结构（铸有下通出气口），在凹模型腔上直接加工出型面（加强筋与凹槽等）或做成局部独立的凹模结构兼作顶出器，这种结构称为带有活动顶出器的闭口式凹模结构。图10-1所示为车身顶盖成形闭口式拉深凹模结构。

拉深模工作零件主要指凸模、凹模和局部成形的凸、凹模镶块等。由于车身覆盖件拉深凸模、凹模轮廓尺大，因此其常采用高强度模具合金铸铁，并用实型铸造方法铸造毛坯，型面加工后进行表面火焰淬火处理。

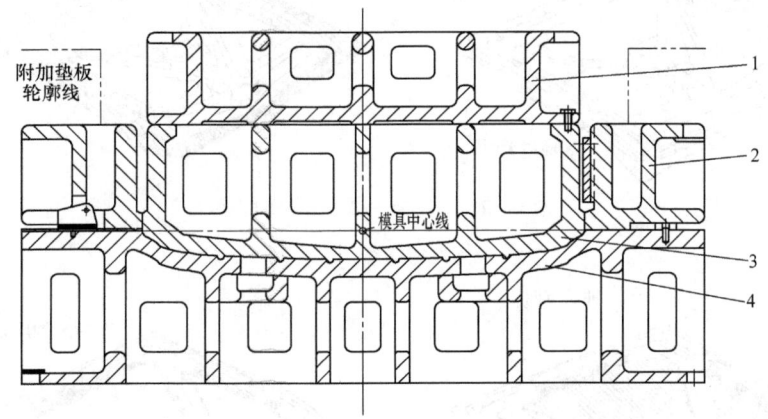

图 10-1　车身顶盖成形闭口式拉深凹模结构
1—凸模固定板　2—压边圈　3—凸模　4—凹模

3. 覆盖件修边模

覆盖件修边模是用于将拉深、成形、弯曲后的工件多余边角余料及中间非结构部分切除的分离模，其与普通落料模、冲孔模等冲裁模有较大的不同。修边通常在拉深成形后进行。

工件经拉深、成形、弯曲变形后，形状复杂，冲切部位可能是任意空间曲面，修边线多为较长的不规则轮廓，往往要经过多次修边才能得以完成。冲压件将有不同程度的弹性变形，通常会因弹性变形而产生较大的侧向力。修边是覆盖件冲压过程的最后一道工序，必须充分保证制件轮廓与表面不受任何伤害，故对覆盖件修边模的设计制造要求很高。

10.2.3　车身覆盖件冲压工艺实例

轿车车身外覆盖件主要由车门、盖（发动机罩盖、顶盖、行李舱盖）、两翼（各翼子板）及两侧（左、右侧围外板）等组成。这些覆盖件的形状、结构各有特点，其冲压成形工艺也各有不同。下面举例分述。

1. 发动机罩内板冲压

（1）**结构工艺性分析**　发动机罩内板实际上是一个整体方形加强件，其四面梁与中间两斜弯梁都具有不同深度的曲折截面，靠中部三个三角形孔形成两斜弯梁，四面梁上分布有不少小孔。该工件与发动机罩外板通过点焊构成发动机罩整体。

（2）**发动机罩内板冲压工艺流程**　发动机罩内板冲压工艺流程为下料（剪板或落料）→一次拉深→切边→分步冲孔→弯曲整形，如图10-2所示。

2. 轿车顶盖冲压

轿车顶盖是一头弯曲并需要冲制安装玻璃孔的浅拉深件，其四周需要翻边，面积比较大，形状较简单，为典型的覆盖件。

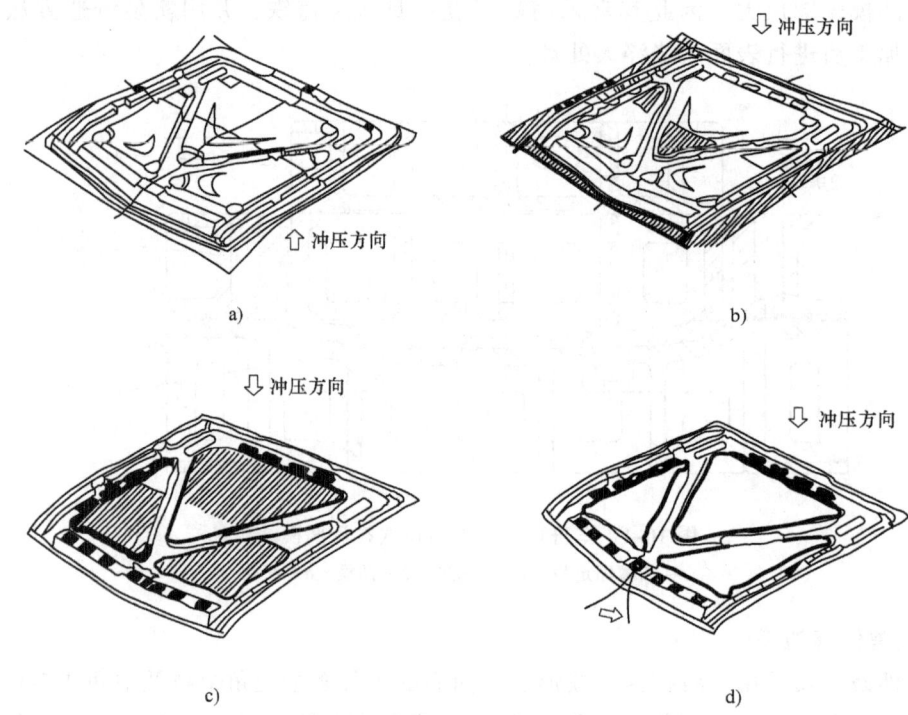

图 10-2 发动机罩内板冲压加工工艺流程
a) 拉深 b) 切边 c) 冲孔 d) 弯曲整形

图 10-3 所示为轿车顶盖的冲压工艺过程，即落料→拉深、两侧切边→修边、冲孔→整形、翻边→翻边、冲孔、整形。

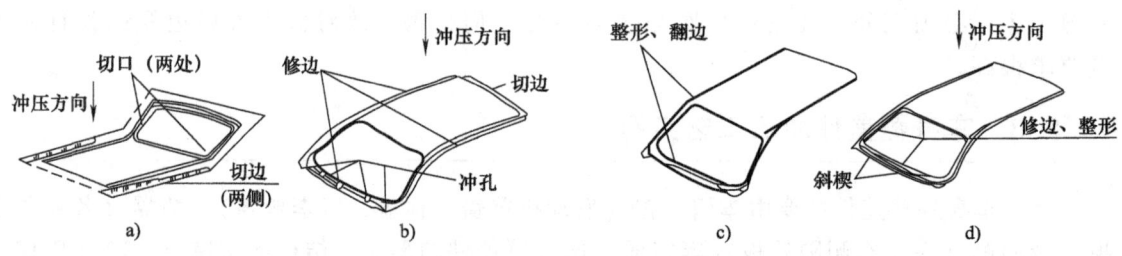

图 10-3 轿车顶盖的冲压工艺过程
a) 拉深、两侧切边（双动压力机） b) 修边、冲孔（单动压力机）
c) 整形、翻边（单动压力机） d) 翻边、冲孔、整形（单动压力机）

*10.3 汽车车身焊装工艺

10.3.1 焊接的实质及车身焊装的特性

1. 焊接的实质

焊接的实质就是利用局部加热或局部加压，或两者兼用的方法，并且用或不用填充材料，使金属构件之间结合的一种连接方法。焊接工艺与其他连接方法有本质的区别，被连接的焊件不仅在宏观上建立了永久性的外在联系，而且在微观上建立了内部组织之间的内在联系。焊接工艺在汽车制造中应用广泛，尤其在车身制造过程中，大部分结构由钣金冲压件焊接而成，只有少量采用铆接、螺纹连接与粘接工艺。

2．车身焊装的特性

1）车身焊装面多数是沿空间分布的，施焊难度大，因此要求夹具定位迅速、准确。

2）车身零件多是薄壁板件或杆件，其刚度很差，因此在焊接过程中采用多点定位夹紧的专用焊装夹具，以保证各零件或合件在焊接处的贴合和相互位置的准确。

3）为满足工艺性的要求，设计车身时要将车身总成细分为若干个零件，车身焊装过程是将若干个零件焊装成合件，再将若干个合件和零件焊装为分总成，最后将分总成、合件、零件焊装成为白车身总成。所以焊装是车身整体成形的关键工艺，是车身制造工艺中的重要环节。

4）在车身焊装工艺过程中，自动化生产线和焊接机器人应用广泛。

10.3.2　白车身的焊装流程

以轿车为例，白车身可分解为地板、前围、后围、左右侧围、顶盖、车门等分总成，而各分总成又可分解为许多冲压零件、合件、组件，焊装顺序则是上述分解过程的逆过程。轿车白车身的结构拆解图如图10-4所示，其焊装顺序如图10-5所示。

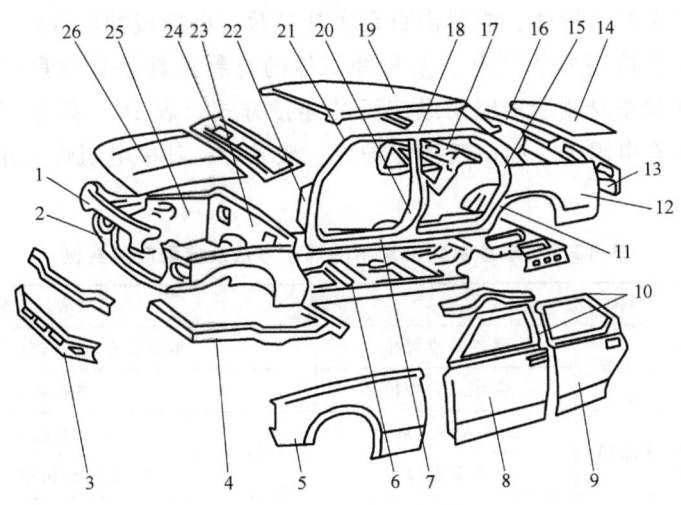

图10-4　轿车白车身的结构拆解图

1—发动机罩前支承板　2—散热器固定框架　3—前裙板　4—前框架　5—前翼子板
6—地板总成　7—门槛总成　8—前侧车门　9—后侧车门　10—窗框总成　11—后挡泥板
12—后翼子板　13—后围板　14—行李舱盖　15—后立柱总成（C柱）　16—后围上盖板
17—后窗台板　18—上边梁　19—顶盖　20—中立柱总成（B柱）　21—前立柱总成（A柱）
22—前围侧板　23—前围板　24—前围上盖板　25—前挡泥板　26—发动机罩

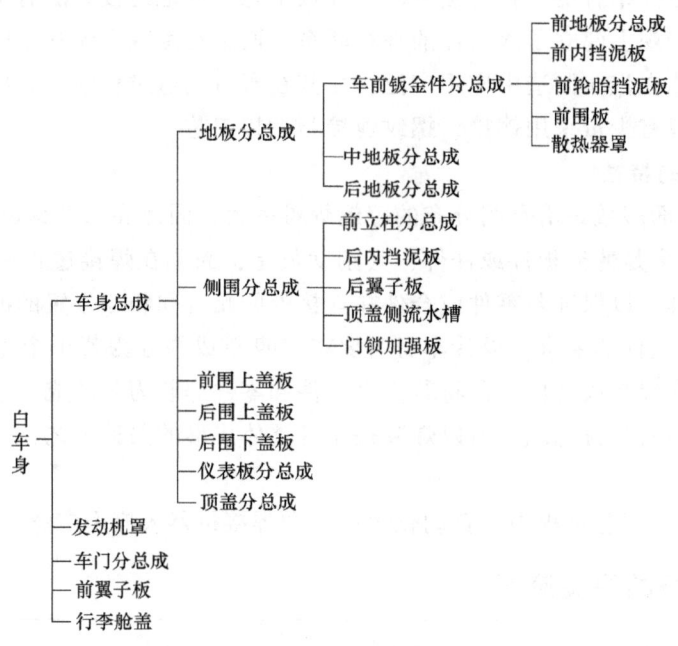

图 10-5 轿车白车身的焊装顺序

10.3.3 车身常用的焊接方法

车身是一个复杂的结构体,它是由百余种甚至数百种薄板冲压件经焊接、铆接、机械连接及粘接等方法连接而成的。由于车身冲压件的材料大都是具有良好焊接性能的低碳钢,因此焊接是现代车身制造中应用最广泛的连接方式。表 10-2 列举了车身制造中常用的焊接方法,主要有电阻焊、CO_2 气体保护焊、激光焊,其中电阻焊应用最多,激光焊近年来发展迅速。

表 10-2 车身制造中常用的焊接方法及典型应用实例

焊接方法				典型应用实例
电阻焊	点焊	单点焊	悬挂式点焊机	车身总成、车身侧围等分总成
			固定式点焊机	小型板类零件
		多点焊	压床式多点焊机	车身地板总成
			C 形多点焊机	车门、发动机罩等组成
	缝焊		悬挂式缝焊机	车身顶盖流水槽
			固定式缝焊机	油箱总成
	凸焊			螺母、小支架
电弧焊			CO_2 气体保护焊	车身总成
			氩弧焊	车身顶盖后两侧接缝
			焊条电弧焊	厚料零部件
气焊			氧乙炔焊	车身总成补焊

(续)

焊接方法		典型应用实例
钎焊	锡钎焊	散热器
	铜钎焊	密封结构处
特种焊	微弧等离子焊	车身顶盖后角板
	激光焊	车身地板总成

电阻焊又称接触焊，属于压力焊，是各种焊接方法中效率最高、最适合大批量汽车生产的薄板件焊接方法。电阻焊的操作与原理如图 10-6 所示。其热源来自被焊工件的接触电阻热，加压并通电后，受压接触中心形成熔核，并借助压力产生塑性变形，断电冷却形成接点或接缝。电阻焊包括点焊、缝焊、凸焊和对焊。

点焊是一种最具代表性的电阻焊，点焊具有焊接过程简单、不产生弧光、易实现机械化和自动化等优点，广泛应用于白车身的焊装。点焊的工艺过程为

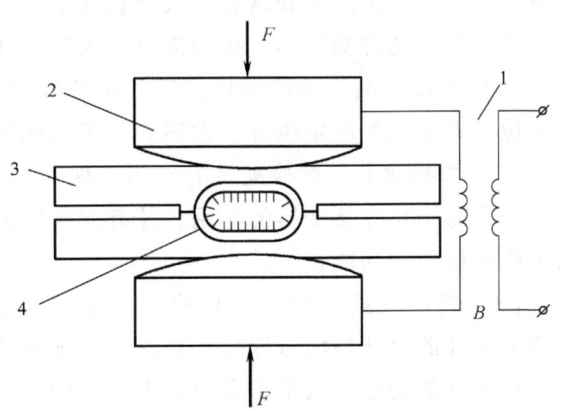

图 10-6　电阻焊的操作与原理
1—变压器　2—电极　3—工件　4—熔核

焊件预压接触→通电加热→加压焊接→断电冷却→卸压移位，如图 10-7 所示。

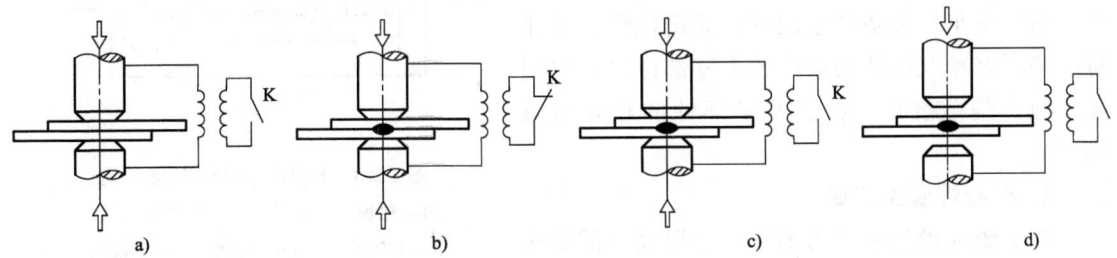

图 10-7　点焊的工艺过程
a）预压接触　b）通电加热　c）加压焊接　d）断电冷却、卸压

CO_2 气体保护焊是以 CO_2 作为保护气体，利用焊丝与工件间产生的电弧熔化金属，并以焊丝作为填充金属的一种电弧焊接方法。CO_2 气体保护焊具有焊接质量高、适用范围广、生产率高、成本低、操作性能好、抗锈能力强、易于实现机械化和自动化等优点，因而在汽车车身尤其是客车车身的制造中得以广泛应用。

激光焊属于特种焊范畴，近年来发展迅速，尤其在轿车车身制造中应用越来越广。激光焊主要用于车身框架结构（如顶盖与侧面车身）焊接和零件焊接，如前风窗玻璃框架、车门内板、车身地板、中立柱、顶盖、侧围等。传统电阻焊中的点焊已经逐渐被激光焊所代替。

10.3.4 车身焊装夹具及焊装生产线

1. 车身焊装夹具

由于车身零件大都是薄壁板件或薄壁杆件，单独的冲压件刚度差，需利用相应工具和装置定形、定位并夹紧，再利用焊接等方法使板件连接成整体。这些用于板件在焊接装配前定形、定位并夹紧的工具和装置，通常称作焊装夹具。焊装夹具有利于保证车身的装配质量、提高劳动生产率和减轻工人劳动强度。

焊装夹具的种类繁多，按用途可分为以下几种：

(1) **装配夹具** 装配夹具的任务是按照车身图样与工艺要求，实现零件或部件的正确定位与夹紧，实施定位焊，它不必用于完成所有焊接工作。

(2) **焊接夹具** 焊接夹具的作用是保障已定位好的零部件能够顺利完成所有焊缝或焊点，具有防止焊接变形的作用，并有使各种方位的焊缝或焊点能够尽可能地调整到最有利于施焊位置的功能。

(3) **焊装夹具** 焊装夹具的作用是保障完成整个焊件的全部装配与焊接，兼备了装配夹具和焊接夹具的功能。汽车车身焊装中使用的大型夹具一般都属于焊装夹具。例如，图10-8所示为EQ1090门框焊装夹具。

在夹具上进行装配焊接时，一般分三步进行：①定位，准确确定被焊装的零件或部件相对于夹具的位置；②夹紧，就是把定好位置的零部件压紧件夹牢，以免产生位移；③定位焊，就是对已确定好相互位置关系的各个零部件以一定间隔实施点焊或缝焊，把这些零部件的相互位置固定。

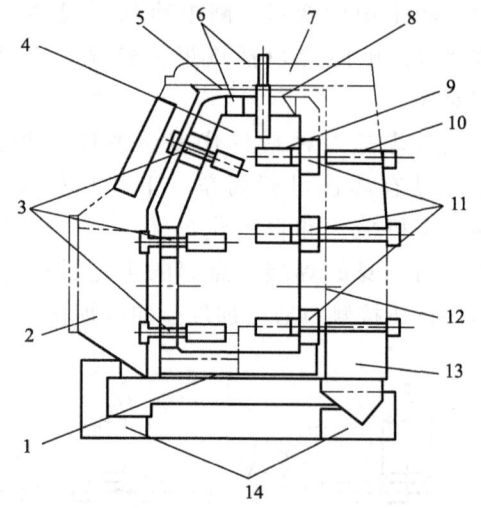

图 10-8 EQ1090 门框焊装夹具
1—地板 2—前围 3—前围定位块
4—方箱本体 5—门上梁 6—定位块
7—顶盖 8—手动夹紧钳 9—气缸
10—气动夹紧钳 11—后围定位块
12—活动定位销 13—后围 14—导轨

2. 车身焊装生产线

对于较大批量生产的车身装配焊接，需要采用多工位流水生产线，以提高生产效率，降低经济成本。车身焊装生产线的基本形式主要有贯通式焊装生产线和环形焊装线。

贯通式焊装生产线在国内外汽车车身制造中应用普遍，适合于专用焊机的配置和悬挂式点焊机的手工操作等工艺方法，主要用于车身地板、车门、行李舱盖、发动机罩等轮廓形状较简单、刚度较好、结构较完整、组成零件数较少的分总成的焊装。所有装夹定位的工装都分别固定在各自的工位上。贯通式焊装生产线占地面积小，适合于采用固定式夹具，传送方式简单。典型的贯通式焊装生产线如图10-9所示。

环形焊装生产线适用于工件刚度较差、组成零件数较多，且尺寸精度要求较严格的部件、总成等的焊装。为了保证焊装质量，一般都将工件装夹于随行夹具上，所有的焊装工作均在随行夹具上进行。当前一工位焊装完成后，工件连同随行夹具一起前移传送到下一

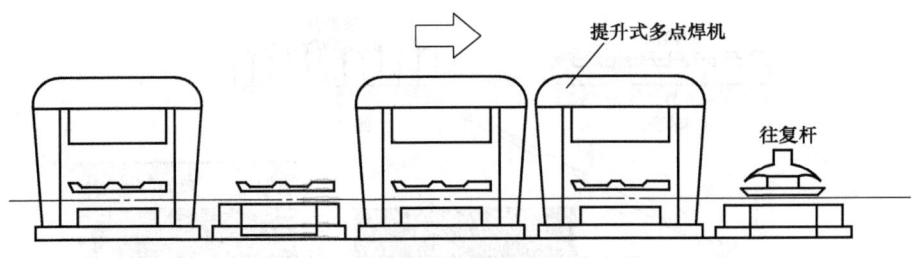

图 10-9　典型的贯通式焊装生产线

工位，至最后一工位完成后，将工件吊离，夹具返回到原处待用。由于每个工位都需要一个夹具，因此，夹具数量较多，生产线投资较大。

环形焊装生产线主要有椭圆形地面环行生产线、矩形地面环行生产线、地下环行生产线和"门框"式焊装生产线四种。

*10.4　汽车车身涂装工艺

10.4.1　车身涂装的基本概念

1. 涂装的定义及功用

汽车车身涂装指将涂料均匀涂覆在车身覆盖件表面并干燥成膜的工艺过程。车身涂料的涂膜具有坚韧耐磨、附着力强、颜色多样和防锈、防腐、耐酸、耐潮湿、耐高温等性能，有的还具有防振、消声和隔热的作用。因此，车身表面涂装能够对汽车车身起到重要的保护作用和装饰作用，能大大提高汽车车身的使用寿命和汽车的使用效果。

2. 涂装的三要素

整个涂膜的质量取决于所用的涂装材料（包括前处理药液、涂料等）、涂装工艺和涂装管理。这三者相互关联、相互影响，常称为涂装三要素。

（1）**涂装材料**　在涂装过程中，材料的性能对涂层质量起着重要的作用。材料良好的质量和配套性是获得汽车车身优质涂层的基本条件。

（2）**涂装工艺**　高水平的涂装工艺是充分发挥涂装材料性能，以获得优质涂层、降低涂装生产成本和提高经济效益的必要条件。汽车车身涂装工艺的基本内容主要包括漆前表面处理、电泳、中涂和面漆。汽车车身涂装工艺过程如图 10-10 所示。

（3）**涂装管理**　良好的涂装管理是对涂层质量的保证，是确保涂装工艺实施、涂装设备正常发挥作用的必要条件。

10.4.2　车身涂料

1. 涂漆的特性及质量要求

车身涂漆除了具有防锈和美观的基本特性外，还要求在世界各地全天候环境中长时间连续使用时，漆膜不被破坏、基体金属不生锈、光泽和色彩无明显改变。涂漆的特性与质量要求集中在以下几个方面：

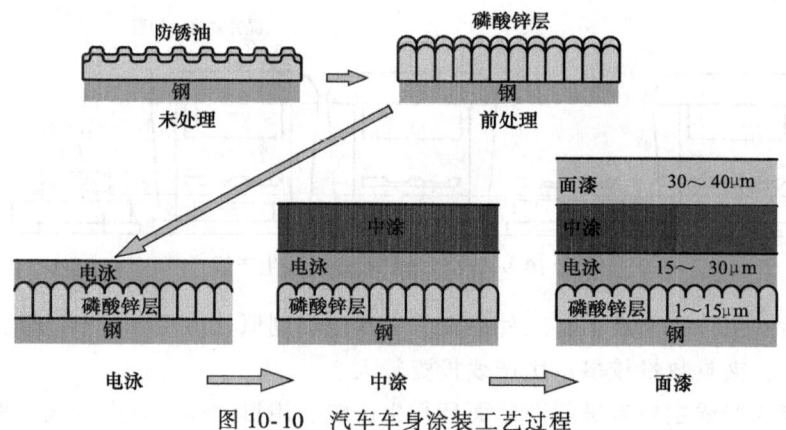

图 10-10　汽车车身涂装工艺过程

1) 良好的装饰性。漆膜丰满，颜色鲜明均匀多样，光泽华丽柔和，赏心悦目，并符合潮流。

2) 漆膜表面形状平整光滑，没有留存流挂、缩孔、张边、鼓包、起皱等缺陷。

3) 亮光装饰抛光表面应有镜面般的光泽且不留研磨缺陷，亚光装饰表面应满足要求的消光程度，颜色要均匀纯正。

4) 漆膜应达到一定厚度，并具有良好的力学性能，以适应汽车的高速、多振和应变，还要求漆膜的附着力好、坚硬柔韧，具有耐冲击、耐划伤、耐摩擦、耐弯曲等优越性能。

5) 良好的耐候性和耐蚀性。要求漆膜适应于各种温度，耐寒、耐高温、耐温差，受暴晒和风雨侵蚀影响小，在各种气候条件下保持不会失光、变色、开裂、脱落、起泡、粉化和锈蚀。要求漆膜的使用寿命不低于汽车本身的寿命，一般为保用 10 年。

6) 良好的工艺性和配套性。汽车漆一般是多层涂装，因为靠单层涂装一般达不到良好的性能要求，所以要求各涂层之间附着力好、无缺陷、成膜快，流水线适应性好。

7) 良好的耐擦洗性和化学稳定性。要求漆膜能耐毛刷、肥皂、清洗剂清洗，与其他污渍接触后不留痕迹。

8) 良好的经济性。所用涂漆要价格低，便于"三废"处理。

9) 良好的可修补性。

2. 车身涂料的组成

涂料的品质不同，其成分相差各异，从成膜物质上看，基本上由以下三部分组成：

(1) 主要成膜物质 它是使涂料黏附在制件表面上成为漆膜的主要物质，是构成涂料的基础，通常称为基料或漆基。根据在涂料原料中主要成膜物质的类型，涂料可以分为油性涂料和树脂涂料。例如，以酚醛树脂或改性酚醛树脂为主要成膜物质的涂料称为酚醛树脂涂料，以油和一些天然树脂合用为主要成膜物质的涂料称为油基涂料。

(2) 次要成膜物质 次要成膜物质也是漆膜的组成部分，与主要成膜物质不同的，它不能离开主要成膜物质单独构成漆膜，而主要成膜物质则可以。次要成膜物质给漆膜以一定的遮盖力和着色力，增加漆膜厚度。例如，颜料是次要成膜物质，漆膜中有了它，能使涂膜性能增强和提高，使涂料的品质增多，满足更多的需要。

（3）辅助成膜物质　辅助成膜物质对涂料变成漆膜的过程或对漆膜性能的实现起到一定的辅助作用。辅助成膜物质包括稀料（挥发剂）和辅助材料（催干剂、增韧剂、乳化剂和稳定剂等）两大类。它不是漆膜的主体，同样不能单独成膜。

3. 涂装工序所用的漆

涂装工序所用的漆分为底漆、中间层涂料和面漆。

（1）**底漆**　底漆是涂覆在白车身表面的第一道漆，是整个涂层的基础，它对车身的防锈蚀和整个涂层的经久耐用起着主要的作用。

汽车底漆多是含环氧树脂等成分的铁红、锌黄环氧底漆和铁红环氧脂电泳底漆等。

（2）**中间层涂料**　中间层介于底漆和面漆之间，可以改善车身表面和底涂层的平整度，提高涂层的装饰性，为面漆层创造良好的基底，增加底漆和面漆的结合力。另外，由于载货汽车的车身和一些中级客车、轿车的表面平整度较好，装饰性要求也不太高，为简化工艺，在大量流水生产中，常不采用中间涂层。而对于装饰性要求高的客车、轿车，根据需要有时采用通用底漆、二道浆、腻子和封底漆等多种中间层涂料。

中间层涂料多采用含环氧树脂、氨基醇酸树脂等成分的醇酸二道浆、环氧树脂烘干二道底漆等。

（3）**面漆**　面漆是汽车车身覆盖件多层涂层中最后涂层用的涂料，它决定了汽车的装饰性、耐潮湿性、耐候性和抗污性的好坏。面漆多采用丙烯酸烘干漆、氨基清烘漆、硝基磁漆等。

为增加装饰效果，目前较多采用金属闪光底漆。所谓金属闪光底漆是作为中间涂层和罩光清漆层之间的涂层所用的涂料，其主要功能是着色、遮盖和装饰。金属闪光底漆在日光照射下具有鲜艳的金属光泽和闪光感，给整辆汽车添装诱人的色彩。其原因是在该涂料中加入了金属铝粉或珠光粉等效应颜料。

10.4.3　车身漆前表面处理

1. 车身漆前表面处理的目的

为增加金属表面与涂料层间的结合力，提高涂层的质量，延长涂层的使用寿命，在涂装前必须充分除去车身表面上的各种污物，在金属表面生成一层不溶于水的磷酸盐薄膜，为涂层提供一个良好的基底。

在进行车身涂装之前，车身表面的主要污物有油污和氧化物。若不将在车身涂装以前的工艺过程中（如冲压、焊接）及在运输储存过程中，金属表面所附着的油脂、锈蚀产物、氧化皮、灰尘等异物除掉，会降低涂层与基体金属之间的附着力，造成涂层起泡、龟裂、剥落等。如果带着锈蚀产物，锈蚀仍然在涂层底下蔓延，则涂装完全失去了"保护作用"的意义。

2. 车身漆前表面处理的内容

车身表面涂装前，必须根据表面污物的性质及沾污程度、被涂金属的种类、制品表面粗糙度以及最后涂层的作用来选择表面预处理方法。这些方法主要是去除表面的各种污物，以及在预处理过的表面上进行特殊的化学处理。具体来说，包括除锈、脱脂和磷化、钝化几部分内容。

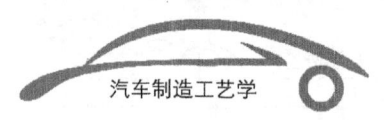

(1) 除锈和去氧化皮 除锈所使用的酸洗一般在板料冲压之前进行。车身表面在热加工时氧化产生硬而脆的氧化皮，钢铁在储运的过程中产生锈蚀，必须将其除去以防在磷化膜和漆膜下发生腐蚀，影响漆膜附着力。去除的方法分两类：一类是机械法；另一类是化学法。机械除锈和去氧化皮的方法包括手工打磨、喷砂喷丸、风动和电动工具等。化学法一般为利用酸溶液与这些金属氧化物反应，从而除掉金属表面的锈蚀产物，这种化学除锈法通常称为酸洗。大量酸洗工作是在 50~70℃ 条件下 10% 的硫酸溶液中或是在常温条件下 15% 的盐酸溶液中进行的。

(2) 金属表面的脱脂 将汽车制件金属表面的油脂除掉的过程称为脱脂。在车身制造过程中，板材上的防锈油、冲压件上的润滑油、拉深油和某些零件在切削过程中的切削液等油污，大都由矿物油、动植物油及石蜡、清石粉等组成。在室温下，它们以固态、液态或半流动状态存在，吸附在金属表面，生成氧化物和氰化物。

由于油污的情况较复杂，因此其处理方法也各不相同。根据油污的性质及脏污程度，工业上常用的脱脂方法可分为物理机械方法和物理化学方法两类。借助机械作用的脱脂，在汽车车身处理用得较少，例如擦抹法、喷砂法和超声振荡法等。

汽车车身处理常用的是物理化学方法，即碱液清洗脱脂。碱液清洗脱脂在车身制造中应用较为广泛，由于其方法简单，成本低廉，故在金属表面清洗脱脂法中占优势。碱液脱脂主要是通过皂化作用、乳化作用和分散作用来完成脱脂过程。

(3) 金属表面磷化处理 用磷酸或锰、铁、镉的磷酸盐溶液处理金属制品表面，使金属表面生成一层不溶于水的磷酸盐薄膜的过程叫磷化处理。黑色金属经过脱脂、酸洗后，使用表面调整剂进行处理，然后再磷化时，能促进磷化膜晶核产生，从而缩短磷化膜的形成时间，使磷化膜薄而均匀、致密，达到降低原材料消耗量、提高防锈性能的目的。

(4) 钝化工序 在磷化处理工序后，还有钝化工序。钝化就是指金属通过与铬酸盐溶液作用生成三价或六价铬化物，从而具有一定的防腐性能。钢板表面的铬化层，大多数用来封闭磷化层，使磷化层暴露的金属钝化。钝化的目的是封闭磷化膜孔隙，提高磷化膜耐蚀性，特别是提高漆膜的整体附着力和耐蚀性。

10.4.4 电泳涂装底漆

1. 电泳涂装的原理

电泳涂装是利用外加电场，使悬浮于电泳液中的颜料和树脂等微粒定向迁移并沉积于电极之一的基底表面，形成一层均匀漆膜的涂装方法。电泳涂装最基本的物理原理为带电荷的涂料粒子和与它所带电荷极性相反的电极相吸。

电泳涂装按使用电源性质不同分为直流电泳涂装与交流电泳涂装，可采用定电压或定电流控制。如果使用直流电泳涂装，则按涂料的沉积性可分为阳极电泳涂装和阴极电泳涂装。轿车底漆目前大多采用阴极电泳和定电压法涂装。这是因为在阳极电泳涂装过程中，工件作为阳极易发生电偶腐蚀，导致表面磷化膜部分溶解，会降低涂膜的耐蚀性。

采用直流电源，金属工件浸于电泳漆液中，通电后阳离子涂料粒子向阴极工件移动，阴离子涂料粒子向阳极工件移动，继而沉积在工件上，在工件表面形成均匀、连续的漆膜。当漆膜达到一定厚度（漆膜电阻大到一定程度），工件表面形成绝缘层，"异极相吸"

停止，电泳涂装过程结束。图 10-11 所示为车身电泳涂装工艺过程。

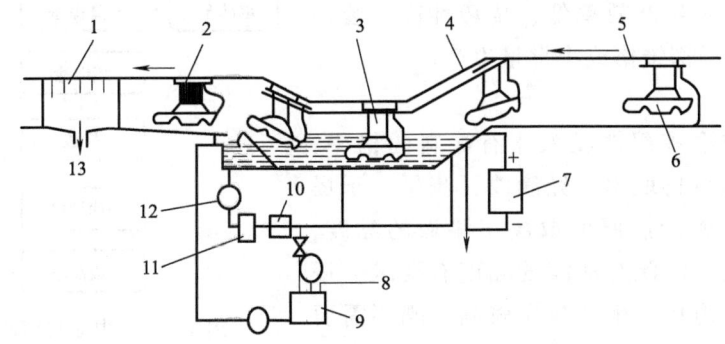

图 10-11　车身电泳涂装工艺过程

1—水洗　2—滴漏　3—电泳涂漆　4—接触极杆　5—电极安装　6—车身壳体　7—电源
8—涂料补充　9—溶解槽　10—换热器　11—过滤器　12—溢流槽　13—排水

2. 电泳涂装的过程及优势

（1）**电泳涂装的过程**　整个电泳涂装过程是复杂的电化学反应过程，整个过程可以概括为以下五个步骤：

1）电离。电泳漆在水溶液中离解成带正、负电荷的离子。

2）电泳。带电的聚合物分别向阴极或阳极泳动的过程，不带电的颜料、填料粒子吸附在带电荷的粒子上也随着电泳。

3）电沉积。带电的聚合物分别在阴极或阳极脱去电荷而沉积在工件表面形成不溶于水的漆膜并逐步使之均匀的过程。

4）电渗。沉积的电泳漆膜收缩，脱去溶剂和水，形成均匀致密的湿膜。

5）电解。电流通过电解质水溶液时，水发生电解反应，过量气体会影响漆膜质量。

（2）**电泳涂装的优势**　电泳涂装具有下优势：

1）涂层质量好，涂膜厚度均匀、附着力强。电泳涂装通过带电涂料粒子在工件表面上的沉积可以使一般涂装法不易涂覆的工件内腔、凹缘、焊缝及锐边等部位，都能获得均匀、平整和光滑的涂膜。

2）施工速度快，容易实现机械化与自动化和维持连续生产，提高了劳动生产率，大大减轻了劳动强度。

3）电泳涂装不产生漆雾，涂料利用率高达 90%～95%；因采用水作为主要溶剂，故能减少空气污染，改善工作环境；没有或少有漆雾，减轻了发生火灾的危险。

10.4.5　中涂与面漆工艺

中涂与面漆涂装是车身涂装的最终工艺。图 10-12 所示为中涂与面漆工艺流程。

常用的涂漆方法包括刷涂、浸涂、喷涂、静电喷涂等。

1. 刷涂

刷涂是一种使用毛刷手工涂漆的方法。常用的适合刷涂的涂料包括油性漆、酚醛漆和醇酸漆等。特别是油性漆对金属的表面细孔容易渗透，附着性好，使用得较多。刷涂的特点是设备简单、投资少、施工方便、操作简单、灵活性大；但是其生产效率低、技巧性高、装饰性差，只适合于局部维修或小批量生产。

2. 浸涂

浸涂是将被涂零部件浸入盛有涂料的槽中，经过一定的时间后再取出，经滴漆、流平、干燥即可。这种方法的涂层厚度取决于漆液的黏度，与时间关系不大，因此对油漆的黏度有要求。浸涂的特点是操作简单、生产效率较高，既不需要很高的技术，也不需要复杂的设备，易实现机械化和自动化，但对涂料有一定的要求，如挥发型涂料、含有重质颜料的涂料及双组分涂料等不适用。同时，由于浸涂所形成的漆膜易产生上薄下厚、流挂等现象，因此，仅适用于对外观装饰要求不太高的耐蚀性涂层。

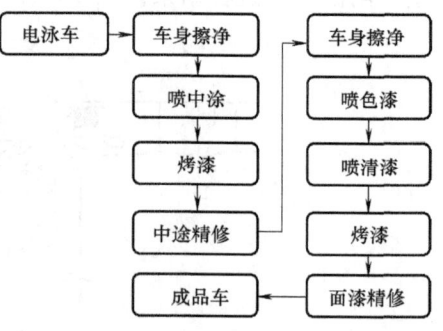

图 10-12 中涂与面漆工艺流程

3. 喷涂

（1）**空气喷涂** 空气喷涂是利用压缩空气在喷枪喷嘴处产生的负压将漆流带出并分散为雾滴状涂覆在物面上，这是目前使用最普遍的涂装施工方法。

空气喷涂的特点是工效高、施工方便，可手工喷涂，也可机械化喷涂。它可以适应几乎任何条件下不同形状尺寸的物体以及多种油漆材料。其漆膜光滑平整，厚薄均匀，对于快干和挥发性漆最合适；但是油漆的利用率低，喷雾损失较大，并易引起中毒和火灾，需要通风良好。

空气喷涂质量取决于涂料的黏度、空气压力、喷嘴与物面的距离、喷出漆流的方向等。

（2）**高压无空气喷涂** 无空气喷涂是通过高压泵将涂料压力提升至 $10\sim17.5\mathrm{MPa}$，然后从喷枪嘴极细的喷孔中喷出，当高压的涂料离开喷嘴到达大气中时，便立即剧烈膨胀，雾化成极细小的漆粒喷到零件上形成漆膜。这种方法的特点是涂层厚，生产效率高，漆雾少，涂料损失少，劳动条件比较好，漆膜附着力好，但是漆膜均匀性及外观装饰性较差，不适合含粒度较大的颜料性涂料。

4. 静电喷涂

静电喷涂是借助于高压电场的作用，使喷枪喷出的漆物带电，通过静电引力沉积在带异种电荷的工件表面上而完成喷漆过程。

这种方法的特点是生产效率高，易于实现自动化，喷雾损失少，涂料利用率达 80%～90%，漆膜均匀，附着力好，质量好，劳动强度小，劳动条件比较好，但是仪器设备复杂，需要有良好的绝缘，漆膜均匀度较差，另外，漆雾密度小，因而流平性和光泽度受到一定影响。

10.4.6 汽车车身典型涂装工艺

汽车车身涂装属于多层涂装。由于各种汽车的使用条件及外观要求各不相同，故其涂装工艺也各不一样。涂装可分为以下三个基本工艺体系。

1. 三涂三烘

三涂三烘指该体系具有底漆、中间涂层和面漆三层，且三层先后均要各自烘干。三涂三烘体系一般用于外观装饰性要求高的轿车、旅行车和大客车等乘用车车身。

三涂三烘体系的工艺流程一般安排如下：

碱性液脱脂→锌盐磷化→干燥（120℃/10min）→涂装底漆［喷涂溶剂型环氧树脂底漆，膜厚 15~25μm，烘干（150℃/30min）］→干或湿打磨→晾干→中间涂层［静电自动喷涂溶剂型三聚氰胺醇酸树脂漆，膜厚 20~30μm，烘干（150℃/30min）］→湿打磨→晾干→涂面漆［喷涂三聚氰胺醇酸树脂系（金属闪光色用丙烯酸树脂系）面漆，膜厚 35~45μm，烘干（130~140℃)/30min]。

2. 三涂二烘

三涂二烘保持三涂层，但底漆层不安排烘干，待涂完中间层后一并烘干一次，到喷涂完面漆后再烘干一次，即只烘干两次。该体系一般用于外观装饰要求不必太高的旅行车和大客车车身及轻型载货汽车的驾驶室等。

三涂二烘体系的工艺流程如下：

碱性液脱脂→锌盐磷化→干燥（120℃/10min）→底漆涂层［电泳底漆，膜厚 15~25μm，不烘干（仅晾干水分）］→静电自动喷涂中间涂层［喷涂与其相适应的水性涂料，膜厚 20~30μm，预烘干（100℃/10min）；与底漆一起烘干（160℃/30min）］→喷涂面漆［三聚氰胺醇酸树脂系（金属闪光色用丙烯酸树脂系）面漆，膜厚 35~45μm，烘干（130~140℃)/30min]。

3. 二涂二烘

二涂二烘体系只保留底漆涂层和面漆涂层两层，不安排中间涂层，两层分别先后要求烘干。该体系一般用于中型、重型载货汽车的驾驶室，涂层总膜厚为 55~75μm。

二涂二烘体系的工艺流程如下：

碱性液脱脂→锌盐磷化→干燥（120℃/10min）→底漆涂层［电泳底漆，膜厚 20~30μm，烘干（160℃/10min）］→干或湿打磨→晾干→面漆涂层［喷涂三聚氰胺醇酸树脂系（金属闪光色用丙烯酸树脂系）面漆，膜厚 35~45μm，烘干（130~140℃)/30min]。

本 章 小 结

本章讲解了汽车车身制造的冲压、焊装、涂装三大工艺。在冲压工艺部分，根据汽车车身的结构特点及组成，介绍了汽车车身冲压材料，阐述了冲压的概念、车身覆盖件常用的冲压工艺及冲压模具，最后以实例说明车身覆盖件的冲压工艺。在焊装工艺部分，讲解了焊接的实质、车身焊装的特性及白车身的焊装流程，分析了车身焊接常用的方法及各自的特点，同时对车身焊装夹具及焊装生产线进行了简单介绍。在涂装工艺部分，讲解了汽车车身涂装的定义、功用及三要素，介绍了车身涂料的特性、质量要求、组成及涂装工序所用的漆类，阐述了车身漆前表面处理的目的和主要内容，说明了电泳涂装、中涂与面漆的工艺过程，最后介绍了汽车车身典型的三个基本涂装工艺体系。

思考题与习题

10-1 说明汽车车身的基本构件与组成。

10-2 试述汽车车身覆盖件的结构特点及质量要求。

10-3 说明冲压的概念及冲压生产的三要素。

10-4 阐述汽车车身覆盖件的冲压成形基本工序。

10-5 分析焊接的实质及车身焊装的特性。

10-6 以轿车为例，说明白车身的焊装流程。

10-7 车身焊接常用的方法有哪些？各自的特点是什么？

10-8 以点焊为例说明电阻焊的工作原理。

10-9 说明汽车车身涂装的定义、功用及三要素。

10-10 说明车身漆前表面处理的目的及主要内容。

10-11 何谓电泳涂装？说明电泳涂装的工艺过程。

10-12 分析汽车车身涂装三个基本工艺体系的工艺流程。

*第11章 汽车制造轻量化技术简介

本 章 提 要

汽车轻量化是实现汽车节能减排的重要技术措施,是国家能源安全战略的需要,是汽车发展的重要方向之一。相关研究表明,汽车的自重每减少10%,燃油消耗可降低6%~8%,排放降低4%。汽车轻量化技术通常包括结构轻量化、材料轻量化、制造工艺轻量化和连接技术轻量化等方面。

本章主要介绍汽车轻量化材料及其相关成形加工工艺及汽车制造中的轻量化连接技术。

11.1 高强度钢及其加工技术和应用

11.1.1 高强度钢概况

统计数据显示,在过去、现在乃至于今后相当长的时间内,钢铁材料都将是汽车组成的基本材料,其在汽车材料中所占的比例将会相对稳定,但是高强度钢(HSS)和超高强度钢的用量将大幅度增加,而中、低强度钢和铸铁的比例将会逐步下降。

汽车用钢主要分为合金结构钢和高强度钢两大类。合金结构钢包括非调质钢、弹簧钢、齿轮钢等,其主要应用于汽车传动系统、悬架系统以及发动机的主要构件;高强度钢主要应用于汽车车身结构件(见图11-1)和车身内外板。其中,高强度钢与汽车轻量化息息相关,高强度钢的用量直接决定了汽车轻量化的水平。高强度

图11-1 高强度钢车身结构

钢不仅可有效降低车身重量,还可提高车身结构的强度、刚度和被动安全性,节省原材料,与其他车用轻量化材料相比,其成本也相对较低。因此,合理选用高强度钢及其制造技术对汽车轻量化工程的实施有着重要意义。

11.1.2 高强度钢的分类

汽车用钢可以按照不同的方式进行分类。依据冶金工艺分类,汽车用钢可分为低强度

钢（无间隙原子钢和低碳钢）、传统高强度钢（碳锰钢、烘烤硬化钢、低合金高强度钢）和先进高强度钢（双相钢、相变诱发塑性钢、孪晶诱发塑性钢、铁素体-贝氏体复相钢和马氏体钢）。高强度钢发展迅速，在汽车轻量化和汽车安全性的提升方面发挥了重要的作用。高强度钢的种类很多，国际钢铁协会（IISI）将高强度钢分为传统高强度钢（Conventional HSS）和先进高强度钢（AHSS），如图 11-2 所示。传统高强度钢多是以固溶、析出和细化晶粒作为主要强化手段，而先进高强度钢是指通过相变进行强化的钢种，组织中含有马氏体、贝氏体或残留奥氏体。

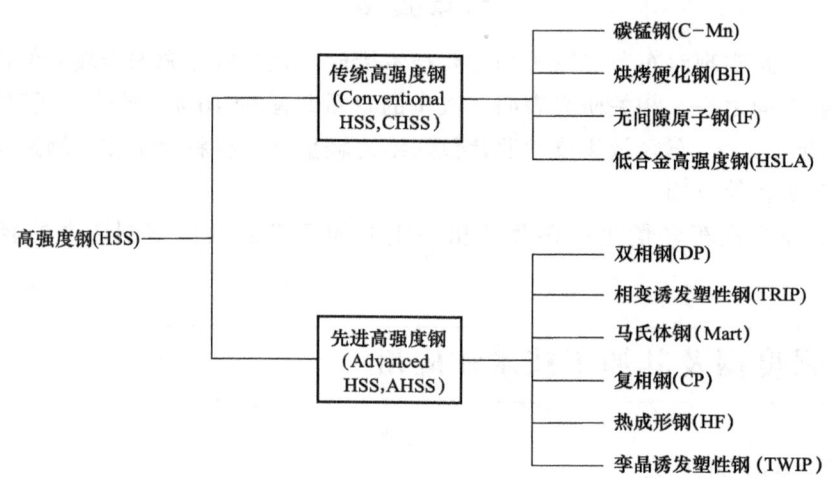

图 11-2 国际钢铁协会高强度钢的分类

高强度钢也可按力学性能（抗拉强度和屈服强度）来分类，通常分为低强度钢、高强度钢和超高强度钢三类。国际钢铁协会认为对钢种分类的规范化非常重要。按习惯定义屈服强度（YS）和抗拉强度（UTS），将钢种标记 XXaaa/bbb，XX 为钢种类型，aaa 为最低屈服强度（MPa），bbb 表示钢的最低抗拉强度（MPa）。屈服强度小于 210MPa（抗拉强度小于 270MPa）的钢称为低强度钢，而屈服强度介于 210~550MPa（抗拉强度介于 270~700MPa）的钢称为高强度钢，屈服强度大于 550MPa（抗拉强度大于 700MPa）的钢称为超高强度钢。

11.1.3 高强度钢先进成形加工技术与应用

围绕高强度钢的应用，目前使用最广泛的制造技术主要有超高强度钢热成形技术（Hot Forming Technology）、内高压成形技术（Internal High Pressure Forming，IHPF）、激光拼焊技术和柔性轧制技术（Flexible Rolling）等，它们也是实现汽车轻量化重要且关键的技术。

1. 超高强度钢热成形技术

超高强度钢最大的优势是能够在不降低材料性能的前提下，尽可能地减薄板材构件的厚度，从而减轻构件的重量。高强度和减薄是超高强度钢在安全和减重方面的优势，但同时也对超高强度钢的冲压成形工艺提出了全新的挑战。超高强度钢温度变形能力很差，在冲压过程中容易开裂，特别是当钢板的抗拉强度大于 1000MPa 时问题尤为突出。同时，成形后零件的回弹增加，导致零件尺寸和形状稳定性变差。因此，传统的冷冲压方法难以生产形状结构相对复杂的超高强度钢车身零件。为了实现轻量化与碰撞安全性，并解决高强度下冲压件回弹与模具磨损等问题，热成形超高强度钢及其工艺技术应运而生。

超高强度钢热成形技术是一项专门用于成形超高强度钢板冲压件的先进制造技术，又称为超高强度钢热冲压成形（Hot-stamping）技术，也是汽车冲压件制造领域的最新技术之一。该技术所使用的钢板是一种特殊的硼合金钢板，硼合金钢板中微量的硼（B）不仅可以有效地提高钢的淬透性，还有利于获取马氏体组织，从而实现成形汽车零部件的高强度特性。超高强度钢热成形技术是同时实现汽车车体轻量化和提高碰撞安全性的最新技术。目前，欧、美、日等国家和地区的各大汽车生产厂商已成功地将超高强度钢热成形技术应用于汽车构件的生产中，热成形钢板则

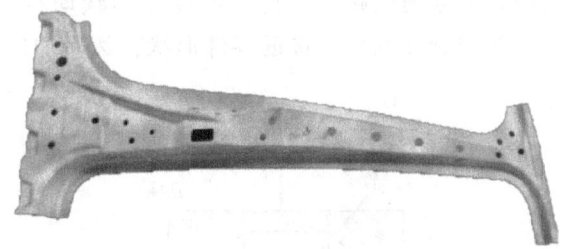

图 11-3　热冲压成形 B 柱

主要应用于前、后保险杠骨架以及 A 柱、B 柱（见图 11-3）等重点部位，在车辆发生正面和侧面撞击时，可有效减小驾驶舱变形，保护驾乘人员的安全。

超高强度钢热冲压成形工艺中的相互作用原理是将板材加热至奥氏体化温度，然后在模具中进行热成形，经通水冷却，在保持零件良好的形状前提条件下得到高强度的马氏体组织。超高强度钢热冲压成形工艺流程如图 11-4 所示。

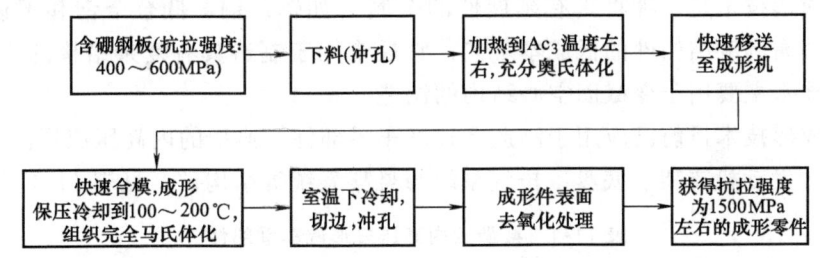

图 11-4　超高强度钢热冲压成形工艺流程

超高强度钢热成形技术是集落料、加热、冲压、淬火冷却和切形为一体的综合制造技术，是体现机械加工、电控和材料化工紧密交叉的国际前沿高新技术。实际生产中，该工艺又分为直接工艺和间接工艺两种。直接工艺是在下料后，直接把钢板加热然后冲压成形，主要用于形状比较简单、变形程度不大的工件。直接工艺过程主要包括下料（Cutting of Blank）→加热工件（钣金件）（Heat Treatment）→热冲压（Hot Forming）→淬火冷却（Quenching and Cooling）→切形与整形（Final Geometry and Trimming）。在将板料转移至冲压模过程中，机器人或直线传输系统能在大约 3s 内将板料转移至水冷模。为防止传输系统过热、减少板料的热量散失，需要使用保湿装置，如在板料和传输系统之间布置防热罩，一旦转移板料，定位辅助装置能保证板料准确安放在冲压模内。

对于一些形状复杂的或者拉深深度较大的工件，则需要采用间接工艺，即先把准备好的板料经过冷冲压预成形，然后将板料加热到奥氏体化温度，在保温一段时间后，将其放入具有冷却系统的模具中进行热冲压成形及淬火。

2. 内高压成形技术

内高压成形技术是一种利用液体作为成形介质，通过控制内压力和材料流动来达到成形中空零件目的的材料成形工艺。内高压成形技术的基本原理如图 11-5 所示，以管材为坯料，在管材的内部施加超高压液体的同时，并对管坯两端施加轴向的推力 F_a 并补料。在两种外力的共同作用下，管坯材料发生塑性变形，经过膨胀、压缩和成形三个阶段，最终与模具型腔内壁贴合，得到精度与形状均符合要求的中空零件。对于轴线为曲线的零件，需要把管坯预弯成接近零件形状，然后加压成形。

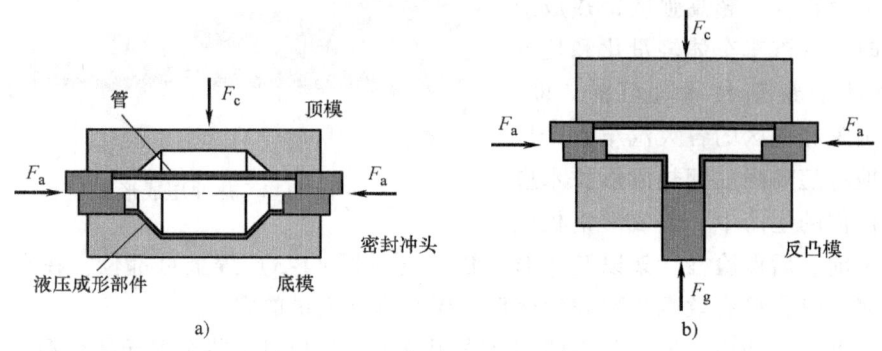

图 11-5 内高压成形技术的基本原理
a) 轴对称部件成形 b) T 形件成形

内高压成形技术是一种将具有延展性的金属（如铝、铜、低合金钢和不锈钢）成形为具有轻质和高刚度结构件的低成本工艺，它最常用于制造具有复杂结构的汽车零部件。内高压成形技术主要用于变截面空心结构的制造。

内高压成形技术目前已应用于制造多种汽车零部件，典型的内高压成形汽车零部件包括 T 形接头、发动机支架、底盘、排气系统与悬架系统等结构件，见表 11-1。

表 11-1 典型的内高压成形汽车零部件

系统	部件	系统	部件
车身系统	仪表盘支架、散热器支架、车顶侧梁、顶梁等	悬架系统	控制臂
底盘系统	前副车架、保险杠、后副车架等	驱动系统	驱动轴支座、凸轮轴
转向系统	转向杆	发动机	排气歧管

3. 激光拼焊技术和柔性轧制技术

(1) 激光拼焊技术 激光拼焊技术属于熔融焊接，它是以激光束为能源，采用偏光镜反射激光，产生的光束集中在聚焦装置中使其产生巨大能量（能量高达 $106W/cm^2$），将能量汇聚在焊件接头上，轰击，使焊接金属熔化，从而实现焊接的工艺技术。激光焊接的机理有热传导焊接（Heat Conduction Welding）和激光深熔焊（Deep Welding）两种。

1) 热传导焊接。激光照射材料表面时，一部分激光被反射，而另外一部分激光则被材料吸收，并将光能转化为热能，而使材料受热熔化。材料表面层的热以热传导的方式向材料的深处传递，最终将两焊件熔接在一起，如图 11-6 所示。

2) 激光深熔焊。功率密度较大的激光束（如 CO_2 激光器和 YAG 激光器产生的激光束）照射材料表面时，材料吸收光能，并将其转化为热能，材料被加热熔化至汽化后，产生了大量的金属蒸气，熔化的金属液体在蒸气退出表面时产生的反作用力下向四周排挤，从而形成了凹坑，并随着激光束的继续照射，使凹坑向纵深方向深入扩展。当激光束停止照射后，凹坑周边的熔液回流，冷却凝固后将两焊件焊接在一起，如图 11-7 所示。其中，YAG（Yttrium Aluminium Garnet）激光器是以钇铝石榴石晶体为基质的一种固体激光器。

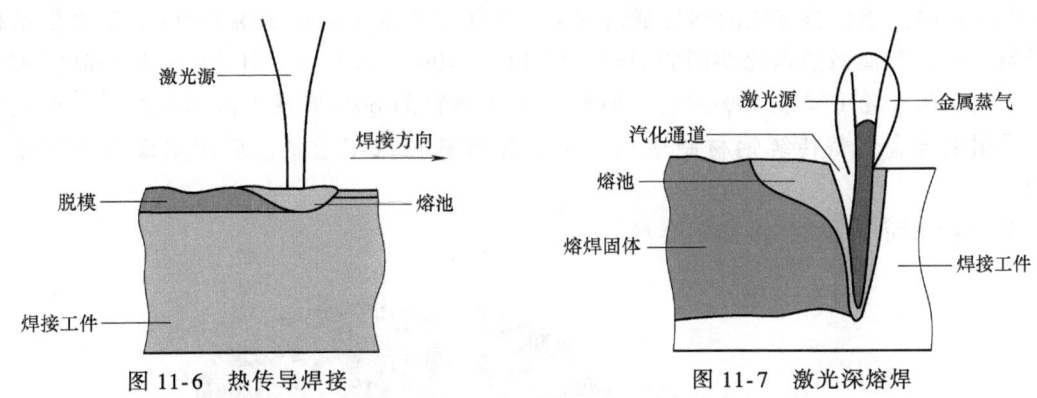

图 11-6　热传导焊接　　　　　　图 11-7　激光深熔焊

激光拼焊技术是将经不同表面处理、不同材质、不同厚度的钢板通过激光焊接组合成为一个毛坯件，然后再将其冲压成所需的零部件。

汽车车身激光拼焊制造的工艺流程通常是：激光拼焊板材→冲压成形→激光三维切割→激光焊接分总成→总装→激光在线检测。目前，全世界有激光拼焊生产线 100 多条，采用激光技术制造车身，可节省约 2/3 的样车新车身开发模具和约 70% 的夹具费用，使生产周期缩短 50%，白车身重量减轻 20%，制造精度（形状、尺寸等）和白车身总体质量（刚度、强度等）显著提高。

（2）**柔性轧制技术**　激光拼焊技术的出现为满足汽车轻量化过程中不等厚截面零件的连接提供了解决方案，但同时也带来了一些新的问题，如拼焊缝容易在成形过程中开裂等。为解决这些问题，德国 Mubea 公司开发出钢板的柔性轧制技术，利用该技术可直接生产可变截面厚度的钢板卷料（Tailor Rolled Blanks，TRB），减少了拼焊环节，更有利于提高零件的性能和降低生产成本。

钢板柔性轧制技术是指首先将截面厚度变化规律输入计算机，工作过程中，轧辊间隙在计算机的控制下自动进行调整，使钢板的厚度按预定的要求呈周期性变化。这一技术所加工出产品的厚度没有突变，不容易发生应力集中，可避免因变形而导致的开裂，可广泛用于车身零部件，如汽车横梁、阻尼管、排气管、保险杠、底盘副车架和 B 柱等。

11.2　铝合金及其加工技术和应用

11.2.1　铝合金概况

铝是应用较早且技术日趋成熟的轻量化材料，它在汽车中的用量呈现不断增长的趋势。汽车中应用的铝主要以铝铸件为主,约占汽车用铝量的80%。而铝冲压件、铝锻件以及铝板在汽车中的用量较小。此外,由于铝挤压型材有较高的力学性能和成形性能,可以生产各种断面形状的型材,近年来在汽车上的用量开始迅速增加。目前,在汽车轻量化的带动下,铝合金及其应用技术得到了迅猛地发展。各大汽车厂商不断推出了采用全铝车身以及铝密集型的新款汽车,这些新车中铝的用量不断增加。目前,铝在汽车中的应用正朝车身零件及结构件的方向发展,其应用范围将会不断扩展,从而有望成为仅次于钢的第二大汽车材料。铝代替传统的钢材制造汽车,可使整车重量减轻30%~40%,制造发动机可减重30%,铝质散热器比相同的铜制品轻20%~40%,轿车铝车身比原钢材制品轻40%以上,汽车铝车轮可减重30%左右。而汽车所耗燃料的60%消耗于汽车的自重,由此可见,采用铝合金代替传统钢材制造汽车可以显著减轻汽车重量,从而实现节能减排的目的。

图11-8所示为奥迪A8全铝车身。

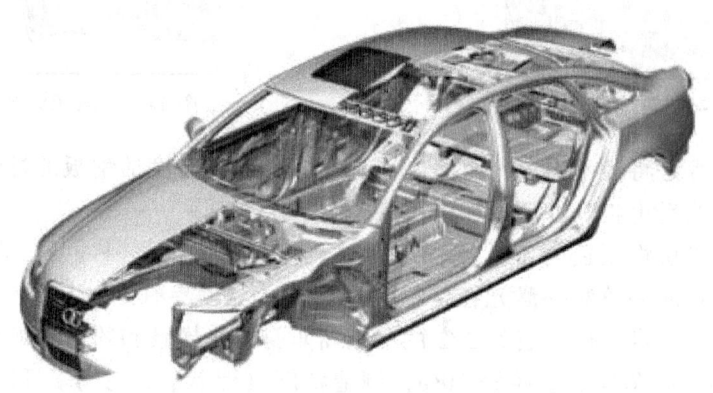

图 11-8 奥迪 A8 全铝车身

11.2.2 铝合金的分类及应用

铝是一种强度低、塑性好的金属,不适合用作结构材料。因此,为了提高纯铝的强度以及综合性能,通常将纯铝与其他金属材料进行合金化,同时进行适当热处理来改善材料的性能,从而获得了综合性能优异的合金材料。研究表明,铝合金不仅能够保留纯铝重量轻等优点,同时还能够显著提高材料的强度,使得铝合金的比强度大大超过很多合金钢,从而成为一种理想的结构材料。与其他传统材料相比,铝合金用于汽车领域具有明显的优势,比如能够达到轻量化的目的,降低汽车能耗,减少汽车尾气的排放,同时还能够改善汽车的行驶性能,提高汽车的舒适度以及安全性。

根据铝合金的相图可以将铝合金分为变形铝合金和铸造铝合金,两者的主要区别在于,变形铝合金中合金元素的含量较低,而铸造铝合金中合金元素含量较高,合金凝固时能够形成部分共晶体,从而使材料具有较好的流动性,有利于铸造成形。

其中,铸造铝合金在汽车车身上的应用见表11-2,变形铝合金在汽车制造中的应用见表11-3。

表 11-2 铸造铝合金在汽车车身上的应用

铝合金型号	使用部位
AlMg5.4Mn0.3-W	行李舱内板、汽车装饰件
AlMg25-W	汽车加强板(强度要求不高)
AlMg0.4Si1.2	汽车发动机罩、汽车行李舱盖
AlMg5	仪表板、汽车门柱内衬板、后靠背支架

表 11-3 变形铝合金在汽车制造中的应用

牌号	用途	牌号	用途
1100	车内装潢件、镶饰件、铭牌	6009	车身钣金件、天窗内板、承载地板、发动机盖内外板、前闸板、栅栏内板座架、内门板、减振器加强筋、焊接零件
1200	热传输翅片、挤压冷凝管		
2008	内外覆盖件(壳板)、结构件	6010	壁板、门内板、天窗板、备用轮、栅栏内板架、座架和轨道以及轮毂
2010	内外结构件、覆盖件		
2011	螺钉	6111	车身钣金件
2017	紧固件	6005A	车身零部件
2117	紧固件	6022	内外壳板
2024	紧固件	6051	换热器
2036	覆盖件、座位架、承载地板	6016	车身钣金件
3002	装潢件、铭牌、镶饰件	6063	挤压结构材料、门框、窗框、附件等
3003	钎焊换热器管、加热器和蒸发器翅片、空调管等	6463	挤压结构材料、窗框、门框等
3004	外用覆盖板和部件	6053	紧固件
3005	钎焊散热器管、加热器和边部支承、蒸发器零件	6061	车身挤压材、悬架件、托架挤压板、驱动轴管、冲挤与锻造的驱动轴轭、备用轮架、减振器加强筋、紧固件、制动缸(挤压材)、轮毂、油料输送系统、保险杠、换热器
4002	复合钎焊板		
4032	锻造活塞	6151	结构零件、轮辐、各种支架
4044	复合钎焊板	6262	结构零件,如传动系统、发动机系统零件与连接件等
4104	复合钎焊板		
4043	焊接线、复合钎焊板	6082	一般结构,制动器零件
5005	装潢件、镶饰件、铭牌	6262	结构零件、制动活塞、制动器零件、阳极氧化的一般螺钉
5052	覆盖件和零件、货车减振器		
5252	装潢件	6181A	车身板
5182	内壳板、空气清洁器盘和罩、挡泥板、隔热屏蔽板	7003	减振器加强筋、座位轨道
		7021	减振器用平面规则多边形棒材、托架板
5454	车轮、各种零件、发动机辅助托架、焊接结构件	7029	光亮的或阳极氧化的减振器用平面规则多边形棒
5457	装潢件		
5657	装潢件	7072	散热器翅片、冷凝器
5754	内壳板、隔热屏蔽板、挡泥板、承载地板	7129	减振器用平面规则多边形棒、减振器加强筋、挤压头枕棒、轨道挤压材、座位
6591	换热器、散热器		

11.2.3 铝合金先进成形加工技术与应用

铝合金加工工艺主要分为铸造铝合金加工工艺和变形铝合金加工工艺。铸造成形的工艺方法主要包括砂型铸造、压力铸造、金属型重力铸造、低压铸造和真空吸铸法等。变形铝合金是指铝合金材料经高温熔炼铸成铸锭后，再经过轧制、挤压、锻造等工艺使其组织、形状等发生变化的铝合金。下面主要介绍变形铝加工工艺。

1. 轧制工艺

轧制是应用最广泛的一种压力加工方法。轧制过程是旋转的轧辊与轧件（金属）相互作用时，轧件被轧辊与轧件之间形成的摩擦力拖进旋转的轧辊间，并受到压缩而发生塑性变形的过程，如图11-9所示。

铝合金轧制法是目前世界上发展最快、应用最广的铝材加工方法，其加工产品包括各种不同品种、规格、性能、功能及用途的板、带、条、箔材合金材料。由于轧制生产工艺具有生产效率高、产量大、产品种类多

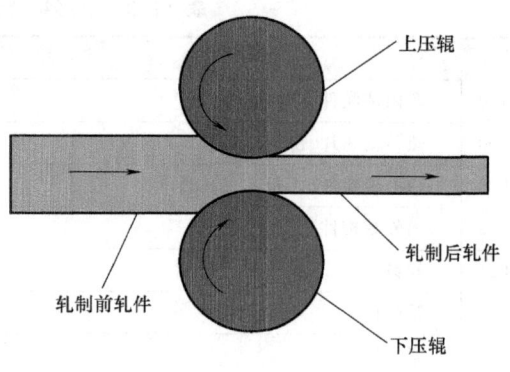

图 11-9 轧制示意图

等优点，从而使其成为铝合金加工中比较常见的方法。目前，轧制铝合金在汽车领域已得到广泛应用，如轮毂、覆盖件、车身板、发动机盖、连杆、轴承和换热器等。

2. 挤压工艺

挤压是对放置于挤压筒内的金属坯料施加外力，并使之从特定的模孔中流出，从而获得所需断面形状及尺寸的一种常见塑性加工方法，其基本原理如图11-10所示。现代工业上广泛应用的挤压方法主要有正向挤压法、反向挤压法、侧向挤压法、连续挤压法、静液挤压法、玻璃润滑挤压法等。

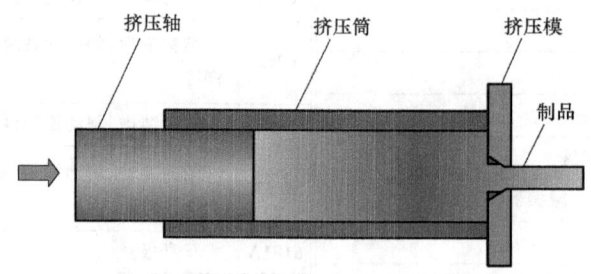

图 11-10 铝合金挤压工艺的基本原理

挤压工艺能够用于生产各种断面形状复杂的空心和实心的铝及铝合金型材、管材、棒材和线材等，且生产灵活性大，但与轧制生产相比，挤压工艺也有其不足之处，比如成本高、产量低、成品率低等。在汽车工业领域，为了实现轻量化的目标，近年来铝合金挤压型材得到了快速地发展，其用量不断增加。挤压铝合金可以用于生产各种形状断面的汽车零部件，比如轿车保险杠、货车侧面支架、客车行李架、车窗、座椅安装滑轨、前饰条

（立柱包体）、上饰条、下饰条等产品。

3. 锻造工艺

锻造是一种采用锻压机械对铝合金坯料施加一定的压力，使坯料产生塑性变形，从而获得具有一定的力学性能、形状和尺寸锻件的加工方法。与其他加工方法相比，锻造加工具有锻件的形状及尺寸稳定、综合力学性能优异、生产效率高等优点。锻造加工按照使用工具和生产工艺的不同可以分为自由锻造、模锻及特种锻造。自由锻造一般是指借助简单工具，如锤、砧、摔子、型砧、冲子、垫铁等对铸锭或棒材进行镦粗、弯曲、冲孔、扩孔等生产方式，生产零件毛坯。

11.3 镁合金及其加工技术和应用

11.3.1 镁合金概况

镁合金由于具有优异的性能而成为备受关注的新型汽车材料。镁是比铝更轻的一种轻金属材料，它能够在铝减轻重量的基础上再减轻15%～20%。在汽车轻量化的推动下，镁在汽车中的应用已经成为汽车材料领域的一个重要发展方向。目前，车用镁材料在汽车中的应用正以年均20%的增长速度迅猛发展。

图11-11所示为奔驰轿车的镁合金变速器。图11-12所示为镁合金轮毂。

图11-11　奔驰轿车的镁合金变速器

图11-12　镁合金轮毂

11.3.2 镁合金的分类及应用

根据成形工艺原则进行分类，镁合金可分为铸造镁合金和变形镁合金。两者在化学成分、组织性能以及用途上都有一定的差异，但没有严格的区分。铸造镁合金可分为压力铸造镁合金和普通铸造（砂型铸造、永久模铸造）镁合金。变形镁合金是经过挤压、轧制、锻造等塑性成形方法得到的镁合金，变形镁合金的力学性能通常要优于相同成分的铸造镁合金。

目前，采用镁合金制造底盘、车身、转向盘、座椅骨架、各种支架、仪表盘骨架、进气歧管等汽车零部件已经成功实现工业化生产。而镁在汽车中应用的下一个目标是汽车发动机等动力系统的零部件，各大汽车厂商均加大了对镁合金在发动机等动力系统零部件上应用的研发。镁合金在汽车上的应用举例见表 11-4。

表 11-4 镁合金在汽车上的应用举例

类 别	具体零件
车身零部件	门框、车顶板、尾板、仪表盘、座位升降器、座椅架、锁合装置、操作台架、气囊外罩、转向柱、转向柱支架、转向盘、车窗电动机罩、气动踏板托架、制动与离合器踏板托架等
动力系统及传动系统零部件	气缸盖、进气管、凸轮盖、阀盖、前盖、手动换挡变速器、四轮驱动变速器箱体、变速器壳体、离合器外壳与活塞、齿轮箱壳体、曲轴箱、电动机罩、交流电动机支架、分配盘支架、滤油器支架、油箱、油泵壳、油过滤器接头、油底壳、空气压缩机罩、抽气管等
底盘零部件	轮毂、发动机托架、前后吊杆、尾盘支架等

11.3.3 镁合金先进成形加工技术与应用

如前所述，镁合金可分为铸造镁合金和变形镁合金。铸造镁合金的成形技术包括压力铸造、挤压铸造、砂型铸造、金属型铸造、熔模铸造、永久模铸造、低压铸造等。变形镁合金的成形技术包括前期镁合金材料的铸造以及后期的塑性成形技术，镁合金的塑性成形技术包括挤压成形（Extrusion）、锻压成形（Forging）、轧制成形（Rolling）和冲压成形（Stamping）等。下面主要介绍变形镁合金的塑性成形技术。

1. 挤压成形

挤压成形是最适合于低塑性材料的塑性成形方法，是镁合金较理想的也是最主要的塑性加工方法。用于铝合金的挤压方法和挤压设备同样适用于镁合金，但镁合金和铝合金的加工工艺存在一些差异：铝合金的最高加工温度可以达到 550℃ 左右，而镁合金的最高挤压温度相对低一点，大约为 470℃；镁合金允许的最大挤压速度比硬铝的挤压速度大，而比软铝的小；镁合金的变形抗力大于铝合金，加工模具设计时要求能承受更大的挤压力。科研人员研究发现，挤压温度、挤压速度和挤压比是镁合金挤压成形工艺的重要工艺参数，直接影响产品的组织结构及最终性能。镁合金的挤压温度是挤压加工过程中最重要的工艺参数，主要取决于合金的组成成分和制件的形成尺寸。挤压温度过低时，加工效率低；挤压温度过高，制件会发生热裂。不同挤压温度下 AZ61 镁合金与铸态 AZ61 镁合金的力学性能相比，AZ61 镁合金挤压态的力学性能优异，见表 11-5。

表 11-5 不同挤压温度下 AZ61 镁合金以及铸态 AZ61 镁合金的力学性能

加工状态	抗拉强度/MPa	屈服强度/MPa	伸长率（%）
铸态	221.41	129.22	12.67
挤压态（370℃）	302.91	210.91	22.33
挤压态（385℃）	291.03	211.30	22.27
挤压态（400℃）	297.43	221.42	22.39

挤压成形生产的零部件与压铸成形生产的零部件相比，具有较高的力学性能，可用于制造汽车承载件，如轮毂、座架和底盘框等。

2. 锻造成形

锻造是高性能镁合金制品成形的主要方式。一般的变形镁合金都可以采用锻造加工，但为了保证镁合金具有良好的加工性能，必须采用具有锻造性能较好的 AZ 或 ZK 系镁合金坯料或坯棒。镁合金的锻造加工技术与铝合金的相似，但也存在一些差异：在高温下镁合金的流动性差，变形阻力较大；镁合金的导热性能较好，在锻造加工时应避免与低温夹具直接接触，防止产生龟裂等缺陷；镁合金塑性较差，锻造加工时对坯料要求高，一般需进行预压操作；镁合金在加工时对变形速率很敏感；镁合金在较高温度下，尤其在 400℃ 以上时，很容易产生腐蚀氧化，因而不易锻造。镁合金主要的锻压成形工艺是等温锻造，这是因为镁合金的热导率较大，通常是钢的两倍，使得镁合金适宜的锻造温度范围较窄，金属接触模具后很快降温，塑性和变形能力降低，充填性能大幅下降，所以较适合等温锻造成形。镁合金锻造性能取决于三个因素，即合金的变形温度、合金的变形速率及晶粒大小。

图 11-13 所示为锻造成形镁合金汽车轮毂。

图 11-13 锻造成形镁合金汽车轮毂

3. 轧制成形

轧制成形技术是镁合金板材的主要成形方式。镁合金通常采用的轧制工艺是多道次和小压力轧制。轧制后的镁合金板材一般需要进行必要的退火，使加工后的镁合金组织发生回复和再结晶，以达到消除内应力的目的。因为镁合金材料的滑移系较少，通常运用辊式矫直方法来进行矫直。

4. 冲压成形

冲压成形技术在镁合金材料上的应用难度较大，但因为可以直接使用密度大的轧制板料，且其生产效率较高，所以冲压成形的市场优势很大，发展前景广阔。而在诸多冲压成形工艺中，拉深成形过程最为复杂，成形难度很大。镁合金材料的晶体结构是密排六方，存在较少的滑移系，室温下的塑性较差，不宜进行加工，一般都要在 150℃ 以上进行热拉深成形。

图 11-14 所示为冲压成形镁合金汽车车身板件。

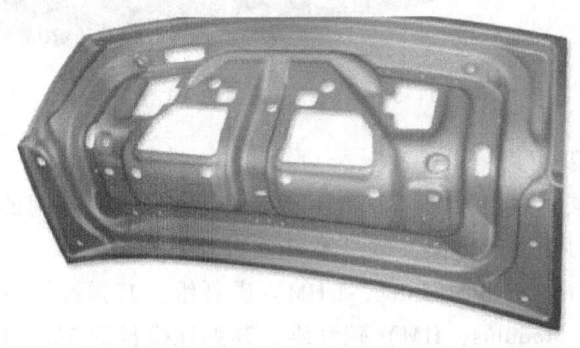

图 11-14 冲压成形镁合金汽车车身板件

11.4 纤维增强复合材料及其加工技术和应用

11.4.1 纤维增强复合材料概况

在车用复合材料中,纤维增强复合材料应用最为广泛。增强相纤维材料主要有玻璃纤维、碳纤维、硼纤维、芳纶纤维、碳化硅纤维和天然纤维。其中,玻璃纤维增强复合材料虽然已较为广泛地用于汽车部件制造中,但是由于其难以回收,生产玻璃纤维的行业又是高能耗行业,所以近年来有被天然纤维和低成本碳纤维取代的趋势。因此,本节将重点阐述碳纤维、天然纤维材料及其应用技术。

11.4.2 碳纤维

1. 碳纤维概况

在众多的纤维增强复合材料中,碳纤维在密度和力学性能上相比其他纤维材料和轻质金属材料具有很大的优势。由于碳纤维具有优异的力学性能,很好的耐热性,较好的导电性和电磁屏蔽性能等,因此在许多高新技术领域及民用领域得到广泛应用。碳纤维增强树脂基复合材料在汽车轻量化先进设计制造中具有十分明显的优势。车用碳纤维增强树脂基复合材料的密度一般为 $1.5\sim2.0\text{g/cm}^3$,只有普通碳钢材的 $1/4\sim1/5$,比铝合金还要轻 $1/3$ 左右。同时,碳纤维复合材料的力学性能十分优异,其抗拉强度比钢材高 $3\sim4$ 倍,刚度比钢材高 $2\sim3$ 倍,耐疲劳性比钢材高 2 倍左右,重量比钢材轻 70% 左右,热膨胀系数小 $40\%\sim50\%$。

图 11-15 所示为全碳纤维迈凯伦 P1 车型。

图 11-15 全碳纤维迈凯伦 P1 车型

2. 碳纤维的分类及应用

碳纤维主要是由碳元素组成的一种高性能特种纤维。采用不同的标准,可对碳纤维进行不同的分类。按照力学性能分类,碳纤维可分为以下五大类:

1) 超高模量(Ultra-High Modulus, UHM)碳纤维,其弹性模量大于 450GPa。
2) 高模量(High Modulus, HM)碳纤维,其弹性模量为 350~450GPa。
3) 中模量(Intermediate Modulus, IM)碳纤维,其弹性模量为 200~350GPa。

4) 高强度低模量（High Tensile and Low Modulus，HT）碳纤维，其抗拉强度大于 3GPa，弹性模量小于 100GPa。

5) 超高强度（Super High Tensile，SHT）碳纤维，其抗拉强度大于 4.5GPa。

目前，碳纤维增强树脂基复合材料在汽车领域的主要应用包括发动机系统中的连杆、推杆、摇杆、水泵叶轮，传动系统中的传动轴、离合器片、加速装置及其壳罩等，底盘系统中的悬置件、散热器、弹簧片、框架等，车体上的车顶内外衬、侧门、地板等。例如，大众汽车公司在 2L 车 CC1 研究项目中，采用了大量的碳纤维复合材料，其中用于车身的比例就达到 45%。碳纤维在汽车领域的使用量增长迅速。

3. 碳纤维增强聚合物基复合材料先进成型技术与应用

碳纤维增强聚合物基（Carbon Fiber Reinforced Polymers，CFRP）复合材料是指以碳纤维作为增强相与热塑性或热固性的树脂材料复合而成的材料。CFRP 复合材料的制造技术主要包括预浸成型和液体成型工艺，如图 11-16 所示。

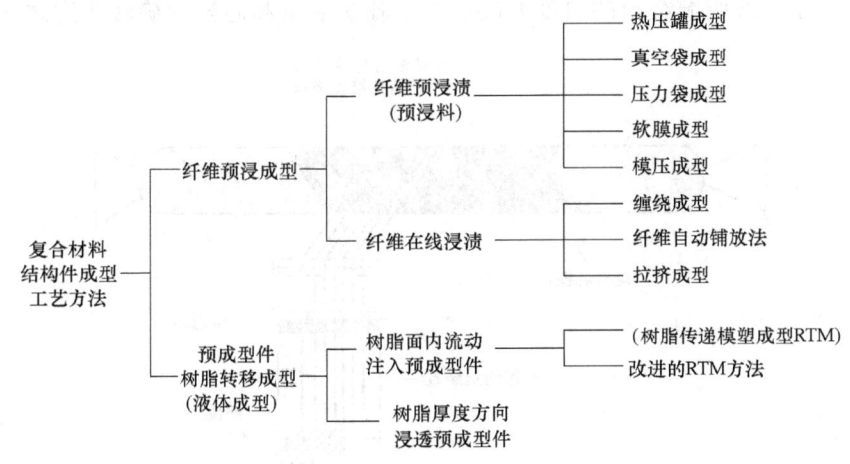

图 11-16　CFRP 复合材料的制造技术

(1) **手糊铺放成型工艺**（Hand Layup Moulding）　手糊铺放成型工艺是采用手工作业把碳纤维织物（Fiber Fabric）和树脂（Resin）交替地铺层在已涂覆好脱模剂［如石蜡（Wax）和胶衣（Gelcoat）］的模具上，然后用压辊（Roller）滚压压实脱泡，最后在常温下固化成型为汽车复合材料制品，如图 11-17 所示。尽管在现代汽车复合材料成型新工艺不断涌现的情况下，手糊铺放成型工艺显得比较原始，但该工艺却具有其独特的不可替代性，仍然为世界各国汽车复合材料行业采用。

(2) **缠绕成型工艺**（Filament Winding Moulding）　缠绕成型工艺是在控制纤维张力和预定线型的条件下，将浸过树脂胶液的连续纤维（或布带、预浸纱）按照一定的规律连续地缠绕到对应于制品内腔尺寸的芯模或内衬上，然后在室温或加热条件下使之固化、脱模，获得一定形状的汽车复合材料制品。根据纤维缠绕成型时树脂基体的物理化学状态不同，分为干法缠绕、湿法缠绕和半干法缠绕三种。其中，干法缠绕一般仅用于高性能、高精度的尖端技术领域中。湿法缠绕的应用最为普遍。湿法缠绕工艺是指在缠绕工序之前，通过浸渍等方法将湿态树脂基材料施加在连续纤维纱或纤维布上，然后再一起缠绕到对应

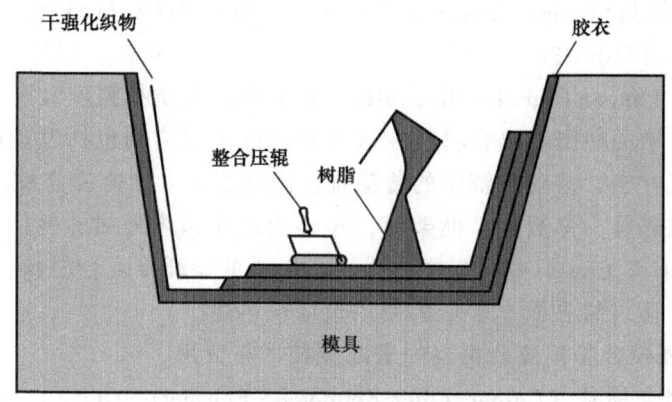

图 11-17 手糊铺放成型工艺示意图

于制品内腔尺寸的芯模或内衬上，经固化并成型为制件的方法。纤维缠绕成型工艺示意图如图 11-18 所示。纤维缠绕角的斜度取决于纤维输送装置和芯模的旋转速度之比。

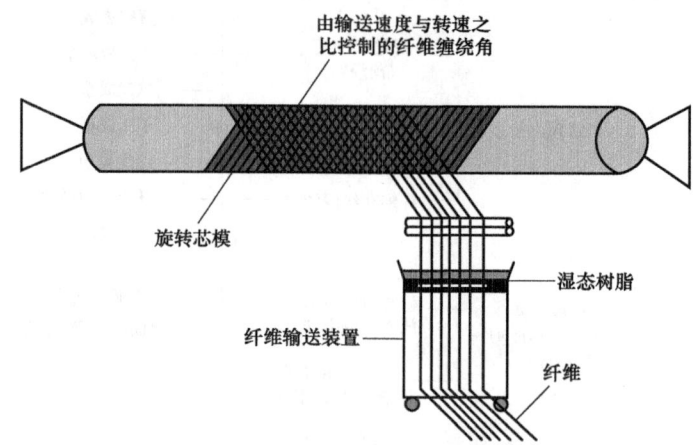

图 11-18 纤维缠绕成型工艺示意图

纤维缠绕成型工艺的优点是易实现机械化和自动化生产，生产效率高，适合大批量生产的零部件产品，并且能够按产品的受力状况设计缠绕工艺条件，使得产品质量稳定、精确。目前，纤维缠绕成型工艺已应用于生产汽车的传动轴和板状弹簧。纤维缠绕成型工艺的缺点：缠绕成型适应性小，不适用于具有凹形表面的制品，并且缠绕成型工艺投资大，需要有缠绕机、芯模、固化加热炉、脱模机等。

（3）**树脂传递模塑成型工艺**（Resin Transfer Moulding，RTM） 该技术始于20世纪50年代，是从湿法铺放手糊成型工艺和注射成型工艺中衍生出来的一种新的闭模成型工艺，其工艺示意图如图 11-19 所示。

具体来说，RTM 的工艺过程一般包括以下五个步骤：

第一步：预成型制品。

第二步：在模具的型腔中预先放置纤维增强材料（包括螺栓、螺母或聚氨酯泡沫塑料等嵌件）。

第三步：闭模锁紧。

第四步：将调配好的树脂胶液在一定的温度和压力下，从设置于适当位置的浇注口处注入模腔，浸透纤维增强材料，然后一起固化。

第五步：最后起模、脱模，得到基于复合材料的汽车零部件制品。

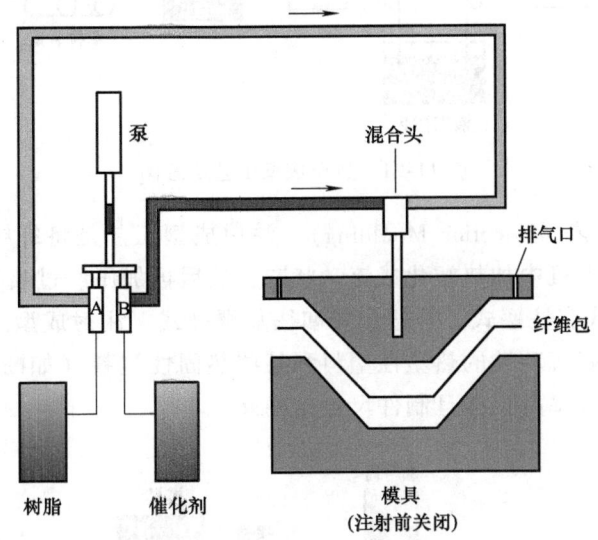

图11-19　树脂传递模塑成型工艺示意图

（4）真空辅助树脂传递模塑成型工艺（Vacuum-Assisted RTM，VARTM）　真空辅助树脂传递模塑成型工艺（VARTM）是针对RTM在制造大型复杂件时的不足，而发展形成的一种低成本纤维增强复合材料制件的成型技术。与RTM的双面闭合模不同，VARTM工艺是一种单边模塑成形工艺。也就是说，在VARTM工艺中纤维及辅件预先铺放在下模，然后在下模上方覆盖一个真空袋进行密封，如图11-20所示。它的成型原理是首先利用抽真空排除纤维预制件中的气体，利用压力差使低黏性的树脂基材料流动并渗透进入纤维预制件，然后在室温或加热条件下进行固化，最终成型为具有一定形状尺寸和纤维体积含量的复合材料制件。

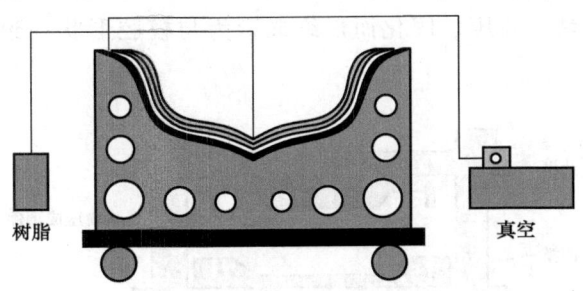

图11-20　VARTM工艺示意图

（5）拉挤成型工艺（Pultrusion Moulding）　拉挤成型工艺适用于连续制造纤维增强树脂基复合材料制件。该工艺是将树脂基（包括树脂、填料和各种添加剂）和增强纤维构成的原材料在一个牵拉装置驱动下经过一个加热的钢成型模，成型硬化、固化而获得一定形状的制件，如图11-21所示。

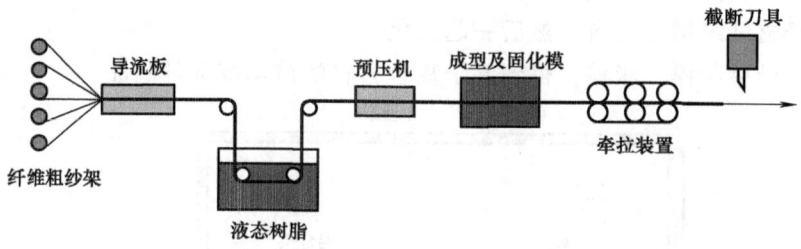

图 11-21　挤压成型工艺示意图

（6）注射成型工艺（Injection Moulding）　注射成型工艺是将纤维和塑料的混合体材料从加料筒中加入注射机中加热塑化成流动状态，然后再加压经过喷嘴注射入模具，如图 11-22 所示。注射方式有柱塞式、预塑化式和往复螺杆式。注射成型工艺可成型制造纤维增强的大多数具有良好流动性的热塑性塑料和某些热固性塑料（如酚醛塑料）。此工艺为连续制造工艺，生产效率高，并且制件尺寸精确高。

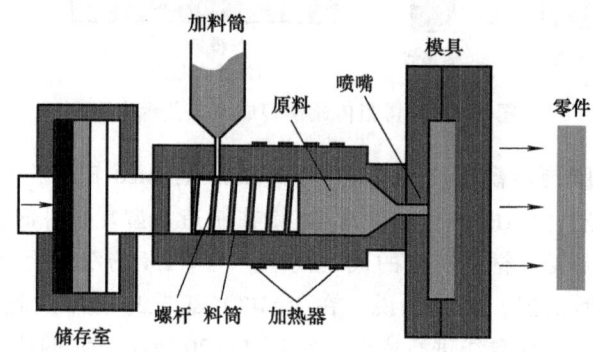

图 11-22　注射成型工艺示意图

（7）模压成型工艺（Compression Molding）　模压成型是一种传统但广泛应用于制造复合材料制件的工艺技术。该工艺是将一定量的纤维和树脂基混料或两者的预复料加入金属模具中，经加热、施压、固化而最终成型为与模腔形状一致的制件，如图 11-23 所示。

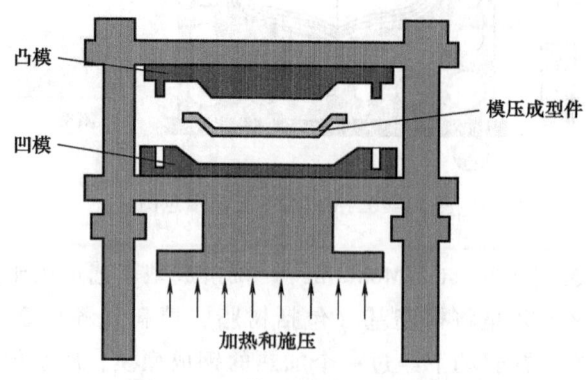

图 11-23　模压成型工艺示意图

11.4.3 天然纤维

1. 天然纤维概况

随着全球资源和能源的日益紧张以及人类生存环境的不断恶化,人们对节能、环保技术越来越关注。同时,各国政府均不断采取一些有利于环境保护以及可持续发展的措施,其中非常重要的措施就是推广"环境友好、可回收材料的使用"。天然纤维/聚合物复合材料是一种满足节能、环保、可回收等要求的新材料。天然纤维增强聚合物基复合材料与传统人造纤维增强复合材料相比,具有价格低廉、可循环利用、可降解、环境友好、人体亲和性好等无可比拟的优势。目前,天然纤维增强聚合物基复合材料已成为汽车材料研究领域的热点,并在汽车工业领域得到了广泛的应用。

与传统的合成纤维相比,天然纤维具有价格低廉、密度小、比强度高、比模量高、可生物降解和可再生等特点,符合绿色环保和可持续发展的要求,因而具有广阔的应用前景。常见天然纤维与合成纤维的力学性能对比见表11-6。由表11-6可见,天然纤维中苎麻纤维和黄麻纤维具有较好的综合力学性能。

表11-6 常见天然纤维与合成纤维的力学性能对比

纤维	密度/(g/cm³)	断裂伸长率(%)	抗拉强度/MPa	拉伸模量/GPa	比强度/(MPa·cm³/g)	比模量/(GPa·cm³/g)
苎麻	1.5	3.6~3.8	400~938	61.4~128.0	267~625	40.9~85.3
黄麻	1.3	1.5~1.8	393~773	26.5	302~595	20.4
亚麻	1.5	2.7~3.2	345~1035	27.6	230~690	18.4
大麻	1.5	1.6	690	—	460	—
椰壳纤维	1.2	30.0	175	4.0~6.0	146	3.3~5.0
剑麻	1.5	2.0~2.5	511~635	9.4~22.0	341~623	6.3~14.7
棉纤维	1.5	7.0~8.0	287~597	5.5~12.6	191~398	3.7~8.3
竹纤维	1.5	—	575	27	383	18
玻璃纤维	2.5	2.5	2000~3500	70.0	800~1400	28
芳纶纤维	1.4	3.3~3.7	3000~3150	63.0~67.0	2143~2250	45.0~47.9
碳纤维	1.4	1.4~1.8	4000	230~240	2857	164~171

2. 天然纤维复合材料的分类及应用

近年来,随着国际石油资源的日益紧缺以及环境问题的日趋严重,复合材料的发展日益向着轻量化和节能环保的方向发展。而天然纤维增强的复合材料是一种新型的车用绿色复合材料,符合当今汽车工业发展的需要,因而成为汽车新材料领的研究重点和热点之一。目前,车用天然纤维增强的绿色复合材料中应用较为广泛的天然纤维主要有木纤维、麻纤维以及竹纤维。

(1) 木纤维复合材料（Wood Plastic Composites） 木材的茎秆主要由皮部、韧皮部、形成层、木质部以及髓心组成,其中木质部是木纤维的主要来源。采用木纤维为增强体制备的天然纤维增强复合材料是一种常见的木纤维复合材料,它是通过挤压、模压、注射成型等成型加工工艺将聚丙烯、聚氯乙烯和聚乙烯等聚合物与木粉混合而制成的复合材料。

（2）麻纤维复合材料（Bast Fiber Reinforced Composites） 麻纤维具有密度小、质地坚韧、抗拉强度大、模量高、可再生、可降解、生产成本低、生产能耗小等特点，因而在复合材料领域具有十分广阔的应用前景。麻纤维增强聚合物复合材料已经成为各国新材料领域的研究重点。欧美发达国家在该领域已经走在了世界的前列，许多大型公司成功研发了一系列的麻纤维增强复合材料，比如德国 BASF 公司成功研发了黄麻/聚丙烯、剑麻/聚氨酯泡沫等麻纤维复合材料，并采用这类复合材料生产了轿车内饰件、车门内饰板、吸噪声板、备用轮罩等汽车零部件。

图 11-24 所示为麻纤维汽车车门内饰板。

（3）竹纤维复合材料（Bamboo Fiber Reinforced Composites） 竹纤维具有优异的物理及力学性能，因而被称为"天然玻璃纤维"。竹纤维增强复合材料是将表面改性处理后的竹纤维与树脂相混合，并通过一定的成型工艺而制备得到的一种高性能的天然纤维增强复合材料。由于竹纤维复合材料的性能十分优异，因而受到了人们的广泛关注。工业中生产竹纤维增强复合材料的成型工艺主要有挤出成型工艺、热压成型工艺以及挤压成型工艺等。目前，竹纤维在汽车领域已经得到了广泛的应用。比如，日本三菱汽车公司成功研发了竹纤维/植物基聚氨酯绿色复合材料，这种复合材料可以应用于汽车内饰件。图 11-25 所示为三菱汽车竹纤维车门饰板。

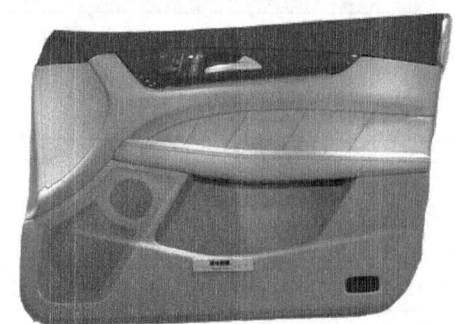

图 11-24 麻纤维汽车车门内饰板

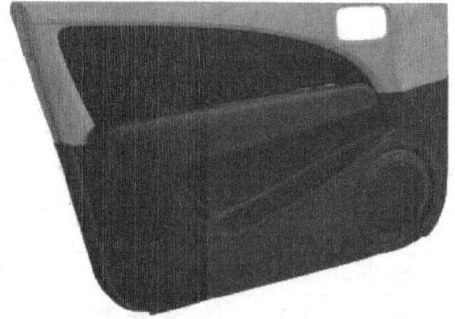

图 11-25 三菱汽车竹纤维车门饰板

3. 天然纤维复合材料成型技术

目前，天然纤维增强复合材料及其成型技术在汽车中的应用已经成为汽车工业领域研究的热点。天然纤维复合材料制造汽车零部件的主要成型技术包括模压成型、注射成型和树脂传递模塑成型。这三种主要的成型技术及其应用分述如下。

（1）模压成型工艺 模压成型工艺所指的加工过程是将预制好的模料加入模具模腔中，在一定的温度和压力下使模压料在模腔内熔化、流动、充分填充模腔，并在特定温度下冷却固化，最后开模取出制品。模压成型工艺示意如图 11-26 所示。模压成型工艺由预制模压料和压制两个阶段组成，具体工艺流程如图 11-27 所示。

（2）注射成型工艺 注射成型是指将纤维增强粒料从料斗加入注射成型机的料筒，在料筒外部用电热圈对物料进行加热，使物料熔化至流动状态，并通过螺杆的运动以很高的压力和较快的速度注射入温度较低的闭合模具内，经过保压、冷却固化、脱模得到制件。注射成型工艺示意及其工艺流程分别如图 11-28 和图 11-29 所示。

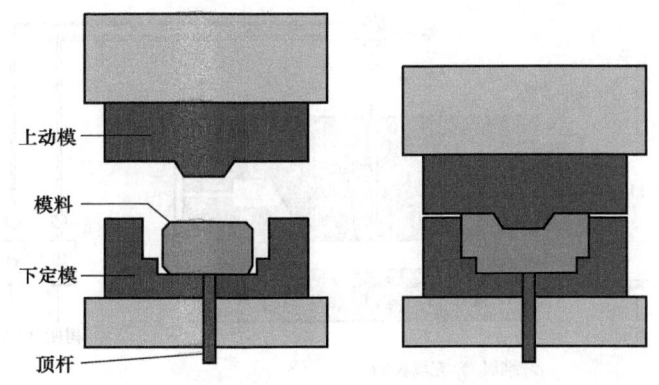

图 11-26 模压成型工艺示意

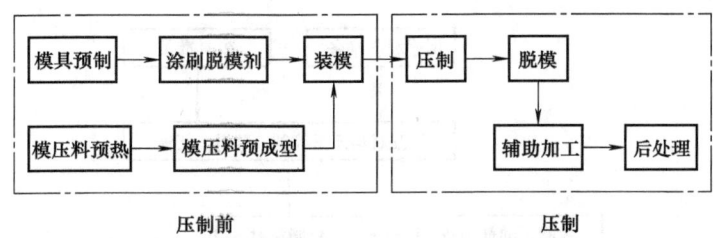

图 11-27 模压成型工艺的具体工艺流程

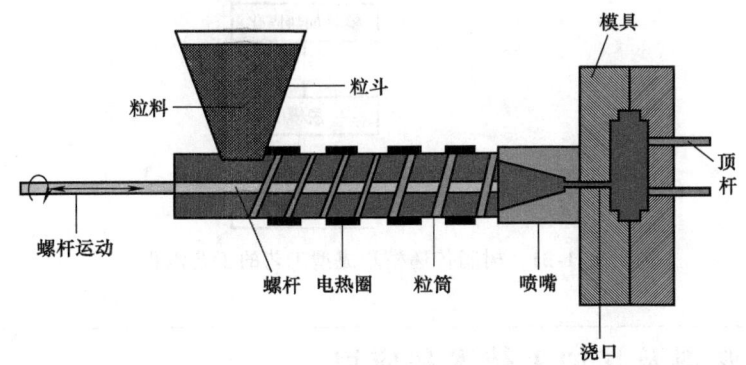

图 11-28 注射成型工艺示意

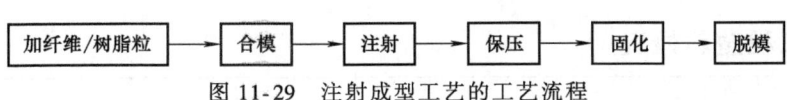

图 11-29 注射成型工艺的工艺流程

注射成型是成型天然纤维复合材料的一种重要方法，在树脂基复合材料成型方法中所占的比例较高。这是因为注射成型工艺具有诸多优点，如成型周期较短，加工过程的自动化程度高，对所加工的材料的加工适应性强，能制造外形轮廓复杂、尺寸精度和表面质量要求高的制品。

（3）**树脂传递模塑成型工艺**　树脂传递模塑成型的原理是在一个耐热密封的模腔内预铺放纤维增强材料，再用压力将液态树脂注入模腔内使其浸透纤维，然后固化成型，得到制品。树脂传递模塑成型工艺示意及其工艺流程分别如图 11-30 和图 11-31 所示。

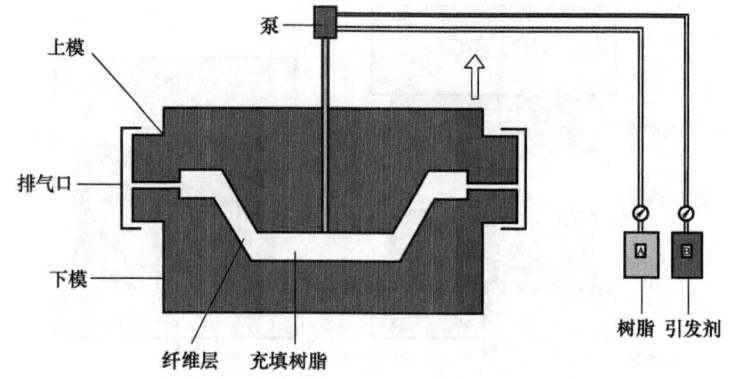

图 11-30 树脂传递模塑成型工艺示意

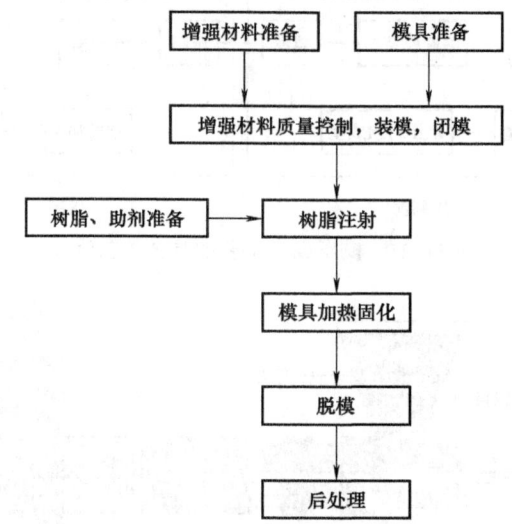

图 11-31 树脂传递模塑成型工艺的工艺流程

11.5 工程塑料及其加工技术和应用

11.5.1 工程塑料概况

工程塑料是指用作工业零件或外壳材料的工业用塑料，是强度、耐冲击性、耐热性、硬度及抗老化性均优的塑料。工程塑料具有密度小、强度高的特性，密度通常只有钢材的 1/7~1/5，比强度高（能够以较小的单位质量获得较高的强度），比被取代的金属材料轻且成型时能耗少。因此，以塑代钢，增加塑料类材料在汽车中的使用量，便成为降低整车重量、增加汽车有效载荷的关键。目前，德国、美国、日本等国的汽车塑料用量已达到整车的 10%~15%，有的甚至达到了 20% 以上。从现代汽车使用的材料来看，工程塑料不仅应用于汽车内外饰件，而且可应用于部分功能和结构件。近年来应轻量化大势所趋，各车企纷纷研发并采用了轻量化设计的车型，大幅提高了塑料的使用率。汽车上的塑料用品如图 11-32 所示。

图 11-32　汽车上的塑料用品

11.5.2　工程塑料的分类及应用

聚氨酯、ABS、聚丙烯、聚乙烯和聚氯乙烯等工程塑料被广泛应用于汽车工业，其中聚氨酯、聚丙烯和聚氯乙烯已成为汽车上三种用量最大的塑料品种。

1. 聚氨酯及聚氨酯泡沫塑料

聚氨酯（Poly Urethane, PU）是一种分子结构中含有氨基甲酸酯团（—NHCOO—）的聚合物，其性能取决于组成配方，可在从软到硬较宽范围内变化，其产品以泡沫塑料为主。

聚氨酯泡沫塑料分为硬质和半硬质两类。聚氨酯泡沫塑料的优点是结构内布孔，孔隙度大，制品回弹性好，让人接触有舒适感，能吸收外来 50%～70% 的冲击能量。

2. 聚丙烯

目前，汽车上使用的聚丙烯零部件品种已达 70 多种。聚丙烯（Polypropylene, PP）具有较高的热变形温度和良好的耐药性、耐应力开裂性，而且通过各种无机填料和各种弹性体的改性，可以得到具有多种特性的聚丙烯品种。通过有目标的改性，可以获得增韧型聚丙烯、增强型聚丙烯、填充增韧型聚丙烯和一般填充型聚丙烯四类。

各种改性聚丙烯塑料在汽车制造中的应用量占汽车塑料总用量的 30% 以上，它不仅可用作弹、韧性体零件，而且有取代 ABS 制作刚性整件的优势。

3. 聚氯乙烯

聚氯乙烯（Polyvinyl chloride, PVC）根据加入增塑剂的不同，可分为硬质聚氯乙烯、软质聚氯乙烯和聚氯乙烯热塑性弹性体三种。聚氯乙烯具有化学稳定性好、介电性能高、耐油且不易燃烧、有一定的强度、价格便宜等优点，故广泛应用于化工建筑、电子、轻工、农业及机械等国民经济各部门中。PVC 在日本汽车所用塑料中占 30%～40%，而美国占 16%~20%。一般每辆车用量为 2~10kg。PVC 主要用于汽车内饰件及各种制品的表皮及盖、罩。

4. 应用

汽车用工程塑料的主要应用场合见表 11-7。

表 11-7 汽车用工程塑料的主要应用场合

塑料	应用场合
PP	保险杠、蓄电池壳、仪表板、挡泥板、嵌板、供暖及冷却系统部件、发动机罩、空气滤清器、导管、容器、侧遮光板
PU	坐垫、仪表板垫及罩盖、挡泥板、车内地板、车顶篷、遮阳板、减振器、护板、防撞条、保险杠
PVC	电线电缆包衬、驾驶室内饰、嵌材、地板、防撞系统、涂料

11.5.3 工程塑料成型加工技术

1. 聚氨酯泡沫塑料成型加工工艺

聚氨酯泡沫塑料是指把羟基的聚醚树脂与异氰酸酯反应构成聚氨酯主体,并用异氰酸酯与水反应生成的二氧化碳发泡或用低沸点氟碳化合物作为发泡剂发泡,制成的泡沫塑料。

汽车上常用的普通型和自结皮型半硬质聚氨酯泡沫塑料的主要生产工艺流程如下:

1) 普通型半硬质聚氨酯泡沫塑料的生产工艺流程为预制成型表皮→涂刷脱模剂→固定骨架→合模→浇注→开模。此工艺用于生产汽车仪表板。

2) 自结皮型半硬质聚氨酯泡沫塑料的生产工艺流程为涂刷脱模剂→固定骨架→合模→浇注→开模。此工艺用于生产汽车转向盘。

2. PP 成型加工工艺

目前聚丙烯塑料被应用最广的是仪表板、保险杠、转向盘等汽车零件。它们都直接采用注射成型。

改性 PP 注射成型保险杠的生产工艺与要求如下:

1) 选用三元乙丙胶（EPDM）热塑性弹性体炼成薄片,并切成粒状。

2) 室温下先加入粒状的 EPDM,再加入粉末状光稳定剂 UV-327 和抗氧剂 1010,将三者在搅拌机内充分搅拌使之分布均匀。

3) 加入 PP 和黑色母粒,常温下充分混合分散均匀。混合好的原料用双螺杆混炼挤出机挤出,温度控制为 180~200℃。挤条冷却后切成粒状,经过烘干制成 PP/EPDM 共混热塑性弹性体粒料。粒料干燥至水分含量<6%,灰分含量≤0.4%。在 190~230℃ 的温度下用注塑机注射成型。

3. PVC 成型加工工艺

PVC 塑料几乎可以用所有的成型方法加工,其中挤压成型占 65% 以上,其次是压延成型,注射成型应用较少。挤压汽车材料一般是各种塑料板和异型材等。压延汽车材料表现为板材、片材、人造革和薄膜等。该类塑料在注射成型中具有如下工艺特性:

1) 热稳定差,需要严格控制成型温度。

2）制品壁厚尽可能均匀，不能太薄。
3）聚氯乙烯的收缩率因添加剂用量不同而不同。
4）模具型腔外要加设冷料井，以防止冷料堵塞浇口。

11.6 连接技术

11.6.1 连接技术概况

材料轻量化应选用铝合金、镁合金、高强度钢和工程塑料、纤维增强复合材料等轻量化材料制造零部件实现减重目的。同时，需要满足轻量化零部件之间高强度、安全可靠的连接工艺和连接方法。在完成汽车轻量化设计和选用轻量化材料之后，轻量化连接工艺是决定汽车安全性和轻量化应用结果是否成功的关键因素。

连接技术包括激光钎焊、搅拌摩擦焊、锁铆、自锁铆以及胶接等技术，通过上述先进连接技术将轻量化构件连接成总成，达到良好的刚度和结构强度要求。

11.6.2 激光钎焊技术

在激光钎焊过程中，钎料被填入接头缝隙中，无须在焊后涂胶及添加饰条，能够节省大量工艺成本。目前，激光钎焊已在车顶与侧围外板、后盖焊接上得到广泛应用。激光钎焊在焊接车顶与侧围外板时的缺点：它对夹具定位的要求较高，每种车型均需要专门的夹具来对车顶侧围进行夹持，以保证焊缝的精度和焊接质量的稳定。因此，激光钎焊夹具的柔性较差。钎焊示意图如图 11-33 所示。

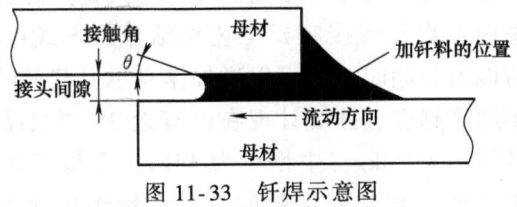

图 11-33　钎焊示意图

11.6.3 搅拌摩擦焊

搅拌摩擦焊（FSW）是靠摩擦产生热量来进行焊接的，所以节能显著。用电阻点焊对铝合金板进行焊接时，会遇到严重的焊嘴磨损问题，如对铝合金板 AA5754 和 AA6111 的焊接，线性 FSW 则不存在这个问题。FSW 有节能、无焊头磨损、焊缝力学性能与板材接近等优点，有很大的应用潜力。搅拌摩擦焊示意图如图 11-34 所示。近年来，欧洲典型车身上已经批量应用了 FSW 来焊接铝合金车身，尤其是车身地板。

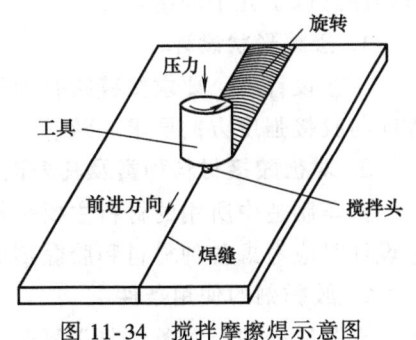

图 11-34　搅拌摩擦焊示意图

11.6.4 锁铆及自锁铆

锁铆及自锁铆连接技术是解决异种材料尤其是有色金属材料连接的有效手段之一，锁铆铆钉在外力的作用下，通过穿透第一层材料（中间层材料），并在底层材料中进行流动和延展，形成一个相互镶嵌的永久塑性变形的铆钉连接过程，称为锁铆连接。其优势在于可用于不同材质、硬度、厚度的材料，以及各种有镀层的材料、有夹层（包括胶水等）非金属材料之间的连接。

目前，锁铆连接已经广泛应用在汽车上，如内板和加强板的连接等。

11.6.5 胶接和密封技术

与其他焊接、铆接、螺栓连接相比，胶接技术不仅能连接不同材料，如金属和非金属、复合材料，还可以提高结构的韧性、耐疲劳性、抗冲击性和耐蚀性，可以起到增强汽车结构、紧固防锈、隔热减振、密封隔声和内外装饰的作用，它能够代替某些部件的焊接和铆接等传统工艺，实现相同或不同材料之间的连接，达到其他连接方法（如铆接和焊接等）所不能实现的减轻重量、降低能耗、简化组装工序、提高制品质量和优化产品结构等效果。

胶接技术是借助胶黏剂在固体表面上所产生的黏合力，将同种或不同种材料牢固地连接在一起的方法。密封技术是采用密封胶在相互连接作用的表面间形成密封面，并保证密封面不发生渗漏的一种技术。密封是一种连续胶接，使用这种胶接方法可以胶接住需密封的接头，以防止产生破坏作用的液体和气体渗入。

车身上应用的胶黏剂和密封胶按照用途主要分为折边胶、点焊密封胶、减振胶、焊缝密封胶、抗石击涂料和指压胶等。白车身常用的连接方式是点焊连接，一辆车车身上的焊点多达数千个。目前，采用点焊和胶接密封工艺相结合的方式可以减少车身上的点焊点数，在提高车身承受载荷能力的同时，还可以增加车身承受载荷的循环次数。胶黏剂和密封胶在汽车工业中的应用越来越多，据统计现在已有近 25 种胶黏剂和密封胶在汽车制造中使用，平均单车使用量轿车为 20kg，中型车为 16kg，重型车为 22kg。预计到 2020 年，我国汽车工业对各种类型的胶黏剂和密封胶的总需求量将达到 20 万 t 左右。由此可见，随着新材料和新技术不断出现，胶黏剂和密封胶的应用范围会不断地扩大，用量也会不断地增加，胶接和密封技术也必然会处于越来越重要的位置。在进行胶接和密封技术的时候需要注意以下几个问题：

1. 接缝形状设计

工艺设计时，要求接缝接合面积尽量大，负荷能够均匀地分布在整个接合面上，受力方向与胶接强度方向要求一致。

2. 对被胶接材料种类及其表面形态的要求

汽车制造中所用的材料主要是钢板，其次为铝合金、塑料及 FRP（复合材料）。在工艺设计时应考虑各种材料和胶黏剂的浸润及相互作用的影响。

3. 胶黏剂的使用条件

汽车所处的环境条件非常复杂，除了其暴露环境外，还需考虑使用部位可能受到的特殊热、化学药品、光照及外力等客观条件的影响。因此，正确选择胶黏剂是胶接设计的重要内容。

4. 胶黏剂的形态

胶黏剂按形态可分为液状、膏状、薄膜状、固状和松末状；按使用方法可分为双组分混合型、单组分热固化型、单组分室温固化型、热熔型等。工艺中应根据其性能、施工方法和价格等多方面要素来合理选择所需要的胶黏剂。

5. 胶接方法与汽车批量生产的适应性

胶接方法一直沿用夹具紧固、冷压、热压、加热炉等常见手段。近年来，一批新的胶接热固化技术正在推广使用，如高频感应、高频介质加热和超声波加热等。

总之，在完成汽车轻量化设计和选用轻量化材料之后，轻量化连接工艺是决定汽车安全性和轻量化应用结果是否成功的关键因素。激光焊接、锁铆技术、搅拌摩擦焊以及胶接技术是解决异种材料连接和轻量化材料连接的有效手段，应深入研究和实践，做好技术储备。

本 章 小 结

本章主要介绍了汽车轻量化的重要意义以及轻量化制造过程中常用的各种材料，包括高强度钢、铝合金、镁合金、树脂纤维、碳纤维和各种工程塑料，并重点介绍了这些材料的各种成形工艺，最后还介绍了汽车轻量化过程中采用的连接技术。读者通过学习本章可以了解汽车轻量化的各种方法和措施，并为思考新的轻量化措施打下基础。

思考题与习题

11-1 试述超高强度钢的性能特点，以及超高强度钢按力学性能的分类。

11-2 说明超高强度钢的成形工艺和各自的加工工艺流程。

11-3 阐述铝合金的分类和其在车身上的应用。

11-4 说明变形铝加工的主要成形方法。

11-5 镁合金可以分为哪几类？各自主要应用在汽车的什么部位上？

11-6 阐述常见的镁合金塑性成形技术和各自的特点。

11-7 汽车上常用的纤维增强复合材料有哪几类？

11-8 说明汽车上所用纤维增强复合材料的成型技术。

11-9 汽车上常用的工程塑料有哪几类？各自应用于什么场合？

11-10 试述各类工程塑料的主要成型技术。

11-11 汽车上的主要连接技术有哪几种？

11-12 汽车上用的胶黏剂和密封胶可分为哪几类？

参 考 文 献

[1] 任小中，任乃飞，王红军. 机械制造技术基础 [M]. 北京：机械工业出版社，2014.
[2] 邹青. 机械制造技术基础课程设计指导教程 [M]. 2版. 北京：机械工业出版社，2011.
[3] 卢秉恒. 机械制造技术基础 [M]. 3版. 北京：机械工业出版社，2008.
[4] 于骏一，邹青. 机械制造技术基础 [M]. 2版. 北京：机械工业出版社，2009.
[5] 张茂. 机械制造技术基础 [M]. 北京：机械工业出版社，2008.
[6] 黄健求. 机械制造技术基础 [M]. 2版. 北京：机械工业出版社，2011.
[7] 袁绩乾，李文贵. 机械制造技术基础 [M]. 北京：机械工业出版社，2008.
[8] 任正义. 机械制造工艺基础 [M]. 北京：高等教育出版社，2010.
[9] 王先逵. 机械制造工艺学 [M]. 3版. 北京：机械工业出版社，2013.
[10] 徐立华. 机械制造工程学 [M]. 北京：兵器工业出版社，1997.
[11] 谢家瀛. 组合机床设计简明手册 [M]. 北京：机械工业出版社，1994.
[12] 杜君文. 机械制造技术装备及设计（新版）[M]. 天津：天津大学出版社，2007.
[13] 王启平. 机械制造工艺学及机床夹具设计习题集 [M]. 哈尔滨：哈尔滨工业大学出版社，1981.
[14] 吕明. 机械制造技术基础 [M]. 3版. 武汉：武汉理工大学出版社，2015.
[15] 陈明. 机械制造工艺学 [M]. 北京：机械工业出版社，2013.
[16] 王先逵. 制造工程与技术——机加工（英文版·原书第6版）[M]. 北京：机械工业出版社，2012.
[17] 张根保. 自动化制造系统 [M]. 2版. 北京：机械工业出版社，2005.
[18] 陈明. 机械制造工艺学 [M]. 北京：机械工业出版社，2012.
[19] 顾崇衔，等. 机械制造工艺学 [M]. 3版. 西安：陕西科学技术出版社，1999.
[20] 王启平. 机械制造工艺学 [M]. 5版. 哈尔滨：哈尔滨工业大学出版社，2005.
[21] 王先逵. 机械装配工艺 [M]. 北京：机械工业出版社，2008.
[22] 陈宏钧. 机械加工工艺设计员手册 [M]. 北京：机械工业出版社，2009.
[23] 赵如福. 金属机械加工工艺人员手册 [M]. 4版. 上海：上海科学技术出版社，2006.
[24] 王时英，吕明. 解剖式夹具设计教学研究 [J]. 太原理工大学学报（社会科学版），2004，22（4）：86-88.
[25] 刘慎玖. 机械制造工艺案例教程 [M]. 北京：化学工业出版社，2007.
[26] 白基成，刘晋春，郭永丰，等. 特种加工 [M]. 6版. 北京：机械工业出版社，2014.
[27] 吴拓. 现代机床夹具设计及实例 [M]. 北京：化学工业出版社，2015.
[28] 朱耀祥，浦林祥. 现代夹具设计手册 [M]. 北京：机械工业出版社，2010.
[29] 薛源顺. 机床夹具图册 [M]. 2版. 北京：机械工业出版社，2016.
[30] 东北重型机械学院，等. 机床夹具设计手册 [M]. 上海：上海科学技术出版社，1980.
[31] 王小华. 机床夹具图册 [M]. 北京：机械工业出版社，1991.
[32] 哈尔滨工业大学，等. 机床夹具设计 [M]. 上海：上海科学技术出版社，1980.
[33] 成大先. 机械设计手册 [M]. 6版. 北京：化学工业出版社，2016.
[34] 陆剑中，孙家宁. 金属切削原理与刀具 [M]. 5版. 北京：机械工业出版社，2011.
[35] 王隆太. 先进制造技术 [M]. 2版. 北京：机械工业出版社，2015.
[36] 韩秋实，王红军. 机械制造技术基础 [M]. 3版. 北京：机械工业出版社，2010.
[37] 朱正心. 机械制造技术：常规技术部分 [M]. 北京：机械工业出版社，1999.

[38] 周昌治，杨忠鉴，赵之渊，等. 机械制造工艺学 [M]. 2版. 重庆：重庆大学出版社，2012.

[39] 上海市大专院校机械制造工艺学写作组. 机械制造工艺学 [M]. 福州：福建科学技术出版社，1985.

[40] 冯之敬. 机械制造工程原理 [M]. 3版. 北京：清华大学出版社，2015.

[41] 艾兴，肖诗纲. 切削用量简明手册 [M]. 3版. 北京：机械工业出版社，1994.

[42] 杨胜强，李文辉，陈红玲，等. 表面光整加工理论与新技术 [M]. 北京：国防工业出版社，2011.

[43] 高玉魁. 表面完整性理论与应用 [M]. 北京：化学工业出版社，2014.

[44] DAVIM J P. Surface Integrity in Machining [M]. Berlin：Springer，2009.

[45] 刘如伟. 抛喷丸强化 [M]. 4版. Wetzikon：MFN Publishing house，2015.

[46] 路甬祥. 坚持科学发展，推进制造业的历史性跨越 [J]. 机械工程学报，2007，43（11）：1-6.

[47] 孙大涌. 先进制造技术 [M]. 北京：机械工业出版社，2000.

[48] 赵炳桢，商宏谟，辛节之. 现代刀具设计与应用 [M]. 北京：国防工业出版社，2014.

[49] 李伯民，赵波. 现代磨削技术 [M]. 北京：机械工业出版社. 2003.

[50] 张杰，王时英，轧刚. 基于Pro/E的CA6140操纵机构的建模与仿真 [J]. 机械设计与制造，2007（5）：179-181.

[51] 张云电. 蜂窝状微坑设计和制造技术 [M]. 北京：科学出版社，2004.

[52] 郭东明，赵福令. 面向快速制造的特种加工技术 [M]，北京：国防工业出版社，2009.

[53] 李育锡. 现代汽车概论 [M]. 北京：高等教育出版社，2008.

[54] 曾东建. 汽车制造工艺学 [M]. 北京：机械工业出版社，2006.

[55] 周述积，叶仲新. 汽车制造工艺学 [M]. 北京：北京理工大学出版社，2013.

[56] 黄树涛. 汽车制造工艺学 [M]. 北京：北京理工大学出版社，2015.

[57] 华健，赵晓昱. 现代汽车制造工艺学 [M]. 3版. 上海：上海交通大学出版社，2012.

[58] 韩英淳. 汽车制造工艺学 [M]. 3版. 北京：人民交通出版社，2013.

[59] 宋新萍. 汽车制造工艺学 [M]. 2版. 北京：清华大学出版社，2016.

[60] 钟诗清. 汽车制造工艺学 [M]. 广州：华南理工大学出版社，2011.

[61] 石美玉. 汽车制造工艺学 [M]. 北京：人民交通出版社，2014.

[62] 王宝玺，贾庆祥. 汽车制造工艺学 [M]. 3版. 北京：机械工业出版社，2007.

[63] 何耀华. 汽车制造工艺学 [M]. 北京：机械工业出版社，2012.

[64] 王祝堂，张新华. 汽车用铝合金 [J]. 轻合金加工技术，2011，39（2）：1-14.

[65] 鲁博，张林文，曾竟成. 天然纤维复合材料 [M]. 北京：化学工业出版社，2005.